思想觀念的帶動者
文化現象的觀察者
本土經驗的整理者
生命故事的關懷者

{ PsychoAlchemy }

啟程，踏上屬於自己的英雄之旅
外在風景的迷離，內在視野的印記
回眸之間，哲學與心理學迎面碰撞
一次自我與心靈的深層交鋒

榮格晚年沉思錄
心靈探索的最終旅程
Streiflichter zu Leben und Denken C.G. Jungs

安妮拉・亞菲（Aniela Jaffé）、艾琳娜・菲斯利（Elena Fischli）　著

陳炫穎、王浩威　譯

王浩威　審閱

來自與榮格最後的談話，與對歷史背景的分析

| 推薦序一 |

終須一讀

洪素珍（臺北教育大學心理與諮商學系副教授，
國際分析心理學分析師〔IAAP〕）

對榮格心理學有興趣的讀者，多少閱讀過榮格與亞菲共同編著的《榮格自傳：回憶・夢・省思》，並以之為了解榮格生平及思想發展的主要參考文獻。事實上，《回憶・夢・省思》只是榮格口述自傳的一部分而已，由於種種因素，另有許多珍貴的原始資料並未收錄其中（詳細前後因果在本書出版者前言及作者引言已詳述，於此不再贅述）。而後於 2021 年，在各界高度期待下，這些材料終於被編輯為《榮格晚年沉思錄：心靈探索的最終旅程》成書。而今，台灣的心靈工坊繁體中文版問世，允為華文世界讀者福音。

《榮格晚年沉思錄》出版的意義不僅在於補足《回憶・夢・省思》，更重要的是它明白體現了榮格心理學與主流理性科學之區別的三個面向，包括理性的越界、回到神話時代，以及重現煉金術等重大根本精神。

首先是關於理性的越界。西方哲學長期以來曾經的理性主義與經驗主義相持不下的傳統，在康德劃下人類理性與經驗都不可能窺知本體的界線後，結束了爭議。從此人類對追求真理的努力得更細密與加倍，因為人們知曉，真理只能逼近，而無從確證。但是人類的理性天生具有「逾越」的衝動，總是在仰望星空、想像終極。自古以來先賢哲人以人類特有的理性思維去「進攻」本體，雖不能取

得絕對的成就,但是啟發了不少的可能性,當中甚至包括非理性。《回憶‧夢‧省思》收集感覺材料,經過思維加工進行知性的分類後,榮格以分析心理學理性詮釋了他一生的心理表象之餘,著實還令人意猶未盡,「就這樣嗎?」許多人不禁要問。沒有更天馬行空、瑰麗無垠的可能嗎?其實有的!更多的詭奇、瘖闇、不知其所以然的無意識動量,當初在與亞菲對話過程中,也曾不住地流淌,那些理性對本體發起衝擊的非理性衝動,如今,我們有機會可以在《榮格晚年沉思錄》裡盡情飽覽。

再者,我們不得不說,榮格之所以能夠在理性的思維架構下,自然地突現非理性的無意識意象,是因為他選擇超越哲學的限制,回到哲學出現以前的神話時代精神,進入人類集體無意識優勢的範疇,得以探索更純粹的心靈樣貌。熟知深度心理學歷史的讀者都知道,精神分析衍生自十八世紀末的浪漫主義文學運動。浪漫主義為了對抗獨斷的科學理性主義,提倡古代羅曼人的熱情洋溢,將追求真理的精力與目光,從客觀世界轉移到探討人性與文化的主觀內在獨特性,不啻為回歸神話時代。在浪漫主義大纛的號召之下,眾多「非理性」的傳統的根源,開始被廣泛深究。競逐廟堂者,如歌德、貝多芬、哥雅等才華洋溢的藝術家,於文學、音樂、繪畫等各自藝術領域裡大放異彩;而向來被鄙視如通靈、占星、煉金等市井趣味,也稍獲正視,出現被正統學術青睞的可能。

秉持浪漫主義精神的精神分析深入心靈,不再以膚淺的簡單刺激反應生理機制看待身體表象,而是去深入心靈,建構出心理自有的獨特運作機制理論,取得巨大的成功。然而,佛洛伊德所建立的精神分析還是基於因果的化約論,堅持科學地還原出「心理異常病因」的路線。榮格對此並不滿意,認為此徑實非究竟,於是孤獨

地一騎深入,進到心靈更深遠的源頭。回溯到人神不分,心靈與物質能量得以自由互換的時代精神,不受二元對立原則限制的神話時代。《榮格晚年沉思錄》那些看似有答案沒問題的,或者有問題沒答案的詩意或者囈語,可說實則是神話的表述。

第三我們則要說到煉金術在《回憶·夢·省思》與《榮格晚年沉思錄》中的地位。事實上,我認為榮格所建構的分析心理學的祕訣要脈,完全埋藏在他這兩部書本裡頭,它們就是他的煉金實錄。最明確的證據便是合著作者亞菲本人強調,書本主角雖是榮格,但她自己無疑就是合著者,對內容的貢獻與榮格不二。她自信地強調如果不是自己在某些關鍵處的提問或是追索,這書將會很乾澀。亞菲的自陳,無疑承認自己在這兩部著作的地位,正如在煉金術裡「神祕姊妹」的角色,沒有神祕姊妹的齊心合力,煉金術師是不可能成就煉金功業的。如果說《回憶·夢·省思》試圖詮釋的是心靈所呈現世界的表象,而對那些非理性可及,存在不可知的本體當中的真相,只能隱晦地猜疑。那麼《榮格晚年沉思錄》就是嘗試放膽地低吟,說裡頭埋有個體化的暗語也好;說是具諾斯替主義的密意,隱藏了先驗的目的也好。總之,以《榮格晚年沉思錄》為煉金術後期出現非理性的對立整合產物的意象觀之,這一切都是合理的。

《榮格晚年沉思錄》可做為榮格一生工作的總結語。醉心榮格的讀者們,不論您如今到達哪個階段?最後——總要觸及本書的。

| 推薦序二 |

性愛生死定價值，三觀確立度一生

李孟潮（心理學博士，精神科醫師，個人執業）

　　窗牖戶房，通利明光。賢智輔聖，仁德大行。家給人足，海內殷昌。

——《焦氏易林‧小過之恆》

1. 引言

　　去年我拿到此書簡體中文版時，就頗為吃驚：未曾想到如此小眾之書，居然有人出版。這次拿到了心靈工坊的繁體版本，更是驚歎與佩服。

　　驚歎的是編輯團隊細緻入微的工作，居然可以把德語版、英語版的精華集為一生，在編者的批註中，時不時就看到一段注解，說明德語和英語版不同。

　　佩服的是審閱者浩威兄，居然可以在原書已經密密麻麻的注解中，再加入了一個個深入細緻的注解，讓人大開眼界，比如〈前言〉注解了羅伯特‧亨蕭（Robert Hinshaw）此人經歷，我估計中文圈大概沒有人知道這些冷門知識的，哪怕放眼英文圈的同行，知道這些內容的，可能也只是少數幾人，尤其是幾個有關佛教的術語注解，讓我這個自詡資深佛教徒的人也自愧不如。

　　此書適合與榮格的傳記《榮格自傳：回憶‧夢‧省思》配套閱

讀。

《榮格自傳：回憶・夢・省思》是暢銷書也是長銷書，它既是心理治療中常用的自助閱讀書籍，尤其是用於中老年個案，也是學習榮格心理學的入門教材。但是這本傳記，也留下了很多謎團。

比如說榮格，實行了事實上的多偶制婚戀關係，他如何看待他終身的情人托妮・伍爾夫？這個部分在原傳記中是慘被刪除的，就像鄧麗君的《何日君再來》在大陸曾經被列為色情歌曲禁播，而這一次我們聽到了榮格的原聲敘述，終於大白於天下。（李孟潮，2023a）

再比如說，榮格的輪回死亡觀，在看《榮格自傳：回憶・夢・省思》的時候，總讓人覺得榮格欲言又止，意猶未盡，現在才知道，原來很多勁爆內容，比如榮格認定自己是佛教徒轉世，被認為這不科學，政治不正確被刪除了。[1]

這本書適合所有榮格研究者、榮格分析師以及榮格發燒友收藏，作為深度閱讀、深入研究的必備資料。

作為這群讀者中的一員，我認為圍繞著榮格這本傳記的寫作，發生的愛恨情仇、歷史煙雲，更應該被視為榮格及其朋友們，開展的一場自我療癒之旅。也就是說，老年的榮格，通過和同事們、出版商合作，寫作這本傳記，他試圖整合自己一生的所有記憶，達成艾瑞克森（Erik Erikson）所提出的老年心理發展目標：整合老年生

---

[1] 榮格當年被認為神神叨叨的很多假設，現在被證明，居然是科學預測。比如輪回死亡觀，已經被國際輪回記憶的研究學界證實，其中最著名的，就是維吉尼亞大學精神醫學系 Stevenson 和 Tucker 兩代學人的研究，他們多年來一直進行回顧性研究，調查了數千個輪回案例，遍佈各洲各國，在 2013 年，還進行了一個前瞻性研究。（Tucker & Keil, 2013）。關於輪回案例，也有中國的研究，可以參考李常珍對中國的 100 個轉世案例的訪談。（李常珍，2018）而在心理治療界，也有治療師呼籲，在理解輪回觀的基礎上開展治療。（Peres, 2012）

活的絕望感和統整感,既能體驗到宇宙的博愛和慈悲,又能擁抱宇宙的黑暗和無情。最終是安心地做一個幸福的老廢物,擁抱死亡,揮別人間。(李孟潮,2022)

否則的話,此人衰而不退,老而不死,厚著臉皮和青年人爭名奪利,爭奇鬥豔,輕則被人恥笑,為人遺忘,就如迪士尼電影《尋夢環遊記》(CoCo,臺灣譯為《可可夜總會》)中的老花花公子,重則重複秦始皇式獨裁者的悲劇命運——在追求長生不老、千秋萬代的執著癡迷中,提前讓自己一命嗚呼,要麼死於某個術士的長生不老藥,要麼死於政變和謀殺。

下文結合本人之前在《榮格的30個夢》一書中討論過的理論框架,來詳細闡述一下這本書中,榮格如何整合了人生的三觀——生死觀、性愛婚姻觀和價值觀。

2. 本書中涉及的生死觀、性愛婚姻觀和價值觀

從大國外交到個人生活,價值觀都觀察人類生活的方方面面,榮格的晚年,就是各種價值觀塵埃落定的時刻。在這本書以及《回憶・夢・省思》中,我們可以看到,他在不斷地總結、錨定各種價值觀。

2.1 生死觀

對老年人來說,最緊急和重要的價值觀,當然就是生死觀。

在第一部〈IV關於人格與生活的體驗:宗教與鬼魂〉中,有三個小節討論了生死觀,分別是〈肯亞的鬼魂〉、〈鬧鬼現象與外化的原型能量〉、〈我是佛教徒轉世的嗎?〉。

我們不難看出，榮格本人，是非常相信神靈和鬼魂的存在的，他正在和科學主義無神論的頭腦辯論，他討論了相信「鬼」對於生命的意義，在這一節他努力想要證明相信鬼的存在，對人生的意義，他說，鬼是靈魂的現實，哪怕是錯覺，也是一種現實。

　　我們甚至可以說，佛洛伊德和榮格的分道揚鑣，某種程度來就是無神論和有神論的路線鬥爭。這種鬥爭之激烈，已經類似當年蘇聯共產黨和沙皇的戰爭，不是你死，就是我活。[2]

　　榮格之所以那麼想要非常相信有神論，究其原因有三點：

　　其一，就發展心理而言，青年總是樂於相信無神，而老人則傾向有神。

　　這是因為當這個世界沒有神的戒律和鬼的懲罰，對青年來說，我可以更加心安理得的過上縱情聲色的生活，也可以更好地把客體關係，執著於看得見摸得著的外在客體。

　　而這些無神論的年輕人，到了老年就會開始相信有神論。這是因為，在一個無神的世界，只有物質的成住壞空的世界，老人們，十有八九都是廢物，都是有待報廢的蛋白質複合體，應被拋棄和摧毀，他們最好的結局，好像就是自殺或者安樂死，像佛洛伊德一樣，給自己來上一針，報廢這具不能繼續工作的軀殼。而花費重金飛到榮格的故鄉瑞士去安樂死，似乎也因為成本太高，有中間商賺

2　沙皇政權的合法性，來自東正教教會的洗禮和賜福，所謂君權神授，而列寧不是普丁，不可能讓主教給自己洗禮，他的選擇就是送沙皇去見上帝，哪怕自己下地獄。然後教育全體蘇聯人民授權給自己的政府，其中就包括徹底貶斥東正教，樹立無神論和科學主義信仰，而是馬克思和列寧，就是偉大的科學家，科學已經證明了，從來就沒有什麼救世主，也不靠神仙皇帝，人類的希望就是走向共產主義。所以新時代的列寧主義者，必須以信奉教皇一般的虔誠，信奉列寧主義。當然，列寧主義只是共產主義各種流派之一，共產主義既有有神論派別，也有無神論派別，比如南美就有解放神學，把共產主義和基督教結合。

差價不符合物質主義者的節約精神而應該被放棄。

在本書〈關於自殺現象：生命的價值〉這一節，榮格也面臨著這樣的困惑。在一個被尼采和列寧宣佈「上帝已死」的世界中，醫生究竟有什麼理由來反對自殺呢？

這個反對理由就存在於有神論的宗教理念中。在宗教中，都會設定靈魂的存在，並不認為組成你身體的蛋白質腐臭了，你的靈魂也跟著香消玉殞。

相反，如果你遵守上帝的教導，你一生修行佛法，死亡，就不僅僅是肉體的消亡，而是靈魂開始星際遠航的起點。

所以，出於這種實用主義的態度，出於防禦死本能的需要，哪怕科學界給出無數的證據，證明無神論才是唯一的真理，哪怕所有諾貝爾獎科學家簽名，說馬克思、列寧、佛洛伊德才是最偉大的科學家，仍然會有大量的人會照樣在老年，不信馬列信鬼神，不念科學念彌陀。

其二，榮格之所以很想要信鬼神不信無神，是因為他自己的經驗。在本書的第一部〈VI此世與彼岸〉中，列舉了他的各種個人經驗，這些經驗大多來自夢境，結合榮格的真正的自傳和日記，《紅書》和《黑書》，我們看到了更多榮格與神鬼溝通的事件，這些事件如此栩栩如生，根據哲學界「奧康的剃刀」原則，我們似乎應該直截了當地假設，這個世界就是有鬼的！[3]

---

[3] 這個世界究竟有沒有神或者鬼，以及神和鬼是否是科學研究的議題，是科學界和神學界數百年來衝突和合作的主要領域。其根本還在於如何定義「神」或者「鬼」，可以這麼總結：神，尤其是基督宗教定義的神、上帝，是一個無法證實也無法證偽的概念，它不屬於科學研究的範疇。而有一些宗教裡面的神，比如古希臘和羅馬的神，可能更加接近於外星人，是可以證實或證偽的。道教和中醫裡面說的神仙魂魄，有些時候接近於一種人格狀態，有些時候是指特異功能，有些時候是指當代心理學中的「注意力」。「鬼」的定義也是眾說紛紜，但

其三，正是因為第二點的個人經驗，還有老年期的發展需要，它們共同形成了榮格的「神學家」、「煉金術修行者」這樣的認同。但是這個部分，和他年輕時期形成的人格面具，也就是「堅信科學的精神科醫師和心理學教授」形成了劇烈衝突，所以作為煉金術修行者的性格，必須被掩蓋、被隱瞞，成為陰影。

在本書的第一、第二、第三章中，有很多段落描述這種人格面具和陰影的整合，尤其是第三章，我們看到寫作回憶錄本身，成為了新一輪發展人格面具和展現真我的衝突。他的自我經驗，一次又一次地要面對市場銷量、名人效應、同行期望等等內容。

對一個要擁抱死亡的老人來說，顯然適應和發展人格面具，不應該也不可能是他本能的發展方向，所以我們在本書可以看到，榮格毫不掩飾地承認自己是有神論的。

但是榮格的有神論死亡觀中，又不完全是基督宗教的死亡觀[4]，而是悄悄地混搭了佛教的死亡觀。我認為這是本書，乃至閱讀整個榮格作品的一個關鍵點。

下面詳細介紹一下這兩種死亡觀的整合：

是主體而言，對「鬼」進行科學研究，似乎也是科學界一直在持續的工作。在榮格和佛洛伊德的時代，就有威廉・詹姆斯（William James）、杜克大學等機構進行研究，後來也陸續都有一些超心理學界的研究。（Blum, 2007, Clarke, 2012，Horn, 2009，Massullo, 2017）但是，正如本文所分析的，即便有研究證實鬼魂的存在，年輕人們，無論他是否是科學家，也傾向於否認這些研究，比如臺灣大學的校長李嗣涔，就因為他研究靈界受到了批評。榮格本人的鬼魂體驗，很多只能算鬼魂幻想、鬼魂夢境，這些「鬼魂」，更多是心理學意義上的作為鬼魂意象、或者鬼魂客體，後榮格心理學中研究的鬼魂大多是這種鬼魂意象，比如亞菲曾經寫作一本書《幽靈・死亡・夢境：榮格取向的鬼文本分析》（*An Archetype Approach to Death Dreams and Ghosts*），書中所討論的「鬼」，就更多是指夢中、幻想中的「鬼神意象」，而不是超心理學界研究的、可以用儀器測量、影像捕捉的鬼。

4 基督宗教，是中國大陸的宗教學界用語，泛指天主教、基督新教和東正教等以《聖經》為核心文本的宗教統稱。

基督宗教的死亡觀，根據歷史演進，大概有兩種，第一種是「末日救贖觀」，就是認為人在死後沉睡，等待末日救贖，而末日審判之時，上帝是要對人進行道德審判的。這種觀點中，人死後的靈魂，是沒有什麼活動的，大概率是處於一種沉睡的狀態。另外一種叫做「天堂地獄觀」，也就是人死之後，要麼立即就接受審判，上天堂或下地獄，要麼在末日審判後，根據一生的功過，上天堂和地獄。

　　而佛教的死亡觀，則是至少有四種，分別是累劫輪回說，涅槃解脫說，人天福報說，輪涅不二說。

　　累劫輪回說和涅槃解脫說，是配套的，它認為一個人如果活著的時候堅持修行，則在死亡來臨之時，它有七種選擇機會。

　　第一種選擇是涅槃解脫，如果修行內觀達到最高功夫，和佛一樣的功夫，則可以選擇這種涅槃，從此不再進入輪迴，這被稱為阿羅漢。

　　剩下的六種選擇就是繼續進入六道輪迴，一個人如果修行得比較好，則進入輪迴中較好的三種生命狀態（三善道），否則則進入較差的三種生命狀態（三惡道）。

　　其中大乘菩薩道的修行者們，則是能夠涅槃不輪回，而故意選擇了繼續輪迴，來救助眾生的，尤其是選擇了回到人間。

　　累劫輪回說的一個版本，就是人天福報說，也就是一個人人通過修行，死後進入一個天堂般的極樂世界（淨土），彌勒佛淨土、阿彌陀佛淨土，藥師佛淨土等等。

　　涅槃解脫說的一個發展版本，在禪宗和大圓滿中，發展為「輪涅不二說」，也就是體悟到輪迴和涅槃是二元對立，所以修行者安住於一種不分別的心態，面對死亡。

榮格，之所以要吸收佛教的累劫輪迴說，從有神論的觀點來看，是因為如他所說，他的前世中某一世曾經是佛教修行者。

從他這一世的心理發展來看，我想這是因為在佛教的死亡觀中，沒有一個威嚴的、道德審判、全能掌控的上帝存在，而是每個人都具有選擇的自由，根據他這一生的記憶形成的業力，走向不同的時空，甚至有些人死後會變成動物，比如本書中「死者透過動物的形象來顯現」，似乎就很能佐證六道輪迴觀。而在基督宗教的死亡觀中，基本不存在這種可能性：你爸你媽死後投身為你家貓貓狗狗，來和你再續情緣、相親相愛。

而且，輪迴觀，也消解了道德次序、人類秩序的神聖性。因為六道眾生，各有各的道德，而且有些眾生似乎是沒有道德這種概念的。而根據傳統基督宗教，榮格是一個罪人，末日審判即便不下地獄，至少也要面對柯文哲級別的牢獄之災、無妄之災。

然後，榮格顯然不想要全盤拋棄基督宗教，變成一個佛教徒。這當然有很多現實因素，比如佛教當時並沒有大規模地進入西方，而且榮格的家庭和朋友也大多是基督宗教的信奉者。

從心理上來說，他不想接受照單全收的「空性見」，這是隱藏在佛教死亡觀之後的核心教義，空性見消解了人類所有的意義。

而榮格學說是執著於意象的。比如〈心靈意象的存在：意象是死後的歸所〉一節中提到，他相信人在死後會進入各種意象世界中，這表面上看起來，和《西藏度亡經》裡面的死亡觀類似，但是實際上根據佛教九乘教法等判教系統，這種情況是修行者執著與外相的表像，被認為並非究竟的解脫。

在〈空虛與直覺〉這一節中，他對於人們體驗到空性的結果也不樂觀，認為這種空虛感大體上是有害。當然後榮格學派的分析

師，對待空性的態度要友好很多。[5]

所以，榮格調製了一盤半佛半耶的死亡觀沙拉，他保留了基督宗教中的「上帝」，[6]這在〈Ⅶ人的意象，上帝意象，世界觀〉表現得很明顯，上帝既是死神，又是生命之神。上帝給了人一個固定的意象，讓人可以得到穩定的皈依。榮格並不想要擺脫整個宇宙，進入進入無相世界，他心中的上帝，更接近於佛教中欲界天的梵天王。

而上帝所規定的人類生命的核心意義，就是愛，從愛上帝到愛自己的家人和鄰居。其中最核心的愛，就是夫妻之愛。

精神分析的鼻祖佛洛伊德，雖然是無神論者，反對上帝，但是在性愛婚姻觀方面，他還是繼承了基督宗教的社會規範，這也深深影響了榮格。而榮格這一生，在性愛婚姻方面可以說跌跌撞撞、波瀾起伏，性愛婚姻這個價值觀，也是他在晚年，在本書中不斷反思和整合的人生觀。

5　後榮格派的分析師中，首先是 Marvin Spiegelman 和目幸默仙（Mokusen Miyuki）合作的《佛教與榮格心理學》（*Buddhism and Jungian Psychology*）一書，細緻討論了《十牛圖》、淨土宗和榮格心理學的整合。（Spiegelman &Miyuki,1985）在他們的啟發下，河合隼雄又寫作了《佛教與心理治療藝術》一書。目幸默仙本人就曾經是淨土宗的傳人。之後，有多位榮格分析師同時是佛教的師父，比如 Rob Preece，他有關金剛乘禪修的著作比他的榮格心理學著作還多。（Preece, 2006,2009,2010,2011,2015）還比如 Rachael Wooten，她寫作了唯一一本的把度母修法賦予心理學意義的著作，《度母：女性佛陀的解放力量》（*Tara:The Liberating Power of the Female Buddha*），而且她的主要工作似乎是在個人網站領修度母閉關，其次才是做榮格分析師接診個案。（Wooten, 2020）有關空性研究最深入的，還是 Paul W. Ashton 的《懸崖回望：深度心理學視角的空性體驗》（*From The Brink: Experiences of the Void from a Depth Psychology Perspective*），把邊緣人格障礙、複雜創傷者的空虛體驗和修行的空性體驗進行了較好的比較和整合。（Ashton, 2020）

6　「上帝」一詞，最早是指殷商時期，帝王們稱呼自己在天上的神靈的用語，在基督宗教進入中國後，很多時候把 God 翻譯為「上帝」，但是也有一些基督宗教者不同意這種翻譯，因為太過具有儒家的色彩，故而他們把 God 翻譯為「神」。

2.2 性愛婚姻觀

基督宗教的性愛婚姻觀，可以簡略地總結為身心靈三合一的靈魂伴侶觀。

首先，夫妻關係是上帝安排的，是神對亞當和夏娃的恩賜，其次，夫妻關係被認為是最親密的人際關係，遠勝於親子關係，是「骨中之骨，肉中之肉」，《聖經》的《創世紀》二章二十四節明確宣告：「人要離開父母與妻子聯合，二人成為一體。」《聖經》裡面甚至規定夫妻之間必須有充足的性生活，保羅說：「夫妻雙方都應當履行自己的義務，過正常的夫妻生活。妻子無權支配自己的身體，丈夫才有權；丈夫也無權支配自己的身體，妻子才有權。夫妻不可虧負彼此的需要，除非雙方同意，才可以暫時分房，以便專心祈禱。以後，二人仍要恢復正常的夫妻生活，免得撒旦趁你們情不自禁的時候引誘你們。」（林前 7：3-5，《當代譯本修訂版》）

最後，正因為前兩點，所以基督社區，在大多數時候嚴禁出軌、嚴禁離婚，離婚後也很難再婚。時至今日，基督宗教也是鼓勵人們性壓抑、性克制的，比如看色情錄音帶，手淫，在很多教會中也仍然被認為是不好的行為。

越是性壓抑，越是嚮往性放縱。所以榮格也罷，他的個案也罷，在夢中的現實生活中，都會對曾經如商紂王一般性放縱、性狂歡的羅馬念念不忘。

本書〈古代的古樸和粗俗〉這一節中，我們就可以看到，一位羅馬的導遊和皮條客，給榮格留下了深刻印象[7]，看到遍地西門慶

7　榮格夢中的羅馬，原來和嫖娼、縱欲緊密相關，這是筆者在寫作《榮格的 30 個夢》一書中沒有明確指出的，在心靈工坊邀請我為本書寫作推薦序時，我正在創作一本書，用戲劇的形式

企業家們吃喝嫖賭的中國人可能會覺得奇怪，嫖娼這種事何以會如此深深印刻在記憶中，但是基督宗教的單偶制婚姻觀，已經貫穿到了社會生活的方方面面。

在本書〈黑暗所啟示的〉一節中記錄「糞便母豬夢」，大概就是榮格在面對基督宗教的性壓抑的時候，產生的一種「嗜淫癖」、「嗜髒癖」。

榮格實際上，過上了一種多偶制生活，他正在尋找的，是一種能夠理解、甚至支持他這種多偶制生活的價值觀。

在本書〈關於托妮・沃爾夫〉、〈論生存空間在婚姻中的重要性〉、〈更多的夢，在托妮・沃爾夫與艾瑪・榮格陸續離世以後〉這三個章節，都表達了他的這種掙扎。

我們看到，他喜歡的東方和原始社會，大多數都是實行多偶制的國家。他對這些國家的瞭解，也幫助他修通了基督宗教國家的陰影，也就是單偶制不是天經地義的神聖秩序，只是基督宗教社會的習俗。而且哪怕是基督宗教內部也發展過多偶制婚姻，更不用提與它相愛相殺的伊斯蘭教文化。

「夫妻關係六門課，錢性孩子身心靈」，靈魂伴侶觀要求六合一。

而在性愛生活這門課，榮格夫妻大概是不及格的，在本書〈來世與性〉這一節中，我們看出，他隱約地期望著一種「性愛雙修，性愛合一」的性愛婚戀觀。這當然是在單偶制關係中調整性本能最佳方案，在道教中稱之為「神仙伴侶」，但是這種昇華性本能的性愛雙修、性力瑜伽，在當時還沒有廣泛傳播到西方，榮格可能是第

來講解榮格的《夢境分析研討會》（*Dream seminar*）一書，剛好寫到其中主角個案「正確獻身」的夢，也是夢到了羅馬，那個夢的羅馬同樣也是象徵著縱欲和嫖娼。

一個練習昆達里尼瑜伽來調整自己性本能的精神分析師。

我們有理由懷疑，是否這種對性本能的昇華會影響到他和托妮的關係。比如在〈關於托妮‧沃爾夫〉這一節中出現過的「托妮消失夢」與「女人下半身石化夢」不由會讓人假設，榮格的內心，是否會暗自希望托妮消失，是否在托妮反對他研究煉金術、要求他繼續強化他的人格面具後，他們的性生活是不是也逐漸減少，托妮的下半身是否如同石頭一樣，失去了交歡功能？[8]

在〈更多的夢，在托妮‧沃爾芙與艾瑪‧榮格陸續離世以後〉一節，出現了榮格太太艾瑪死後變成了義大利農村婦女的夢，這似乎也反應了榮格對理想伴侶的嚮往，他好像期望一個農村婦女，也許是具有典型賢妻良母特徵的女性。

這似乎提示著榮格對自己農民子弟的身份認同和婚戀價值觀的回歸，而托妮和艾瑪都是貴族小姐，這種階層錯位的婚姻，往往都會有重大的價值觀衝突。我們發現，他們三個人，最終都變成了分析師，共同建立了榮格分析。榮格分析和佛洛伊德分析一樣，都形成了家族企業一般的社團，加入這種精神分析社團需要付出高昂的代價，而且它是受到明確的價值觀驅動。所以我們看到本書中無處不在反思萬事萬物的價值。

2.3 價值觀

除了整合生死觀和性愛婚姻觀外，這本書及《榮格自傳：回憶‧夢‧省思》的其他部分，可以說都是圍繞了「價值觀」開展的。

---

[8] 有關托妮‧沃爾夫，也有多本傳記問世，其中最優秀的一本 *Toni Wolff & C.G.Jung : A Collaboration*（Heally,2017），有眾多當年的當事人、見證者的訪問，以及稀有的個人照片。

甚至可以說，生死觀和婚姻觀，也是價值觀的一種形式。因為我們所說的價值觀，就是一個人的自我認同了超我所形成的價值判斷。

比如生死觀中，就會確定，什麼樣的死亡，是非常有價值的，什麼樣的生命，是價值很低的。

性愛婚姻觀也一樣，它確定什麼樣的性愛婚姻是人生的理想，而什麼樣的性愛婚姻是沒有價值的。

根據本文附錄〈表1自性化歷程與情結、原型發展表〉，在人的一生中，如果在你的記憶中，你有51%的時間是處於充滿愛的自體-客體關係配對中，也就是，回想起自己的小時候，你大部分處於「聖母－寵兒，規訓父母－自主幼兒，相愛父母－主動小兒」的關係記憶中，憶起少年時，你處於「民主老師－勤奮少兒，欣賞長輩－浪漫少年」的記憶中，青年時期，你自己是「有為青年」而你心中的社會，主要是「關愛社會」，中年時期，你感受到自己是具有繁衍力的中年人，你感恩家國，願意紮根這個家國，那麼圍繞你這一生的主流記憶，就是安全感、自主感、主動感、勤奮感、穩定感、親近感和繁衍感等等積極的、充滿愛的情感，你也就更加容易接受人生的苦難，感受到自己做為一個人的價值，從而接納自己做為老人的無價值感，悅納自己是一個幸福的老廢物。

每個階段的生命的價值觀，都是根據這些自體-客體關係配對來塑造的。榮格本人，認為人生最有價值的事情，也是榮格分析的目標——自性化，或者說個性化（individuation）。總結起來，這個自性化過程可以分為四個階段，自成一體，自得其樂，自由自在和自成一體。

本書很多篇幅，都是在試圖整合他自性化過程中的各種價值

觀。

比如〈個體化過程與聖誕樹〉和〈早期的閱讀經驗〉、〈小孩子和普蕾若麻〉這幾個小節，都是在展現他對於自性化的嚮往和追求。但是顯然，這種歷程是受到很多阻礙，我們從書中這些小節可以看出來：〈真正相遇的人〉，〈洞察力，神祕與社群〉、〈回憶錄工作計劃中相關的思考：一號人格及二號人格〉、〈回憶錄工作計劃中相關的思考：關於出版商的要求〉、〈回憶錄工作計劃中相關的思考：對這本書所獲得之理解與認可的想像〉。

他如何艱難地在整合名利情結，也就是人格面具和真實自我的張力，如何一方面能夠最大限度地保持真實，面對批評不再偽裝；另外一方面也不要傷害家人朋友的情感，以及造成出版者的虧損。

一個人的價值觀，在青年成人期後，就兵分兩路，一路形成了性愛婚姻觀，另外一路形成了金錢觀、名利觀、事業觀。

所以有一種說法，說佛洛伊德認為，人類的愛的本能，在解放出來後，應該投注為「愛與工作」。這反映了人們心中，覺得生命的能量，至少有一半應該投資到事業和工作中。

本書有不少章節，也表達了榮格的事業觀和名利觀，比如整個第五章〈Ⅴ精神醫療實務與分析工作〉，還有〈婚前工作暫停的休息時間：巴黎與牛津〉、〈在耶魯與哈佛的經歷〉這兩個小節。

我們看到榮格期望的理想事業是心理治療師，但是他更注重心理治療的屬性，是一種人本主義的工作，而並非不僅僅是一個科學工作者。

他的工作成就和婚姻生活，讓他從農家子弟上升到了上流社會，在〈貴族最後的絕望嘗試：蓋沙令伯爵〉這一節，他記錄了自己在面對上流社會，尤其是面對頂層富豪的瘋狂之時，那種進退兩

難又覺得滑稽荒謬的心態。

我懷疑這種階層躍升，對榮格的自我療癒產生了重大的阻礙作用。因為農家子弟鳳凰男，哪怕進入城市後，都容易自卑，出現替代者症候群。而榮格的冒名頂替感長年揮之不去，當然也離不開他從小到大一直伴隨自己的母愛創傷，在〈我母親的第二種聲音〉這一節我們看到，哪怕榮格已經成年了、名滿天下了，仍然逃不過來自母親的差評和質疑，就像伯格曼電影《秋日奏鳴曲》中的那個自戀人格媽媽，會把複雜性創傷和人格障礙代代相傳。（Schwartz, 2023）

階層躍升後，高處不勝寒，面臨各種外在差評者，他們又不斷啟動複雜創傷留下的內在批判者，榮格最終選擇了隱居塔樓，自我療癒，在〈心理學與體驗〉，〈隱居，獨處和永恆〉這兩節中充分討論了孤獨和各性發展的關係。

3. 結語

照理說，榮格這種孤身一人走天涯，笑看浮雲逐夢華的風格，榮格的後人們應該「清淨孤絕藏深山，松間月影灑寒灘」才對。但是近年來，榮格學派卻好像開始大紅大紫，先是榮格派入門書籍被韓國偶像團體防彈少年團推薦給全球樂迷，然後是滑雪選手谷愛淩坦承自己是 INTJ，引發了從榮格人格類型學所衍生出的 MBTI 的熱潮，成為了青年們社交暗語，再然後是某 Tik Tok 網紅寫作的陰影工作日誌，熱銷數百萬，有逐漸升溫的趨勢。這就像伯格曼的影片，莫名奇妙地大賣於中國大陸春節檔，榮格分析師們似乎也只好轉場於取悅大眾文化，遠離「雲遊四野無塵慮，心隨流水共悠閒」

的自得其樂之境。

究其根本原因，我想首先是因為榮格是受傷療癒者，他本人患有複雜創傷、分裂型人格障礙等眾多精神疾病，故而更懂受苦的人；其次，也是最重要的，更是因為他經歷了多次戰亂，和這本書的每一位讀者一樣，都是大疫情後的倖存者。所以他開始思索命運和苦難這種深沉話題，就像本書開篇第一節〈接受生命走向我的一切〉所探索的「命運」和「苦難」這兩個話題，這是深層心理學之所以成為深層心理學的原因。當人們能夠瞭解命運作為客體，尤其是接納自己的厄運、逆運之時，他達到了表1所描述發展的最後一個階段，也就是自我和自性，小我和大我整合的階段。[9]

一個人心性的成熟，是指在客體層面，他的客體世界從人類客體逐漸進展到抽象客體，比如家國、宇宙、命運這一類客體，在自體層面，他可以體驗到自體的緣起性空的特性，也就是他能夠體會到表1的所有內容，都是來自兩大本能三個我的辯證糾纏。兩大本能就是生本能和死本能，三個我就是自我、超我、本我，（李孟潮，2023b）。對老年人來說，最重要的就是超我中的死亡觀的成熟。榮格本人，已經向我們展示了他如何把多種文化體系中生死觀、性愛婚姻觀等整合為一體的心路歷程，被他整合的體系包括基督宗教、密特拉教、諾斯替教、伊斯蘭教、中國的儒釋道、印度教

---

[9] 榮格分析中，對命運的探索，主要是依靠占星和《易經》，繼而發展出了榮格派占星和榮格派的《易經》研究。但是受到榮格派權力鬥爭等因素影響，往往不被納入IAAP認證的榮格學院的正式課程中，榮格分析師Whitmont也寫過更容易被無神論分析師接受的，有關命運的論文（Whitmont, 2007），精神分析界的Bollas，也寫過探索命運的專著，《天命之勢：精神分析與人類習語》（*Forces of Destiny: Psychoanalysis and Human Idiom*）（Bollas, 2018）。另外一本值得閱讀的書籍是萊儂・科貝特（Lionel Corbett）的《受苦的靈魂：從深度心理學看痛苦的經驗與轉化》（*The Soul In Anguish: Psychotherapeutic Approach to Suffering*），該書第十一章深入討論了宿命、天命和苦難的辯證關係。（Corbett, 2015）

和佛教密宗、印第安原始宗教和非洲原始宗教等。我們今天也面臨著同樣的整合任務，總體而言，我們要面臨七大文化信仰系統，分別是儒教、道教、佛教、法家、中國共產主義、耶穌基督宗教和其他西方現代文明思潮。其中儒佛道法是中國的傳統文化，儒法兩家互為表裡，儒教德治、法家法治；德法共治，從秦朝和漢朝開始，奠基了中國古代大一統的文化超我格局。

哪怕時至今日，我們很多個案，尤其是中原地帶、閩越地區，農耕村落文化發達的地方，人們還是活在儒表法裡的社會文化結構下。

但是這種結構說到底，是為了維護「天地君親師」的威權體系的，猶如歐洲中世紀的神權專制一樣，個性自由無法得到伸張，所以它必須經由佛、道兩家得到補充，何況佛、道兩家在唐朝、元朝和清朝曾經成為國教，影響力不輸於儒法。佛道提供了細緻的個人主義和個性自由的解脫之路，《紅樓夢》中的富豪子弟賈寶玉，就是借用佛道得以解脫的。香港三級片《唐朝豪放女》還描述了才女魚玄機如何在道教的框架下，享受到了法國哲學家沙特和波娃的性自由。

所以類似蘇東坡這樣的人，他哪怕沒有認真學習過法家權力鬥爭的技術和藝術，僅僅憑著儒釋道三家，也構建了成熟的自我防禦機制系統，完成了榮格所說的自性化歷程。

然而，近代的中華文化圈，必須引入共耶西三家，才能轉型為工業文明下的世俗主義國家。中華民國的建國元老們就有不少基督教徒，中國大部分的現代醫院和學校都有基督教的影子。共產主義也深刻影響了中國，蔣經國和鄧小平原來也是共同在蘇聯留學的同

學。[10] 共產主義雖然本來有很大一部分也來自基督教和東正教，但是在中國，經歷了毛澤東、鄧小平等人的一系列改造，逐漸形成了一種民族主義特色很強的信仰體系。應該說中國的共產主義試圖接過傳統社會的儒表法裡的政權組織結構，這方面是比較成功的，而中國的基督教試圖重構儒家文化村社，卻遭遇了很大困難。

至於西方現代文明的世俗主義思潮，包括個人主義、自由主義、人本主義、科學主義、新靈性主義等等，從新文化運動一直到今天，也都深刻影響著中國人、尤其是中國城市人口生活的方方面面，甚至整個心理治療業，也是建立在這樣的人本主義、科學主義、個人主義和自由主義的信仰基礎上。它們也反過來影響了傳統文化，比如正念革命，它本來起源於卡巴金、康菲爾德等人對佛教、尤其是南傳佛教和禪宗的修習，但是他們去除了傳統佛教的權威主義、集體主義的色彩，引入了科學研究，加大了自由主義的內容，尤其是探索了性愛婚姻家庭中的正念修習，從而成為了一種半佛半西的新型信仰體系。

我們每個人也面臨著這樣的身心靈煉金任務——儒佛道法共耶西，七家共煉成一體。（參考附錄 2）於此過程中，我們轉身走入歷史的蒼茫。火車遠去鐵軌延伸著漫長的傷悲，斷牆斑駁泥土沉默，先祖之碑於曠野中驚動，在所有時間之外的織錦上翩然起舞，編織出一段段隱喻與啟示。集體口誦的超我信條，被智慧之火的舌尖來回舔舐，畫出人生難以規避的旅程。情結的炮彈呼嘯而過，在

---

[10] 有關這段歷史眾說紛紜，總體來說，大概是當年從孫中山開始，國民黨就樂於接受蘇聯和日本等國資助，甚至曾經思考過走上共產主義路線，所以出現了新三民主義，聯俄容共扶助農工。但是蔣經國被送到蘇聯留學，既有可能是真的嚮往共產主義，更有可能是被史達林當做人質，脅迫蔣介石。從蔣經國日後對共產主義的反感來看，人質說可能是更加符合歷史事實的。

自性的天空綴滿黑洞。人們喝完剛柔得道通權達變那明晃晃的陽光，又有精力再次吸收工業革命 LED 燈留下的文化陰影，從而領悟恆於時而非恆於心，恆於道而非恆於事的至理，時間留給人類的，除了愛便是生死。

參考文獻

李常珍。（2018）。《坪陽再生人——中國侗族 100 個轉世投胎案例實訪記錄》。新北：稻田出版有限公司

李孟潮。（2022）。《榮格的 30 個夢》。臺北：心靈工坊出版社

李孟潮。（2023a）。讀客文化《榮格自傳》專家導讀與伴讀。見【瑞士】榮格著，徐說譯。《榮格自傳：我的夢與潛意識》。上海：文匯出版社

李孟潮。（2023b）。讀客文化《自我與本我》專家導讀與伴讀。見【奧】佛洛伊德著，徐說譯。自我與本我。海口：海南出版社

Ashton, P. W. (2020). From the brink: Experiences of the void from a depth psychology perspective. Routledge.

Blum, D. (2007). Ghost hunters: William James and the search for scientific proof of life after death. Penguin.

Bollas, C. (2018). Forces of destiny: Psychoanalysis and human idiom. Routledge.

Clarke, R. (2012). A Natural History of Ghosts: 500 Years of Hunting for Proof. Penguin UK.

Corbett, L. (2015). The soul in anguish: Psychotherapeutic approaches to suffering. Chiron Publications. 此書中文版,見:萊儂・科貝特著,蔡怡佳審閱,楊娟,曲海濤譯。(2023)。《受苦的靈魂:從深度心理學看痛苦的經驗與轉化》。臺北:心靈工坊

Heally, N.S. (2017). Toni Wolff & C.G. Jung: A Collaboration. Los Angeles: Tiberius Press

Horn, S. (2009). Unbelievable: Investigations into ghosts, poltergeists, telepathy, and other unseen phenomena, from the Duke Parapsychology Laboratory. Ecco/HarperCollins Publishers.

Massullo, B. (2017). The ghost studies: New perspectives on the origins of paranormal experiences. Red Wheel/Weiser.

Peres, J. F. (2012). Should psychotherapy consider reincarnation?. The Journal of nervous and mental disease, 200(2), 174-179.

Preece, R. (2006). The psychology of Buddhist tantra. Snow Lion Publications.

Preece, R. (2009). The courage to feel: Buddhist practices for opening to others. Shambhala Publications.

Preece, R. (2010). The wisdom of imperfection: The challenge of individuation in Buddhist life. Shambhala Publications.

Preece, R. (2011). Preparing for tantra: Creating the psychological ground for practice. Shambhala Publications.

Preece, R. (2015). Feeling Wisdom: Working with Emotions Using Buddhist Teachings and Western Psychology. Shambhala Publications.

Spiegelman, J.M. & Miyuki, M. (1985). Buddhism and Jungian Psychology. Phoenix, Arizona: Falcon Press

Schwartz, S. E. (2023). Imposter Syndrome and The 'As-If' Personality in

Analytical Psychology: The Fragility of Self. Taylor & Francis.

Tucker, J. B., & Keil, H. J. (2013). Experimental birthmarks: new cases of an Asian practice. Journal of Scientific Exploration, 27(2), 269-282.

Whitmont, E. C. (2007). The destiny concept in psychotherapy. Journal of Jungian Theory and Practice, 9(1), 25-37.

Wooten, R. (2020). Tara: The Liberating Power of the Female Buddha. Sounds True.

附錄 1

表 1　自性化歷程與情結、原型發展表

發展分期	情結	主導原型	客體－自體配對與內心衝突	自性化歷程
嬰兒期	自戀情結	偉大母親原型－兒童原型	聖母－寵兒（安全感）vs 死亡母親－棄兒（嶷疑感）	自成一體
幼兒期	權威情結	父親原型－個人陰影原型	規訓父母－自主幼兒（自主感）vs 操縱父母－害羞幼兒（害羞感）	自成一體
小兒期	三角情結	化合原型－集體陰影原型	相愛父母－主動小兒（主動感）vs 敵對父母－內疚小兒（內疚感）	自得其樂
少年期	學習情結	人格面具－文化陰影原型	民主老師－勤奮少兒（勤奮感）vs 獨裁老師－懶散少兒（散漫感）	自得其樂
青春期	青春情結	永恆少年原型－智慧老人原型 阿尼瑪－阿尼姆斯原型	欣賞長輩－浪漫少年（穩定感）vs 功利長輩－空心少年（混亂感）	自得其樂＋自由自在
青年期	名利情結	人格面具－愚弄者原型	關愛社會－有為青年（親近感）vs 冷漠社會－隔絕青年（隔絕感）	自由自在
中年期	家國情結	智慧老人原型－永恆少年原型	感恩家國－繁衍中年（繁衍感）vs 冷漠家國－停滯中年（停滯感）	自由自在＋自性圓滿
老年期	生死情結	自性原型	抱持宇宙－統整老人（統整感）vs 無情宇宙－絕望老人（絕望感）	自性圓滿

表2 儒佛道法共耶西的生死觀

信仰	生命意義觀	死亡觀
儒教	天地君親師，仁義禮智信。 三綱五常，家族主義，權威主義	1. 死亡：兩世論，陽間＋陰間。死後進入陰間，和祖宗們在一起 2. 樂天知命，未知生，焉知死 3. 立德、立功、立言，修齊治平，捨生取義
佛教	1. 涅槃寂靜 2. 緣起性空 3. 悲智雙運 4. 戒斷貪嗔癡，勤修戒定慧	累劫輪迴說，涅槃解脫說，人天福報說，輪涅不二說
道教和道家	天人合一，道法自然	大道清虛說（老莊），煉丹成仙說（內丹）
法家	法、術、勢，權力鬥爭為主	很少論及，有借用黃、老的片段
中國共產主義	解放全人類，為人民服務，社會主義核心價值觀：愛國敬業誠信友善	無神論，人死燈滅，物質不滅，毛澤東老三篇（《紀念白求恩》，《為人民服務》和《愚公移山》）
耶穌基督宗教	十誡，信、望、愛。救贖、寬恕、感恩，靈魂伴侶觀	1. 死後沉睡，等待末日救贖 2. 死後上天堂或下地獄
西方現代文明世俗主義思潮	個人主義、自由主義、科學主義、人本主義。民主與科學、愛與自由、愛與工作	安樂死

推薦語

　　這本書讓榮格從一位心理學家變成了思想家,裡頭不是理論,而是側寫他對人性與心靈的體悟與觀察,及靈感迸發的吉光片羽。

　　我們在這裡能看見直覺與思維功能的完美互動。每一頁都有驚喜,每一篇都散發著智者的光芒。

　　他那沒有邊界的思想在這本絕無僅有的著作一覽無遺。

　　我會隨時把它帶在身邊,在我和內心失聯時,將它當成一位活著的「智慧老人」對我的指引。

　　　　鐘穎(諮商心理師、心理學書籍作家、愛智者書窩創辦人)

| 審閱序 |

智慧，在生命的盡頭

王浩威（精神科醫師、榮格分析師、作家）

1

榮格是一個怎麼樣的人？特別是，他人生的境界究竟成長到怎樣的高度？關於這一點恐怕是許多略知榮格思一二的人，都會好奇的。

安妮拉・亞菲（Aniela Jaffé, 1903-1991）的這本書《榮格晚年沉思錄》，在她去世將近 30 年以後，也是榮格去世 60 年以後，才終於能夠發表，確實是本讓人十分好奇的書。

亞菲與榮格的關係是不同平常的。她從 1947 年到 1955 年擔任蘇黎世榮格研究所的秘書時就已經和榮格有許多面對面的合作；也因為榮格對這些合作相當滿意，向來不容易找到理想秘書的他，從 1955 年到 1961 年要求亞菲擔任自己的私人秘書。這也就讓人明白亞菲為何會成為榮格那一本著名暢銷書的「所謂自傳」的作者了。

亞菲在榮格身旁的這段時間，相當於榮格思想最成熟的階段，但也是他慢慢面臨肉體衰老的階段（通常也是人們精神開始脆弱的緣故）；自然地，她如何書寫這一階段的榮格，必然是相當值得參考的。特別是，如果這是榮格生命所達到的最高境界，那他留下的智慧又是如何？這一點就更加珍貴。

只是這樣一本萬眾期待的書籍，卻因為複雜的版權問題，原稿又因種種原故四散在世界不同重要圖書館的檔案室裡，一直到這些年慢慢地確定原來完整的面貌，加上複雜的法律問題得到確定，才終於同時以德文版和英文版共同面市。

2

榮格一生的貢獻，可以從很多面向來思考。就東西方文化的歷史差異來說，他是少數幾位能夠從彼此的方向來擴展自己理念的思想家。

東西方文化的差異，直到令天，恐怕都還是處在各說各話的情況。而榮格在 20 世紀初期，在 1920 年前後接觸到中國道教的《太乙金華宗旨》（也就是《金花的祕密》）以後，他可以說是西方思想家當中，少數幾位能夠盡量積極忘記自己根深柢固的西方文化立場，而努力以完全空白的態度來融入東方文化的西方學者，包括印度、日本、和中國的文化。這樣的態度，甚至到了晚年（1958 年）和日本京都學派久松真一禪師的對話時，還是認為自己對進行這場對話所需之東方思想的理解實在太少了，「如果沒有到日本去學禪一年以上，是無法進行這一場對談的」。

同樣的，從另外一個角度來看：從心理學出發的他，在西方心理學歷史上來說，是第一位將人類整個一生都納入思索對象的心理學家。如果我們回顧 20 世紀中葉以前（一直到艾瑞克森〔Erik Erikson〕以前）的西方心理學，除了榮格，所有的討論確實都侷限在出生到成年的階段。而榮格在他的心理學裡，最重要的觀念之一，就是相信人的一生是永無止境的演化歷程，是永不停息的

成長，也就是他所提出的個體化（Individuation，或譯自性化）概念。

然而，對成長在東方文化裡的我們來說，這個觀念其實從小就是理所當然的，從來都沒有把它當作一件特別的事。包括中國文化在內的許多東方文化裡，並沒有心理學這樣的一門學問，專門來研究人的心智如何從嬰兒呱呱落地起展開的成長過程。但在中國傳統文化，包括儒道釋在內，人生自然就存在著終極的心性追求，而且這是東方文化各個傳統所共同關心的重點，是一種理所當然的生命狀態。然而，對東方而言理所當然的態度，在西方卻鮮少討論，頂多在宗教的領域。

所以學貫中西的當代大儒錢穆先生，在他過身前最後的遺稿〈天人合一論：中國文化對人類未來可有的貢獻〉裡，對自己新領悟的「天人合一」觀是非常重視的，視之為「中國文化思想的總根源」、一切中國文化思想的歸宿，是「整個中國傳統文化思想之歸宿處」，「中國文化對世界人類未來求生存之貢獻，主要亦即在此」。這其實是許多具有歷史觀的東方思想家都曾有過的觀念，雖然強調的重點可能稍稍不同，提出的論述也可能有各種角度。

從東西方文化的思考來說，這一點確實是相當有意思的：當榮格的個體化觀念，成為他在西方思想傳統當中最獨樹一幟的成就時，類似的觀念，卻是中國在內的東方思想所普遍重視的觀念。

3

過世前幾年的榮格，最主要參與或創作的書籍，應該是「所謂的自傳」《回憶・夢・省思》，以及和多位弟子合著的《人及其象

徵》（Man and His Symbols）了。

1875 年出生的他，到了晚年自然是逐漸地衰老。

到了 1960 年 2 月又一次心肌梗塞以後，榮格一直處於重病狀態。所有人，包括他的子女，一起決定在 7 月 26 日為他慶祝八十五歲生日，而且不是往常那樣一般慶生而已。在慶祝活動的高峰，在住家附近松恩酒店（Hotel Sonne）舉行的晚宴上，他被授予「榮譽市民」（Ehrenbürger）的稱號，並獲贈庫斯納赫特市的鑰匙。

慶祝活動結束後，榮格其實已經疲憊不堪了，而且還沒來得及休息，又出現了一個意外：他一位女傭的女兒掉進了他船屋附近的湖裡淹死了。這一系列事件導致榮格嚴重休克和心率過速，但他堅持自己已經康復，可以與友人一起參加汝拉山之旅。然而他中途就不舒服，但還是不讓大家返回。一到昂嫩斯鎮（Onnens），榮格就因胃部不適而倒下，這是過去肝膽反覆發作的主要症狀。第二天早上，榮格的病情穩定下來後，大家打電話給他女兒瑪麗安。瑪麗安那時也因為癌症而體弱，只能住在自己少女時代的臥室裡，繼續監督《全集》的出版。原本瑪麗安想租一架直升機把榮格載回家，但被人說服了，改租救護車把榮格從昂嫩斯送回家。從此，榮格被禁止旅行。

到了第二年，在 3 月 20 日至 30 日期間，榮格又發生了幾次輕微的心肌梗塞。然而，前述的兩本書依然進行著。

4

英國國家廣播公司（BBC）記者約翰・弗里曼（John

Freeman）曾在 1959 年採訪榮格，這些內容後來成為《人及其象徵》一書的部分。沃夫岡・福格斯（Wolfgang Foges）是奧爾德斯圖書公司的總經理，他看了電視轉播後認為，榮格的評論為他個人的心理學知識提供了全新的深刻見解，可以讓那些只熟悉佛洛伊德的基本理論但對榮格理論知之甚少的知識階級讀者產生相當興趣。因此福格斯請弗里曼向榮格提出一個要求，也就是為普通讀者而非專家撰書的可能性。

「榮格在他的花園裡聽了我兩個小時，幾乎沒有中斷，然後說不行……」弗里曼回憶起兩次會面中的第一次。「他說得很客氣，但態度非常堅決；他過去從未嘗試過普及自己的作品，現在他也不確定自己能否成功做到這一點；總之，他已經老了，而且相當疲憊，不願意承擔如此漫長的工作，因為他對這項工作有太多的疑慮。」而且，在這同時，弗里曼不知道的是，當時榮格正捲入了與《回憶・夢・省思》一書有關的長期爭議裡。而這些爭議，正是本書會詳細提到的。

在拒絕弗里曼之後不久，榮格做了一個夢，使他改變了主意。夢裡他「站在一個公共論壇上，向群眾演講。他們聚精會神，聆聽著他的話，而且『對他的話心領神會』……」。所以當福格斯請他重新考慮時，榮格說他會在兩個條件下同意這件事。

首先，他不希望書中只有他一個人的文章，而是要包括「最親密的追隨者」的文章，他將自己的心理學託付給這些追隨者。第二個條件比第一個更重要，應該是因應《回憶・夢・省思》文本的爭論而提出的：榮格希望弗里曼擔任該書的總編輯，協調所有文本，處理作者和出版商之間可能出現的任何問題。

瑪麗-路薏絲・馮・法蘭茲（Marie-Louise von Franz）是榮格

選中的第一人，他將自己理論的基石「個體化的歷程」委託給了她。作為榮格長期在煉金術研究的合作者，她非常瞭解榮格的工作方法，後來也承擔起編輯的責任。在榮格去世後，她不僅與弗里曼一起編輯，還成為該書內容的最終決定者。

榮格的下一個人選是約瑟夫・亨德森（Joseph L. Henderson，美國人，唯一的非瑞士人），他被邀請撰寫他的專業領域「古代神話與現代人」。而傑拉德・阿德勒（Gerald Adler）也接受了這一邀請，但不久後就退出了，原因有兩個說法（取決於誰的說法）：一是他有太多其他的工作（編《全集》、《書信選》等等），另一是他對所有撰稿人的稿酬都低於榮格感到憤怒。榮格因此邀約蘭德・雅各比（Jolande Jacobi）接替。她很傷心榮格沒有在第一時間將她列入人選，但她還是接受了，因為她從未拒絕過榮格的任何要求。過了一段時間後，他認為這本書還需要一篇關於「視覺藝術中的象徵主義」的文章來完善。儘管他很清楚安妮拉・亞菲正為「所謂自傳」焦頭爛額、不堪重負，但他還是指派她撰寫這篇文章。他的理由是，她曾是藝術史學家卡羅拉和西格弗里德這對吉迪恩-韋爾凱夫妻（Carola and Sigfried Giedion-Welcker）的秘書，所以她可以迅速而輕鬆地掌握這一主題。

這本書在1961年融合後才完成，到了1963年才出版。

5

因為有《人及其象徵》，榮格可以專注於他的文章〈無意識的探索〉，這也許是他在生命最後一年可以和《回憶・夢・省思》風暴保持距離的原因。當大家都在爭論榮格的「所謂自傳」中可以說

什麼、不可以說什麼的時候，他卻樂此不疲地用英語直接表達自己的觀點，撰寫自己的文章。這是他最喜歡的寫作方式，以最純粹的形式闡釋自己的理論。他認為，英語比德語更適合這種解釋，因為英語提供了最精確、最直接、最集中的術語，他可以用這些術語向識字的一般讀者闡述。

這篇文章對榮格非常重要，儘管它從未得到學術上應有的關注，但我們有必要將它視為榮格寫作《回憶‧夢‧省思》的那些年的一種平衡。這兩本書一是準理論，一是準傳記，都值得關注，且都在榮格的生活和工作中佔有一席之地：它們是最後一本。

這篇文章也可以視為他自己意志力的痕跡，儘管他血壓飆升，大腦經常處於缺氧狀態，每次站起只能蹣跚地走幾步，甚至需要躺著睡覺，而不是坐著思考，但還是堅持寫完了。四月底，他筋疲力盡，讓人收拾好行李，關閉了博林根的塔樓，不得不回庫斯納赫特的家。當時，他一定心想那是他最後一次離開塔樓。

那時榮格做了一個夢，讓人認為他的生命即將終結。這個夢境是一塊巨大的圓石浮升到一個不知名的地方。榮格說這塊石頭上刻有「這將成為你們圓滿和合一的標誌。」（And this shall be a sign unto you of Wholeness and Oneness.）

回到庫斯納赫特後，榮格又做了一個夢。他夢見一棵棵高大的樹木生長在一個廣場上，巨大的鬚根從地底鑽出，將他包裹其中，樹根上都是金色的絲線。在這個廣場的右側，躺著許多大陶器和花瓶。這個夢也讓人想起著合一、圓滿和結束。

五月初，醫師安排他去醫院做一次全面檢查。在榮格回到庫斯納赫特後的一星期，他健康狀況良好，可以在主樓度過早晨；但一旦中午上樓午睡後，他就一直待在樓上，要麼在臥室，要麼在書

房，晚上在書房用餐。他通常穿著一件東方設計的絲綢睡袍，頭上戴著各種睡帽，他最喜歡的是天鵝絨內襯毛皮的睡帽。有時陽光明媚，他就攙扶著走到陽台上，在那裡他可以看到湖面。

女兒瑪麗安總是在家，她經常因病臥床不起。兒子弗朗茨也經常來，父子之間一直存在的緊張關係現在已經完全消失了。芭芭拉-漢娜（Barbara Hannah）有時會載榮格去短途兜風，因為他喜歡坐汽車，但5月6日之後，他已經虛弱得無法離開自家的樓上了。瑪麗-路薏絲・馮・法蘭茲通常在下午稍晚花半個小時討論《人及其象徵》，她和芭芭拉・漢娜每天都會去，直到榮格去世的前兩天。

1961年5月17日，榮格發生腦血管栓塞，影響了他的言語。子女和孫子女眼中曾經叱吒風雲的一家之主，如今卻讓他們淚流滿面，因為他說不出完整的語言。幸運的是，幾天後榮格就慢慢恢復了大部分語言能力，儘管語速很慢，而且是低聲說話。他雖難以表達完整的句子，仍然堅持讓安妮拉・亞菲將所有的信件讀給他聽。5月30日，他再次病倒，從那時起直到最後，再也沒有離開過臥室，女兒瑪麗安則抱病親自陪伴。

在他去世前的6月5日下午，他恢復了一點語言能力和意識。兒子弗朗茨坐在他身邊，他們一起回憶往事。榮格讓家人到地窖裡為他們的晚餐挑選一瓶上好的葡萄酒。家人馬上把酒拿了上來，因為他過去幾天根本無法進食。弗朗茨打開了酒瓶，家人一起向榮格敬酒，榮格喝了一小口就很盡興。第二天早上，榮格的神志已經清醒，可以簽署銀行取款所需的文件。瑪麗安的兒子魯道夫（Rudolf）幫她拿到了榮格的簽名。瑪麗安感覺榮格的病情發生了嚴重變化，她不想去看醫生，但她的兒子（也是一名醫科學生）則

堅持要去。在醫院的下午 4:30，榮格在睡夢中悄然離世，而那時瑪麗安人在醫生的辦公室裡。那一天是 1961 年 6 月 6 日，卡爾・古斯塔夫・榮格在「漫長而緩慢的日落」之後，伴隨著逐漸「消逝的光線」而去世。

6

榮格過世後，有關傳記的糾紛反而更加白熱化，一一詳細記載在這本書的第二部。只不過考據這一段歷史的作者，基本上是站在安妮拉・亞菲的立場。這件事情太複雜了，每個人都有自己的講法。我們可以理解其中關鍵人物有各自的立場、各自的生命脈絡，自然也有他們各自認識的榮格，每個人都有不同的版本。

不過，本書的前半部仍是最讓人驚艷的。透過安妮拉・亞菲的紀錄，我們看到了一個更活生生的榮格，一個如何在個體化的路上愉快地前進的生命故事，還有更多的智慧。

（本文參考許多資料，特別是迪爾德麗・貝爾〔Deirdre Bair〕的作品《榮格：一本傳記》〔*Jung: a biography*, 2003〕。）

榮格晚年沉思錄————————————————————————｜目次｜
心靈探索的最終旅程
Streiflichter zu Leben und Denken C.G. Jungs

推薦序一　終須一讀・洪素珍 / 5
推薦序二　性愛生死定價值，三觀確立度一生・李孟潮 / 8
推薦語・鐘穎 / 31
審閱序　智慧，在生命的盡頭・王浩威 / 32

出版者前言 / 46

第一部　榮格晚年最後的談話 / 55

【引言】珍貴的吉光片羽・安妮拉・亞菲————————57

I 關於人格與生活的體驗：成長————————64
接受生命走向我的一切／洞察力，神祕與社群／真正相遇的人／我母親的第二種聲音／婚前工作暫停的休息時間：巴黎與牛津／早期的閱讀經驗／追憶巴霍芬、布克哈特，與巴塞爾這城市

II 關於人格與生活的體驗：關係————————91
移情，追隨與責任／紀念年輕的愛因斯坦／論生存空間在婚姻中的重要性／語言／論語言的整體性與局限性／關於托妮・沃爾夫／貴族最後的絕望嘗試：蓋沙令伯爵／在耶魯與哈佛的經歷

III 關於人格與生活的體驗：獨處 ……… 117
古代的古樸與粗俗／黑暗所啟示的／隱居，獨處和永恆／回憶錄工作計劃相關的思考／夢見被遺棄的房子／蛇與魚

IV 關於人格與生活的體驗：宗教和鬼魂 ……… 154
伊斯蘭教中對真主的呼喚／體驗非洲／肯亞的鬼魂／鬧鬼現象與外化的原型能量／胡貝圖斯神父治癒科尼家族馬戲團的小象／女巫與山羊／疾病與康復的夢中意象／彩色幻象帶來的繪畫靈感／內在的音樂／我是佛教徒轉世的嗎？

V 精神醫學實務與分析工作 ……… 181
與診斷為精神分裂症的患者所進行的工作／透過同理來進行識別／關於自殺現象／心理學與體驗／空虛與直覺／疾病中的破壞性與邪惡／關係，伊瑪構與投射／小孩子和普蕾若麻／個體化歷程與聖誕樹

VI 此時和彼岸 ……… 204
論死後的生命／心靈意象裡的存在／「屬你的死人要活過來」／夢見母親離世後的存在／夢見已故的妹妹在來世的婚禮／兩度夢見一位已故的朋友／重生的理念作為一種神話想法／更多的夢，在托妮・沃爾夫和艾瑪・榮格陸續離世以後／死者透過動物的形象來顯現／動物與完滿／來世與性／印度人如何看待死後的生命

VII 人的意象，上帝意象，世界觀 —— 229
顯現的上帝／關於我們所意識到的知識／上帝的無意識／上帝與人／化身／做自己力所能及的事／最後的紀錄，記於榮格離世前三週

第二部　榮格，亞菲與傳記 / 249

【引言】作品誕生背後的故事・艾琳娜・菲利斯 —— 251

I 命運、限制與渴望交織而成的巨型戈爾迪烏姆之結 —— 254
「我還沒有為自己找到圓滿的答案」

II 一種創造性的共鳴，如同女性存在的啟示 —— 273
安妮拉・亞菲的生平

III 找尋一條穿過我記憶叢林之路 —— 316

IV 進入合作關係 —— 338

V 我鼓勵亞菲，盡可能提供更多素材，以確保這依然是她的書 —— 369
「不是自傳，而是共同創作」

Ⅵ 我已將責任委託她，以防我無力完成全書的定稿 397

Ⅶ 一本自傳形式的榮格傳記 409
一個意義重大的承諾

Ⅷ 一部篇幅不大，但影響深遠的手稿誕生了 430
「因為她是作者，她的態度才是最核心的」／是榮格向秘書亞菲口述？純粹榮格的作品？／更加裸露的榮格？／「企圖再一次抹煞我存在的痕跡」／「這項工作讓我的晚年充滿了意義」

致謝 / 466
圖片來源 / 467

「談話中,榮格根據當時的情況和興致,自由表達自己的思想。當他與我交談時,不會因為可能受到批評因而阻斷思緒。他不擔心他的話語和見解可能需要進一步深思熟慮,人們才會認為是連貫或有意義的。如果我有辦法觸及新的興趣,榮格不僅會回答我的問題,還會順著他的思路進一步地繼續談下去。」

——安妮拉・亞菲（Aniela Jaffé）

出版者前言

「我過著有意義的生活嗎？我學到了什麼？是受到了什麼的影響？我的工作哪一部份是重要且可能持久的？當衰老如期而至，現在什麼事物令我感興趣？」

在榮格生命的最後五年時間裡，他與安妮拉・亞菲（Aniela Jaffé）圍繞著以上提問和其他許多問題，進行了長期的漫談。他針對這一切的許多見解，可以在由安妮拉・亞菲所彙編出版的《榮格的回憶、夢和反思》（*Erinnerungen, Träume, Gedanken von Jung*，以下簡稱《MDR》）一書當中找到。[1] 但是，並不是所有他向亞菲分享的內容，都有機會呈現在那部曠世佳作之中！

榮格還有更多的話要說。《榮格晚年沉思錄》實際上是一個延續，其中包括榮格對自己一生的工作、晚期思想和自我意識的反思，這些反思在談話過程中不斷發酵，數量相當可觀，卻從未出版過。亞菲認為這些餘下的資料，包括他的著作及老年時期的思想，都非常重要，能夠幫助世人理解榮格的本質，不應當被遺忘，因此她不遺餘力地為未來的讀者整理這些資料。

1　安妮拉・亞菲編著，《榮格的回憶、夢和反思》，1962 年，紐約萬神殿（Pantheon）出版社。
　【審閱註】：本書有多種版本，台灣由張老師文化《榮格自傳：回憶・夢・省思》出版，引進大陸劉國彬和楊德友所翻譯的版本，再由蔡榮裕審閱。英文版本直譯應是《記憶、夢和反思》，而德文版直譯則是《榮格的回憶、夢和反思》；在本書裡，繼續延用最初德文版的書名，是為了吻合本書所強調的這部傳記的作者狀態。

本書所呈現的榮格回憶和故事的彙集，經歷了漫長、迷宮般的演化過程。最終，多虧了安妮拉・亞菲的敏銳和堅韌，這些珍貴的篇章終於重見天日。在下文中，我將進行簡要的說明，在亞菲與我建立起友好的關係之後，這份遺稿出版的責任是如何落到我身上的。

　　儘管我早就熟悉亞菲的某些著作，然而直到 1975 年底，我在蘇黎世榮格學院（Zürich Jung Instituts）進修期間才有機會認識她。當時我是應《春泉》（*Spring*）期刊負責人詹姆斯・希爾曼（James Hillman）[2] 的邀請，要將她之前講座的講稿〈榮格與艾拉諾思會議〉（Jung und die Eranos-Tagungen）[3] 翻譯成英文，於是來到了亞菲夫人位於蘇黎世弗倫特區（Fluntern）霍赫街（Hochstrasse）的家門口，請教她文章中的各種細節。這初次相遇標誌著一段不斷加深的友誼，一直持續到 1991 年 10 月，亞菲以八十八歲的高齡離開人世。我懷念這位熱情洋溢的女士，她受過良好教育，在滿是挑戰的生活中積攢經驗，隨著歲月更臻成熟，不論是在精神上還是在思想上，永遠都是慷慨大方。

　　在她生命的晚年，亞菲一方面繼續榮格分析實務工作、在榮格學院任教、參加心理學俱樂部的活動等等，另一方面也仔細整理論

2　【審閱註】：詹姆斯・希爾曼（James Hillman, 1926-2011），是美國榮格學派心理學家，原型心理學的創始者，是《春泉》（*Spring*）年刊和出版社的創辦人。翻譯成中文的作品有《夢與幽冥世界：神話、意象、靈魂》、《靈魂密碼：活出個人天賦，實現生命藍圖》、《自殺與靈魂：超越死亡禁忌，促動心靈轉化》（以上由心靈工坊出版）；和《你不知道的權力的二十種面貌》（*Kinds of Power: A Guide to its Intelligent Uses*，網路與書出版）。

3　安妮拉・亞菲，〈榮格與艾拉諾思會議〉（Jung und die Eranos-Tagungen），收於 Adolf Portmann 和 Rudolf Ritsema 合編的《艾拉諾思年鑑》（*Eranos Jahrbuch*），1975，卷 44，（獨立書名《多世界的多樣性》（*The Variety of Worlds*），荷蘭萊登的 E. J. Brill 出版社；同時也刊在《春泉：分析心理學和榮格思想》年刊，1997 年，蘇黎世，第 201 頁及其後。

文和檔案文件,撰寫或重新修改大量論文,並進行大量意義深刻的國際通信,其中一些在隨附的評註中有所記載。

最後的歲月裡,她在翻閱資料的過程中,找出了與榮格的傳記對話還有許多未被利用的筆記,也包括製作《MDR》一書的基本材料中尚未出版的內容。她最大的遺憾和擔憂就是,榮格在與她的談話中分享的大量內容,正如她在五十年代末編寫榮格傳記時的筆記所記錄的,一直沉睡至今,未曾出版,實際上也無法查閱。她從那些密集談話中所整理出來的資料,很大一部分並沒有收入《MDR》裡,原因之一是出版商限制了頁數(參見〈引言〉)。剩下的資料怎麼可以就這樣擱置在檔案櫃裡呢?她反覆推敲這本關於榮格晚年思想和夢之紀錄的文集,一章一章地編織出這一本獨特的嶄新傳記。

經過此般努力所完成的這份手稿,她認為不僅應該出版,也是必須出版的:需要讓更多讀者瞭解這些未發表的談話筆記。這不僅是她的任務,也是她的責任。她認為自己有責任以這種方式實現榮格的願望。畢竟,在那段頻繁而深刻的反思過程中,榮格分享了許多他的回憶、夢和趣聞軼事,並且明白亞菲日後會繼續整理,並將這勞動的成果付梓。十多年來,亞菲定期地回頭編輯這些材料,確信它們應該單獨出版,以補充已經出版的《MDR》。然而,並不是每個人都與她有同樣的信念,畢竟面對不易解決的版權難題與爭議,亞菲在二十世紀八〇年代初不得不放棄出版計劃。

隨著逐年衰老,亞菲眼看出版希望渺茫,最後在 1986 年下定決心將手稿交到年輕一代的手上,於是指定我擔任她的文學遺囑執行人,要我堅持不懈地想辦法出版這本書。之後十二年多的時間裡,我進行了許多修訂。最初的作品標題是「榮格如是說」

（Jung erzählt），後來改為了「榮格的經歷與想法」（Erlebtes und Gedachtes bei Jung），最終成為現在的版本《榮格晚年沉思錄》（*Streiflichter zu Leben und Denken Jungs*）。亞菲任命我為她的文學遺產管理人，並委託我負責出版工作。

直到許多年以後，2013 年，榮格作品基金會（Stiftung der Werke Jungs）[4] 終於同意，手稿將由戴蒙出版社（Daimon Verlag）出版，版權歸安妮拉・亞菲或其文學遺產管理人所有。《MDR》與《榮格晚年沉思錄》複雜的起源和悠久歷史，將在艾琳娜・菲斯利（Elena Fischli）有關史料的評述中娓娓道來。

此外還有一個決定，那便是解除對安妮拉・亞菲與榮格傳記會議紀錄的禁令，這些材料是她「回憶書」的原始素材。最初，是在五〇年代末，她將這些手稿的副本寄給了出版商庫爾特・沃爾夫（Kurt Wolff），但沃爾夫並沒有將這些材料寄還給她或是榮格的繼承人。二十世紀七〇年代末，出版商的夫人海倫・沃爾夫（Helene Wolff）將這些材料交給了博林根叢書的前任編輯約翰・巴雷特（John Barrett）；巴雷特又將其轉交給了普林斯頓大學出版社（Princeton University Press）；最後，在 1983 年存放到美國國會圖書館（Library of Congress）。專家們對亞菲原始筆記中的基礎材料已經感興趣很久了，腓利門基金會（Philemon Foundation）委託索努・山達薩尼（Sonu Shamdasani）編輯，並由普林斯頓大學出版社出版。

多年來，我與安妮拉・亞菲就她的生活和工作進行了多次交

---

4 【審閱註】：榮格作品基金會（Stiftung der Werke Jungs）於 2007 年由榮格夫妻後代原來組成的「榮格後裔社群」（Erbengemeinschaft Jung）所成立，擁有榮格和艾瑪・榮格兩人作品的版權。

談，最初主要是出版方面的問題，所以我們共同完成了一些她的學術著作新版本和彙編。但隨著時間推移，謹慎的思考裡慢慢出現個人的故事，我們逐漸也會聊自己，聊一些生平，包括她自己傳記的某些部分。她因此逐漸向我介紹了她的家人和最親密的朋友們，這對她來說相當重要。比如當朱莉・諾伊曼（Julie Neumann）[5]、維奧萊特・德・拉斯洛（Violet de Laszlo）[6]、勞倫斯・范・德・波斯特（Laurens van der Post）[7]，或其他國家的朋友路過這裡時，我偶爾會被邀請去她的公寓吃簡單的午餐或喝茶；當她姊姊加布里埃爾（Gabriele）的兩個兒子從英國來蘇黎世拜訪她時，我成了她公寓裡的常客。後來，她的侄子們提供了非常重要的幫助，讓我瞭解家族歷史和背景；在進一步的接觸裡，他們提供了傳記方面的寶貴資訊，這些都納入了本書第二部。儘管個人的生命史是個令人有些猶豫的話題，但安妮拉・亞菲對於這些未發表手稿的許多問題，始終準備好與我們討論，並且對筆記的背景脈絡提供了許多非常有價值的註解與解釋。

對我個人而言，作為導師和朋友，安妮拉・亞菲好得不可思議：她思想深邃，整個人沉穩而富有同情心，她睿智的性格和謙冲

---

5 【審閱註】：朱莉・諾伊曼（Julie Neumann），艾瑞旭・諾伊曼（Erich Neumann, 1905-1960）的妻子，認識當時是嬰兒護士，後來也成為分析師和手相學家，原名是朱莉・布盧門菲爾德（Julie Blumenfeld, 1905-1985）。

6 【審閱註】：維奧萊特・德・拉斯洛（Violet de Laszlo），榮格的弟子，全名應該是 Violet Staub De Laszlo。他在紐約執業，畫家波拉克是他的個案。

7 【審閱註】：勞倫斯・范・德・波斯特（Laurens van der Post, 1906-1996）是南非荷蘭語作家、農民、士兵、教育家、記者、人道主義者、哲學家、探險家和自然資源保護主義者。他因對榮格心理學和對桑人（San 或是布須人 Bushmen，意為「叢林人」）的興趣而聞名，另外他二戰期間的經歷以及在澳洲。日本導演大島渚根據他二戰被俘所寫的三篇中篇小說《種子與播種者》（The Seed and the Sower）改編成電影《俘虜》（Merry Christmas, Mr. Lawrence, 1982）。

的態度，贏得了同事、朋友、和學生的信任，同時在數十年的分析工作中，讓接受分析的來訪者是如此地信任她。作為一位永遠聚精會神的傾聽者，她總是能夠從對方盤根錯結的語言中抓住巧妙的時機，即便是對方的情結已在眼前啟動，她仍以合適的方式將自己的觀察想法回饋給對方，而得到接受和認可。

作為分析師，她花在思考和準備上的時間，經常與花在分析中的時間一樣多。每次抵達她的公寓，經常發現她正思考著來訪者的夢，記錄下次會談該注意的要點。她的來訪者必然會感覺到，每次會談都有著充滿洞察力的問題和回饋正等著他們。而更早以前，她也是以同樣的謹慎和敏感強度來為榮格工作，也以同樣的態度來面對他的回憶錄，不論是在他生前，還是去世以後。

在這漫長而多事的人生路途上，亞菲面臨過許多不可思議的逆境挑戰，特別是納粹在歐洲統治和迫害的時期。即便是後來定居蘇黎世，她也曾面臨一貧如洗的生活，還要面對來自批評家的偏見，偶爾還有來自一些分析師同事的，更不用說在她與榮格合作和編寫《MDR》期間所發生的種種密謀了。「就任由那些狗繼續吠叫吧，這正標示著我們確實是前進的！」[8] 每當這些磨難讓她太痛苦的時候，榮格好幾次這樣安慰她。

她帶著自己似乎與生俱來的高貴與尊嚴，還有那特別的同理心，一路不畏艱辛地走著。她的內在好像有著某種指南針，可以指引她平靜而耐心地繼續走在自己的路上。她所遺留的豐富遺產，一部分可以在這本書中找到，也保存在她其他作品中。最後還有一點很重要，作為分析師，她的許多實務工作也留下了記號，並延綿長

8　許多人說過這句話，這裡應該是指十八世紀偉大的德國作家歌德（Johann Wolfgang von Goethe）的引用。

久。她為我們留下鼓舞人心的遺產,其中一些可以在本書中找到,還可以在《MDR》、《意義的神話》、《幽靈・死亡・夢境:榮格取向的鬼文本分析》、《榮格的最後歲月:心靈煉金之旅》[9]和其他許多出版物中找到,更重要的是,她幾十年來陪伴被分析者和學生走過他們個人旅程的奉獻成果。

在準備出版手稿時(原稿為德文),我有幸將這一任務委託戴蒙出版社的共同創始人兼編輯艾琳娜・菲斯利,她的才智、專業知識、和堅韌不拔的精神,完全符合我對這本書的期待,不僅幫助我完成了正文和大量註解的定稿工作,還對所收集到的大量檔案資料進行了必要的研究和整理。在此過程中,這些資料有機地演化成了本書的第二部〈榮格,亞菲與傳記〉,與傳記的起源密切相關。這份評述為我們深入解說,《MDR》和《榮格晚年沉思錄》誕生的背後故事以及複雜的出版過程,同時再加上安妮拉・亞菲的詳細傳記,這本書才終於得以呈現在讀者面前。

安妮拉・亞菲委託我根據她與榮格的談話紀錄出版一部作品。如今,看到她留給我的任務已然完成,我感受到了巨大的滿足:願這本書現在能夠成為這兩位偉人的見證,見證他們的思想,見證他們的關係,見證他們的精神和生命。

羅伯特・亨蕭(Robert Hinsha),出版者[10]

9　【審閱註】:《幽靈・死亡・夢境》和《榮格的最後歲月:心靈煉金之旅》這二本的中譯皆由心靈工坊出版。

10　【審閱註】:羅伯特・亨蕭(Robert Hinshaw)是位榮格分析師,1970 年代就讀於蘇黎世榮格研究中心,他參加了瑪麗-路薏絲・馮・法蘭茲(Marie-Louise von Franz)、芭芭拉・漢娜(Barbara Hannah)、詹姆斯・希爾曼(James Hillman)等人的課程。還是學生的時候,他在春泉出版社(Spring Publications)與達瑞爾・夏普(Daryl Sharp)一起工作,最終成為業

務經理。後來，春泉出版社隨詹姆斯・希爾曼遷至美國，亨蕭便創辦了自己的戴蒙出版公司（Daimon Verlag）。亞菲後來的作品，及許多第一代榮格學家晚年的作品，都由這個出版社出版。現在每屆國際榮格學會大會年刊，以及每年艾瑞諾斯（Eranos）的年報，都是由這個小型出版社出版。亨蕭因為是亞菲寫作時的編輯，自然在她晚年生活上也提供許多協助。

第一部

榮格晚年最後的談話

安妮拉・亞菲　撰文

〔引言〕
珍貴的吉光片羽

1956年,就在榮格82歲的時候,我們的談話開始了。我記錄這些長期的談話,撰寫成筆記。《榮格的回憶、夢和反思》一書就是來自於這些筆記的。[1] 這些討論發生在四年多的時間裡,每次對話的間隔不定,或長或短。每次的紀錄,榮格經常親筆加以增補,因此這本委託給我的書,以一種寶貴的方式得到了補充。他還授權給我,允許我根據他其他著作的內容來補充這份筆記。然而,原本要作為回憶書基礎材料與原始素材的談話紀錄,卻由於種種原因,其中相當部分最後並沒有完全收錄進去。

到了寫下這些文字的時刻,一切都已經過去三十多年。在當今的整體環境中,讀者剛好可以換個角度,或是用不同的眼光來閱讀當時沒能收錄的部分,今天以新的視角來審視這些未發表的筆記,會發現榮格談話中所表達的一切,都是珍貴的片段。其中許多即興的言論和評論揭示了榮格的個性,讓人們能更加理解他的性格、發展,和他的思想世界;因此我做出決定,希望讓感興趣的讀者們接

---

[1] 安妮拉・亞菲編著,《榮格的回憶、夢和反思》(*Erinnerungen, Träume, Gedanken von Jung*),1962年。

觸到這一切。現在呈現的這本《榮格晚年沉思錄》，就是根據當時的談話紀錄加以摘錄與編輯的成果。儘管這些紀錄是片段的，讀者們卻可以據此進一步審視榮格的思想世界和經驗世界。雖然閱讀本書時，不需要事先閱讀《榮格的回憶、夢和反思》，但如果先有一定的瞭解，會有助於理解這本書的整體脈絡。[2]

榮格在聯想過程中講述的軼事，和他個人的記憶，或關於特定主題的討論，似乎不適合呈現在當時的那本書中，當時也省略了一些具反思性質的解釋，主要是考慮到：它們看起來太直觀，甚至太大膽、離奇；尤其是榮格的某些思考，比如說關於死後的生命，轉世、因果報應等觀念，以及對宗教問題的思索，這些思考所具有的「不科學」性質，與這些陳述的背景情境有關。這些幾乎都是榮格在具體背景下自發的反思：也許是正在研究著作或論文；也許剛好受到與某些人的相遇或信件的影響；也許那時正好有書要出版或版本要更新。但最重要的，還是當下的內心意象與當時所惦記的一切。同樣重要的是，這些談話是發生在榮格生命最後的幾年；不久前，他的夫人艾瑪・榮格去世了（1955），更早一點他的長期伴侶托妮・沃爾夫也去世了（1953），而他自己也正面對著死亡的門檻。

談話中，榮格根據當時的情況和興致，自由表達自己的思想。當他與我交談時，不會因為可能受到批評因而阻斷思緒。他不擔心他的話語和見解可能需要進一步深思熟慮，人們才會認為是連貫或

---

[2] 另可參見安妮拉・亞菲，《榮格的生活與工作》（*Aus Leben und Werkstatt von Jung*，英譯本 *From the Life and Work of Jung*）,《榮格的最後歲月》（*Aus Jungs letzten Jahren*，英譯本 *From Jung's Last Years*），1968 年第三版書名為《榮格的最後歲月及其他文章》（*Aus Jungs letzten Jahren und andere Aufsätze*），1987 年。中譯本《榮格的最後歲月》由心靈工坊出版，2020 年。

有意義的。另一方面,他能夠一直如此自由地表達,原因也許是在於他相信我,相信我瞭解他的學術工作,和我編輯、書寫的風格。有時,他雖然是面對著我,卻彷如是在對自己說話。[3]

在我們的談話結束後,隨著時間流逝,人們的態度也發生了變化,越來越能理解這類自發的想法,也越來越感興趣。對於孕育和湧現的階段,對於與導致後來一連串結果相關的聯想和過程,人們想要理解的興趣也與日俱增了。因此,我們收錄了一些注釋,能幫助讀者更廣泛地理解榮格的科學著作——它們是「處於誕生狀態」(in statu nascendi)的思想,試圖持續地環繞這些充滿挑戰的問題,來趨近意義之所在。

許多對話都與個人的主觀本質相關。榮格身為科學家,儘管在書信和著作中總是強調,人類所有陳述或想法都只是表達了人類靈魂中的上帝意象,但在當時的日常表述中,他幾乎總是會提到「上帝」。對於榮格來說,有一點很重要,即便是在學術作品中也是如此,就是不能完全排除宗教所陳述的客觀性和有效性——因為這些宗教表達所涉及的,本身就是不可知的,是神祕的,最終也是不可能確定的;它們與真實的上帝有關,或僅是與人對上帝的想像有關。[4]

保留部分筆記的最後一個原因是(這在當時是決定性的),筆記的個人隱私性質。這樣的隱私在當時如果出版,時間上恐怕還

---

[3] 榮格是一位偉大的說故事人。如果我能夠用評論和問題喚起他的興趣,他就會回應我大量的回憶和思考;當然,我並非每次都能成功。

[4] 參見《榮格全集》第 11 卷《心理學與宗教:東方和西方》,1958 年,第 661 頁起。關於上帝意象,可參考阿德勒和安妮拉・亞菲(編)《榮格書信集》(*C. G. Jung-Letters*)第一卷和第二卷,1953 年;以及安妮拉・亞菲(編),《榮格:意象與談話》(*Jung-Bild und Wort*,英譯本 *Jung: Word and Image*),1977,第 207 頁及以後。

是太早了一些。首先涉及了他的同事、也是伴侶的托妮·沃爾夫（1889-1953），多年以來兩人關係一直非常密切。自從《榮格的回憶、夢和反思》出版以來，在書籍、媒體和電影中……關於兩人的關係有很多說法，真真假假全都出現了。現在也許是時候，該和盤托出榮格自己對她的評價了，而這確實出現在我們的談話中。榮格的方式是不提外部事件，只談心理背景，所以他講述了說服他開始這段關係的夢境，還談到了托妮離世之後的某些夢境，可以看出她的去世和榮格後來發展的關係。

榮格與我為了回憶錄工作而產出的這些對話，經常遭到各種錯誤的揣測，實際上從來沒有過所謂的「自傳材料的口授」。榮格沒有向我逐字口授《榮格的回憶、夢和反思》的任何內容，哪怕僅僅一行。他只是侃侃而談，讓我選擇我想記下的東西。我會不時提出問題，或是發表評論，偶爾也會有第三方在場一起談論。如果我能成功觸及某個他感興趣的觀點，那麼榮格不僅會回答我的問題，還會讓他的思想帶著他走得更遠。同一次談話中，他常會談起不同的話題。在完成這項工作數年間，或數月間，他總會經常來來回回地繞著一個問題，發散出許多不同的想法。此後，如果我們又回到相同的話題，又或者是談及相關話題，往往榮格會再增添些想法。榮格關於回憶的這些談話，敘述模式主要是聯想式的；而為了適應這種聯想的流動，我必須提出問題或給予評論，否則流動就會趨於乾涸。

在一起工作多年後，榮格知道我熟悉他的大部分著作，也熟悉他的思維過程和參考點，因此，他認為我理所當然地能理解他談到的評論和典故，而無需多作解釋。於是，在撰寫筆記時，我在必要的地方會相當節制地補充一些解釋性訊息。

我都是按照自己所發明的方式去記錄內容,如果需要逐字記錄這些自由的話語,那麼就需要專業的速記法,遺憾的是我並不擅長這技能。然而只要有可能,當日稍晚我就會用平常的手寫方式來抄錄和編輯這些筆記,還會將所有縈繞我心的內容添補進去,並寫成可讀的風格,同時又盡可能地接近榮格直接而自由的表達方式。我的首要任務是保留這些陳述的自發性特徵,但我也清楚地意識到,口語和書面語是相當不同的。在將口語轉化為書面時,為了創造出可讀的文本,我不可避免地修正和重組了詞語,這也意味著,為了提高文本的可讀性,我必須對榮格關鍵詞式的陳述增添文字,或補充一些榮格未明確表述的前提。而且每次的談話和每次的情境都不同,所以如果因此認為榮格的說話風格是單一而一致的,是相當錯誤的。

《榮格的回憶、夢和反思》的出版社要求我的一項主要任務是,從不同日期的筆記中抽取出同一主題的內容,按內容進行分類,並將它們彙編成一個連貫的文本。出版社從一開始就堅持,要盡可能讓大部分文字看起來像是榮格自己直接的敘述,類似於自傳的文體。[5] 然而榮格本人卻將我稱為這整個工作的「合著者」與責任編輯,甚至一度建議這本書只以我的名字來出版。所以,儘管我

---

5 從一開始,萬神殿出版社的庫爾特‧沃爾夫(Kurt Wolff)就希望這本書盡可能地接近榮格的作品,並給人一種看起來像自傳的感覺,這就是他特別希望以第一人稱單數來敘述的原因。當時,雖然榮格當時已經同意了傳記的合作工作,甚至也親自撰寫了回憶書的部分文本,但他對寫自傳的想法還是保持著極為矛盾的態度。1958 年秋天,榮格在閱讀了《榮格的回憶、夢和反思》部分草稿後,明確提出要求,要將我的提問、評論和反應都整合到手稿中,整本書以對話的形式來呈現。於是,我對文本進行了相應的修改。遺憾的是,出版商沃爾夫並不同意這種做法。之後,在徵得榮格的同意後,我再次對整個手稿進行修改,問答的形式被修改成了榮格自述的形式。這也許會給一些人一種錯覺,誤以為文章是由榮格一詞一句口授於我。

【編註】:關於本書詳細的歷史淵源,可參閱本書第二部。

們是合作完成了這項工作，但我們並不認為這是一本自傳。

在準備出版現在這本書時，我同樣做了一些補充性的注釋，然而不一樣的是，我不必像編寫回憶書那樣受到主題的連貫性所約束。在這本書裡，當年榮格陳述的零碎特徵會更加清晰可見。所有的紀錄都註明日期，呈現出日記性的一面。在某些情況下，我也寫下簡短的介紹性評論或注釋，以便將榮格的話語置於某些情境中。這些篇章並非按照時間順序來排列，而是以各種不同的主題來編排。

我年事已高，留給我的時光已經不多。關於這卷將在未來出版的書籍，我要感謝在創作過程中鼓勵並支持我的所有人，你們陪伴著我並且相信它的價值。特別感謝倫敦的勞倫斯・范・德・波斯特爵士，以及座落在艾因西德倫（Einsiedeln）的戴蒙出版社及其主事者羅伯特・亨蕭與艾琳娜・菲斯利，他們正按照我的指示對文本加以編輯和補充，為將來的出版做準備。

安妮拉・亞菲
1991 年夏

圖說：光陰水流裡寧靜的島嶼，是亞菲與榮格進行著傳記談話的午後，於 1959 年夏天。
攝影：安妮拉・亞菲

I 關於人格與生活的體驗：成長

接受生命走向我的一切

1959 年 10 月 20 日

人們並不知道，如果不接受生命呈現給他們的一切，以及生命向他們提出的質問和任務，將會面臨怎樣的風險。當他們決心讓自己免於痛苦與磨難時，卻會歸因是於天性使然。如此一來，即是拒絕為生活付出代價，他們往往因為生命的誤導而走上歧途。

如果我們拒絕接受自己的命運，另一種痛苦就會取而代之：精神官能症將隨之而來。而我相信，我們不得不過的*這種*生活並沒有精神官能症那樣糟糕。如果我必然要受苦，那麼就讓這一切來自*我的現實*。精神官能症是更大的詛咒！一般來說，精神官能症其實是逃避的替代品，是欺騙生活、逃避某些事情的無意識慾望。

人們所能做的，只能是活出自己的本來面目。我們都是由對立與衝突的傾向所組成的。經過反覆思慮以後，我得出的結論是，最好是活出自己的本來面目，並接受你所面臨的困難——因為逃避只會讓事情更糟糕。

今天，我可以說：我一直忠於自己，已經盡我所知所信，盡力做了所能的一切。至於對錯，我並不知道。

無論如何，受苦是不可避免的；但我只想為那些真正屬於我的東西受苦。對我來說，選擇這條道路過程中的決定性因素之一是，我知道，如果我不對自己的人生目標和挑戰做出充分的回應，那麼這些目標和挑戰就會由我的孩子們所繼承，他們除了要承受自己的困難之外，還要承受我未完成的人生重擔。

我深深明白自己從父母那裡承受了多麼沉重的負擔，這樣的包袱不是那麼簡單就能甩掉的。你會發現自己被沉重的遺產壓得喘不過氣來，它如影隨形，你勢必要接受和背負這份遺產，就像蝸牛背負自己的房子一樣。光靠「聰明的頭腦」和「理性的行為」是不足以讓你度過一生的。或許你可以為自己躲掉某一些麻煩，但在這過程中，你和自己的生活也活生生地切斷了。

我見過那些沒有好好活出自己人生的人，他們的命運，每一個毫不例外地全都太可怕了。至於那些活出自己的命運，並盡其所能將自己的命運加以實現的人，都不會有什麼後悔的理由。從這一點來說，伏爾泰是對的，他說：人們只會為「那些我們沒有做的事」（surtout ce que l'on n'a pas fait）後悔。[1] 作為一個人，我們必須承擔

1　榮格與我對話時，大多數時候說標準德語。當他說標準德語而非巴塞爾方言時，喜歡混雜著英語和法語的表達和格言。這句格言意為「人們總是會為那些自己沒有做的事而後悔，而不會為自己做了什麼而後悔。」這是古羅馬哲學家皇帝馬可‧奧勒留（Marc Aurel, 121-180）的格言。由於榮格在這裡引用的是法語，並指明是伏爾泰所說，所以假設後者也曾使用這句格言。

【編註】：談話中，榮格經常信手拈來一些曾經讀過的內容。由於在引用時，不能明確他所引用的具體版本，因此除了其本人的文學作品外，其他的文學作品都省略了確切的參考書目。有關榮格藏書的詳細內容，可參閱索努‧山達薩尼（Sonu Shamdasani）《榮格：書本中的生平》（*Jung: A Biography in Books*）》，2012年。

自己應該承擔的債務，這一點是非常重要的。到了晚年，會讓我們感到後悔的，往往不是那些沒有看見、或沒有經歷過的美好事物，而是從我們身邊擦肩而過、卻被忽略的時刻。

洞察力，神祕與社群

1957 年 12 月 6 日

如果我們不瞭解自己的內心世界，就不可能與他人、這個世界及整個宇宙建立起真實的連結。只有當我能夠理解所有人的共同性質，比如能夠理解無意識及其集體內容，也就是原型的一切，我才可能找到我與他人的連結。年輕的時候，我自以為能夠理解他人，與他人之間也是存在連結的；但在那時候其他人的一切，基本上對我來說毫無意義！

然而，想要瞭解靈魂奧祕的渴望一直都沒有離開我；我覺得自己不得不好好去思考這些事情。但這不只是一種強迫，其中也有我自己的意志，我的脾氣！這其實是我自己一直想要的。由於這種想要瞭解靈魂的強烈渴望，當年還是年輕醫師的我，甚至希望自己因此罹患精神分裂症，或者至少愛上一位患有精神分裂症的女人，這樣我就能夠瞭解這些人的內心世界。

我變得孤獨，不是因為我渴望洞察力，而是因為洞察力的獲得。一開始，我的身旁沒有人能夠理解我，而且嚴格來說，即使是現在，我與您所談論的東西，也是我以前從未能夠向任何人解釋的事情。倘若您從中有所收穫，那麼您也會變得與其他人不同。知識讓您變成孤獨一個人，也帶來了寂寞。

反之亦然:因為有了這樣的瞭解,才真正瞭解了一個社群的更深層次意義,所以只有從這些人身上,才能夠形成真正的社群;[2] 然而,相反的情況也是成立的:要理解社群和伴侶關係的深層含義,就必須瞭解原型力量。真正的社群是來自於知識和洞察力的分享。那些透過平庸事物的分享來尋找社群的一群人,其實是沒有太大意義的。將人們聯繫在一起的,是那些特殊而獨到、只可以與少數人分享的洞察力。因此,在原始的人類中[3],社群總是與神祕連結在一起。社群因此只是一種奧祕的密教。

真正相遇的人

在第一次跟我談論傳記項目的那一封信,出版商沃爾夫就明確表示,希望榮格能夠談談與他同時代的著名人物相遇的相關一切。雖然我立刻做出回覆,說榮格想談論的是內在的體驗,而非外部的生活。然而,沃爾夫繼續堅持了很長一段時間,甚至想要用單獨的一章來描述這部分的內容。當我在談話中偶爾提到這個問題時,榮格的反應從疲憊地不感興趣到完全惱怒不等。在我最近兩度試圖提出這問題時,他明確地解釋了對他有意義的接觸類型。

2　還可參見榮格因為接觸到原型體驗而對祕密和社群做出的評論,收於安妮拉・亞菲(編),1962 年(【審閱註】:應該是《意義的神話》〔 *Myth of Meaning* 〕一書),第 342 頁及以後、第 355 頁及其後。1944 年,榮格大病一場。在這之後,他對夢進行了回憶並且開始反思時,做出了上述陳述。參見同一書,第 289 頁及以後。

3　【編註】:自 18 世紀以來,Primitive(原始人)和 Neger(黑人)這兩個說法,不但在日常口語中常見,在文學和學術語言中也是如此。就榮格所處的時代而言,這兩個詞並未含有貶抑意味。這一類與殖民主義密切相關的術語,其背後的歧視性內涵直到 1970 年才開始被探討,到了現在,只有種族中心主義者或是種族主義者才會使用這類詞語。然而榮格的用法在這裡被原封不動地保留,下文所提非洲的經歷也是如此處理。類似處理方式也可見《榮格全集》。

1958 年 5 月 23 日

我很高興可以與他人見面。大多數的人來找我，都是帶著一些我日後不能夠、也不應該向第三人談及的內容。但如果這人因此被某個想法牢牢抓住，無法擺脫開來，或是因而失敗了，那就與我無關了。

與同時代的名人相遇？我曾經與湯恩比（Toynbee）[4]兩度坐在一塊兒，告訴了他一點我自己的想法，但是他倒是沒有談論起他自己的。至於我談話內容對他的影響，好像無從談起⋯⋯。我在年輕的時候遇見過著名的天文學家羅威爾（Lowell），當我在克拉克大學獲得博士學位的時候，他是我的贊助者[5]⋯⋯我和包立的關係？[6]關於這個，也許我可以談談？

（很長一段時間的沉思後）

4　阿諾德・湯恩比（Arnold J. Toynbee, 1889-1975），英國歷史學家，文化理論家和歷史哲學家。
　　【審閱註】：其著作《西方文明的沒落》在當時風靡一時，在二十世紀七〇年代的台灣也同樣風靡。
5　帕西瓦爾・羅威爾（Percival Lowell, 1855-1916），美國天文學家。1909 年 9 月 13 日，在麻塞諸塞州（Massachusetts）的伍斯特市（Worcester），當時榮格、威廉・斯特恩（William Stern, 1871-1938）和西格蒙德・佛洛伊德（1856-1939）三人一同被克拉克大學（Clark University）授予榮譽博士學位。
　　【審閱註】：威廉・斯特恩是德國的心理學家和哲學家，他創立了個人主義心理學（personalistic psychology），強調如何透過檢視可測量的特質，以及這些特質在每個人內在相互作用所產生的自體。
6　沃夫岡・包立（Wolfgang E. Pauli, 1900-1958），物理學家，因發現「不相容原理」（Exclusion Principle）而獲得諾貝爾物理學獎；他和榮格長久以來一直保持著聯繫。見榮格／包立，《自然與心靈的解釋》（*Naturerklärung und Psyche*，英文版 *The Interpretation of Nature and the Psyche*），1952 年；邁爾（C. A. Meier 編）,《沃夫岡・包立與榮格在 1932-1958 年間的書信來往》（*Wolfgang Pauli und Jung. Ein Briefwechsel 1932-1958*，英譯本書名 *Atom and Archetype: The Pauli/Jung Letters 1932-58*），1992 年。

有人說我沒有朋友，也沒有任何的人際關係。這絕不是真的！簡直是捕風捉影！我與我的每一個孩子、兒媳和孫子、孫女之間的關係，都是獨特的。然而，我一生中那些決定性的相遇，都是發生在我與相當普通的人們之間，其中有些人還被扣上相當傷人的所謂「病人」的稱號。從與這些人的相遇中，我學到了一些東西。其中包括我與山地湖泊（Mountain Lake）[7] 或在印度與一位單純的梵學家的相遇[8]。

　　這些「不重要的人」最重要的地方是，他們都是人，在相遇的過程裡展現了自己的本質。這並非是他們想要這樣做才展現或揭露的；在那裡我自然就與他們真實的自性相遇。只有一個人充分體驗自己的生活和事件時，才能夠成為這樣；和在外部世界是否擁有特殊成就完全不相關，那些成就只是人生舞台的前景。

　　而我一直想要的是背景。我是我所追求的，對我來說這才是決定性的因素。我也果真找到了可以與之建立這樣關係的一些人。我這裡有很多這樣的關係，許多我認為果真是朋友的關係。

1958 年 2 月 6 日

　　我這些真實的相遇是如此地深刻，以至於很難用言語來談論。有些人對這一點卻不能理解，為什麼某些人對我來說是這麼的重

---

[7] 山地湖泊是新墨西哥陶斯印第安部落（Taos-Pueblos）的一位酋長，他的印第安語為「Ochwiä Biano」，本名則是安東尼奧・米拉巴爾（Antonio Mirabal）。1925 年，榮格訪問新墨西哥州的印第安族群，並與「山地湖泊」進行了會談。1958 年 5 月中旬，榮格向我講述了這段令人印象深刻的相遇。參見安妮拉・亞菲（編），1962 年，第 246 頁及以後；以及參見安妮拉・亞菲，1977 年，第 155 頁，插圖 147。【審閱註】：此書即安妮拉・亞菲（編），《榮格：意象與談話》。

[8] 參見安妮拉・亞菲（編），1962 年，第 277 頁及以後。

要,他們對我是意味著什麼,對我為什麼是如此有意義。有的石頭其實裡面是藏著黃金的,但是沒有人知道,因為從外面看起來和普通的石頭沒什麼兩樣,同樣沒什麼利用價值。但是,如果採取的方法正確,就可能提取出黃金。

對我來說,這些相遇如此重要是因為能夠照亮靈魂深處向來隱藏的一切。所以我可以這麼說:如果我在一個人身上接觸到位於背景的那部分,我就和他有了關係——如果沒有,應該是他們沒辦法讓我感興趣。我過去能夠,現在也是可以,在最想不到的地方接觸到那些沒人會想到的人,那些不同尋常的奇人異士。例如,芭貝特(Babette)就是如此。[9]

我可以與最不可能的人建立起緊密的關係,一種內在的聯繫。有些我認識的人會讓我深感興趣,也許是為他們這些背景所深深吸引,又或者是因為他們身上有著熠熠生輝的動力和影響力。就這樣,我跟他們有了關係。因此,任何人的任何微不足道、醜陋、或是令人厭惡,都不會嚇倒我。[10] 我可以培養出聖人一般的耐心,因為我能夠感知背景。如果自己沒有親身體驗,就無法解釋這一切。

我確實非常欣賞人們的積極品質,但對我來說,最決定性的因素始終是我是否能感知這個他者性(otherness),就是感知到背景,或是能感知到這背景的缺失。如果缺少了這感知,我甚至不會

9　這是一位精神分裂症患者,曾經在蘇黎世大學診所(伯格霍茲里)接受過榮格的治療。參見榮格〈早發性痴呆心理學〉(on the Psychology of Dementia Praecox)和〈精神異常的內涵〉(The Content of the Psychosis),均收錄於《榮格全集》第3卷。也可參見安妮拉·亞菲(編),1962年,第125頁及以後。

10　在這裡,榮格暗指1908年佛洛伊德曾前往伯格霍茲里(BurghÖlzli)的拜訪,當時佛洛伊德曾提問,榮格怎麼能夠忍受與這樣一位「面容極其醜陋的女人相處數小時甚至數日」。見同前,第128頁。

再多看他一眼。當然，人有很多優秀的品質，是我非常欣賞的。但是唯有一個人與背景的力量有所連結時，我才會因此而著迷。相比之下，其他的一切如果沒有了背景，都顯得蒼白無力了。然而，如果必須與這些人當中的某些人一起過日子，那又是另外一回事了⋯⋯。

我母親的第二種聲音

1957 年 6 月 7 日

這一天，榮格談到了自己的母親。從孩提時代開始，到成年後的某些重要階段，榮格都能夠感受到，母親身上存在著兩種人格。平常的時候，母親是一個熱情洋溢的傳統女人，和藹可親而平易近人；然而在某些關鍵時刻，她的二號人格會發出強而有力的聲音，話語之間湧現不可侵犯的威嚴，激起榮格內心深處醞釀已久的內容，例如阿尼瑪問題或是學術研究方面的抱負。[11] 幾個月後，在 1958 年 1 月，也就是描述母親人格的兩面性後不久，榮格在〈我生命中的早期事件〉[12] 中用「一號人格」和「二號人格」描述了自己身上存在的兩個人格。

11　參見安妮拉・亞菲編，1962 年，第 48 頁及以後。另一次更早的紀錄裡，這段經歷的描述有所不同，見麥奎爾編，《夢的分析：在 1928-30 年間的研討會記錄》（*Dream Analysis, Notes of the Seminar given in 1928-30 by Jung*）》，1984 年，第 97 頁。
　　阿尼瑪（Anima）：男性無意識中女性特質的人格化，經常會投射在某位女性身上。榮格提出的見解，認為心靈是雙性的，與生物學的事實相符：男性之所以為男性，是因為他們身上的男性基因數目多於女性基因，但數量較少的女性基因似乎也會為男性帶來一部分的女性特質。但由於女性特質較少，力量較弱，因此經常被潛藏在無意識中。
12　參見安妮拉・亞菲（編），1962 年，第 vi 頁。

年輕的時候，我曾在蘇黎世的伯格霍茲里[13]任職助理醫師，住在佐利克大街（Zollikerstrasse）。那段時間，我為了字詞聯想研究[14]忙得焦頭爛額，整個房間貼滿各式各樣的圖表。這時，母親還不知道我在做什麼。有一天，她來探望我，環視我的房間一圈後，問說：「這些東西是什麼？」「這是我正在研究的東西，一些實驗的圖表。」我為自己所從事的研究或多或少有些自豪，儘管我還不清楚研究結果會帶來什麼樣的具體意義，甚至我還不知道它是否有意義。我只是單純地想要弄清楚，在進行實驗時，聯想所帶來的混亂究竟意味著什麼？我假設它們與情緒化的情結（complex）有著某種聯繫。[15]母親又看了一遍我所有的研究結果，倏地站起身來，像一名法官似的，用她「第二個」聲音對我進行審判：「那麼，你真的覺得這些東西有何意義嗎？」

　　我母親很少用這種語氣說話，然而一旦她這樣說話的時候，總是會憑著直覺說出一些出人意表的意義。這種時刻，她往往準確地點破我心中仍不承認或仍未意識到的感覺。有時候，她說的話聽起來就像是曖昧難解的神諭。在這種情況下，我可能會認為她的問題

13　蘇黎世大學精神醫學診所（Psychiatrische Universitätsklinik Zürich），榮格也稱其為福雷爾診所（Forel-Klinik），當時是由尤金・布魯勒（Eugen Bleuler）管理。

14　參見榮格，《榮格全集》第 2 卷，《實驗研究》（*Experimental Researches*），1979 年，第 1350 頁及其後。

15　在榮格的作品，對情結與通俗的理解不一樣。榮格認為「情結」是「……一種心靈碎片，由於創傷的影響或某種不相容傾向而分裂形成」。正如字詞聯想實驗所證明的那樣，情結會干擾意志的意圖，打亂意識的表現；情結會擾亂記憶，阻礙聯想的流動；這些情結我行我素，依自己的規律出現或消失；情結可以暫時迷惑意識，或從無意識來影響人們的言行舉止。總之，從情結的表現來看，它們甚至就像是具備了獨立人格的存在，特別是在精神狀況異常的時候，表現會更為明顯。在精神病患者自己的描述中，情結甚至可以表現出個人的自我特徵，就像是通過自動書寫或類似技術來表達自己的靈魂一樣。」見榮格，《榮格全集》，第 8 卷，《無意識的動力》（*Die Dynamik des Unbewussten*，英譯本為 *The Structure and Dynamic of the Psyche*《心靈的結構和動力》），1969 年，第 253 頁及其後。

意味著我對自己的工作不夠重視,或者我高估了它的價值。確實,我也曾有過懷疑,只是內心深處不願承認而已;母親只不過說出了我的心聲而已。

　　母親的追問給了我沉重的一擊,以至於在接下來的三個星期裡,我都提不起筆。她的一字一句讓我質疑自己所做的一切是否真的重要,甚至還懷著罪惡感開始認真地反省:我在研究的這一切是否真的有意義。我總是很難接受自己的判斷可能會欺騙了自己,而母親卻在當下戳中了我內心深處那股未加以證實的恐懼。她總是用那種異常嚴肅而認真的聲音,和平常截然不同:似乎她想讓我意識到自己的工作確實有價值,但同時又讓我懷疑自己的工作是否真的有意義。幾乎在這同一時刻,她又立刻補上一句:「當然,我一點也不懂這些!」

　　母親的言辭類似於德爾斐神諭(Delphic oracle):「要麼這樣,要麼不這樣。」模稜兩可,又蘊含深意,就像預言一樣:「若跨過哈里斯河(Halys),你將摧毀一個帝國!」[16] 事實上,她所強調的是,在場的這一切擁有重大意義。

16　榮格引用的是皮提亞(Pythia,德爾斐阿波羅神殿高級女祭司的名字)為呂底亞國(Lydien)國王克洛伊索斯(Krösus)所傳達的神諭。當時克洛伊索斯思慮不周,沒有料到他對波斯所發起的進攻可能會導致自己的帝國滅亡(公元前 546 年);榮格在口頭表述時,將哈里斯河(Halys)與盧比肯河(Rubicon)混為一談了,凱撒大帝(Caesar)才是率領軍隊渡過盧比肯河,而佔領了羅馬。

婚前工作暫停的休息時間：巴黎與牛津

1957 年 10 月 4 日

1957 年 9 月末，庫爾特・沃爾夫來到蘇黎世拜訪。在此期間，他首次閱讀了我的一些筆記，他要求榮格多談一些藝術、音樂和文學在他生活中的重要性；此外，關於榮格對庫斯納赫特（Küsnacht）家中所掛的畫作與他之間關係的看法，沃爾夫也非常有興趣。幾天以後，榮格準備好了，開始跟我談起這些主題。

還是高中生的時候，我就經常參觀巴塞爾美術館。[17] 我崇拜著霍爾拜因（Holbein）[18]，還崇拜勃克林（Böcklin）[19]，那時我甚至也十分喜愛昔日荷蘭大師的作品。在我還是青年的那個時代，巴塞爾當地的人對藝術都非常感興趣，這都是受到雅各布・布克哈特（Jakob Burckhardt）的影響。[20]

17　這些藏品自 1936 年以來就一直珍藏在巴塞爾美術館（Kunstmuseum Basel）；而在榮格的青年時期，這些藏品則還是陳列在奧古斯汀街（Augustinergasse）的博物館，即如今改成自然歷史博物館（Natur-historischen Museum）的所在地。

18　【審閱註】：小漢斯・霍爾拜因（Hans Holbein der Jüngere，約 1497-1543）是德國畫家，最擅長油畫和版畫，屬於歐洲北方文藝復興時代的藝術家，他最著名的作品是許多肖像畫和系列木版畫「死神之舞」。

19　【審閱註】：阿諾德・勃克林（Arnold Böcklin, 1827-1901）是瑞士象徵主義畫家。勃克林最著名的作品是五幅「死之島」系列，受埋葬他小女兒所在之佛羅倫斯英國人公墓的氣氛所影響而繪製的。他的作品充滿神祕、幻想的氛圍，但有古典的建築充斥其中，表現死亡和神祕、憂鬱的場景。他在後期的作品越來越帶有主觀色彩，經常描畫神話中的動物和神祕寓意的題材，如「怪物沛斯特」、「黑死病魔」、「尤利西斯和卡呂普索」等。

20　雅各布・布克哈特（Jacob Burckhardt, 1818-1897），文化史學家，專研藝術史，1858-1893 年期間任巴塞爾大學歷史和藝術史教授。
　　【審閱註】：其重要作品《義大利文藝復興時代的文化》（*Die Kultur der Renaissance in Italien: Ein Versuch*）中譯本由花亦芬翻譯，台北：聯經，2007。

後來，我開始收藏一些舊的銅版畫，包括布雪（Boucher）的「葉」（Blätter），還有德國早期的一些彩色木刻版畫，其中也包括杜勒（Dürer）的銅版畫和木刻版畫。[21] 1902年，我在巴黎的時候花了幾個小時逛河岸舊書攤（Bouquinistes）[22]，買了一些小東西。就是在那兒，我挖寶挖到了杜勒的版畫。整整一年，我都是在忙與藝術相關的東西。那是我再次回到伯格霍茲里之前的學術「休假」。後來，我就再也沒有時間了。1900年，我二十五歲，參加了國家考試，考試之後我直接去伯格霍茲里開始工作。1902年秋天，我停止工作，先去了巴黎六個月，然後在英國待了兩個月。[23]

　　在巴黎的時候，我聽過賈內（Janet）[24] 在社會科學高等學

21　法蘭索瓦・布雪（François Boucher, 1703-1770）；阿爾布雷特・杜勒（Albrecht Dürer, 1471-1528）。
　　【審閱註】：法蘭索瓦・布雪，法國畫家，洛可可風格的代表人物。曾在路易十五宮廷中擔任首席畫師，是龐巴度夫人最為賞識的畫家。阿爾布雷特・杜勒是德國中世紀末文藝復興時期著名的油畫家、版畫家、雕塑家及藝術理論家。
22　Bouquinistes即是舊書攤，尤其是指巴黎塞納河畔的舊書攤。
23　稍後，榮格在1958年4月11日的一次對話中透露，他曾於1902年「在巴黎待了大約四個月——從九月到十二月」。不過，在他與表妹海倫・菁萊斯維克（Helene Preiswerk）的書信中可以瞭解到，1903年1月上旬，他還待在巴黎，直到1月19日才前往倫敦。幾週後，他途經奧斯坦德（Ostende），回到了瑞士；1903年2月14日，與艾瑪・勞申巴赫（Emma Rauschenbach）在沙夫豪森（Schaffhausen）步入婚姻。1898年至1899年，艾瑪在巴黎擔任家庭教師。
24　皮耶・賈內（Pierre Janet, 1859-1947）於1902年在法蘭西公學院（Collège de France）任心理學教授，同時也是硝石廠醫院（Salpêtrière）比較心理學實驗室（Laboratoire de psychologie expérimentale et comparée）的負責人。當榮格談到參加賈內的講座時，曾兩次提及是在社會科學高等學院，而硝石廠醫院即隸屬於高等學院。榮格有可能還在索邦大學的生理心理學實驗室聽過阿爾弗雷德・比奈（Alfred Binet）的講座。（關於榮格與比奈的關係，參閱下文的註解。）在另一個場合，他提到賈內的時候則顯得更加疏遠——他的講座「非常無聊」，作為一名年輕的精神科醫師，無法從中學到什麼。1907年9月11日在給佛洛伊德的信中寫道：「賈內是個驕傲自滿的傻瓜，雖然他是不錯的觀察者，但他現在所說的和所做的一切都是毫無成果的」。麥奎爾（W. McGuire）編，《佛洛伊德和榮格的來往信件》（The Freud/Jung Letters），Ralph Mannheim 和 R.F.C. Hull 英譯，1979年，第85頁。
　　然而，他又在另一個場合指出，賈內所發表的內容對他非常重要；在伯格霍茲里任高級醫師

院（École des Hautes Études）的演講，但沒有進一步的接觸，那時，夏科（Charcot）[25]已經過世，另一方面，我私下結識了比奈（Binet）[26]；除此以外再也沒有認識其他人。我還參觀了一些精神醫學的療養院和醫院。在那個時代，法國引領著全世界精神醫學的發展，我因此對法語這方面的專業文獻十分熟悉。

但一有機會，我就會將醫學擱置一旁，前往博物館，在裡面流連忘返，直到筋疲力盡。在博物館裡，我陶醉在各種藝術作品中。可以這麼說吧，我幾乎每天都待在羅浮宮，不知道看過作品「喬孔達」多少次了[27]，又看過多少義大利文藝復興時代畫家的作品。我很喜歡和羅浮宮中的臨摹者攀談，還在裡面找人臨摹了一幅弗蘭斯・哈爾斯（Frans Hals）的畫作。[28]基蘭達奧（Ghirlandaio）「老

期間，他曾在蘇黎世大學做過關於賈內的講座。

25　讓-馬丁・夏科（Jean-Martin Charcot, 1825-1893），是一位神經醫學家和病理解剖學家，在巴黎硝石廠醫院負責研究實驗室；阿爾弗雷德・比奈（Alfred Binet, 1857-1911），心理學家，公認是心理測量學的主要創始人之一。他在夏科手下待了幾年之後，從硝石廠醫院前往索邦大學的生理心理學實驗室工作。從 1984 年至他去世前，該實驗室都由他負責。1902 年，榮格與他討論過透過合作來進行聯想實驗的可能性；但是這一合作無疾而終。

26　【審閱註】：阿爾弗雷德・比奈（Alfred Binet, 1857-1911），生於法國尼斯，法國心理學家，智力測驗的發明者。

27　李奧納多・達文西（Leonardo da Vinci）著名作品「蒙娜麗莎」（Mona Lisa）的義大利名稱是「喬孔達」，可能因為是佛羅倫斯商人的夫人麗莎・德・喬孔達（Lisa del Giocondo）的肖像之故。

28　范・貝勒斯特因-范・德・伊姆（Van Beresteyn-van der Eem）家族的肖像畫，當年標示為弗蘭斯・哈爾斯（Frans Hals, 1581/1585-1666）的作品，於 1885 年出售給羅浮宮。如今，藝術史分析家認為，這些畫作應當出自皮特・克萊茲・舒爾曼（Pieter Claesz Soutman, 1593/1601-1657）之手，他與弗蘭斯・哈爾斯屬於同一時期的畫家。1902 年，榮格讓萊昂丁・萊梅（Léontine Lemée）臨摹了圖的右半部分，這一部分包括了這對夫婦的保姆與四個小孩。在庫斯納赫特湖路 228 號的榮格家中，這件作品掛在餐廳裡大理石壁爐上方。參見榮格基金會（編）《榮格故居》（*Haus Jung*），2009 年，第 70、74、75 頁（書中仍然將臨摹畫作錯誤地描述為弗蘭斯・哈爾斯的作品）。

人與小孩」（Vieillesse et Jeunesse）[29]的臨摹畫，被我當作禮物送給了未婚妻。這是一位老人的半身像，他的懷裡抱著一個大約四歲的小孩，兩人彼此望著對方。老人代表著過去，小孩代表著未來。孩子臉上那詢問的表情是難以想像地乖巧。後來，在佛羅倫斯我又得到了菲利普・利比（Fra' Filippo Lippi）畫作「*林中的聖母瑪利亞*」（Die Madonna im Walde）的臨摹畫。[30] 當然，在羅浮宮裡，我還「邂逅」了埃及的藝術，在我心中留下了不可磨滅的印記。

在巴黎，有兩件事讓我關心：其中之一是藝術瑰寶，另外一點，則是「*冷酷的苦難，黑色的苦難*」（la misère qui a froid，la misère noire）。為了瞭解社會狀況，我閱讀了與社會現狀相關的各種統計文獻。巴黎震撼了我：這裡一方面是世外桃源，另一方面則是痛苦而可怕的人間煉獄。

事實上，我發現自己陷入了一種可怕的境地，是我從未遇見過的景象。所有人類的苦難……。[31] 我全然陷入了對人類苦難的思考，對讓人瞠目結舌之黑色深淵的思考。我內心湧起了大慈大悲的感覺，我想到了佛陀，我在叔本華的書中讀到過佛陀。人們覺得巴黎很有趣，這讓我很困惑。社會悲劇對我的影響太大了。我去參觀了巴黎停屍房，去了*巴黎大堂*（Les Halles），在城市的貧民區待了

29　多米尼哥・基蘭達奧（Domenico Ghirlandaio, 1449 -1494），「祖孫倆」（Ritratto di vecchio con nipote），作於 1490 年，巴黎羅浮宮。

30　弗拉・菲利普・利比（Fra Filippo Lippi, 1404-1469），「安納萊對孩子的崇拜」（Adorazione del Bambino di Annalena），創作於 1453 年至 1455 年間，收於佛羅倫斯烏菲茲美術館（Uffizien）。朱莉婭・切里・卡佩拉（Giulia Cheli Capella）的臨摹畫作。這與基蘭達奧約的臨摹畫作一樣，都是掛在榮格家裡餐廳的牆上。

31　與此同時，畢卡索正在經歷和探索他的「藍色時期」，藍色時期畫作描繪了他在巴黎所遇到的孤獨和貧困。

一段時間。³² 巴黎若不是美輪美奐、高貴典雅，就是齷齪不堪，這讓我覺得很難忍受。我雖然已經是醫師，但每天的生活費只有一法郎。我住在卡西米爾-德拉維涅街（Rue Casimir Delavigne）的一家叫陽台旅店（Hôtel des Balcons）的學生旅館。我不希望錯過這段貧窮的時光。³³ 這一切教會我懂得欣賞簡單的事物。

那時我自己也恢復畫畫，法國北部的風景，小幅水彩畫。有一次畫了一幅大的雲彩，³⁴ 還畫了一些小素描，數量不多。有一天晚上，我一直畫到凌晨四點，一幅憑記憶畫的風景畫。那幅外國風景畫，不論色彩還是氛圍，在我內心的印象相當深刻。

我經常獨自在巴黎及其周邊地區閒逛，楓丹白露、凡爾賽宮、特里亞農宮等等。我無法不想到拿破崙。*我完全沉浸在法語的薰陶裡* ³⁵，雖然是天寒地凍的痛苦，但在這樣暗無天日的情況下，我仍讀了許多法國小說，後來我還長期訂閱法國《晨報》，獲取了大量詞彙。在巴黎，我說起話來像個法國人，我總是在簡單的小酒館裡吃飯，在街上、商店裡以及任何有機會的地方與人們攀談，所以我也算是掌握了一些*江湖暗語*（argot）³⁶。

32　停屍房當時是巴黎一個公共的觀光景點，一直到 1907 年才關閉。在街上或塞納河中發現的屍體，在這裡公開展示，以便市民或遊客幫助辨認。巴黎大堂（Les Halles）是巴黎的中央生鮮食品市場。

33　大學畢業後，榮格不得不償還舅舅的一大筆債務（三千法郎，相當於現在的三萬美元），還要負責繼母和妹妹的生活費。

34　參考亞菲，1977 年，圖 35-36。
　　【編註】：參見榮格《紅書》，里特貝格（Rietberg）博物館的展覽目錄，2010 年，第 4、5 頁；以及霍尼（U. Hoerni）／費雪（Th. Fischer）／考夫曼（B. Kaufmann）／榮格著作基金會（Foundation of the Works of Jung）所編《榮格的藝術》（*The Art of Jung*，2019 年），第 85 頁。

35　【英譯註】：榮格用英語說「浸潤在法語中」（imbued by French）。本書中，凡是榮格在談話中使用英語的地方，在文中均用斜體標出。

36　Argot 原是中世紀法國騙子和乞丐的社會方言，一種暗語。後來，這一詞語指的是甚至有些粗

我從巴黎前往英國，我發現有點適應不來。當時我的英語能力尚有限，在那裡，我就沒有聽講座了，只參觀了醫院，大多時間仍花在參觀博物館和畫廊。英國逗留期間最美好的時刻是在牛津，這是我非常喜歡的一個城市，第一次看到這些學院的時候，我的激動之心至今難以忘卻！還有在那裡的對話！餐後，一個銀色羊角鼻煙壺傳來傳去！接下來是加了咖啡的雪茄還有利口酒，然後以十八世紀的方式進行知識分子之間的對話。這時候只有男人在場，因為他們只想要談論知識性的東西。

早期的閱讀經驗

1957 年 10 月 4 日

　　當問起哪些文學作品影響了他日後的發展，榮格做出了以下的回憶：

　　早年的回憶中有兩本書。第一本是聖杯的故事，我印象非常深刻。我還小的時候，這本書是我當時的心頭最愛。對我來說，它簡直太不可思議了，一口氣來來回回讀了兩遍。從那時起，聖杯中的人物就一直伴隨著我，我覺得他們神祕而迷人。不過，儘管我對故事中的人物形象非常熟悉，卻很少在作品中提及他們，這是因為我的妻子很早就開始寫聖杯的傳說了。[37]

　　俗的簡答口語。維克多・雨果在他的小說《悲慘世界》（*Les Misérables*）中即頻繁使用了這類語言。

37　艾瑪・榮格（Emma Jung）／瑪麗-路易絲・馮・弗蘭茲（Marie-Louise von Franz），《心理學視角下的聖杯傳奇》（*Die Graalslegende in psychologischer Sicht*），1960 年；英譯本為 *The Grail*

第二部深深影響我的文學作品當屬歌德的《浮士德》（Faust），它留給我的印象也很深。還記得那時我才十五、六歲的樣子。是我的母親告訴我，說：「現在，你該讀讀《浮士德》了。」這些文字在我的心上烙下了最深的印記。是的，因為這本書永遠留存於我的內心，所以其他一切作品都相形見絀。雖然還有一些歌德的詩歌也很打動我，但我看來，沒有什麼可以與《浮士德》匹敵的。《浮士德》對我來說似乎成為了一份私人的遺贈。然而，歌德並沒有真正講完這個故事，仍然遺留一些問題有待人們的回答。[38] 至於，歌德的其他劇本還有他的風格，無論如何那些所謂他的「傑出風格」，在我看來卻是相當的*沉悶乏味*，難以忍受。《威廉・邁斯特》是不錯，但並未真正地給我留下深刻的印象。[39] 我後來饒有興致地閱讀他的《歌德談話錄》（Conversations with Eckermann），但總覺得這些對話也相當突兀。[40]

　　當我成為大學生的時候，我讀了荷爾德林（Hölderlin）[41] 還有他的詩歌〈帕特默斯〉（Patmos）。當時，我認為這首詩歌是德國

　　　Legend，普林斯頓大學出版，1970 年。
38　榮格最想要尋求的答案是，對腓利門（Philemon）和鮑西斯（Baucis）的謀殺無人受到懲罰。參見安妮拉・亞菲（編），1962 年，第 235 頁及其後。
39　《威廉・麥斯特的漫遊時代或學習時代》（Wilhelm Meister's Wander jahre oder die Absagenden），第一版於 1821 年，完整版 1829 年，斯圖加特，柯塔出版社（Cotta）。英文版 1989 年，紐約 Suhrkamp 出版社（收錄於《歌德全集》（Goethe's Collected Work）第十卷。
40　約翰・彼得・艾克曼（Johann Peter Eckermann, 1792-1854），德國作家，《歌德談話錄》（Gespräche mit Goethe in den letzten Jahren seines Lebens），萊比錫，1838 年 -1848 年。英譯本為 Conversations with Goethe in the Last Years of His Life，1852。參閱第 80 頁。【審閱註】：本書有中譯本。
41　腓特烈・賀德林（Friedrich Hölderlin, 1770-1843），德國詩人。〈帕特莫斯〉（Patmos）是一首讚美詩的詩名，1803 年完成。榮格在《榮格全集》第 5 卷《轉化的象徵》（Symbols of Transformation）（1967），在第 630 至 642 頁詳細論述了這首詩；另見《榮格全集》第 6 卷（1971）第 446 頁，以及在《榮格全集》第 13 卷《煉金術研究》（Alchemical Studies）（1967）第 300 頁裡，榮格也有提及。

詩歌的巔峰之作。

「……但在陽光中
銀雪在高處綻放,
見證不朽的生命
在高不可攀的牆壁上
生長著古老的常春藤……」

荷爾德林的其他許多作品都是矯揉造作,或是情感表達得過於誇張;與這些作品相比,〈帕特默斯〉對我來說是無與倫比的。

再之後,我發現了莫里克(Eduard Mörike)的〈奧普利德〉(Orplid)[42],這首詩非常精妙!它從莫里克眾多的詩歌中脫穎而出。對我來說,他的其他詩歌平庸得出奇。胡戈‧沃爾夫(Hugo Wolf)還為〈奧普利德〉譜曲,創作出一首絕妙的藝術歌曲。[43] 可以說,〈帕特莫斯〉和〈奧普利德〉給我留下的印象都是不可磨滅的

奇怪的是,費希爾(Vischer)的《也有一個》(*Auch Einer*)當時也給了我靈感[44]。與這部小說相遇之時,我也在讀叔本華。他

42　埃杜阿特‧莫里克(Eduard Mörike, 1804-1875),德國詩人,神學家;1831 年,他寫了一首關於奧普利德幻想島(Fantasie-Insel Orplide)的詩:「你是奧普利德,我的土地,／遙遠的光芒!／你陽光燦爛的海灘從海上冒泡／霧氣,使眾神的臉頰濕潤。／古老的水在上升／在你的臀部恢復活力,孩子!／在你的神面前鞠躬／國王,他們是你的守護者。(埃杜阿特‧莫里克《詩集》(*Gedichte*),斯圖加特,1867 年);英譯版 *The Book of Lieder*,譯者 Richard Stokes,Faber 出版(2005)。

43　胡戈‧沃爾夫(Hugo Wolf, 1860-1903),斯洛維尼亞裔奧地利浪漫樂派後期的作曲家,在 1888 年將〈維拉之歌〉(Weylas Gesang)在內的六首莫里克的詩配上音樂,來作為他《莫里克歌曲集》作品(第 46 首,降 D 大調)的一部分。

44　弗里德利希‧西奧多‧費希爾(Friedrich Theodor Vischer, 1807-1887),德國文學學者,哲學

是我接觸的第一位近代哲學家。[45] 關於叔本華對世界的悲觀看法，我有些地方贊同，有些又不贊同。在叔本華之後，我又閱讀了康德。[46] 我非常認真地學習康德的一切，從他的書裡，我學會了以小心翼翼的態度來面對許多細節，從中精確地區分出哪些是屬於我的，哪些是我影響範圍之內，哪些是超出我的影響範圍，而哪些是我們如果一定要觸及、勢必會造成傷害的。

之後，我對尼采[47]產生了興趣。最讓我感動的是《查拉圖斯特拉如是說》。[48] 這部作品給我帶來了一個令人困擾的問題：尼采與

家。《也有一個》（*Auch Einer*）是他一部小說的標題，1879年出版非常成功，小說主人公是一位虛構出來的古怪瑞士人。榮格在有關愚人（trickster）的討論裡表示，閱讀費希爾的這本小說，過去公認是德國普通教育的一部分，見《榮格全集》第9/I卷，《原型與集體無意識》（*Die Archetypen und das kollektive Unbewusste*），1985年，第271頁及以後，但在英文版中找不到有關費希爾這一段。

45 關於叔本華（Schopenhauer, 1788-1860）對青年榮格的意義，另見安妮拉・亞菲（編），1962年，第69頁、第74頁以後，及第80頁。另見本書的第131頁。
46 伊曼紐爾・康德（Immanuel Kant, 1724-1804），德國啟蒙哲學家。榮格主要指的是《純粹理性批判》（*Die Kritik der reinen Vernunft*）；不過他年輕時，對康德《通靈者之夢》（*Träume eines Geistersehers*）印象深刻。（【審閱註】：這兩本皆有中文譯本，台北：聯經出版）。另見安妮拉・亞菲（編），1962年，第70頁、第71頁及其後、第74、99、101頁。
47 弗里德里希・威廉・尼采（Friedrich Wilhelm Nietzsche, 1844-1900），哲學家，詩人，作家。另見本書第22頁的註解6。這次談話的四個月後，榮格在寫下自己的青年時期以及當時受到哪些書的影響時，對叔本華、康德和尼采做出了更為細緻的論述。見安妮拉・亞菲（編），1962年，第69頁及以後。
48 《查拉圖斯特拉如是說：一本給所有人也不給任何人的書》（*Also sprach Zarathustra. Ein Buch für Alle und Keinen*），第1部分與第2部分（1883年），第3部分（1884年），第4部分（1891年）。（【審閱註】：此書原本預計要寫下最後兩章，但最後停在第四卷，以「預兆」章節作結。未寫的最後兩部計畫描寫查拉圖斯特拉的佈道工作以及最後的死亡。）榮格對這部作品進行了深入的研究：從1934年春到1939年底，他用英語舉辦了一系列講座來討論尼采的《查拉圖斯特拉如是說》。這些講座紀錄於1988年首次以書籍形式出版，詹姆斯・賈萊特（James L. Jarrett）編，由普林斯頓大學出版社，以及1989年由倫敦的勞特利奇出版社（Routledge）出版。另見《榮格全集》第6卷，1971年，〈阿波羅與戴奧尼索斯〉（*Das Apollinische und das Dionysische*，英文 *The Apollonian and the Dionysian*），第223-240頁。
【中譯註】：古羅馬神話中，太陽神是阿波羅，酒神為巴克斯（Bacchus）；古希臘神話中，太陽神為赫利俄斯（Helios），戴奧尼索斯是酒神，而阿波羅為光神。

查拉圖斯特拉後來究竟是發生了什麼？這本書講述了尼采與智慧老人這一原型人物的相會，然而這種相會一直懸在半空，處於虛幻的來世。尼采的其他著作在知識上影響了我，而《查拉圖斯特拉如是說》則是在人性上觸動了我。《浮士德》與《查拉圖斯特拉如是說》，在某種程度上屬於同一水平，對我來說，兩者都與我內心的某些東西產生了連結。

至於德國後期文學和新文學的詩歌，我發現真的沒辦法與之產生這樣的連結。對我來說，這些作品都太心理學了，當然裡面是有一些有趣的東西，只是未能打從內心深處觸動我。

當然，我也讀過莎士比亞的戲劇以及他的十四行詩，但我總覺得這些是典型的「文學」創作，詩是很好，但並不能打動我。然而我對席勒作品的道德悲愴有更多的連結，我與他的散文作品更是如此，有著真誠而積極的連結。[49] 當然，我也會讀到一、兩首詩歌的美妙之處，但它們好像是在路上偶然發現的花朵，我沒辦法說，哪朵花曾給我留下了特別的印象。

當我問到對古典希臘羅馬文學的印象時，榮格回答：

《奧德賽》的世界對我來說尤其美妙。[50] 當然還有維吉爾《埃涅阿斯紀》（*Aenëis*）的一部分，還有他的《牧歌集》（*Eclogues*），尤其是第四部分[51]，以及賀拉斯（Horace）的一些

---

49 同前，〈席勒的類型觀〉（Über Schillers Ideen zum Typenproblem，英譯 Schiller's Ideas upon the Type Problem），第 101-222 頁。
50 這部史詩由希臘詩人荷馬（Homer）創作，描繪了國王奧德修斯（Odysseus）及其同伴從特洛伊戰爭中冒險歸來的旅程。
51 維吉爾（Vergil）的《牧歌》（*Eklogen*）共十首，收錄為《牧歌集》（*Bucolica*），寫於公元前

1　關於人格與生活的體驗：成長　　　83

詩[52]。後來，阿普列尤斯（Apuleius）也給了我很大的啟迪，在讀他的作品時，我總會思考心靈的轉化在古代究竟是如何呈現的問題，所以這令我留下了深刻印象。可是，我讀他的作品比較晚了，是在從事無意識的心理學研究之後。[53] 至於希臘戲劇，它們對我沒有什麼吸引力；甚至柏拉圖也沒能夠讓我感興趣，無法觸動我。[54] 在希臘哲學家中，赫拉克利特[55]是我最喜歡的，他有著驚人的直覺和洞察力。

---

40 年左右。在牧歌的第四部分，一個孩子的誕生提到了一個新時代，這就是為什麼它通常被理解為救世主的預言宣告。見《榮格全集》第 10 卷，1974 年，第 250 頁，榮格表示：「維吉爾的牧歌第四部分，動人地表達了羅馬帝國奇異的憂鬱與對救贖的期待。另見《榮格全集》第 5 卷，1981 年，第 119 頁。

52　賀拉斯（Horaz，公元前 65 年 - 公元前 8 年），公認是除維吉爾和奧維德（Ovid）之外，羅馬最重要的詩人之一。他的哲學觀點在文藝復興人本主義和新古典主義中獲得廣泛的接受。

53　盧修斯．阿普列尤斯．馮．馬道羅斯或馬道拉（Lucius Apuleius von Madauros oder Madaura），生於二世紀。羅馬作家，以《金驢記》（Metamorphoses，一譯「變形記」）而聞名。榮格在這裡指的是其中的第 XI 書所提到的阿普列尤斯（Apuleius）所寫的故事《金驢》。見《榮格全集》第 5 卷，1981 年，第 56-175 頁，（《造物主讚美詩》〔Der Schöpferhymnus〕，英譯 The Hymn of Creation），〈飛蛾之歌〉〔Das Lied von der Motte〕，英譯 The Song of the Moth））。在談話前幾年，榮格以極大的興趣閱讀了艾瑞希．諾伊曼（Erich Neumann）關於阿普列尤斯的作品《丘比特與賽姬：陰性心靈的發展》（Amor und Psyche. Ein Beitrag zur seelischen Entwicklung des Weiblichen，英譯 Amor and Psyche: The Psychic Development of the Feminine）（【審閱註】：台灣有呂健忠譯本）；參見諾伊曼，1951/1956 年。

54　榮格與柏拉圖的距離似乎是暫時的。在章節〈古典和中世紀思想史中的類型問題〉（Das Typenproblem in der antiken und mittelalterlichen Geistesgeschichte，英譯 The Problem of Types in the History of Classical and Medieval Thought）《榮格全集》第 6 卷，1971 年，第 8 頁及以後，他詳細討論了柏拉圖。也可參見《榮格全集》第 9/I 卷，1968 年，第 149 頁：「然而，『原型』（Archetypus）絕對不是現代才有的名詞，早在聖奧古斯丁之前就出現了，與柏拉圖所謂的『理型』（Idea）是同義詞。」

55　赫拉克利特（Heraclitus of Ephesus），蘇格拉底前哲學家，生於公元前 535-475 年，在愛奧尼亞的愛非索斯（Ephesos）生活和教書。在談到心理動力的兩極性（polarity）時，榮格多次提到提到他，特別是他關於物極必反（enantiodromia）的思想。物極必反是指力的反向作用會持續增加。作為存在與宇宙循環的基本法則，物極必反是所有生物所固有的對立力量。在榮格的圖書室中，收藏有赫爾曼．迪爾斯（Hermann Diels），《前蘇格拉底哲學家殘篇》（Fragmente der Vorsokratiker, 1903）一書。

追憶巴霍芬、布克哈特，與巴塞爾這城市

1957 年 10 月 1 日

庫爾特・沃爾夫曾與我一同前往博林根拜訪榮格，他曾提過關於巴霍芬（Bachofen）和布克哈特（Burckhardt）的問題。以下是榮格關於這一問題的回答。

我的祖父與雅各布・布克哈特[56]和巴霍芬[57]是同一年代的人。在巴塞爾上高中時，我經常在街上見到他們兩人，甚至可以說是每天都會遇到布克哈特，因為他就在我的高中教書。他步履蹣跚，走起路來似乎心不在焉，總是沉浸在自己的世界裡，他戴著大領帶和高聳上挺的立領（Vatermörder）[58]，穿著打扮完全談不上任何的講究。巴霍芬則是與他形成鮮明的對比，永遠都是坐著一輛極其優雅的馬車從城市中穿過，巴霍芬非常富有，比百萬富翁還要富有好多倍，這在當時意味著什麼啊，而且他還坐擁著著名的「白宮」，就是在「藍宮」旁邊，每次我走過經常都可以看見他。[59]他穿的褲子總是太緊，是那種有條紋的緊身褲，還穿著一種合身的*連身禮服外套*（Redingote）。他非常優雅，有一個凸出的大肚子，但是看起

---

56 關於布克哈特也可以參見安妮拉・亞菲（編），1962 年，第 101、111 頁。
57 約翰・雅各布・巴霍芬（Johann Jacob Bachofen, 1815-1887），法律史學家、考古學家和人類學家，巴塞爾大學教授。他的主要著作《母權論》（*Dad Mutterrecht*）於 1861 年出版。
58 Vatermörder（德文直譯有弒父者的意思），在十九世紀指的是衣領上翻而高聳筆挺的立領。
59 「白屋」和「藍屋」是塞繆爾・韋倫費爾斯（Samuel Werenfels, 1657-1740，巴塞爾的神學家。是瑞士改革宗神學走向「合理正統」的重要人物）在萊茵斯普倫格街（Rheinsprung）為盧卡斯・薩拉辛（Lucas Sarasin）和雅各布・薩拉辛（Jakob Sarasin）兩兄弟建造的兩座相鄰的豪宅，是巴塞爾建築中巴洛克式風格的代表性建築之一。

來像個年輕的小伙子，因為他的臉胖乎乎的，真的就和孩子的臉一樣。他很有幽默感。

巴塞爾總是流傳著許多關於這兩人的故事，例如：布克哈特有一次不得不換公寓，當他走到前門的時候，遇見了一位來搬家的大個子，布克哈特那小型三角鋼琴被大個子輕而易舉地背了起來。布克哈特立刻驚訝地叫了起來：「我的天，阿特拉斯！」[60] 我的一個朋友阿爾伯特・奧利（Albert Oeri），他的的祖母就是布克哈特的妹妹。[61] 有關布克哈特的故事和妙語（bonmots）有些是認真的，有些則是孩子氣的胡說一通，我全都是從奧利那裡聽到的。我這位朋友長著和他叔公一樣圓圓的臉，而且口齒也是一樣不清！

顯然，布克哈特從沒有與任何女性發展過親密關係。他是非常敏感而內傾的，一直都沒有結婚。他太害羞了，他的敏感使得他與女性之間保持著距離，無法與女人進入或是塑造出一段關係。這就是為什麼他能夠保持他的天真和孩子氣。

布克哈特總是對巴霍芬冷嘲熱諷，這反而讓我對巴霍芬產生了濃厚的興趣。[62] 那些布克哈特對巴霍芬和尼采的惡意評論，同樣都

60　在希臘神話中，阿特拉斯（Atlas）屬於的泰坦神族（Titan），遭到宙斯降罪而必須永遠用雙肩支撐蒼天。

61　阿爾伯特・奧利（Albert Oeri, 1875-1950），歷史學家、政治記者和政治家，榮格多年的好友。

62　關於巴霍芬和布克哈特這兩個人物，榮格很少在他的作品和書信中提到，頂多只是很隱晦地提過，特別是布克哈特，他「原始意象」（urtümlichen Bilder，英文 primordial images）的概念其實影響了榮格。榮格說：「我理解的原型這一個詞所蘊涵的含義，等同於我根據雅各布・布克哈特的觀點而借鑒概念的『原始意象』（urtümliches Bild）。」（《榮格全集》第 6 卷，《心理類型》（Psychologische Typen），1971 年，第 624 頁。漢斯・夏爾在對《答約伯》的評論（1952）中寫道，榮格在精神上與布克哈特很接近。（夏爾，〈榮格與歷史的解釋〉〔Jung und die Deutung der Geschichte〕，1952。）1952 年 8 月 15 日，榮格針對這一評論做出了回覆：「你認為我在精神上十分親近布克哈特，或至少是同情的，這樣的想法真是出人意料地正確。布克哈特的悲觀預期無疑是正確的。」（《書信集》第二卷，1971 年，第

激起了我對這兩個人的興趣。我從未見過尼采。在我們一家人搬到巴塞爾之前，他就已經辭職了。[63] 不過，在我將研究方向改為精神醫學之前，就已經研究過他和他的著作了。我還有一個朋友，安德烈亞斯·費希爾（Andreas Vischer），當年他的父母覺察到尼采在生活上並不富裕，即持續支持了尼采。[64]

沃爾夫最近在美國出版了一本關於雅各布·布克哈特的書[65]，評論說他的美學價值標準與現在的有著很大不同。對此，榮格發表了評論：

布克哈特對義大利的忽視，還有他對義大利的看法，都是讓人震驚的。他甚至無法欣賞拉溫納的偉大！[66] 這說明審美價值觀是如

80頁。）在這裡，榮格所暗指他們對人類的文化能力同樣都是持懷疑的態度。在榮格的作品中，提及巴霍芬的次數就更少了。在一封1956年5月16日寫給尤金·伯勒（Eugen Böhler）教授的信中（《書信集》第二卷，1971，第299頁。）他將自己比作巴霍芬：巴霍芬和他一樣，超前於所處的時代，儘管為了被世人所理解付出了很多，但仍是徒勞的，因為他「……費盡心機去說服別人。一切都是徒勞的。他的時代尚未到來。」關於他與這兩個人物的內在關係，榮格只是暗示了這一點。另參見沃爾夫-溫德格（P. Wolff-Windegg）的文章〈巴霍芬-布克哈特-榮格〉（Bachofen-Burckhardt-Jung），寫於：巴塞爾心理學會（Psychologische Gesellschaft Basel）編的《當代榮格》（*Jung heute*），1976，第11-23頁；英譯文載於《春泉》，蘇黎世，1976年，第137-147頁。

63　1869年至1879年，尼采在巴塞爾大學擔任古典語言學教授。

64　榮格指的是費希爾的父母。安德烈亞斯·費希爾（Andreas Vischer, 1877-1930）是榮格兒時的朋友，外科醫師，從1905年起就活躍在土耳其。費希爾一生都積極參與社會政治活動。

65　1955年，萬神殿出版社出版了由亞歷山大·德魯（Alexander Dru）編輯的《雅各布·布克哈特的信件》（*Letters of Jacob Burckhardt*）。沃爾夫還計劃出版巴霍芬《母權與原始宗教》（*Mutterrecht und Urreligion*）的美國版本，1954年2月，他曾請求榮格推薦更多的巴霍芬論文，但是榮格並不想參與這一項目，而是推薦他去邀請卡羅利·凱倫依（Karl Kerényi, 1897-1973，匈牙利古典語言學學者，現代希臘神話研究的創始人之一，當時流亡於蘇黎世，跟榮格合作甚深）來撰寫新的前言。

66　榮格指的是拉溫納（Ravenna，義大利東偏北的濱海古城，但丁晚年被流放直到老死的地方）

何受到特定時代的制約,正如歌德也沒有「看到」喬托。[67] 這是一種與時代相關的心理偏見。即使是天才,也會屈從於時代的潮流,隨其變化而變化,因為天才也只是自己那個時代的代言人。但令人驚訝的是,布克哈特的判斷力居然那樣有限:根本沒有能力理解拉溫納!

總而言之,在我的童年、青年時期與學生時代,巴塞爾充滿了包容和開放的國際化氛圍。蘇黎世則不一樣,當我前往蘇黎世的時候就感受到了不同之處:我感覺自己好像降落在一個村莊。蘇黎世與世界的關係不是知識性的,而是商業。

當然,巴塞爾也有商人,即所謂的「代理」(Bändeliherren)。[68] 他們賺了必要的金錢,是為了其他在知識上與這個世界相連的人。巴塞爾的小攤販、那些賺錢的人,他們的資金最後流向了大學,讓大學受益。不要忘記,巴塞爾是一個臨近國界的小鎮,由於這一特點,巴塞爾的法蘭西人、德意志人和瑞士人融合出一種奇特的精神。不過,即使在高層,語言還是嚴格的巴塞爾德語,而非像在伯恩(Bern)一樣使用法語。巴塞爾不僅在地理位置上處於邊緣地帶,在文化上是孤立的,而且還因為人口構成的複雜,當地人被當作了盾牌。順便說一句,這種現象是整個瑞士的特點。這是瑞士人本質上特有的不信任的表現。

早期的教堂、洗禮堂和陵墓,尤其是皇后加拉・普拉西提阿(Galla Placidia)的陵墓,其帶有古羅馬末期的拜占庭式馬賽克。另參見安妮拉・亞菲(編),第 284 頁及以後。布克哈特主要的關注是義大利文藝復興時期。

67 喬托・迪・邦多納(Giotto di Bondone, 1266/67-1337),佛羅倫斯畫家,文藝復興的開創者和托斯卡納壁畫(toskanischen Freskenmalerei)的創始人;他最重要的作品多在羅馬、佛羅倫斯和帕多瓦(Padua)。

68 指的是絲帶行業的企業家和工廠主,絲帶行業是十九世紀巴塞爾最重要的產業之一。後來,隨著染色技術的發展,化學公司崛起了。【中譯註】:Bändeliherren 直譯是「絲帶人」。

在巴塞爾，那些住在城郊到鄉間的人，往往被說成是來自「比爾斯河」另一邊的人。[69] 因此，那些不住在巴塞爾的人一定是生活痛苦的。例如，當我要去蘇黎世時，會有人問我：「是啊，你什麼時候回來呢？你在蘇黎世真的能待得下嗎？」這就是巴塞爾！在我的內心，如今仍然有相當柔軟的一部分（Faible，法語）是留給巴塞爾的，但一切已不再是從前那樣了。我還仍然處於那過去的時代，那個有巴霍芬的時代，那個有雅各布・布克哈特的時代。

1957 年 5 月 4 日

關於蘇黎世和巴塞爾的知識氛圍差異，榮格在另一場合曾經告訴我，他早年在伯格霍茲里的一些事情。

成長在巴塞爾，我是被寵壞了。巴塞爾有著非常富於教養的傳統，你可以自人們的交談中、人們的教育背景中感受到這一點。可以說，我屬於「知識貴族」。而在布魯勒的身上，這一切都不見了，他是農民與教師的混合體。[70] 但蘇黎世的空氣讓我很是喜歡，那裡可以自由地呼吸，沒有古舊的陰霾，也沒有幾個世紀以來的棕色陰霾——不過，蘇黎世人在我眼裡常常像是一群農民。剛剛來到蘇黎世的時候，我的同事們大多覺得我很不討人喜歡。有人欣賞我，也有人討厭我。我是從巴塞爾來的，有著巴塞爾尖酸刻薄的毒舌（médisance，法語），並且還喜歡開不著邊際的笑話。他們無法

---

[69] 比爾斯河構成了巴塞爾城市（Basel-Stadt）和巴塞爾州（Basel-Landschaft）之間的邊界。

[70] 保爾・尤金・布魯勒（Paul Eugen Bleuler, 1857-1939），1898 年至 1927 年，任蘇黎世大學精神病診所的主任、蘇黎世大學的精神醫學教授。1900 年到 1909 年，榮格在他的指導下工作。

明白我的批評和想法,他們從未聽說過與神學相關的辯論,可是在巴塞爾,我已經習慣了意識形態的辯論,實際上我們可以在所有對話中接受到古典教育。例如,在一群醫學生中,我們可以討論西塞羅(Cicero)[71]的不同風格,這是理所當然的事;作為醫學生,我們爭論過的話題還有很多,像是叔本華、康德,又或是各種各樣的神學觀點。巴塞爾的環境,是一個接受教育的環境,也是一個充滿了知識趣味的環境。然而在蘇黎世,這一切都不存在。

---

71 【審閱註】:馬庫斯·圖利烏斯·西塞羅(Marcus Tullius Cicero, 106BC-43BC),羅馬共和國晚期的哲學家、政治家、律師、作家、雄辯家。西塞羅因其作品的文學成就,為拉丁語的發展作出了不小的貢獻。他在當時是羅馬著名的文學人物,其演說風格雄偉、論文機智、散文流暢,精通雄辯,設定了古典拉丁語的文學風格。西塞羅也是古希臘哲學的研究者。他透過翻譯,為羅馬人介紹了很多希臘哲學的作品,使得希臘哲學的研究得以在希臘被羅馬征服之後得以延續。他的著作有很多翻譯成中文,包括《西塞羅文錄》等。

II 關於人格與生活的體驗：
關係

移情，追隨與責任

1958年3月19日

榮格告訴我有關他與佛洛伊德的一些事情不久後，跟我提及了這段評論。榮格對我講述，當年佛洛伊德勸告他——就像一個父親告誡兒子一樣，要榮格堅定地支持他的性理論；然而榮格很早就有了自己的想法，已經偏離了佛洛伊德的觀點。而在稍早前，他翻閱了托妮・沃爾夫（Toni Wolff）撰寫的論文集，並寄給了出版商丹尼爾・布羅迪（Daniel Brody）；其中包括〈關於女性個體化過程的思考〉（Zum Gedanken des Individuationsprozesses der Frau，英譯 The Individuation Process in Women），以及〈女性心理的結構形式〉（Strukturformen der weiblichen Psyche，英譯 Structural Forms of the Feminine Psyche）這兩篇文章。在這一時期，他還收到了涉及國籍問題的書信和出版物。[1] 基於這幾點，榮格發表了以下評論。

---

1 關於佛洛伊德和榮格的關係參見安妮拉・亞菲（編），1962年，〈西格蒙德・佛洛伊德〉，第146頁及以後；托妮・沃爾夫（Toni Wolff），榮格長期的伴侶，也是他的同事，她的文章

當對男人出現移情的時候，男人和女人的態度是截然不同的。我經常遇到這樣的情況：一個男人如果對我有正向移情，就會想要表現得像我一樣，或者採用我的心理態度；而女人則會想要活出所有的感受。然後這個男人可能會表現出無限的、瘋狂的熱情，在他對我存在有理想化移情的時候，他可能將自己擴展到自身存在的極限之外，而產生危險。他會完全喪失他的分寸，一味而盲目地追隨自己的投射，從那時起他將視我為「將軍」，而他自己則是「隨從」或「斥候」。這樣的男人必須知道，這個「將軍」基本上是他自己的一部分。我經常在日耳曼人的靈魂中感受到這種追隨者的現象，這種現象對他們影響很大。這與他們危險的絕對主義傾向有關。

關於這一點，我曾經有過一次非常有說服力，甚至可以說是滑稽可笑的經歷。我在伯格霍茲里工作的時候，來了一名位來自斯圖加特的年輕精神科醫師，他來伯格霍茲里是為了進修心理學和精神醫學等領域的新知。很快他就意識到我有些話語權，[2] 他立刻扮演起「追隨者」的角色。我是說真的！順便說一句，這個小伙子其實是相當不錯的，不折不扣的施瓦本人[3]，來自非常好的家庭。

後來於 1959 年由萊茵河出版社（Rhein-Verlag）首次發表：《榮格心理學研究》（*Studien zu Jungs Psychologie*），第三版，2003 年，由艾因西德倫（Einsiedeln）出版；另見《書信集》第二卷，榮格寫給丹尼爾．布羅迪（Daniel Brody）的信，1958 年 3 月 18 日，在這封介紹信中，榮格將與佛洛伊德分離的那年稱為「命運之年」（Schicksalsjahr, the fateful year），而這一年也標誌著分析心理學的開始。

2　1905 年至 1909 年，榮格在蘇黎世大學精神病診所擔任助理主任醫師（assistant medical director）。

3　【審閱註】：施瓦本（Schwaben）是德國的一個文化、語言和地理區域，位於歷史上的西南部，包括現今德國巴登-符騰堡州東南部和巴伐利亞州西南部。這一名稱來自於中世紀的施瓦本公國，根據 2006 年民族語調查，施瓦本地區人口共有約 750 萬人，而以施瓦本語為母語人口則僅約 80 萬人口。

在伯格霍茲里時，我們會講臨床醫師典型的俚語，也就是助手間開玩笑的話，都是些精神分裂症患者不可能的表達和奇怪的短語。例如，如果我們必須對年長的女病人特別好，我們就會說：「今天我給我的阿姨抹了油！」[4] 或者是：「今天我在她身上加了一條神經零件。」這意思是，我與她在情感建立上有了進一步的進展。如果你成功地說服老闆批准你的假，我們就會說：「我已經給老闆上油了，這樣他就可以給我放假了。」而正常情況下應該是指給他塗了黃油（eingewickelt）或塗抹上肥皂（eingeseift）[5]，也就是說，讓他有了好心情。當我們想對某個人特別友善時，彼此之間會這樣表達：「我要從他身上裝上一個神經零件。」

我們閒聊時一向都是使用這種短語和表達，當然是開玩笑的方式。例如，有一句感嘆是這樣：「天呐，我想要甩掉腦袋裡的這想法！」或是借用史瑞伯（Schreber）的說話方式時，就會聽到我們說：「該死的，又是這個！」還有類似的廢話。[6] 如果我們突然有

---

4 如果用油來潤滑機器，機器會運行得更好——因此，口語中將取悅他人時的阿諛奉承或是送財贈禮等行為稱為「上油」和「潤滑」（schmieren）。
5 【中譯註】：eingewickelt 與 eingeseift 均為德語。在口語中，皆有哄騙的意思。
6 丹尼爾・保羅・史瑞伯（Daniel Paul Schreber, 1842-1911），德國法官和作家，他最著名的著作是 1903 年在萊比錫出版的《一位神經症患者的回憶錄》（*Denkwürdigkeiten eines Nervenkranken*），在書中，他非常詳細地描述了自己的病。這一作品也促使西格蒙德・佛洛伊德在 1911 年完成了論文〈關於一位偏執狂（癡呆症）自傳的心理分析評論〉（Psychoanalytische Bemerkungen über einen autobiographisch beschriebenen Fall von Paranoia (Dementia paranoides)，收在他《強迫症，狂想症與變態》（*Zwang, Paranoia und Perversion*）一書裡（1911）。精神失常的史瑞伯會看到有小人行走在自己的皮膚上，而且這些小人時不時地叫囂著：「真倒楣……」（Ei verflucht…），然後融入到他的身體中並消失得無影無蹤；而這些小人原先是想喊「真倒楣呀，他媽的！」（Ei verflucht noch einmal!）史瑞伯對被省略的詞感到惱火，因此補充說：「又來了！」（scilicet noch einmal!）（scilicet：有強調的作用）。
　　【中譯註】：verflucht noch einmal 是德國通用的表達方式，榮格及其同事在其中加入 scilicet 一詞，暗指史瑞伯所說的是無意義的話。

了一個想法，就會說：「又有什麼侵入進我身體裡了」。在這裡，我們所暗指的是史瑞伯所說的，在皮膚上爬來爬去的小人。

後來我又見到了這位來自施瓦本的年輕醫師，我們仍然用彼此都熟悉的助理行話交談，這樣挺好玩的（good fun）。再後來沒幾年，他便過世了。[7]

他去世的幾年以後，一位年輕的精神科醫師來拜訪我。他說從之前那位德國醫師那裡學到了很多關於心理學的知識，並且對那些知識很感興趣。他嚴肅地說，當一個人從精神分裂症那裡「進行神經零件治療」的時候，就可以注意到心理學是多麼重要。我豎起耳朵！然後他談論著「想法的甩掉」！「天呐，您在用些什麼表達？那只是我們當助手時所說的粗話！」「這些說法是 X 博士教我的！」他回答道。所以說，以前的那位同事還真以為這些表達是專業相關的！

在這裡，你可以看到在無意識移情的影響下，這種「追隨」慾望出現時，會產生怎樣的效果。「他如何清嗓子，如何吐口水……」[8] 不過，令人擔憂的並不是這種可笑的模仿，而是追隨者的冒險行為超出了自己的極限。因為他不再是自己——這正是危險

【審閱註】：這本書其實是因為佛洛伊德從沒接觸過精神分裂症，榮格才向他強烈建議要讀的。佛洛伊德這篇論文《史瑞伯：妄想症案例的精神分析》（*Psycho-Analytic Notes upon an Autobiographical Account of a Case of Paranoia*）中譯本由台北：心靈工坊出版，譯者王聲昌。

7　榮格指的可能是精神病學家沃夫岡·施托克邁爾（Wolfgang Stockmayer, 1881-1933）。榮格在伯格霍茲里擔任高級醫師期間，他於 1907 年完成學業，並在榮格手下擔任助理醫師。1913 年，沃夫岡·施托克邁爾在柏林執業，之後在圖賓根（Tübingen）執業，在這裡，他的診所遠近聞名。在施托克邁爾返回德國後，榮格仍與他保持著友好的關係，還贈與他部分《紅書》的拷貝。施托克邁爾逝世時享年 52 歲。

8　引自弗里德里希·席勒（Friedrich Schiller）的《華倫斯坦》（*Wallenstein*）。一個獵人責備一位熱心服務的中士，他試圖在舉止行為上效仿將軍：「從他那裡複製了他清嗓子的方式和吐口水的方式，這讓您很高興……」。

之處。

我經歷過另一個類似的案例，是一位 von X 先生。他是一位同性戀者。我其實不是真的認識他，只是一次有人跟我介紹了他，但顯然他對我的移情立刻便發生了。順便說一句，他也是精神科醫師。我完全沒有意識到他的移情。當時他正接受分析，我不知道分析師是誰。但顯然分析師已經用盡全力勸說他放棄同性戀！在他對我的移情中，von X 先生一直誤以為我特別贊成這樣的做法，於是他壓抑了自己的同性戀傾向，甚至結了婚。當然，那是錯誤的，他不得不又再次離婚。

有一天，他找到了我，不停地抱怨著，指責我，認為我應該為一切負責。「可是，我甚至都不認識你。」我對他這麼說。是的，是的，這全都是我的錯，一切都變得如此糟糕，導致他結婚，現在又離婚了。從那時起他就精神衰弱。可是我從來就沒有和他一起工作過，在這些事情上，我和他一點關係都沒有！

以下這種特別的移情也發生在這個人身上：「那個人知道這些，他是對的，所以我盲目地追隨他，並免除自己的全部責任。」在這個過程中，他迷失了自己。

順便說一句，這正是幾十年前發生在德國的過程。希特勒來的時候是多麼「美好」！在他來以前，人們必須照顧自己並為自己負責。然而現在，有人來告訴大家：「責任，由我來擔！」於是，人們跟著魔鬼向莫斯科進攻！我們現在不再是「詩人和思想家的子民」[9] 了嗎？

---

9 形容德國人在文化和知識上偉大的自我意象，在二十世紀，經常以辛辣的諷刺來喚醒德國古典主義和浪漫主義思想史的價值觀和理想。關於德國人這種自我膨脹的形象及其分裂的特徵，另見榮格〈災難過後〉（Nach der Katastrophe，英譯 After the Catastrophe），《榮格全

個體可能會冒險走得太遠，生活在自己的錯覺中，並在冒險的過程中迷失了自我；然後阻抗就顯現出來了。這一切就迅速地發生在 von X 先生的身上。如果是將責任移交給其他人，並將其視為他人的責任，那麼所帶來的危險就可以從上述的例子當中看到。您想想二戰後德國人所說的話：「英國本該進軍入侵的！」又一次嘗試著推卸責任！如果英國人當時真的進軍了，那麼又會發生什麼呢？德國人會有什麼反應呢？他們會把所有的仇恨撒在英國人身上。任何移情於他人的個體都必須認識到危險。除此以外，還應當記住自己的現實與責任，因為這些才是真正能夠代表自己的東西。

為了佛洛伊德，我也曾高舉著旗幟跳上競技台，但是我所做的，絕不超出自己所能承擔責任的程度。至於他對性的理論，我一直以來就持保留意見（reservatio mentalis）。

在移情發生的處境裡，一個人必須知道自己的立場是什麼。而且，還應當知道只有自己才能負責。這對德國人來說是很困難的一件事，他們很容易就陶醉於追隨的狂熱氛圍中，跌跌撞撞地陷入在某種醉酒的意識中。

於是，一種矛盾的野蠻就出現了，再加之缺乏自由與獨立，極其負面的後果便順理成章地形成。所危及的不僅僅是旁人，當然還有自己。有這種追隨慾望的人只是在等待一個人的出現，來讓他們服從和追隨。他們就好像德國人一樣，在等待著自己的君主，等待著軍隊的最高統帥，如此這般就可以從自身的任務中解放出來，從原來的獨立思考中跳脫出來，從承擔的責任中逃脫出來。當希特勒說「我來擔責！」的時候，他就已經下了毒手！這真是太恐怖了。

集》第 10 卷，第 400 頁及以後。

然而這恰恰是那些追隨者所期待的。不過，這是行不通的。因為沒有人能夠可以為別人承擔責任。那些人格達到整體的人，或是想要人格邁向整體的人，就必須自己承擔責任，為自己的生活負責，為自己的行徑負責。

紀念年輕的愛因斯坦

1958 年 3 月 21 日

1958 年 1 月初，榮格開始興致勃勃地記錄起他對童年、青少年和學生時期的回憶。這部分的文本大多是在博林根完成的。我在創作階段就可以不間斷地閱讀手稿。那時，我們經常談到他人格的雙重性，談到他的一號人格與二號人格。至於二號人格，依他的描述是無意識中與原型有著深深連結的那一面。當他回憶起愛因斯坦年輕的時候，榮格也強調了他科學家的雙重性。

我如何遇見愛因斯坦[10]的，已經告訴過您了嗎？他當時在研究*廣義相對論*（general theory of relativity），曾經好幾次來到我家做客。他談論著他的理論，向我解釋其中的基本原理。那是在 1910 年左右。[11]

10　阿爾伯特・愛因斯坦（Albert Einstein, 1879-1955），理論物理學家，於 1921 年獲諾貝爾物理學獎。

11　1909 年，阿爾伯特・愛因斯坦成為蘇黎世大學（Universität Zürich）理論物理學講師。1912 年 10 月至 1914 年春天，他在蘇黎世聯邦理工學院（Eidgenössischen Technische Hochschule in Zürich, ETH Zürich）擔任教授，與榮格的交談應該就是在這一時期。除了物理學家路德維希・霍普夫（Ludwig Hopf）之外，尤金・布魯勒也多次出現在榮格家的晚宴上，還有一次神學家阿道夫・凱勒（Adolf Keller）也來了。見榮格《書信集》第二卷，1971 年，第 108-109

當時，他這個人並沒有給我留下什麼深刻的印象。他有著柔軟而感性的特性，而且天真得非比尋常，非常招人喜歡。再下一個印象，就是他擁有超乎想像的數理能力，這能力將他沉浸於思想的世界。作為一個人，他其實只是跟隨在自己的能力之後。如果在私下與他相遇，根本無法了解他的性格，而且看起來似乎是非常柔弱。以我的體驗來說，這個人主要是由他的理論所組成的，其餘的則是傷感，帶著淺淺想法的理想主義傷感。他大概是*情感型*的（feeling type）。他的思考是在無意識中的，並且自主地運作著。

　　這麼說吧，愛因斯坦並沒有透過人格將自己的思想散發出來——至少當時是沒有。他是一個溫和的青年，具有社會主義思想。[12] 我們完全可以想像，他是一個非常慈愛、善良、溺愛但又軟弱的父親，甚至這無疆的愛會為孩子們做數學作業。他的婚姻和普

頁（於 1953 年 2 月 25 日寫給卡爾・西利格〔Carl Seelig〕的信）。後來被稱為《狹義相對論》（he special theory of relativity）的研究是 1905 年發表的，那時愛因斯坦年僅 26 歲；隨後被馬克斯・普朗克（Max Planck）羅致到柏林，於 1916 年發表《廣義相對論》。

12　愛因斯坦自幼就反對軍國主義，自第一次世界大戰爆發以來，他便一直是活躍在政治舞台上。他加入了「德國人權同盟」（deutschen Liga für Menschenrechte），並在 1918 年成為德國左翼自由黨（linksliberalen Deutschen Partei）首批的簽署人之一。從 1922 年起，他成為國際聯盟知識合作委員會（the committee on intellectual cooperation at the League of Nations）的成員。1932 年 9 月，他與西格蒙德・佛洛伊德通過書信探討為什麼有戰爭？往來的信件直到今天仍受到廣泛關注（愛因斯坦／佛洛伊德，《為什麼有戰爭：一次書信往來》〔*Warum Krieg? - Ein Briefwechsel*〕，1933 年）。1932 年，他與亨利希・曼（Heinrich．Mann）、凱綏・柯勒惠支（Käthe Kollwitz）、恩斯特・托勒爾（Ernst Toller）等人一起簽署了所謂的〈反法西斯主義的緊急宣言〉（Dringenden Appells für ein antifaschistisches Bündnis），為的就是要防止納粹主義充滿威脅性的統治。希特勒上台後，他更是堅定了自己反軍國主義的立場。1945 年起，他致力於國際軍備控制與國際合作，並成立了原子能科學家緊急委員會（Emergency Committee of Atomic Scientists）。1949 年，他出版了論文《為什麼要社會主義》（*Why Socialism*）。文中指出，當一個官僚機構的政治和經濟力量在不斷集權的過程中變得無所不能，但卻沒有任何可以自我約束的東西，那麼，可預見的危險也就不遠了，此外還表明自己會堅定地捍衛人權和民主。同時可以參考愛因斯坦與奧托・內森（Otto Nathan）和海因茨・諾登（Heinz Norden）合著的《愛因斯坦談和平》（*Einstein on Peace*），Random House 出版，紐約，1988。

通人的婚姻沒什麼兩樣，任何麻煩都會黏上他。無論如何，這些便是我從我的小小心理「測試」中得出的結論。

然而，他的理論給我留下了強烈而深刻的印象。[13] 我當時有種感覺，覺得這是非常重要的東西。然而，*它的範圍*（extent of it）遠遠超出我所能夠掌握的；我對數學知之甚少。然而愛因斯坦只要開始談論數學，就變了一個人。他好像就是運算過程的本身，就是方程式本身。他就好比一個音樂家，私底下是個懶懶散散的小伙子，但只要開始創作音樂，您就會明白：他就是音樂本身。這就是他偉大的地方。所以愛因斯坦就是方程式本身，就是數學本身。然後你會感覺到某種*無情*（inexorable），一種不可阻擋的東西，一種不可避免的東西，正在驅策著他，一種偉大的東西在驅策著他，而這種偉大在本質上是不會與任何情感有所連結。愛因斯坦即其所思，或者說，愛因斯坦所思即其自身。

我的情況也是差不多。我在堅持自己的想法時遇到了很多困難。[14] 我被迫遵循著那些強加在我身上的內在法則。它讓我沒有自

13　卡爾・西利格，資助過羅伯特・瓦爾澤（Robert Walser），也是愛因斯坦的傳記作者。1953年2月25日，榮格在一封寫給西利格的信中，提到自己與愛因斯坦的會面：「他作為一個天才思想家的簡單和直接，給我留下了深刻的印象」，這「對我自己的思想工作產生了持久的影響。是愛因斯坦首先讓我開始思考時間和空間可能存在的相對性，以及它們的心靈條件性。三十多年後，這種刺激促成了我與物理學家包立教授的關係，也促成了我關於心靈共時性的論文。」（《書信集》第二卷，1971年，第109頁）。1954年，卡爾・西利格發表了《阿爾伯特・愛因斯坦：紀實傳記》（*Albert Einstein. A Documentary Biograph*）。這一傳記在沃夫岡・包立1955年在伯恩主持的會議中發表，這次會議是為紀念相對論誕生五十週年而舉辦；1956年，被收錄於卡爾・西利格所著的《光明的時代：黑暗的時代：紀念阿爾伯特・愛因斯坦》（*Helle Zeit-Dunkle Zeit.In memoriam Albert Einstein*）。榮格瞭解這些出版物，並在1957年10月指出，晚年的愛因斯坦不能夠理解青年物理學家的思維，但這並不令他擔心，因為在他看來，這標誌著理論得到了進一步的發展。

14　想要瞭解榮格關於這方面更多的闡述，可以參閱安妮拉・亞菲（編），1962年，第14頁、第356頁及其後。

由。愛因斯坦顯然也是如此。但是他擺脫了，就在數理計算的過程中，他彷彿乘上了諾亞方舟逃離了。

佛洛伊德在這方面則非常不同。他大概也是情感型的。但他嚴厲多了，雖然他有著維也納人的禮貌。但是愛因斯坦所表現出來的是多少有點淺薄的樂觀主義，他就像慈善家一樣善良；而佛洛伊德可以讓人感覺到他的苦澀和怨恨，生硬而又憤世嫉俗。[15] 他的人格比愛因斯坦強大得多了。佛洛伊德絕對是有著鮮明的人格。

論生存空間在婚姻中的重要性

1958 年 6 月 27 日

對有創造力的人來說，婚姻就是一場賭博。我的命好到難以形容，我尋覓到了一位好妻子。她給了我足夠的空間，讓我可以自由暢快地呼吸。[16] 如果沒有如此這般的生活空間，我可能就無法完成我的工作。我所思考的內容超越了所有的邊界；如果是另一個人有了這樣的情形，很可能是會充滿毀滅力量的。一個被標準思維方式所禁錮的人，在與我這樣的人交往時，可能只會從一個危機走向另一個危機。

所有婚姻的根本問題在於：雙方是否活出自己的本性，都能否實現自我，同時能否允許另外一方，妻子或丈夫，可以自由地走在

---

15 在這次談話剛開始的時候，關於佛洛伊德的部分就已經在某個話題中討論過了。可以假設，榮格會在這裡再次提起佛洛伊德，是因為他瞭解愛因斯坦和佛洛伊德就「為什麼有戰爭？」這一問題進行書信來往；見本書第 98 頁，註解 12。

16 艾瑪・榮格-羅森巴赫（Emma Jung-Rauschenbach, 1882-1955），她與榮格的婚姻關係自 1903 年開始，一直持續到她離世。

個體化的道路上。一位比丈夫更成熟、看得更遠的女人,會在丈夫不知情的情況下喚醒他,因為她給了他如此多的空間,他甚至從未注意到。

語言

1958 年 9 月 19 日

上一次我和庫爾特・沃爾夫一起去拜訪博林根,是因為榮格想爭取拉丁文和希臘文版本,而出版商沃爾夫認為這本書所考慮的受眾是北美讀者群,相當不情願納入使用拉丁語和希臘語。

想要理解中世紀,只有理解了拉丁語才能做到。如果不能閱讀古書中的拉丁原文,我將永遠不會瞭解心理學。熟悉歐洲這一時期的歷史,參與其中,並與我們這段的過去建立起聯繫,這事的重要性是難以想像的。從美國的歷史中,我們可以看到美國人是多麼的無根,對歷史既沒有傳承,也對歷史的一切不感興趣。如果缺乏對歷史的認識,就很容易過分強調自然科學與技術,這在某些方面可能是致命的。我祖父接受過自然科學的教育,當他成為內科教授的時候,也非常自然地用拉丁語為學生發佈公告。[17]

---

17 卡爾・古斯塔夫・榮格(Karl Gustav Jung, 1794-1864)曾在海德堡學習自然科學和醫學,在柏林夏里特醫院(Charité)擔任外科助理數年,然後在皇家普魯士軍事學院(Königlich-Preussischen Kriegsschule)擔任過幾年講師。1818 年,由於政治因素,他被驅逐出普魯士(也可參見第 113 頁,註解 46)。在巴黎逗留一段時間以後,他於 1822 年前往巴塞爾大學,在這裡獲得了教授職位,而且才能出眾。還可參見安妮拉・亞菲(編),《榮格的回憶、夢和反思》(1962),第 400 頁及以後。而由安妮拉・亞菲編撰的榮格家族史,並沒有收錄在《榮格的回憶、夢和反思》裡,這部分後來由 R.G.S. Weber 翻譯,單獨發表在《春泉》上,

想要理解煉金術，免不了就要能夠掌握拉丁語與希臘語。我讀過數百篇尚未翻譯的手抄專論[18]，直到今天這些專論仍然沒有得到翻譯。就算是那些得到翻譯的專論，我也較喜歡閱讀拉丁文版本。這些內容用拉丁語表達的話，我會理解得更輕鬆。[19]

　　整體而言，中世紀的德語原文版或德語文獻原版，比起拉丁語專論更讓人迷惑，因為巴洛克時期的德語無法像拉丁語那樣對內容進行清晰地剖析和表達。拉丁語的句法較為嚴密，而德語在結構上比較隨意與自由。

　　當然，我也讀過希臘煉金術專論的原文，雖然其中很多已經被馬塞林・貝特洛（Marcellin Berthelot）翻譯成法語了，[20] 但是翻譯得並不可靠，因為譯者並不理解煉金術的含義。

　　我學習的最後一門語言是斯瓦希里語（Swahili）。[21] 最初，我是讀語法書，但是當我抵達東非時，許多內容不得不重新學習，因為那裡的人們實際上說的是洋涇浜的斯瓦希里語。[22] 經典的斯

達拉斯，1984 年，第 35 頁及以後。

18　【審閱註】：提到專論時，榮格使用的德語單詞 Traktat，這字是源自於拉丁語 tractatus，即英文中的 Treatise。

19　榮格在第一次的傳記會談中就告訴我，自五歲起，父親就教他拉丁文；之後，高中時期，拉丁語老師經常要求他從大學圖書館借閱一些拉丁文的著作和書籍，當他的同學們還需要在題海中奮戰時，這位年輕的高中生可以在返程路上興高采烈地「偷偷一飽眼福」（durchgeschnüffelt）。

20　馬塞林・貝特洛（Marcelin Berthelot 或 Marcellin Berthelot）法國科學史學家、化學家和政治家。榮格在《榮格全集》第 12 卷《心理學與煉金術》（*Psychology and Alchemy*）當中提到過貝特洛的翻譯：《古希臘煉金術士合集》（*Collection des anciens alchimistes grecs*）共三卷，巴黎，1887/88 年，《中世紀的化學》（*La Chimie au moyen âge*），共三卷，巴黎，1893 年；以及《煉金術的起源》（*Les Origines de l'alchimie*），巴黎，1885 年。

21　斯瓦希里語（Suaheli，Suahili 或 Swahili）是非洲東部大部分地區都在使用的一種班圖語，斯瓦希里語當中許多外來詞是源自阿拉伯語或其他語言。

22　洋涇浜的斯瓦希里語（Pidgin-Suahili），這種斯瓦希里語中融合了各種阿拉伯語、印度語、葡萄牙語和英語的詞彙。

瓦希里語已經無法被理解。我的嚮導（headman）雖然在第一次世界大戰期間曾經在坦噶尼喀（Tanganyika）擔任聯絡官（officier de liaison），但我完全無法理解他所說的英語。[23] 我與當地人進行 palaver 談話時 [24]，用的都是洋涇浜的斯瓦希里語。[25]

為了說明這種語言是多麼靈動，我想給您舉個例子：有一次，我換上了新衣服要去吃晚餐，可是卻找不著領帶。我問莫桑比克本地的童僕（boy）：「Wapi necktie？」即「領帶在哪裡？」他回答道：「Ndanya mtoto.」我很錯愕，因為這句話的直譯應是：「在孩子體內。」我帶著懷疑的語氣問：「Mtoto？」即「孩子？」他回答說：「Ndio. Ndanya mtoto ya mesa.」即「是的，在桌子的孩子裡。」短短的這句話，栩栩如生地描述了抽屜。

論語言的整體性與局限性

1958 年 3 月 13 日

語言對我們表達思想、情感或經驗的能力構成持續的阻礙和限制。一方面，語言等同於思想；它是一種傳遞知識的方法。另一方面，語言只是由詞彙和特殊的句法和語法所組成，因此多少也會受

---

[23] headman = 嚮導；officier de liaison = 聯絡官。坦噶尼喀（Tanganjika），指的是除去桑給巴爾（Sansibar）和奔巴島（Pemba）以外的坦桑尼亞（Tansania）大陸，也指前德屬非洲的大部分地區。當大部分德國殖民地成為英國的「委任統治地」後，「坦噶尼喀」成為國家名。1964 年 4 月起，坦噶尼喀地區與桑給巴爾組成坦桑尼亞聯合共和國。

[24] 在葡萄牙人的使用下，Palaver（起源於希臘語 paraboli）一詞逐漸成為了與非洲商業夥伴談判時的常用表達，最終還成為了人類學的術語之一，用於就某一特定主題進行交流，交換彼此的重要想法。這與口語中的貶義用法（指「喋喋不休，無休止的談話」），形成了鮮明對比。

[25] 見本書第 160 頁中關於非洲「肯亞的鬼魂」這一章節。

到形式的限制。[26] 這就是為什麼煉金術士們談及自己尋找的石頭，比如說備受追捧的哲人石（lapis philosophorum）時，他們會認為它有一千個名字——habet mille nomina。煉金術士們試圖描述它的整體性，於是將石頭稱為墨丘利石（Mercurius）[27]、鑽石、或紅寶石，還有其他無數種的描述。人們可以引用成千上萬的詞彙與描述方式，仍然無法將真正的東西說出來，無法描述出它的整體性。它超越了知識和語言的範疇，仍然是一個謎。

所有的本能和驅力，不論是性慾、攻擊性或權力意志，都是追求整體性（wholeness）的表現，它們內在都包含著一個謎。就像整體的心靈一樣，每一種自然驅力都是一種奧祕。我們不知道這些驅力是如何形成的，就像我們不知道心靈是如何形成的一樣。心靈也總是包含整體；物質也是如此，無法用語言來表達。以權力為例，如果我們也放在同樣的位置來想想，就會發現權力也是一件非常微妙的事情。一個人會去舔另一個人的靴子，只為了用這種行為來獲取權力——所以有人說，每個暴君的背後都隱藏著一個無所不能的貼身僕人。性也追求整體性的表現，至少可以這麼說。性是整體性的基本表現，這一點我是完全可以接受的，但這並不是完整性的唯一解釋。很多人不能明白這樣的觀點。性的確是自然的、原始的，這就是性的本質。然而，它也是精神上的一種奧祕，從這奧祕的層面上說，個體已經全然消解而不復存在，取而代之的是一種高階的

---

[26] 隨後，榮格在一封信中指出，「我們的構思能力和我們的語言都缺乏必要的單純性，這一缺失導致我們無法有意識認知裡的許多個別面向加以合併。只有『聖祕體驗』保留了最初的單純性或合一性，讓我們對『宇宙合一』（Unus Mundus）還稍微有所感知。」《書信集》第二卷，1971 年，第 509 頁（寫給特勞戈特・埃格羅夫〔Traugott Egloff〕的信，1959 年 6 月 8 日。）

[27] 【中譯註】：Mercurius，拉丁語，墨丘利。榮格認為墨丘利集眾多原型意象於一體。

整體性;不過,這種整體性的本質迄今依然是尚未揭顯的。這便是*神祕結合*(mysterium coniunctionis)[28]。

我們絕不能忽視這樣一個事實,也就是整體性會以多種形式呈現,但它始終是一種聖祕(Numen)。所以性是*聖祕的*(numinos),既是上帝,也是魔鬼。如果誰沒能接受這一真理,對性的觀念就會停留在狹隘的純生物學概念上。然而關於這聖祕,文字既無法描述,也無法掌握。

物質只是現實的其中一個面向,心靈也是如此。儘管如此,兩者的內在都有著整體性,只是我們無法將其表達出來罷了。兩者都是太一的其中一個面向,都屬於那一切無法表現的。

關於托妮・沃爾夫

1957年6月14日／1958年8月

當榮格談到自己最後一次拜訪衛禮賢的時候,[29]他談到了踰越(transgressions)和原罪(sins),認為這些是必要的,而且也是必須償還的債務。他說,有些過失是命運(fate)注定的。人們只有

28　【中譯註】:mysterium coniunctionis,拉丁語,神祕結合,也是《榮格全集》第十三卷的書名。

29　衛禮賢,直譯為理查德・威廉(Richard Wilhelm, 1873-1930),神學家,漢學家,他的夫人是巴特博爾(Bad Boll)新教神學家克里斯多福・布魯哈德(Christoph Blumhardt)的女兒,他們夫妻倆在中國生活了很長一段時間。1929年,他和榮格合作了中國的典籍《金花的祕密》(*Das Geheimnis der Goldenen Blüte*)。見《榮格全集》第13卷,1967年。在1929年深秋,1930年3月2日衛禮賢逝世以前,榮格因為出現栩栩如生的幻象,因此有了最後一次對他的拜訪;見安妮拉・亞菲(編),1962年,第377頁。根據榮格的說法,他們兩人的對話圍繞著衛禮賢在東方與西方之間的立場展開,同時還涉及一個懸而未決的問題:衛禮賢苦行僧般地放棄與一名中國女子的戀情是否違背了命運。

謙卑地承認這踰越，才有可能從罪惡之中得到救贖。

　　生活中的某些點滴也許會預示命運的安排。當托妮・沃爾夫[30]向我提出這個問題時，我立刻就明白了這一點。在與她的心理分析工作結束後，儘管感覺自己在她的心中有一席之地，我還是循規蹈矩地結案了。一年之後，我做了一個夢：我和她一起來到阿爾卑斯山，發現自己身處懸崖峭壁環繞的山谷中。突然之間，我聽到山裡傳來精靈們的歌聲，而托妮即將要消失在山谷中了。我感受到一股深深的恐懼，心想：這不可能，這絕不可能！就在那時，我又開始聯繫她，給她寫信了。

　　那會兒我做過一整個系列的夢，這些夢讓我十分困擾。其中一個噩夢是這樣的：我看到了一位女人的身體從中間以下全都變成了石頭，而上半身仍是可以活動的；而我知道，是我給這個女人的脊髓注射了一針，才會導致她癱瘓的。我對自己做出這樣的事情感到震驚，內疚不已。

　　再來是一次真實的經歷。我在湖中游泳，腿抽筋了。我於是對天發誓，如果腳不再抽筋，而我能游回來，我就全然屈服。

　　關於懸崖峭壁的夢，讓我不禁想起了魔王[31]。我聽著精靈寧靜

30　托妮・沃爾夫（1888-1953），分析心理學家，蘇黎世心理學俱樂部（the Psychology Club Zürich, 1916）的共同創始人之一，多年來擔任蘇黎世榮格研究院（Jung Institute Zürich）的主席和講師。四十年來，不論是她本人還是她的職業，都與榮格關係緊密。根據榮格的說法，二十世紀三〇年代在博林根所建造的更窄的塔，所象徵的就是她，而之前建造的塔樓則是象徵著他的夫人艾瑪。托妮・沃爾夫關於分析心理學的著作，可以見沃爾夫，1959 年。在她死後，這本書才得以出版，1958 年 8 月，榮格為這本書寫了序言；參見《榮格全集》第 10 卷，1974，第 887 頁至 902 頁。另見〈重生的理念作為一種神話的觀念〉（On the Idea of Rebirth as a Mythical Concept）與〈夢在托妮・沃爾夫與艾瑪・榮格離世後〉（On Dreams of Toni Wolff and Emma Jung after their Deaths），第 161 頁及以後。

31　「魔王」（Erlkönig）或稱「精靈王」（Elfenkönig），他是一位傳奇人物，啟發了歌德

的呼喚，注意到托妮是如何沉入山中——我將她拉了回來。然後我明白：到了如今，這已經不可避免。阿尼瑪需要她做為犧牲品，我不能再逃避了。對我來說，一個生死攸關的決定性時刻也來臨了。

當然，一旦開始和她有了關係以後，我陷入了一片混亂之中，失去了方向感，不知道哪條是向上，哪條是下。但是，我如果躲開了阿尼瑪，那會釋放出多麼強大的力量啊！我可能再也永遠無法超越它。相反地，一個至關重要的關係就這樣誕生了。在我艱難地進行內心探索的時期[32]，她以對心理學和人性的深刻理解，還有與生俱來的智慧和敏銳的洞察力，持續陪伴著我。在牢牢地抱住我的同時，她以最美好的方式實現了阿尼瑪的功能。[33] 對我而言，她是肥沃的土壤。

（J.W.Goethe）寫了一首同名民謠。這首詩展示了一個孩子周圍的兩位男性形象，一位被描述為像慈父般的拯救孩子，第二位則是擁有自然的吸引力，企圖將孩子引誘到自己身邊。最後，孩子死去了，民謠便也結束了。【編註】：托妮・沃爾夫大學時期與同學威廉・沃爾芬博格（William Wolfensberger）曾是親密的朋友，兩人交換彼此創作的詩，並就哲學和神學問題進行熱切的討論。榮格的夢與這份情誼有多大關連，這裡必須保持開放。而關於沃爾芬博格的文學作品，以及 1910 至 1913 年間他對托妮的戀情，可參閱羅伯特・勒瓊（Rober Lejeune）編，《威廉・沃爾芬博格選集》（William Wolfensberger - Ausgewählte Werke），1964 年。也可參見查爾斯・林斯梅爾（Charles Linsmayer）與魯道夫・普羅布斯特（Rudolf Probst）編，《在渴望與無望之間徘徊》（Eingeklemmt zwischen Unmöglichkeit und Sehnsucht. Ein Lesebuch），2007 年。

32　他指的是與佛洛伊德分離後的那幾年（1912-1919），當時榮格專注於內在意象的流動。關於這一點，見章節〈與無意識的面質〉（Confrontation with the Unconscious,），安妮拉・亞菲（編），1962 年，第 170-199 頁。從 1910 年 9 月起的好幾個月裡，托妮・沃爾夫都因為是榮格的病人而一直與之相處；到了 1911 年 8 月，榮格重新與托妮取得聯繫，希望她能夠逐漸融入自己的圈子，並協助自己的工作。

33　艾瑪・榮格去世前不久（1955 年）說道：「那些我無法幫助我丈夫完成的事情，還有其他任何人也無法協助的，托妮卻做到了，我會一直感謝她所做的一切。」摘自：范・德・波斯特（L. Van der Post），1976 年，第 178 頁。迪特・鮑曼（Dieter Baumann）是榮格的孫子，他曾回憶到，1945 年有一次祖父在家中告訴過自己：「托妮・沃爾夫對阿尼瑪的發現做出了相當重要的幫助。」見 BBC 廣播節目「卡爾・古斯塔夫・榮格：1875-1961」（Carl Gustav Jung: 1875-1961），於 1975 年 7 月 14 日錄製，編劇伊恩・貝格（Ean Begg）。

貴族最後的絕望嘗試：蓋沙令伯爵

1957 年 6 月 28 日

　　庫爾特・沃爾夫曾多次希望榮格談談他與蓋沙令的相遇，其中的原因可能在於，沃爾夫與榮格最初就是在二十世紀二〇年代、蓋沙令所發起的慕尼黑會議上相遇的。榮格對談論這個主題並沒有展現出任何自發性的興趣，然而，當他最終談及蓋沙令時，他的反思提供了一個例子，呈現他對當下環境如何影響一個人是多麼的有興趣。

　　我與蓋沙令伯爵[34]是在 1920 年代結識的，那是在達姆施塔特（Darmstadt）的「智慧學院」（School of Wisdom）[35]的一次會議

34　蓋沙令伯爵（Hermann Keyserling, 1880-1946），哲學作家。榮格於 1928 年至 1934 年間為他的三篇出版物撰寫評論。參見《榮格文集》第 10 卷，《文明的變遷》（Civilization in Transition），1964 年，第 479 頁及以後，〈瑞士在歐洲光譜中的重要性〉（The Swiss Line in the European Spectrum）；同前，第 479 頁及以後，〈一個新世界的崛起〉（The Rise of a New World）；同前，第 489 頁及以後，〈蓋沙令伯爵的新書《世界革命與靈性的責任》〉（La Révolution Mondiale）。另外參見榮格《書信集》第一卷，1971 年，從 1927 年到 1932 年榮格寫給蓋沙令伯爵的各種信件。榮格，〈回覆馬丁・布伯〉（Religion and Psychology: A Reply to Martin Buber），《榮格文集》第 18 卷，1958 年，第 1499 頁及以後，這篇首次發表於《水星》（Merkur）第 VI 期，1952 年，文章裡榮格簡短地回應了蓋沙令伯爵對他「非靈性的」的評論。

35　「智慧學院」（Schule der Weisheit，英文 School of Wisdom）是 1920 年在達姆斯塔特（Darmstadt）成立的一所私立哲學學院。除了發起人蓋沙令伯爵之外，還有出版商奧托・賴克爾（Otto Reichl）（也是榮格當時的出版商），其中黑森州（Hesse-Darmstadt）的大公爵恩斯特・路德維希（Ernst Ludwig）則是參與其中的最重要贊助商。為了促進智慧學院發展，他們成立了「自由哲學協會」（Gesellschaft für Freie Philosophie）。從 1920 年至 1927 年，該協會所組織的年會受到了公眾的高度重視。會上的講座隨後收錄在《燭台：世界觀與生活方式》（Der Leuchter. Weltanschauung und Lebensgestaltung）系列叢書中，由奧托・賴克爾出版社出版。其中最知名的支持者有托馬斯・曼（Thomas Mann），其他著名的演說者有衛禮賢、萊奧・弗洛貝尼烏斯（Leo Frobenius）、保羅・達爾克（Paul Dahlke）、泰戈爾（Rabindranath Tagore）、馬克斯・舍勒（Max Scheler）和榮格。這裡指的是榮格在 1927 年以〈心靈的土

中。此前,透過他《哲學家的旅行日記》[36],我對他已有所耳聞。在見到他本人之前,我也從奧斯卡‧施密茨(Oscar Schmitz)[37] 那裡聽過他。施密茨告訴過我一個荒謬的故事。蓋沙令有一次幾乎要和他決鬥,因為根據我的心理類型理論,施密茨聲稱蓋沙令是外傾者,聽了這話,蓋沙令憤怒得幾乎要和施密茨決鬥,因為他堅稱自己是一個內傾的人。

如果這世界還有一個人真的不是內傾的,那必然就是蓋沙令!每一次,當我與他相遇,我都會覺得自己完全被淹沒了。他的話就像洪水一樣向我襲來,從不間斷。可以這麼說,在我們所有的見面裡,我沒有一次可以說話。我不禁想起威廉‧文德爾班教授(Williams Windelband)和托馬斯‧卡萊爾(Thomas Carlyle)在海德堡的那次著名的會面。在這次見面後,有人問文德爾班:「嗯,教授,這次訪問怎麼樣呢?」他回答說:「好吧。卡萊爾花了兩個小時都在談論沉默的神聖美德。」[38] 蓋沙令便是如此!有些內容可

壇〉(Die Erdbedingtheit der Psyche)為題所作的演講(首次發表在《燭台:世界觀與生活方式》第 8 卷《人與大地》〔*Mensch and Erde*〕,1927 年)。這文章的第一部分於 1928 年以〈靈魂的結構〉(Die Struktur der Seele)為題,發表在第四期的《歐洲評論》(*Europäische Revue*)上。榮格對這一部分進行修訂和進一步的擴展,在 1931 年發表在他出版的《當代的靈魂問題》(Seelenprobleme der Gegenwart)中;其他的部分以〈心智與大地〉(Mind and Earth)為題,進行了補充。參見《榮格文集》第 8 卷《心靈的結構》,1960 年,第 283 頁及以後,以及《榮格文集》第 10 卷,1964 年,第 49 頁及以後。

36 蓋沙令伯爵,《哲學家旅行日記》(*Das Reisetagebuch eines Philosophen*),達姆斯塔特,1919 年。出版有英譯本,紐約,1925 年。

37 奧斯卡‧施密茨(Oscar. A. H. Schmitz, 1873-1931),作家,於 1920 年代初接觸榮格。施密茨在 1923 年將自己的書《無意識童話》(Märchen aus dem Unbewussten)送給了榮格,可以見《書信集》第一卷,1972 年,第 39 頁及其後(1923 年 5 月 26 日的信)。1932 年,榮格為《水獺的故事》(Märchen vom Fischotter,英文為 *The Tale of the Otter*)撰寫了前言,見《榮格全集》第 18 卷,《象徵生活》(*The Symbolic Life*),第 1716 頁及以後。

38 威廉‧文德爾班(Wilhelm Windelband, 1848-1915),德國哲學家和哲學史家,自 1903 年起任海德堡大學教授。托馬斯‧卡萊爾(Thomas Carlyle, 1795-1881),蘇格蘭哲學家、歷史學

能很有意思，有些內容可能詼諧，但所有的一切卻總是表達得不可救藥。想要和他談談？這是一件沒有希望的事，人家可是*忙得不可開交*（snowed under）。由於他一直口若懸河地說著，我真的聽不下去了。我一直想知道，他為什麼會有如此這般的表達慾。他想藉此來證明什麼嗎？為什麼這麼迫切地需要給其他人留下印象，讓別人知道他在那裡，而且還一定要展示點什麼？我永遠無法在他的發言中找到方向。他說過什麼？我一次談話都沒法回憶起來，我根本記不住他說了些什麼。真的是太多了。

偶爾，在意想不到的時刻蓋沙令表現得非常謙虛。這是十分罕見的時刻，讓人覺得原來他的身上也有令人欽佩的謙遜。然而，我從來不覺得這是無謂的虛榮，它更像是一種真誠的、不由自主地對尊重的要求，似乎是他在所處的那個年代當中，不由自主地想要與時代的逆境相抗衡。他是貴族。這就是他想要被認可的原因，是不惜一切成本（à tout prix）也要贏的。他的本性在驅使著他。這就是為什麼我寫過關於他的文章，說他不僅僅是他自己，而是一種現象[39]。這讓他滿意極了。

但是，針對他為知識分子建立文化修道院的想法，他就對我的評論沒那麼滿意了。我寫道，我很難想像蓋沙令伯爵淪為俗人修士「在廚房中負責打雜！」[40] 修道院的生活需要順從與謙卑……。但

家，在他的小說《衣裳哲學》（*Sartor Resartu*，又譯《拼湊的裁縫》或《舊衣新裁》）中提出，說話是「暫時的，而沉默是永恆的」；而在《過去與現在》（*Past and Present*）中，他則提到「沉默，是我們的基本天賦」。

39　見《榮格全集》第 10 卷，1964 年，第 903 頁及其後。

40　受到保爾・梵樂希（Paul Valéry）於 1933 年在巴黎主導之「歐洲精神之未來論壇」（Entretiens sur l'avenir de l'esprit européen）的影響，蓋沙令伯爵因此提出以尼采關於「文化修道院」的想法來作為有關未來的解決方案，修道院中的成員應該本著尚未充分實現的貴族精神，所過的生活應當是超凡脫俗的、自由的、更高的、新的禁慾主義的，一個更高層面、

他不喜歡聽到這些話。

　　他情不自禁地想要維護自己的形象，這樣的形象對他而言非常重要，也令人印象十分深刻。貴族氣質在他身上根深柢固，命運要求他必須表達這種氣質。但他並不清楚自己為何要這樣做。在我看來，這似乎是一位貴族要求得到承認的最後一搏，他堅持著自己的主張，即便是到了*貴族末日的最尾端*（at the tail end of aristocracy）。他的演講，他的筆所寫出來的，都沒有任何實質性內容。他沒有什麼訊息是人們必須知道的。這是一個貴族*窮途末路*（at the end of his rope）的最後反應。人們從他身上，你能夠感受到波羅的男爵昔日的叱吒風雲，他曾經是這樣派頭十足的大貴族，如今卻是一位*沒有王國的國王*（roi sans royaume，法語）。一開始，他聲稱自己無論如何都是一個靦腆害羞之人，然而，時代的需要迫使他成為一個聲音洪亮的人，彷彿要推倒一堵高牆。他身上流露出一個貴族人格放棄權力而悄然離場的反應。這就是他所代表的、貴族所有的優點和缺點。

　　他的夫人是俾斯麥的孫女[41]。我在達姆施塔特時曾經深入瞭解過德國貴族，尤其是德國北部的貴族。其中不乏有趣的人，特別

不受塵世的影響，「苦行僧們組成了一種迄今未知的貴族」。榮格在他對《世界革命》（*La Révolution mondiale*）這本書的評論中對這一想法提出了批評：「只有當這些高貴的靈魂⋯⋯符合下列條件時，才能構建出秩序，或是才有資格進入秩序之中：當他們的靈魂意識受到了束縛而缺乏自由，當他們忘記自身所謂的獨特性，並且能夠承認自己那卑微的依賴性，⋯⋯當他們的自然意識中心是在他們的大地，他們的民族、社會、和政治的需要之上，（最後）當〔⋯⋯〕他們內心深處對人類存在之空無性有了深刻體驗後，才能終於長出人類友誼的真正需要。如果我們尊敬的作者蓋沙令伯爵，可以成為一位在文化修道院廚房負責工作的俗家弟兄，那麼我會相信這個想法的可行性。但在他還沒做到這一點之前，我都無法相信。」參見《榮格全集》第10卷，第935頁及其後。

41　伯爵夫人瑪麗亞・戈德拉・馮・俾斯麥・舍恩豪森（Maria Goedela von Bismarck-Schönhausen, 1896-1981）。

是蓋沙令伯爵夫人的姊姊，她住在波茨坦。[42] 她的個性很率真，舉手投足都充滿貴族氣息，氣場十足。她讓我想起了英國貴族，可能他們都是儀態端莊的。俄國人來的時候，她自信地把這些統治者玩弄於股掌之中，她很清楚如何對付無賴。這些俾斯麥，還真有兩下子；反觀蓋沙令，你可以在他身上明顯感受到一股殘暴的暗流，你能感覺到鞭子，感覺到暴力本性。

通過蓋沙令的穿針引線，我的夫人和我曾受黑森大公（Grand Duke of Hesse）的邀請，一起住進了大公爵的宮裡。[43] 大公爵是一位非常友好的紳士。閒暇之時，他喜歡坐在刺繡架前。

有一次，德皇的一位兄弟也來參加晚宴，他的名字叫海因里希。[44] 他講述了自己在1919年斯巴達克同盟起義期間如何逃離柏林。城外，一位革命者突然跳到了他的汽車踏板上，海因里希於是親手將其擊斃。[45] 我十分震驚，他的野蠻背景給我留下了深刻印象。

在達姆施塔特，還有一個人讓我很感興趣：一位神祕主義者！在我的印象裡，他就是像從十八世紀宮廷走來的人物。那是一位受

42　漢娜・利奧波丁・愛麗絲・馮・俾斯麥・舍恩豪森（Hannah Leopoldine Alice von Bismarck-Schönhausen），嫁給了馮・布雷多（von Bredow, 1896-1971）。

43　恩斯特・路德維希（1868-1937），黑森・達姆施塔特大公爵。1937年10月9日路德維希離世，為了懷念大公爵，榮格於1937年11月寫下悼詞（榮格檔案館〔Jung Archiv〕，ETH）。

44　阿爾貝特・威廉・海因里希（Albert Wilhelm Heinrich, 1862-1929），皇帝威廉二世（Kaiser Wilhelms II）的弟弟。

45　1919年1月5日至12日，柏林發生的總罷工和武裝鬥爭被稱為斯巴達克同盟起義（Spartakusaufstand）或一月起義（Januaraufstand）：1918年十一月革命後德皇威廉二世退位，為了進一步確保這一革命果實，獨立社會民主黨左翼與共產黨人士想要推翻艾伯特-謝德曼政府（die Regierung von Ebert und Scheidemann）的統治。隨後，政府允許自由軍團（Freikorpstruppen）對革命人士採取暴力鎮壓；在此過程中，羅莎・盧森堡（Rosa Luxemburg）和卡爾・李卜克內西（Karl Liebknecht）被謀殺。

過良好教育的貴族,哈登貝格伯爵[46],戴著一頂大黑帽,他讓我想起卡格里奧斯特羅伯爵或神祕的聖日耳曼伯爵。[47]我之所以會注意到這個人,是因為他非常時髦。作為一個黑暗人物,作為神祕的*險惡人物*(tenebrio,拉丁語),但不是灰衣主教,他是這宮廷之中無害的補充,他身上有某種玫瑰十字會員或是煉金術士的氣質。

我和這些人相處得很好──只要他們特有的那種粗魯、憤世嫉俗(在很多情況下,憤世嫉俗實際上是他們過度敏感的幌子)不要顯露出來。

在耶魯與哈佛的經歷

1958 年 4 月 11 日

由於庫爾特・沃爾夫期待榮格回憶錄的推出能夠在美國造成轟動,因此一再敦促榮格與我多寫一些關於榮格當年在北美的經歷。

46　克諾・費迪南德・馮・哈登貝格伯爵(Cuno Ferdinand Graf von Hardenberg, 1871-1938),恩斯特・路德維希大公爵的御前大臣,藝術史學家,畫家;與蓋沙令伯爵共同出版了《神祕學》(*Das Okkulte*),達姆斯塔特,1923 年。後來,1957 年 10 月初,榮格在與庫爾特・沃爾夫的談話中提到克諾・馮・哈登貝格的祖輩。卡爾・路德維希・桑德(Karl Ludwig Sand)殺害了保守的反動派德國詩人與國務委員奧古斯特・科策布(August Kotzebue),由於哈登貝格與桑德之間的友誼,哈登貝格於 1820 年將榮格那思想開明的祖父卡爾・古斯塔夫・榮格(Karl Gustav Jung, 1794-1864)當作「煽動者」,囚禁在柏林長達十三個月之久,之後,又將榮格的祖父驅逐出普魯士。(關於這一點,可見安妮拉・亞菲〔編〕,1962 年,第 402 頁;英文版則參見《春泉》雜誌,1984,第 37 頁及其後)。因此,榮格的祖父這一生都將哈登伯格視為眼中釘(bête noire)。

47　這兩位高貴的冒險家經常被人(歌德、席勒、托爾斯泰、大仲馬等)記錄在大量的文學作品中,他們與玫瑰十字會有聯繫,經常出現在那一時代的眾多歐洲宮廷。聖日耳曼(Saint-Germain, 1784 年去世)聲稱自己已經三千歲了。他的學生阿歷桑德羅・迪・卡格里奧斯特羅(Alessandro di Cagliostro, 1743-1795)則假裝自己能夠製造黃金。用 tenebrio 一詞來形容他,是稱他為一個神祕險惡的人物。

榮格對過去的故事已經沒有特別在意，當我問起他時，他更傾向於聊聊當時的軼事。於是，我們談到了1930年代的美國是如何理解和接受他。

1937年，泰瑞講座（the Terry Lectures）在美國耶魯大學舉行，我擔任講師。[48] 在那裡，講座獲得了巨大的成功。這一活動同時也向一般聽眾開放。最初，我擔心舉辦講座的講堂太大了，只有四分之一的座位上會有聽眾，而在這樣情況下授課是會非常不舒服的；而且，我還收到一份警告，表示在第一堂講課以後，聽眾人數可能會更少。所以我非常生氣。

第一次講座只有大約十分之一的座位上有人，估計約三百人。第二天晚上，已經有六百人到場了。到了第三次實在太擁擠了，警察不得不關閉大廳。這讓我很驚訝，最終接近三千人。[49]

48　1937年10月，榮格受到德懷特·哈林頓·泰瑞基金會（Dwight Harrington Terry Foundation）的邀請，前往耶魯大學，在康乃狄克州紐哈芬進行第十五屆的年度系列講座，主題是「從科學與哲學來談宗教」（On Religion in the Light of Science and Philosophy）。10月20日，他講述了「無意識的自主性」（The Autonomy of the Unconscious）；10月21日講述「教義的自然象徵」（Dogma and Natural Symbols）；10月22日講述「一個自然象徵的歷史與心理」（The History and Psychology of a Natural Symbol）。在1938年，這三場榮格用英文演說的內容，由耶魯大學出版社出版成冊。後來托妮·沃爾夫與榮格針對費莉西亞·弗羅博塞（Felicia Froboese）的德文譯稿進行了修訂。榮格在1939年10月所寫的序言中強調，不論是英文版還是德文版，相對於當初的講座，印刷本中的內容要「包含更多」，尤其在第二講和第三講，他進行了大量的延伸。也可以參考《榮格全集》第11卷，第1頁至168頁。此後，泰瑞講座（Terry Lectures）還邀請了許多著名的學者，包括艾瑞克·佛洛姆（Erich Fromm）、保羅·田立克（Paul J. Tillich）、瑪格麗特·米德（Margaret Mead）和詹姆斯·希爾曼（James Hillman）。

49　《紐約時報》在1937年10月21日刊出文章「榮格認為夢是所有『主義』的關鍵」（Jung views Dreams as Key to 'Isms'）。文章中提到，10月20日，有兩萬多人來到耶魯大學的吳爾璽禮堂（Woolsey Hall）參加開幕講座。這與榮格的記憶不太一樣。另外，凱莉·貝恩斯（Cary Baynes）有很長一段時間都是榮格的學生，同時也是出版商的密友，她也參加了這場講座。根據她的回憶，參座率其實是逐日下降的，並非每日增加。因此，儘管庫爾特·沃爾夫曾強

關於這一點，當時我對自己解釋，美國人也許與我有某種隱祕的連結。他們的直覺可能不容小覷，這就是為什麼他們會來聽我的講座，儘管在知識層面上對我思想的任何成份都是無法理解的。然而，美國的學者們則很少能夠理解我，因為他們大多數人只透過統計來理解事物。但總是有大量美國公眾湧進我的講堂中，來聽我的講座，這是其他教授所無法解釋的，因為他們還無法掌握我究竟是在說什麼。

　　當時發生了這樣一件有趣的故事：在完成第三次特里講座後，我回到了在校園裡的下榻之處。那會兒時間還早，所以系主任達德利・弗倫奇教授（Dudley French）邀請我們一起喝茶。女主人是他的夫人，一位有點年紀的女士，她的穿著相當端莊而正式，比方說她還會戴著帽子給大家端茶。真是太奇怪了！

　　當我一個人走進客廳時，發現她在堆成山的銀器與茶杯後面哭泣，我自然想著應當立即離開，但是，她說著：「不，不，請您留下來，安靜地走進來吧。我只是在哭，您不用擔心我。」我問她，什麼讓她如此動容，於是她回答道：「我聽了您的演講，真是太精彩了！我幾乎什麼不懂，但是實在是太不可思議了！」她的感受無以言表，在她身上所發生的一切，後來我在其他人身上也感受過。我有一種感覺，人類彼此是連結在一起的。我確實感覺自己抵達了他們的內心，只是大家的反應都與她類似：他們都不明白自己究竟聽到了什麼。因此，我還沒有遇到誰能夠與我在思想上有所共鳴，也沒有人能就這個話題來與我進行一場酣暢淋漓的討論。但是，那麼多的聽眾對此卻是印象深刻。在我的言語之中，一定有一些內容

烈地敦促榮格談談泰瑞講座，但他最終還是放棄了這整段。

打動了他們。

在耶魯的訪問竟然獲得了如此不同尋常的成功，實在是讓我大吃一驚。在那裡，我感覺到有了真正的接觸，這在我一生中並不常見。很多時候，我常常感覺自己是在對著空氣說話。

類似於耶魯大學講座的情形，之前在哈佛大學的也有過一次。[50] 那一次，來聽講座的聽眾都是特別邀請的，所以是一群不折不扣的專家，大約有二百五十人。我的主題是「決定人類行為的心理因素」（Factors Determining Human Behavior），內容主要與無意識相關。當我的演講結束以後，正要離開大樓時遇見了兩位年輕的聽眾。他們正走下樓梯，與我離得很近，所以我可以聽見他們的對話。一個人問說：「你明白這次講座在說什麼嗎？」另一位的回答我一直銘記於心：「好吧，我其實聽不懂，但那個傢伙知道自己在說什麼！」

50　1936 年 9 月，榮格在哈佛大學藝術與科學學院三百週年會議（Harvard Tercentenary Conference of Arts and Sciences）上進行演講，演講的題目是「決定人類行為的心理因素」（Psychological Factors Determining Human Behavior）。這一文章最初以德文撰寫，題為 Psychologische Determinanten des menschlichen Verhaltens，到了 1937 年才以英文的形式發佈在研討會論文集中，題為 Factors Determining Human Behavior，哈佛大學出版社，劍橋，麻塞諸塞州。（德文和英文題目翻譯成中文皆是〈決定人類行為的心理因素〉。）參見《榮格文集》第 8 卷，第 232 頁及其後。

III 關於人格與生活的體驗：獨處

古代的古樸與粗俗

1957 年 6 月 7 日

榮格在談到自己對母親性格的觀察時，發覺他母親有時候像是「熊洞裡古老時代的女祭司」；同時他也談到自己和阿尼瑪有關的許多問題，而提及自己三十七歲時在那不勒斯的一段經歷。

拜訪羅馬，和那裡如今依然生機勃勃的古代精神面對面的相遇，也與同樣活力十足的早期和晚期基督教精神迎面遭遇，確實引發了我內心不可想像的興奮和激動，以至於到現在還是沒能力讓自己去羅馬，儘管我非常地想去。[1] 羅馬對我意味著什麼？一個我想要迴避的阿尼瑪，直到今天我的成長發展還是沒辦法面對，那就像熊熊燃火的座位。但我之前是能夠拜訪龐貝城的。在我毫髮無傷地遊歷了義大利北部後，1912 年，我乘船從熱那亞航行到那不勒

1　參見安妮拉・亞菲（編），1962 年，第 287 頁及其後。

斯，又從那裡啟程前往紐約。[2] 我在逗留那不勒斯期間，參觀了龐貝城。這發生在《力比多的轉化和象徵》完成以後。[3] 在那裡，龐貝城古老的文化和藝術給我留下了深刻的印象，還有神祕莊[4]裡的壁畫與圖片。它們釋放了我內心的亢奮狀態，以一種情慾的方式打動了我。我在那不勒斯體驗到了古代世界一個特殊的面向——一種屬於這古老世界的粗俗感。當我看著四周的人們，研究著他們的相貌時，我不斷地浮現最底層之天性的印象。這印象讓我想起了薩莫色雷斯（Samothrace）的波瑟芬妮（Persephone）之謎，一種薩莫色

2　在史密斯‧伊利‧傑利夫博士（Dr. Smith Ely Jelliffe）的邀請下，榮格於 1912 年 9 月底前往紐約，到福德罕大學（Fordham University）以「精神分析理論」（The Theory of Psychoanalysis）這一主題進行了一系列共九場的演講。（見《榮格全集》第 4 卷，〈精神分析理論〉，第 203-522 頁。）他同時因為字詞聯想實驗和對早發性癡呆的研究而被授予榮譽博士學位。根據書信來看，榮格很可能直到 1913 年春天才訪歐那不勒斯和龐貝城。

3　《力比多的轉化和象徵》（*Wandlungen und Symbole der Libido*）於 1911/1912 年首次發表在《精神分析與精神病理學研究年鑑》（*Jahrbuch für psychoanalytische und psychopathologische Forschungen*）第 3 卷和第 5 卷中。1912 年，由維也納／萊比錫的弗蘭茲‧杜蒂克出版社（Franz Deuticke）發行了特別版。英文翻譯版則是 1916 年出版，書名《無意識心理學：關於力比多之轉化與象徵的研究，獻給思想演化史》（*Psychology of the Unconscious: study of the transformations and. symbolisms of the libido, a contribution to the history of the evolution of thought*），由倫敦的 Kegan Paul Trench Trubner 出版，英譯者為 Beatrice M. Hinkle。在 1952 年新的修訂版出版，標題改為《轉化的象徵》（*Symbols of Transformation*；《榮格全集》第 5 卷）。

4　神祕莊（Villa dei Misteli）是龐貝城附近一群古羅馬別墅建築，由於壁畫上描繪了戴奧尼索斯祕儀（dionysischer Mysterien），因此被認為是古典考古學中最重要的遺址之一。人們認為，壁畫上所展示的是酒神祭祀（Dionysus-Kultes）祕儀的序幕。在榮格的建議下，琳達‧菲爾茲 - 戴維（Linda Fierz-David）為此撰寫了一份詳盡的解釋性研究。就在此次談話前不久，這一研究的油印手稿副本才在心理俱樂部發表：菲爾茲 - 戴維，《神祕莊系列壁畫的思考》（*Psychologische Betrachtungenzu der Freskenfolge der Villa dei Misteri*），1957 年，蘇黎世。英譯 *Women's Dionysian initiation : the Villa of Mysteries in Pompeii*，譯者 Gladys Phelan，Spring 出版，達拉斯，1988。

【中譯註】：2007 年更名為《紅色祕儀：龐貝城中女性的個體化——關於神祕莊壁畫的深層心理學觀察》（*Mysterien in Rot. Die Individuation der Frau in Pompeji. Tiefenpsychologische Betrachtungen zu den Fresken der, Villa dei Misteri*）。

雷斯的迦梨女神。[5] 每走一步，我都能看到純粹獸性的面孔、不自然的惡魔形狀，相當怪誕的醜陋。我在每個角落都能感受到這種奇特而危險的古代精神。我一直是膽戰心驚的，擔心自己被什麼給汙染了。

那個晚上我與帶我遊覽這座城市的那不勒斯導遊共進晚餐，在再次登船之前還有好幾個小時的時間。那時，他用禮貌的語氣輕聲地告訴我說，他可以帶我看一些非常有意思的地方──妓院。「不，謝謝了！」他從旁又看了我一眼，停頓了一會兒，然後很有禮貌地又說道：「那裡也有很迷人的男孩！」「不，這更離譜了！」他這會兒陷入了沉思，然後又再次看向我。這次倒是相當的不確定和猶疑了，不過他還是以一貫的平靜語調告訴我，他知道什麼地方可能會有特別漂亮的山羊！

在那不勒斯，我可以感受到這古老的精神，感受到了粗暴和無情令人恐懼的一面，也感受到了隱藏其中的動物精神──一切都不是過去式。在龐貝城的時候，我也有這種感覺。我並不因此而感到驚訝。您再想想羅馬：古代祭祀中的鬥獸與角鬥士之間血腥的戰鬥！在那個時候，他們所表現出來的殘忍完全是現在所無法想像的。這種精神到了今天依然能夠感覺得到。

---

[5] 薩莫色雷斯島（Samothrake），位於愛琴海北部的，被當做卡比里（Kabeiroi）的神祕庇護所（Mysterienheiligtum）。卡比里眾神後來被當作是波瑟芬妮（Persephone）、狄蜜特（Demeter）、黑帝斯（Hades）和赫密士（Hermes），它們被奉為「偉大的（冥）神」。Kali（迦梨，或大黑神），梵語意為「黑暗的」，是印度教裡的女神，掌管著死亡、毀滅和新生。

黑暗所啟示的

1957年10月12日／1959年1月14日

早在孩提時代，黑暗就一直在我的生活中扮演著至關重要的角色。只需想想上帝與巴塞爾主教座堂（Basel Münster）的經歷，您就能夠理解。[6]

有一次是這樣，那時我還是個年輕的學生，心底相當的不踏實，因為發生了一些讓我很震驚的事。當時，我總是有這樣的一個願望：如果我能夠直接體驗到永恆的靈性、能夠見到上帝就好了！然後我做了一個夢，夢中我感覺，更確切的說我*就是知道*：如今祂來了，我終於能夠體驗到祂了！

有一扇門立在那裡。我明白了：如果打開那扇門，體驗就會來了，然後我就能夠感知了。於是我便打開門，至於看到了什麼呢？一堆糞便，上面還躺著一隻大母豬！

您能想像那是多麼可怕的衝擊嗎？雖然沒有巴塞爾主教座教堂那段經歷一樣地噁心，但也差不到哪裡去了。

母豬是狄蜜特（Demeter）[7]、大母神（Earth Mother）及其生育能力的象徵，這已經是普遍接受的了。但她另一方面也是伊西斯

---

[6] 參見安妮拉・亞菲（編），1962年，第36頁及以後。榮格描述自己一直以來都十分抗拒的一個幻象：抬眼望去，上帝就端坐在自己金色的寶座上，與此同時卻又在巴塞爾主教座教堂那色彩斑斕的屋頂之上如廁。作為一個小孩子，思考的卻是這些與宗教世俗與宗教傳統背道而馳的內容，這讓他感到非常難受。在那個時候，他開始體會到：「上帝也可能是相當可怕的東西」；同前，第40頁。

[7] 【審閱註】：狄蜜特（Demeter）是希臘神話中司農業、穀物和母性之愛的大地母神，也是奧林帕斯十二主神之一。她是克羅諾斯和瑞亞的第二個女兒，希拉、黑帝斯、波賽頓和宙斯的姊姊，並和宙斯生有女兒波瑟芬妮（Persephone）。在羅馬神話中與狄蜜特相對應的神祇是穀神珂瑞斯（Ceres）。

（Isis），只是當時我對這一切渾然不知。在父權思想的影響下，只要意識還沒有承認和接受陰性原則（feminine principle）的價值，那麼這個原始母親就會以駭人的形態出現。陰性的聖祕是在補償我們陽性的上帝意象。教母是對教父的補充。因此，動物的形式只是初始的狀態，要必須隨著意識的不斷擴展與分化，神聖母親的意象才會轉變為她最高的靈性狀態。

從某種程度上，夢的意象與煉金術士們的象徵意義是相對應的，煉金術士們相信他們所要尋找的寶藏將會在最低級的物質中找到，實際上就是在汙水和糞便中：In stercore invenitur。[8]

回想那時，我還是個年輕的學生，我對此一無所知。它給我留下了一個令人恐怖的印象，而我也大受震驚。

隱居，獨處和永恆

1958 年 4 月月底

在撰寫有關〈博林根〉[9]這一章的草稿時，我曾向榮格詢問相關情況。我想要知道，1931 年擴建塔樓的時候，第二座建築中的小房間，對他而言是否可以說是一個小教堂？這個時候，他談到對隱居之地與永恆之境的渴望，這樣的渴望自學生時代就存在於他的身上。

8　它們是在糞便中被發現的。參見《榮格全集》第 13 卷，第 182 頁，註解 61。（其中提到 in stercore eiectus。）

9　【審閱註】：榮格在博林根修建了沒有水電的塔樓，而這座塔樓也被稱為「博林根」。

我從來沒有打算將它建造成一座小教堂；我所想要創造的，是一個可以供我隱避的地方。在那裡我可以完成一個人的獨處，也可以進入出神的狀態，就彷彿待在一座冥想室裡。

　　在印度，有這樣一個退隱的空間是絕對必要的，因為人們居住的環境太擁擠了；而在我們歐洲，這樣的空間也許就是 locus[10] 或 privy（私人空間或廁所）了。誰知道有多少的好點子是誕生在 locus 裡。另一個說法是 Retirade，聽起來會覺得這個地方不值得尊重，多少有些貶低的意味。然而，我要說這樣的退隱之處就是 Adyton[11]，一個不允許其他任何人進入的地方。

　　我一個人待在塔樓中的那個獨立的房間裡，只有極少數人可以進去。裡面的畫不是用來觀賞的。我總是隨身攜帶著這個房間的鑰匙，從未有人可以自己踏入其中。我將引導我進入獨處狀態的一切，全都畫在牆壁上。這是一個冥想的角落，有時冥想會讓人感到不舒服，這個角落為這些不舒服的感覺提供了場所。那些能夠讓我逃離於時間之外，能夠讓我逃離在現實之外的一切，都在這個冥想的角落之中……[12]

　　我第一次感受到這種奇異的「被提」（Entrückung）[13]，是在賴歇瑙島（Reichenau）葡萄園中的奧伯採爾（Oberzell）教堂的地穴裡[14]。年輕的時候，每逢學期中的休息期間，我會經常前往這個

10　德語舊時表達廁所的方式，以前也稱為 Abort。locus 是來自拉丁文，原指「地方」。
11　Adyton（阿底頓），希臘語中意為「不可進入的地方」，是希臘和羅馬神廟裡最為神聖的地方。Retirade：源自法文 retirer，字面意思是「撤退」，在德語也是暗指廁所的一種陳舊而婉轉的說法。
12　參見安妮拉·亞菲（編），1962 年，第 224 頁。
13　【審閱註】：教會的被提，是指神將信徒帶走，以便於在災難期間完成審判。
14　康斯坦茨湖中的萊切瑙島上，中世紀早期聖喬治大教堂（Kirche St. Georg）的地穴裡，牆上裝飾著十世紀的壁畫。對榮格來說，這當中的某些形象可能為他後來在《紅書》所描繪的腓利

小小的地穴朝聖。這是屬於我的地方。在每年的春天或夏天,我也都會到那裡朝聖。這個地方將我從世間帶走,走進非世俗之中,進入永恆。你也可以稱這個地方是墳墓。

在設計塔樓這個房間的時候,它浮現在了我的腦中——塔樓應當是某種墳墓。十八世紀的阿爾勒海姆(Arlesheim)城堡裡,修建了一個相當浪漫的公園。公園裡的長凳上刻了這樣一句銘文:「啊,幸福的孤獨,啊,孤獨的幸福。」(o beata solitudo, o sola beatitudo.)在這段文字的描述之下,我的感受得以準確地再現,這句話於是一直縈繞在我的心頭。起初,我斟酌著是否將這些文字寫在房間的外牆上,但後來,我更傾向於聖安博(Heiligen Ambrosius)的說法:「你們常存忍耐,就必保全靈魂。」(In patientia vestra habetis animam vestram.)。

回憶錄工作計劃相關的思考

關於一號人格和二號人格

從 1957 年 11 月以來,榮格多次提到,他對傳記的討論工作是非常的投入。對他來說,許多事情已經十分清楚了,然而仍然無法用言語表達。當他向我描述過往這一切的時候,回憶又總是與當前的反思交織在一起。1957 年年底,他終於明確地表示,自己是如何渴望地想要找一個「客觀的視角」,來好好回顧童年和青年時代。在我的印象中,他不僅是努力分析更深層次的心靈結構,同樣

門提供了靈感。

也是竭力思索如何用語言表述。關於這一點，稍後會在一個非常私密的段落中得到證實。下面這些摘錄自相關書信的內容，為這一過程的開端提供了一些啟示。12月30日，他寫信給巴塞爾的老同學古斯塔夫・施泰納（Gustav Steiner）：

「……當一個人老了，不管是自己內心，還是外界的環境，都會將他帶回至青春的記憶之中。早在三十年前，學生曾要求我講講我的無意識概念是如何形成的。我當時透過研討會完成了這個話題。[15] 而最近，在許多不同的場合都有人鼓勵我寫一本類似自傳的東西。我根本無法想像自己會做這種事。我知道有太多的傳記，有自欺欺人的地方，甚至是徹頭徹尾的謊言。我也知道要我做這樣的自我描述存在著太多的不可能，也就不敢往這方面做任何嘗試。最近，我被要求提供自傳資料，然而在回答問題的過程中，我發現自己的記憶中隱藏著一些客觀的問題，似乎需要再加以仔細研究。因此，我再三權衡，得出這樣的結論：我應該放棄其他工作，至少先將自己生命最初的起點寫出來，並且以客觀的方式做進一步的思考。這項任務是這樣地艱鉅和特殊，因此我必須向自己承諾，研究的結果在我有生之年絕對不會公開。對我來說，這樣的承諾似乎很有必要，這樣才能確保自己能與之保持距離，同時也保證自己平靜

---

15 以英文進行的研討會，1925年3月23日至7月6日。麥奎爾（編）《榮格研討會，第三卷，分析心理學：1925年的研討會記錄》（*Jung, The Seminars. Vol. III, Analytical Psychology. Notes of the Seminar given in 1925*），1989年。【編註】：新編的版本為山達薩尼（編）《榮格分析心理學導論：榮格在1925年的分析心理學研討會筆記》（*Introduction to Jungian Psychology; Notes of the Seminar on Analytical Psychology given in 1925 by Jung*），2012年。【審閱註】：新編有中文版，《榮格心理學導論：1925年分析心理學講座筆記》（2023），譯者：鐘穎，台北：楓書坊。

的生活不會受到打擾。事實上，我已經預見了，所有仍然鮮活的記憶都是與情感體驗相關的，這些經歷還是會激起心靈的騷動和激情；然而面對這一切，客觀的陳述幾乎可以說是一個相當不利的位置！」[16]

榮格繼續強調，他早期的「內在體驗」是多麼生動地浮現在他的腦海中——這些經驗是他生命「基本的」部分；而外部事件則是完全相反，它們的存在只有在與他內在體驗和發展階段相吻合的時候，才具有重要意義。然而，他還不知道如何用語言來描述這些：

「命運將會得償所願，在我的生命而言，一向如此。『外部』（outer）的一切都是偶然的，只有內在的（interior）證明是實質而有決定性價值的。因為如此，所有外部事件有關的記憶也都隨之消失了，或許『外部』的體驗從來都不是那麼重要的，又或者，只有當它們和我內部的發展階段相吻合，它們才會是必要。現今這一切『外部』的顯現，有好大一部分已從我記憶中消殆盡——正因如此，我現在明白了，那是因為我從來沒有真正融入到它們的『內在』，儘管看起來，我好像是竭盡全力參與其中。然而，這些消失的東西恰恰能夠組合成一本易懂的傳記：你遇到的人、你曾經的旅行與冒險、你與他人的羈絆和糾葛，以及命運對你的重創等諸如此類。但除了極少數的例外，它們已如魅影一般的輪廓，是我很少回想的，因為這一切不再為我的想像力帶來任何的飛翔。而另外一方

16　《書信集》第二卷，1971 年，第 406 頁。古斯塔夫・史泰納（Gustav Steine），榮格在學生時代一起參加佐芬吉亞學生會（Studentenvereinigung Zofingia）的同學，曾經邀請榮格書寫關於大學時代的記憶。

Ⅲ　關於人格與生活的體驗：獨處

面,我覺得那些『內部』體驗的記憶反而更加生動多彩。只是目前還有一個問題,就是如何去描述這些體驗,我幾乎從來都不知道該如何處理,至少現在還不知道。」[17]

在談話過程中,我早就意識到,我們不要指望會出現一本傳統意義的傳記。這本傳記不會按時間順序將不同的部分連接在一起,而是讀者能從年邁的榮格對一生的回顧、對內心世界反思與洞察的過程中,得到豐厚的回報。為了從書名就可以將這本書與傳統的傳記區分開來,也為了能夠更自由地完成這本書,我在 1957 年 12 月提出建議,將這本書命名為「回憶,夢,反思」(Erinnerungen, Träume, Gedanken),這讓他非常滿意。12 月 31 日,榮格在博林根的塔樓中安頓了下來,開始撰寫自己的文章〈我早期生命中的事件〉(Von den anfänglichen Ereignissen meines Lebens)。

1958 年 1 月 10 日,當我前往博林根拜訪他時,他給了我洋洋灑灑的手寫本,讓我閱讀:他剛剛寫到九歲以前發生的事件。我提出要將過去一年我們談話中針對他早年生活的紀錄交給他,他卻拒絕了,他說他想要重新寫;雖然,他仍然不知道這一切將走向何方。

我不知道這會將一切引向何方。我請求他盡可能地去寫,盡可能地豐富起來。然而,儘管有這樣的寫作過程,他還是想繼續與我進行傳記方面的談話。1 月 21 日的拜訪中,他再次表示自己有多麼投入這文本的寫作,即使一月底從博林根回到庫斯納赫特,他還是繼續書寫。由於每天都集中精神回憶往事,回憶因而源源湧入,

---

17　同前,第 407 頁。

衝擊著一切。如今，他找到了合適的形式來書寫：他寫的是一種「內在人格」，屬於「深度精神」的一種。它不僅可以補充「外在人格」，而且還高於「外在人格」。通過「一號人格」和「二號人格」雙重視角的敘事創作，現在他能夠獲得他一直在尋找的「客觀視角」。現在，他可以從兩個角度來描述事情，一個是個人的和主觀的視角，另一個是命運和原型的視角。

然而，最初他對這種描述仍有許多的疑慮。凱莉‧貝恩斯（Cary Baynes）[18]當時對我的談話記錄寫了一封讚許的信，榮格在回覆她的這封來信時，對自己正在進行的工作表達了不確定感。他這樣描述道：

「以這般方式來闡述我早年的故事，這是一種最罕見而又最意想不到的嘗試。年輕的時候，我沒有意識到它們的意義，也無法用言語將它們表達出來。如今，我擁有了回憶與文字，但卻不斷地被自己的主觀性所困擾。奇怪的是，一個人如何一方面擁有絕對確定的價值感，另一方面又同樣程度地質疑著它……」[19]

1958年1月31日

在上述日期的談話以前，榮格允許我閱讀他的文本，此時他已經描述到生命中第十五年所發生的事情了。他為雙重人格（一號人格和二號人格）找到的敘述方式，還有他描述二號人格的早期與顯

18　【審閱註】：凱莉‧貝恩斯（Cary Baynes, 1883-1977），本姓 Fink，貝恩斯是她的第二任丈夫（彼得‧貝恩思）的姓，美籍榮格心理分析師、翻譯家。1920年代，凱莉將大量榮格的著作從德語翻譯成英語。到了1930年代，凱莉在榮格的建議下，把衛禮賢從中文譯為德語的《易經》和《金花的祕密》轉譯為英語。
19　《書信集》第二卷，1971年，第411頁。榮格寫給凱莉‧貝恩斯的信，1958年1月24日。

著影響的方式,深深吸引了我。在我看來,榮格的文章就像是一個在孩提時代就已在精神上受到觸動的人所發表的生動宣言。他將煉金術中作為「母親遠古的兒子」的「老人」概念,跟二號人格連結起來。在晚年,這個「遠古之子」活躍了起來,他將它取名為「腓利門」。回想在那一階段,他與那些強大的內在意象及其後果的持續進行面質,榮格說道:

在我的生活之中,我不得不一直追隨著我內心的二號人格。這就是為什麼我不得不放棄我的學術生涯。當時我面臨著選擇:要麼作為大學教師開始我的職業生涯——不必多說,這對我來說毫不費力;要麼我追隨更高的使命。[20] 更高的呼喚告訴我,要追隨當時已經開始、但不能說的奇怪幻想。[21] 所以我要開創自己的事業……「在永恆的相下」(拉丁語:sub specie aeternitatis),創造那些對我來說似乎更重要的東西。要不要當教授這又有什麼關係呢?同樣的,有沒有博士學位也不重要。當然,不得不放棄職業生涯的決定,自然是讓我十分沮喪的,對這個決定有一股無名火,在很多方面都是痛苦的。但這些都只是暫時的情緒,從根本上來說沒有什麼意義。與無意識保持聯繫,才是最重要的。如果一個人專注於二號

---

20 從 1905 年到 1913 年,榮格在蘇黎世大學擔任精神醫學講師。結婚之後,在經濟上得到了保障,所以他並不需要立即獲得一份穩定的教職。

21 榮格指的是 1913 年開始的階段,關於這部分可以參見〈與無意識的面質〉,安妮拉・亞菲(編),1962 年,第 170 頁及以後,及第 188 頁:「最初,這些幻想被我記錄在《黑書》(*Schwarze Buch*)裡。後來,我又添上了插圖作為裝飾,將這些內容一並寫進了《紅書》中。」這本「黑書」是由幾本黑色皮革裝訂的小冊子所組成的;《紅書》則是紅色皮革裝訂的對開本,字體參照中世紀手稿的風格,設計成哥德體,書本以精妙的方式和精彩的表達將同樣的幻想進行呈現。(另見榮格《紅書》(*The Red Book*),2009 年,索努・山達薩尼為腓利門系列叢書/榮格作品基金會編著;還有同系列的《黑書》(*The Black Books*),2020 年,索努・山達薩尼編。)

人格想要什麼，說了什麼，那麼所有的痛苦都會煙消雲散。我有過很多次這樣的經歷，不僅僅是在年輕的時候就放棄我的學術生涯，而且之後一生都是重覆著這樣的放棄。例如，我的脾氣很火爆；然而，每當事情到了緊要關頭，就會有什麼東西翻轉過來，我隨之進入完全寂靜的狀態，安靜得彷彿到了外太空。我逃離了一切，彷彿煩惱早已過去，我只能視之為完全無足輕重之物。

多年來，二號人格不斷發展，在我生命中所有關鍵的時刻，都出現了這種二號人格的聲音。我得出的結論是，它一定是一個力量強大的原型，我當時確定可以稱之為「智慧老人」，這個角色可以將一切視為「次永恆」（sub specie aeternitatis）的，就好像這發生在很早以前，一切早已不復存在了。對他來說，最重要的事是本質的東西，那是夢，也是萬事萬物的整體性。從這角度來看，是否從事學術工作，完全是無關緊要的了！

當我向佛洛伊德看齊的時候，我也知道自己在拿職業生涯冒險。[22] 但即便如此，二號人格說：如果假裝不知道有佛洛伊德這個人和他的研究，那你便是在自欺欺人。你的生活不能建立在謊言之上。事情於是順理成章地發生了。後來，當我成為頗有成就的的講師時，這個問題再次出現。就像前面所提及，內心的聲音再次召喚我：「你，給我們教一些深奧的東西！」[23] 我必須做出決定，我必

22　榮格在 1903 年第二次閱讀了佛洛伊德的《夢的解析》，這次留下了深刻的印象，於是在 1906 年，他將自己字詞聯想研究的作品寄給了佛洛伊德，後來兩個人開始了密集的信件往來和私人聯繫。參見榮格在《榮格全集》第 4 卷和第 15 卷裡所寫的許多有關佛洛伊德的文章；另見安妮拉・亞菲（編），1962 年，〈西格蒙德・佛洛伊德〉，第 146 頁及以後，以及麥奎爾（W. McGuire）編，Ralph Manheim 和 R.F.C. Hull 英譯的《佛洛伊德與榮格的書信集》（*The Freud/Jung Letters*），1974 年。
23　榮格在這裡暗指的是他所寫的文章〈對亡者的七次佈道〉（Septem Sermones ad Mortuos）之中死者的呼喊，於 1916 年在內部刊物中刊出；另見安妮拉・亞菲（編），1962 年，第 378 頁

須冒著將學術生涯丟進地獄的風險。好像一瞬間,我就被那個「老頭子」從外部世界拖走了:「你是知道的,這一切都不重要。這一切都只是華而不實的炫耀。在這樣的知識機構中,你所做的一切毫無價值。唯一的價值在於,你可以鑽研得更深入。」就是這樣,是時候了,我不得不說:再見了,學術生涯!

我經常讓自己大吃一驚:一號人格所期待之事,二號人格卻表達了截然不同但真實的想法,而且是存在的。對於一號人格,我總會有種不安全感:所有你從沒有預料過的事情,都有可能會發生。在那裡的世界是相對的。而重要的是二號人格的世界。我的作品也是如此——可以說,我所寫的東西一直都是來自二號人格的命令。然而,關於這個世界,這些問題總是無法適應或顧及世俗的興論。這是從煉金術 [24] 就開始,您也可以想想我的《約伯書》![25] 即便到了今天,情況還是完全一樣:當寫到與飛碟相關的文章,我所冒著的風險是,將自己放在一個所有知識分子都難以置信的境地之中 [26];最後,這甚至也適用於這份自傳,適用於在這些我所試圖講

及以後;也可參見本書第 151 頁,註解 56。

[24] 從 1928 年開始,榮格多年來都在潛心研究煉金術,並且自己建立起了一個有關煉金術的全面性圖書館。相關的著作可以在《榮格全集》第 12 卷、第 13 卷、第 14 卷裡找到。

[25] 《答約伯》,拉舍爾出版社(Rascher Verlag),1952 年;收於《榮格全集》第 11 卷,1969 年,第 561 頁及以後。1951 年春榮格天生病以後,寫下了這一文章。他在引言中為自己激情的敘述方式做出了解釋,因為「《約伯記》(Hiob)裡所描繪的上帝形象,那種不加掩飾的野蠻和邪惡」讓他深深感到了震驚。榮格明白指出神性中那種自相矛盾的光明與黑暗,以及揭露了黑暗靈性和光明靈性是互補性的存在,也就是強調黑暗靈性存在的重要性。這樣的言論使得他不僅僅遭受到了各方的(不只是神學界的)嚴厲批評。而撰寫這一作品的歷史脈絡也很重要——榮格在第十七章中討論了兩次世界大戰裡上帝概念的矛盾之處:「我們經歷了如此聞所未聞而又令人驚愕的事件,所以一個尖銳的問題誕生了:這些事情能否以某種方式與仁慈上帝的所思所想契合?這已不再只是一個神學的科學討論,而是普通人類的宗教噩夢……。」同前,第 736 頁。

[26] 《飛碟:關於天空所見之物的現代神話》(Flying Saucers. A Modern Myth of Things Seen in the Skies),德文先由拉舍爾出版社(1958)出版,後來收於《榮格全集》第 10 卷,第 589 頁及

述的真誠內容。

在目前的記錄裡，我所描寫的主要是內心的體驗。這讓那些枝微末節的記憶也漸漸消逝，因為關於這些，我想說的實在太少了。現在，我正在描述的是，我是如何從讓我名譽掃地的神學轉向哲學的。這是我的生命與激情所在之處。然而，用文字表述這一切證明是非常困難的，因為這件事只關乎內在的人格，也就是只與我所謂的「二號人格」有關。當時內在的人格在一號人格中過著完全被孤立的生活，因為他不能與任何人說話。這種毛骨悚然的生活一直隱藏得不露痕跡，這也導致了我嚴重的抑鬱情緒。

如今，將記憶寫下來，對我已經是不可或缺的要事。如果錯過了哪一天沒能寫作，我的身體就會立即出現非常不舒服的症狀——噁心、食慾減退或其它類似的感覺。但只要我一開始寫，這些症狀就不見蹤跡了，頭腦也立刻變得清醒。

我寫作的內容，有些是不可預見的。我所寫的每一本書都有命運的安排，所以不可能自己按部就班地進行。這本書也正如我一開始所預料的那樣，已經走上了不同的方向——相當不一樣的道路！

現在我想說說自己是如何發現叔本華的，然而我還是不明白自己是如何開始讀他的作品的。我是突然才想起來，是在第一次讀哲學史時知道叔本華，而且在現代哲學中叔本華是第一位我自己主動熟讀的哲學家。他的悲觀主義在當時立刻深深地打動了我，當然這也與我那時的抑鬱狀態有關。可以這麼說：叔本華是我遇到的第一

以後。其中，榮格對 UFO 和飛碟現象進行了心理分析，並闡明它們作為現代神話的重要性。在序言中，他指出「這類想法不僅不受歡迎，最危險的是會被視為和世界改革者、還有其他徵兆預言家們腦海中的混亂幻想沆瀣一氣。但我必須去冒險，拿著我那來之不易的聲譽去冒險，我的真實性、我的可靠性和我的科學判斷能力都有可能受到威脅。」《榮格全集》第 10 卷，1970 年，第 590 頁。

位會說我的語言的人。[27]

儘管我曾告訴過榮格,如果他可以將一生的內容都寫出來,那對我來說會是最棒的結果。然而榮格還是堅持要繼續我們關於他的生活和工作的談話。1958 年 2 月 1 日,他寫信給出版社表達,是這些談話喚起了他這樣的念頭,讓他也想要透過書寫來深入研究自己早年經歷。然而,只要一切還只是在進行中,他就拒絕透露這個還在撰寫中的文本及其可能的規模。他也拒絕猜測對自己所寫的這些東西在未來會如何運用:

「……我無法知道,對早年記憶這般地全神投入會將自己帶到多遠。在我看來,目前為止,我只是想要繼續下去,直到發現這一切是如何和我的科學工作如何產生連結為止。對我來說,每一本書都有它的命運,因此我也無法確定這範圍會是到哪裡。……我所知道的是,在某種意義上,我與亞菲女士的工作是相互碰撞的,但我相信,透過我們之間的合作關係,這個問題可以解決。這麼說吧,我會好好貢獻自己的一份力量。」[28]

後來的事實證明,在出版社的眼裡,事情發展到這樣的地步,不止是一種正向的發展,也是一場潛在的「災難」。因為他擔心榮格親自撰寫的自傳會由拉舍爾出版社（Rascher Verlag）這樣的競爭對手出版,而他的萬神殿叢書要出版的這本由我編輯的「所謂的

27　另見第 82 頁,註解 45。
28　榮格《書信集》第二卷,1973 年,第 414 頁。

自傳」，兩者可能會同時發行而產生競爭。[29] 為了防止這種情況發生，1958 年 2 月中旬，沃爾夫飛往蘇黎世，說服榮格按照他所謂「口述和書寫兩者結合一起」的做法，也就是將榮格自己寫的和我所記錄的結合起來。[30]

沃爾夫讀完榮格的文本後，他對一號人格和二號人格的敘述形式有些不滿，還認為談話記錄中太偏二號人格了，因此一再要求榮格再多談談一號人格。他向我表示，這是擔心讀者可能會認為榮格人格是分裂的，因而認為他有精神分裂症特徵。當我向榮格報告這一反應時，榮格的回答就是下面一段。

1958 年 5 月 20 日

問題不在於是否可以做出這樣的診斷，而在於這樣的假設表達了什麼。比如說，我們是否可以這麼說，宗教一直在談論人們內在的存有，而非外在的軀殼，所以宗教所說的一切都是沒有意義的話？宗教反而認為內在的存有是每個人內在的正常形象。若說一個人同時擁有內在和外在的人格，就是精神分裂症病患，這是一種從來沒有人證實過的說法！如果每個人都有一模一樣的「疾病」，那麼這便是人類的自然特徵，而不是任何疾病。所有宗教都是以這樣的結構特徵為前提。否則就不會存在像宗教這樣普遍流傳的現象了。[31]

我只是不適合被列入常規的模式。我現在所說與所寫的，都是

29　庫爾特・沃爾夫寫給安妮拉・亞菲的信，1958 年 11 月 9 日，安妮拉・亞菲檔案館（Archiv Aniela Jaffé），戴蒙出版社（Daimon）；以下簡稱 AAJD。
30　庫爾特・沃爾夫寫給 榮格的信，1958 年 1 月 26 日，貝內克圖書館（Beinecke Library），耶魯大學（Yale University），以下簡稱 YBL。
31　另見安妮拉・亞菲（編），1962 年，第 45 頁。

我生命意義之所在。如果這些故事是內在世界所主導的，那是因為這就是形塑我生命的方式，如果真有偏倚，那就意味著這偏倚原本就存在於我的生命之中。這對許多人來說也許是難以理解，但也只能這樣說了。

如果我不能描述我的內在生命，那麼我的傳記就等於全是道歉（apologia）了。關於我的童年、青春期，還有我的成年早期，我所描述的都是事實——那就是我。如果非要我將這樣一本傳記擠進一個傳統的模式中，那麼它的意義與本質就會完全喪失。我的傳記就得是這樣，最多只能說我是個與大自然相違背的「怪胎」。

1958 年 5 月 23 日

為了反對分裂的人格這樣的想法，他對一號人格與二號人格做出補充：

這只是從外面看起來好像是有兩個人格。如果一個人從外面看自己，就是會看見了兩個自己。但這確實只是這樣的感知：「這也是你」。如果事實是這樣，那便可以視為二元性。簡單來說，我們的意識沒辦法理解原來我們也是有內在的那一部分。人們可能會想：「那麼這是自我（ego），還是是自性（Self）呢？」但在實際上，這兩者都是。只有在意識無力將兩者合二為一的時候，分裂的想法才會產生。正如「漫遊的智天使」（Cherubinic Wanderer）曾經問過的那樣：「怎麼可能做到，兩者都是父子？」[32]

---

32 榮格引用的是安格魯斯・西里修斯（Angelus Silesius）的《漫遊的智天使》（*Der cherubinische Wandermann*，又譯《格魯賓的旅遊者》）：「這相互矛盾的親子關係：我是上帝的孩子和兒子。他又是我的孩子。怎麼可能做到／兩者都是父子？」（章節 VI，256 行）。

1958 年 3 月 21 日

一些與榮格關係十分密切的人，對於榮格要將自己不同尋常的發展歷程寫書出版，表示了擔心或抵制，榮格雖對這些保留意見表示理解，但他仍然堅持認為，他必須「走自己的路」。

如果我的孩子說：傳記是屬於家庭的，不能公開給大眾，我對這聲音也只能睜一隻眼閉一隻眼。但我知道，他們的態度是正常的。只是我內心的代蒙（daemon），也就是這股創作衝動，其實是很無情的，會毫不猶豫地戰勝了我。倘若我周圍的人不瞭解戴蒙，也不瞭解它在我身上如何運作，倘若周圍的人無法忍受它在我身上所導致的與過去表現的脫節，我也必須不顧一切地繼續下去。當戴蒙平靜地離開我時，我才能像普通人一樣生活。這樣，我就可以與他人相處，擁有人們所說的我的溫暖。平凡在我身上是沒有立足之地的。然而，當一個人表現出不同尋常的一面時，就會讓其他人感到焦慮——這是讓人不安的。人們總是希望一切事情都是可以理解的，即使是最弱小的靈魂也期望如此。我所擁有的是 amor fati（拉丁語：命運之愛）——是對命運的感知，對命運的愛。[33]

幾週前，榮格用「滾滾怒潮」（raging torrent）來比喻這種由戴蒙所塑造的命運：

這就是我如何將生命當作滾滾怒潮來體驗的方式。在怒潮之

33　Amor fati，「命運之愛」。這是尼采創造的概念，描述對自身生活和命運的無條件肯定。

外是,是痛苦的;然而在怒潮之中,則是痛苦的狂喜。不過,脫離這一切也並不是一種享受,不會感到真正的解脫。當然,有些人會因為從命運中逃脫而大鬆口氣,那麼這份高興也只是對自己怯懦的獎勵。你會付出代價,那就是精神上的便秘。對我來說,一個人的生命怎麼可以在這樣的缺陷下繼續下去,實在是完全無法理解的謎。[34]

關於出版社的要求

庫爾特・沃爾夫於 1958 年 5 月下旬在「美國週末郵報」讀到一篇關於榮格的長文,文中推崇榮格是公認的治療師[35]。在這文章之後,沃爾夫在一封信中提到,希望榮格「以簡單而通俗的方式」(in a simple and colloquial way)更多地談談威廉・詹姆斯(William James),因為對於盎格魯撒克遜讀者來說,除了佛洛伊德以外,他就是最著名的心理學家。[36] 榮格在 1958 年 6 月 17 日的一封信中闡述了他的立場,再次強調了自己對傳統傳記和個人回憶錄的批判態度:

「至於⋯⋯我與威廉・詹姆斯之間的會面,您必須考慮到,首

---

34 參見安妮拉・亞菲於 1958 年 3 月 18 日寫給庫爾特・沃爾夫和海倫・沃爾夫的信,AAJD,BLY。
35 《美國週末郵報》(The Saturday Evening Post),1958 年 3 月 24 日,〈他探索人類的靈魂〉(He probes the Human Soul),歐內斯特・霍塞(Ernest O. Hauser)撰寫。
36 威廉・詹姆斯(William James, 1842-1910),美國哲學家和心理學家,哈佛大學教授。(【編註】:參見庫爾特・沃爾夫致安妮拉・亞菲,1958 年 5 月 28 日;庫爾特・沃爾夫致榮格,1958 年 6 月 3 日,BLY。)同時參見以下三個註解。

先，我與他只不過有過兩次會面，我們才交談了一個多小時，我們之間也沒有過任何書信往來。[37] 對他的印象，主要還是來自於他所撰寫的書。我們主要談了他與派珀夫人（Mrs. Piper）的實驗，這些實驗已經眾所周知了[38]；至於他的哲學，我們幾乎沒有談到。他是如何對待所謂的『神祕現象』的？這是我特別感興趣的內容。我欽佩他在歐洲所受的教育，還有他天性裡的開放度。他的個性非常出眾，與他交流是一件非常愉快的事。他很自然，沒有做作，也不會『*自命不凡*』（英文，pomposity）。面對我的提問與反駁，他的回答精彩得無與倫比。可惜當時他已經病了，因此我不可以佔用他太多時間。不管怎麼說，除了西奧多・弗洛諾瓦，我能夠進行簡單對話的唯一一位重要人物便是他。[39] 因此我很懷念他，並一直將他作為榜樣銘記於心。

37　威廉・詹姆斯去世前一年，榮格在美國之行中曾與佛洛伊德遇見了威廉・詹姆斯。一次會面是在 1909 年 9 月 10 日，地點是麻塞諸塞州伍斯特市的克拉克大學；另一次是在 1909 年 9 月 12 日，於紐約州的普萊西德湖（Lake Placid）。很可能是在普萊西德湖散步時，威廉・詹姆斯曾與榮格談到了心臟病；幾個月前，榮格誤將此次相遇的時間記成了 1912 年。榮格描述威廉・詹姆斯是一個「沉思的人」，關於對精神中的宗教因素的評估，他與威廉・詹姆斯因為對心理中宗教因素的評估，兩個人達成了很好的共識。（1957 年 6 月 14 日與亞菲的談話筆記，收於華盛頓的國會圖書館 Library of Congress，Washington，LoC。）

38　威廉・詹姆斯，1894 年到 1895 年任心靈研究學會（Society for Psychical Research）主席，阿迪亞爾神智學協會（Theosophical Society Adyar）成員。他研究超心理學（Parapsychologie）現象，並與靈媒利奧諾拉・派珀（Leonora Piper, 1857-1950）一起工作了幾年。榮格在他的文章〈評《金花的祕密》〉（Commentary to the "*Secret of the Golden Flower*"），文中簡要地提到過派珀夫人，見《榮格全集》第 13 卷，1967 年，第 60 頁。另外，他在《榮格全集》第 6 卷，第 505-541 頁，用了完整一章的篇幅論述威廉・詹姆斯的類型學理論，第 505-541 頁。

39　西奧多・弗洛諾瓦（Théodore Flournoy, 1854-1920），瑞士心理學家，日內瓦大學（University Genf）教授。他與佛洛伊德一樣，兩人都對榮格造成了深遠的影響。我曾經想過，把榮格與威廉・詹姆斯和西奧多・弗洛諾瓦兩人的故事整合到佛洛伊德的章節，但出版商認為這「令人不安，也不合適」，因此將其刪掉了。因此，儘管弗洛諾瓦如父如友，更是導師一般地啟發榮格，但只出現在德文版的附錄中。安妮拉・亞菲（編），1962 年，第 378-379 頁。

順便一提，我在類型書中已經仔仔細細地談論過詹姆斯。[40] 如果要我從現在的角度向詹姆斯致敬，那應該是好好寫一篇文章，因為不可能用短短數語去勾勒這種重量級的人物。如果我妄圖認為自己可以這麼做，那將是不可原諒的膚淺。

　　我的傳記在許多方面和其他的傳記都是不一樣的，至少在我看來是這樣。關於這一點，我也只能說遺憾了。

　　我不可能完全不考慮價值的判斷，只是想要記住這一切數以百萬計的個人細節，對我來說完全不可能。我也不想要過份地賦予它們什麼價值，然後在回想起來時自負地再認真講述一遍。我知道有些人在世時就一直活在自己的傳記中，他們的言談舉止就好像是已經被寫進了書中。對我來說，所謂的生活就是為了生活本身，而不是為了成為一種談論的資料。此外，我的興趣總是被少數幾件非常重要的事情所吸引，可是無論如何我也不能多加談論，所以會有很長一段時間它們就像是在我嘴邊，彷如在等待時機成熟的那一刻。此外，我一直都是被誤解的，因此沒有興趣去回憶所謂『重要的對話』。願神保佑我這樣的想法——當我閱讀艾克曼所寫的《歌德談話錄》時，即便是歌德，對我來說也像是拚命開屏的火雞。[41] 我就是這樣，一本不知道感恩的自傳！」[42]

　　出版社在 1958 年 8 月和 9 月的時候，想要刪除榮格文本中的一號人格與二號人格，一切變得緊張起來。我抵制這種編輯上的干

40　榮格在《榮格全集》第 6 卷中用了整整一章來討論威廉・詹姆斯的類型理論（Typenlehre），1971 年，第 506-533 頁。
41　另見本書第 80 頁的註解。
42　榮格寫給庫爾特・沃爾夫的信，1958 年 6 月 17 日，《書信集》第二卷，第 451-453 頁；譯文有修正。

預，沃爾夫則認為文本必須讓普通的美國讀者能夠輕鬆理解。我指出，任何更改都必須提交給榮格過目，並且強調，他將手稿〈從我生命中的最初事件說起〉（From the Earliest Experiences of My Life）交付與我時，對我展示著相當罕見的深切信任。

不幸的是，出版社認為我堅持榮格文本的獨特性是一種權力鬥爭，並說我忽視了榮格作品中的缺陷：沃爾夫聲稱，我認為榮格是一位「偉大的思想家和偉大的作家」，所以將他理想化了，因此為他所說的每一句話辯護；而在他看來，榮格雖然是卓越的思想家，是有遠見的人，然而「榮格不是一位作家。『他不是這一行的！』（Il n'est pas du métier.）」他認為榮格困在想法和意象中了，因此他的筆「幾乎無法跟得上」，因此有些句子需要「整理和解釋」。作為出版社，他想要「作為最謙虛的僕人，承擔起修繕編輯的這一棘手任務」，好好理順這些「草率的措辭，晦澀的文字，模稜兩可的句子結構，讓不平衡的一切重歸平衡。」[43] 關於他所說的這些，無論是榮格還是我都沒有同意。

1958 年 10 月中旬，榮格閱讀了我所寫的關於〈與無意識的面質〉（Confrontation with the Unconscious）和〈著作〉（The Work）這兩章的草稿。在這之後，榮格與我就這本回憶書的設計進行了長時間的交談。

我將不同日期的對話片段組合在一起，模仿他的風格，以第一人稱的口吻撰寫了插入句，這讓榮格覺得困擾。他在其中並沒有真正地看見自己，語氣也讓他覺得太女性化了。他希望能夠聽到更「純粹」的聲音，這比保持章節的完整性和連續性更為重要。他也

43　庫爾特・沃爾夫寫給安妮拉・亞菲的信，1958 年 10 月 18 日，AAJD。（信件副本，YBL，參見本書第 362 頁，註解 80。）

更喜歡不分章節的形式，而事實上不設章節是我更早以前就提出的想法，但是出版社拒絕了這樣的設計。榮格現在希望我能夠讓自己變得更具辨識度，可以提問，可以對他的陳述給出反饋，甚至採用我的夢。我能夠理解他對語言風格和設計形式上的反饋，但是希望我更多參與的想法，是我原先從沒想到的。

在那次談話之後不久，我就按照榮格的要求，將〈佛洛伊德〉一章改成符合他要求的版本，並向他展示。榮格非常喜歡。從此，我們達成了一致，不會有一問一答的設計，只對內容、風格進行少量的評論，對某些主題進行介紹。榮格還強調要在前言中將本書內容的來源透明化，以便讀者清楚地瞭解合作的存在，也能夠清楚的知道這本書是如何誕生的。

1958年10月，艾瑞旭・諾伊曼（Erich Neumann）在歐洲逗留了幾個月，閱讀了我大部分的章節草稿。[44] 1958年10月26日，他來到博林根拜訪榮格，兩人還詳細討論了手稿以及草稿章節的價值。

這個評判來自於榮格所敬重之人，而且他至今從未參與這個創作過程。這讓榮格對內容和形式更加自信。他甚至鼓勵艾瑞旭・諾伊曼和我一起寫〈佛洛伊德〉這章節中的補充內容。諾伊曼確實這樣做了，可是出版社認為這一部分太多防衛，與其他文字有點格格不入而不相稱，於是拒絕納入這部分的內容。[45]

44　艾瑞旭・諾伊曼（1905-1960），1958年夏天曾在歐洲待了幾個月，並受邀在幾次大會上發言，包括在蘇黎世舉行的榮格心理學國際大會、艾拉諾思會議、巴塞隆那的某個大會。他與榮格的關係一直非常要好，多年以來，彼此之間存續著溫暖人心的聯繫。

45　【編注】：在遺稿／安妮拉・亞菲檔案館中均找不到這一文本的副本。關於事情的發展，另請參見本書第二部。

對這本書所獲得之理解與認可的想像

　　1959 年初，榮格對前幾章的草稿進行了修改與補充，並且首次閱讀了另外的幾章。儘管我們仍處於創作過程的中間階段，但不久前我們才發現，出版社已經將部分手稿交給了一位英語譯者。榮格明確表示，他不想在時間壓力之下工作，我也是一樣。對他來說，對內容能夠進行檢查與批准是相當重要的一件事。[46]

　　在對我的章節草稿進行深入的審查時，他內心的某些東西被觸動了。正如他告訴我的那樣，這本書「在他心裡起了作用」，他想再補充一些內容，但這些是他還沒有辦法掌握的。在閱讀了〈論死後的來生〉（當時在德文仍稱為〈來世篇〉〔Jenseitskapitel〕）這一章之後，他在博林根開始寫另一篇文章，這引出了〈晚期思想〉（Late Thoughts）的一部分內容。很明顯，傳記相關的處理工作也意味著強烈的自我反省過程。在此過程中，他也明白了自己在出版物中要透露了多少訊息。之前曾時不時表現出不確定性，並對這項工作表現出了某種羞怯：

　　在我們關於我的記憶的這些談話中，以及在翻閱這些章節時，我學到了很多，因為我不得不反思自己。我感覺自己就像置身煉

---

[46] 在 1958 年 11 月 11 日的一封信中，榮格向出版商的妻子海倫‧沃爾夫清晰明確地表達意見，自己「作為這個項目的主要參與者」，「有理由、也有權力掌握它所記錄和塑造的內容」。他認為「項目漏洞百出，糾正這些錯誤」只會帶來積極的影響。「我目前所做的一切基本上局限在現有章節的改動上，包括對一些錯誤的處理和添加一些片段」。他「對亞菲女士充滿信心，因為她不僅僅擁有能力完成這項工作，更難能可貴的是，理解素材並不是一件容易的事，但是她能夠做到。」但他認為需要對自己所表達的內容負責，「而且需要確保他所呈現的內容都是真實的」。AAJD。（參見本書第二部，第 366 頁及其後。）

獄！如今只希望以後可以不再經歷這一切！這項工作過去和現在都很複雜，實際上已經超出了我的判斷能力。

我根本就不指望這本書會取得任何的成功。相反的：一連串的誤解反倒是意料之中的，就像《約伯書》一樣。《答約伯》就是這樣寫下去就好了！但是傳記就不一定了。當外界提出建議，為什麼不寫一本傳記呢？這是一個合理的提議，確實在這方面應該要做些什麼。後來，我發現自己也開始有興趣了，自己也好奇生活中的一切是如何變成如今這樣的；然後我便自己寫下了生命中的前二十五年。

如果不是因為您，我永遠不會動筆寫它。我必須得承認：這是來自內心的需要。正是因為您寫了諸如此類的種種，我才發現自己可以為它寫點什麼，到了這裡，這一切才得以開始。[47] 可以說，它之所以讓我開始感興趣，完全因為這可以說是「身後」之事。

我現在的處境是我未曾遇到過的。我在生命中沒有經歷過類似的事情。這就是為什麼我想的是「好吧」。不過，在博林根讀到您寫的最後幾頁內容[48]，我被它戳中了。於是，這一切便推了我一把。它帶來了震撼人心的效果：什麼，裡面竟然還有這些？！在打印稿的字裡行間，我與內在的境遇相逢了。當它被印刷之後，一

---

[47] 榮格引用的是於1958年1月至4月所撰寫的〈從我生命中的最初事件說起〉。文本的開頭是他寫給孩子的獻詞。儘管我反對，但在凱莉·貝恩斯（Cary Baynes）的建議下，庫爾特·沃爾夫還是刪除了它。我盡可能完整地將榮格的文字複製到回憶書中，並從關於童年、青春期和大學時代的談話記錄中摘錄一些內容作為補充。另見安妮拉·亞菲（編），1962年，第2頁。（參見本書第二部，第359頁及其後。）

[48] 榮格提到了〈死後的來生〉（On Life after Death）一章，他在其中寫了一些關於「今生與來世相互作用」這類「無法用科學證明的想法」，在其中他所做的就是「無非講講『神話故事』」。除了講述關於來世的神話之外，他還對自己的經歷和夢進行了描述與反思；參見安妮拉·亞菲（編），1962年，第299頁及以後。

切會是什麼?在這裡,它是用我的血液書寫的,而不是用墨水書寫的。《答約伯》也是如此,只不過那本書非關我個人的境遇。

我所不確定的是,阿尼瑪曾在夢中對我做出的預言:我將被分割成幾塊,然後按英磅出售。現在,我的不確定到達了最高峰!

對自傳[49]的「消極」態度自然是我的防禦,或者是我保護性的姿態。我不敢正面去思考這件事,不然的話,我的天真在外界的影響下將會手足無措,不知道如何去面對。我可能會被傷得很深,所以我必須從最開始就告訴自己:對這個世界來說,我是無用之人,是從魔鬼推車上掉下來的人;我竟然會有這些想法,看起來就像一個胡思亂想的傻瓜。不過在我的內心之中,另一方面也相信這樣大膽的行為,因為我必須要相信自己的重要性,否則我的人生將是一場徹頭徹尾的失敗。只是我不可以這樣去看待,也不能這樣去理解。我得盡力秉持著批判性態度,就算死亡與魔鬼隨行,也必須走自己的路,不去理會批評和讚美。

在這一生之中,我基本上都是盡可能地只走自己的路,保持自己內在的一致性,不去思考我可能會獲得任何孩子氣的優勢或認可。當然,在人性的作用下,我有時候也會思考這些,但這並非我的主要動機。這並沒有給我帶來任何痛苦。我知道積極的一面,因為我明白,在別人眼裡我的所作所為總是錯的。因為那些讓許多人

49　關於這本書的標題,榮格經常搖擺不定──某些時候他稱之為「傳記」,有時稱其為「所謂的自傳」,可能也是因為庫爾特・沃爾夫一開始就堅持要求必須以第一人稱來完成這本書,並且要求盡可能以自傳形式呈現。另一方面,由於這本書碎片式的回憶錄的特點在書名中得到了強調,榮格表示非常樂意。近些年來,榮格一再明確地表示,他認為我才是這本書的主編,而他自己只是作為助手貢獻了一些內容,並在很多文本創作的階段給與配合。(見本書第二部,第283頁及以後,以及安妮拉・亞菲、榮格、庫爾特・沃爾夫之間的信件往來,1957-1961年,YBL,AAJD。)

III　關於人格與生活的體驗:獨處

高興的話，我是不會去說的；我所談的，都是一些讓他們不高興的內容。可以說除了我，沒有誰還能意識到這一點。我就像雅各・波墨（Jacob Böhme）[50]一樣，在與這個世界進行對抗。理所當然，我不會受歡迎。

約在三個月前，即 1958 年 10 月 18 日，榮格就曾與我簡單地談過，這本計劃出版的書籍很可能會將一些內容曝光在大眾眼前。他預計迎來的將可能是人們的批評，但即便如此，他似乎也不太擔心：

關於我生活的內容，我曾向您描述過很多，是否要將它們出版呢？在腦子裡，我再次將這個問題想過一遍。不可以寫沒有真相的傳記。說謊的傳記已經鋪天蓋地了。當然，也可以說：Misteria revelata Vilescount——揭開了神祕的面紗就會失去價值。但這些非比尋常之事，都是我所經歷過的。

然而，事實上我並沒有失去任何東西，我只是描述出來而已。我屬於這個世界，而非屬於我自己。基於實情而寫的傳記多少會披露些什麼，問題在於：這個人是否會因為對傳記的反饋而感到被冒犯……。

關於我，已經被描述了那樣多的廢話！所以，這傳記並不會影響我任何分毫。

50　雅各・波墨（Jacob Böhme, 1575-1624）是德國神祕主義者、哲學家；榮格在自己的作品中多次提到他。榮格認為自己類似於波墨的思想，對他來說，「上帝的愛」和「上帝的憤怒」屬於不可理解的神聖對立面。榮格用無意識心理學的語言指出，超越意識的大自性會同時包含善與惡的面向。

夢見被遺棄的房子

1957年10月12日

對自己的夢境所進行的反思，榮格是從沒有停歇過。這一章深刻地展示了這一點。

昨天我所夢見的內容，已經重覆了很多遍。當我對某些事有所疑問，或是某些事還是懸而未決的情況下，總會有一個很長的故事。我還記得這夢與「烹飪」有關。這個夢是有關一個房子的，我想稱這房子為「博林根2號」。

很久以來，在我的心裡就存在兩個「博林根」。[51]另一個「博林根」不在湖邊，而是在平坦的高原之上。也許它就在河流附近，但絕不是在水邊。我經常在草地中看見它。在夢中，我能夠意識到，我自己並不是很滿意。這房子不是由我建造的，也並非是被我拋棄不用的。但這仍然存在著疑問，同時也還有些尚待解決的問題。毫無疑問的是，我一直忘記了它的存在，因此還有一點良心不安。人對物體也可以存在著一些愧疚感。例如，我為我的帆船而悲傷，因為我不再使用它，有時甚至會忘記它。您當然知道，博林根裡的物品對我來說有多麼重要，我與它們的關係就如同與有生命動物的關係。

這對我在那裡的健康感受有很大幫助，還有放鬆的心情。

51　博林根（Bollingen）是榮格本人在博林根村附近建造的一座塔，就在蘇黎世湖的上湖（Obersee）湖畔。這就是榮格的隱室。他在那裡創作了許多作品。參見安妮拉‧亞菲（編），1962年，第223頁及以後。

八十三歲的砍柴人。
攝影：安妮拉・亞菲

我會去詢問這些物品的意願，它們會告訴我它們想要什麼，而我則為這些付出。在那裡可以再次體驗到與這一切的「神祕結合」（participation mystique），也能夠明白這意味著什麼。它們因此呼叫我，我就必須接聽。如果在庫斯納赫特看到一群天鵝，我不必理會牠們；但如果是在博林根，我就必須給牠們餵食。在博林根，我像人類數千年以來的方式在生活。對於早期的人類來說，事物會表達它們想要什麼，也會提到它們能夠給予什麼樣的回報。在博林根，我便是這樣生活的。例如，當我看見煤油燈空了，那麼便是它想得到一些服務；木頭想要被劈開並且堆放在一起；石頭需要被鑿；管子堵住了想要被修理，諸如此類。這樣，一天便過去了，事物告訴了我許多這樣的要求（claims）。我總是在等待一個呼喚──下一個會是什麼（what next）？[52] 同樣的，這篇文章也是如此，它對我提出要求。這頁紙上說著：「我想要被書寫。」這樣，也只有這樣，我才能擁有正確的態度，也才能夠寫作。

這座房子也是如此。我怎麼能讓一棟屋子廢棄了這麼多年？一個念頭緊隨其後：終於，我現在必須再次照顧它了。但是，我真的擁有這樣的房子嗎？它當然是存在的，只是我已經很多年沒有看到它了。那它的狀態如何呢？在這個夢中，這些想法和問題反覆地浮現。這次只有一個小細節不同：一位老農婦從附近拿到了鑰匙。這是一座老房子，然而與村莊的聯繫可能很薄弱。它沒有自己的花園，周圍也沒有任何圍起來的土地，只是矗立於牧場之中。不清楚

52　在庫斯納赫特，榮格也試圖對萬事萬物「彬彬有禮」，正如他所說的那樣。關於這一點參見安妮拉·亞菲，1987年，第125頁及以後。他重視秩序，作為一個直覺型的人，這一點對他來說是不容易的。「萬事萬物都是物極必反」，他過去常常這樣告誡著自己，也常常這樣告誡我，暗示著不重視秩序可能會帶來可怕的後果。

附近是否有道路,也不清楚它是否在山上。可以說它沒有什麼特點,就是四面牆和一扇絕對不起眼的門。而且裡面的佈局就是幾個簡單的房間。

走下樓梯是一個帶有壁爐的大房間。在以前的夢中,這房子也會有一些特別的東西,我曾經畫下來過、但又忘記了的東西,像是這類的情況。房子總是空空蕩蕩的,因為我偷工減料,或是需要省下這些錢。因為我既然已經保存了,就不得不保存下去。在昨天的夢裡,它有兩個相互垂直的廂房。樓下那間的窗戶很小,上面那間的窗戶就稍大一些。百葉窗都關上了。這有點像是位於義大利北部或法國南部的廢棄農場,在那裡便有類似的院落,樓下房間的窗都比樓上的窗子小。

現在有一個細節非常重要:鑰匙在一個老婦人的手中,那是一位農婦。在這樣的鄉間,幾乎沒有什麼特別的事會發生,在這裡有一座鄉間廢棄的房子,孤伶伶的,也幾乎無人關注。只有位於城鎮附近的房子,可能引起某些居民的注意,開始想想使用它的可能性。

我不知道自己到底把什麼留在這屋子裡了。室內的陳設(法文:Ameublement)都去了那裡?這裡只有一些最基本的東西,而且每樣物品都是貧窮和困頓的。這些絕對不是我的品味:一扇普通而實用的門,一些廉價的擺設。好像在建造這房子的時候,資金是不足的。這好像只是先打個初稿。

在更早之前的夢裡,我一直以為廚房在樓下。然而現在,地下室是一間大大的房間。在夢中,我就待在這所房子裡想要看看它。我想:你不能讓那些東西只是簡簡單單地安置下來,然後就轉身離開!這好像是要告訴我的孩子們,我的身上還有許多他們從未知道

的東西。現在我上了樓,雖然不記得有樓梯,不過樓上是一個佈置得很舒服的大房間,地板上鋪著漂亮的波斯地毯,房間佈置得像起居室一樣舒適。實際上,這對我來說似乎非常舒服。為什麼呢?這是我第一次嘗試隱居到鄉間,那裡沒有什麼可以打擾我的,我可以獨自一人了——我總是因為無法獨自一人而感到痛苦。在夢裡,我感覺自己終於又找到了那棟房子,而且很遺憾自己沒有經常去那裡,因此它總是大門緊閉。因為自己將它遺忘了,我很悲傷。不過,我就是無法理解,這棟房子真正的含義可能是什麼。

待在一棟房子中就好像生命中在某一特殊場合的存有。然而不知何故,這房子是與博林根有關的,彷彿博林根的陰影,可能是博林根的對應物,或者是博林根的前身。比起博林根,這棟房子沒有什麼特別,而是非常傳統的。我在夜裡一直忙著這些夢,雖然這夢幾乎從我這裡消失,但有個細節協助我回憶起來。夢在剛開始的時候,總是混雜著積極想像:我怎樣才能夠重新佈置房子呢?但是,怎樣才能讓它保持原來的老屋樣貌,保持其獨特的個性和歷史呢?奇怪的是,我無法將任何經驗與這棟房子連結起來。對我來說,有時候它像是一個幻想。這一次,我真的很想努力做點什麼,想要解決這座房子所蘊含的問題。這情形與我當年迫不及待想要完成博林根的衝動,是非常相似的。但是如果能夠知道它會是什麼,那就太好了!

(當時我提出了一種解釋:這可能與《黑書》和《紅書》有關,在這些書中就有榮格的幻想和繪畫。[53] 在關於「回憶」的對話

53　在用紅色皮革裝訂的對開本《紅書》裡,榮格記錄了他在1914年至1920年期間的幻想,這些幻想之前曾在《黑書》裡有所記載並進行過說明。又見本書第128頁的註解21,以及安妮

中,它們再次成為討論的主題。)

當然,就是這樣,這就對了!(it clicks!)《紅書》從未完成過,而房子本身也沒法完成。[54] 從一開始我就明白,《紅書》裡所說的一切,必須先以某種形式呈現出來,然後才可以公開。最初是知道的,這一切幻想無法以原始的形式呈現給世界。如果這樣做,聽起來就會有點像是先知模樣,這會讓我極度地反感。這是從無意識裡自然流出的原材料,但沒辦法組成一個完整的人。人不能對無意識過度高估了。

舉例來說,尼采就沒有意識到這一點。他的「查拉圖斯特拉」是屬於「智慧老人」的原型;透過查拉圖斯特拉,形成了他以為的完整存有。[55] 但我對我的幻想一直是抱持批判的態度。尼采是詩人、哲學家,他相信自己不自覺而幻想出來的創造。而我與他不一樣,我總是說:幻想是這樣表達的,但那不是我。我只是聽著它的敘述,並為之感到難過。在那時候,我只是被捲入到那條溪流中,感覺到自己就在其中,但我一直有意識地保持著批判的態度。我允許幻想的存在,但因為我並不是真正地認同它們,所以得咬牙切齒地努力將它們記錄下來。除了《對亡者的七次佈道》(Septem Sermones ad Mortuos),我沒有讓任何的幻想,進入到這個

拉·亞菲(編),1979年,第65頁及以後。儘管這些幻想本身並沒有結果,但它們為此後的學術思想奠定了重要基礎。博林根塔也是一個幻想的實體化,是「一段得以實現的夢」。榮格按照《紅書》裡插圖的風格在牆壁上描繪。書和塔都有著歷史裡某些人物的原型。

54　1959年,榮格著手最後一幅與死亡有關的畫作,但最後還是沒有完成。在三十年之後的這時,他寫下了最後的幻想對話,這與最早的一些對話有關:以利亞╱腓利門、莎樂美和後來變成了鳥的蛇。參見安妮拉·亞菲(編),1962年,第387頁。(只出現在德文版。)

55　見第92頁。

世界來。[56] 它們都是封閉起來的。

所以這座「房子」仍然還沒完工——直到今天！

蛇與魚

1958 年 4 月 30 日

1936 年，我整個夏天都在博林根這裡，撰寫著關於彌撒的文章。[57] 我對這個議題非常感興趣。雖然主要的部分當時都已經寫好了，但我仍然是十分投入。在那一段時間，我自然開始思考魚這個象徵，後來《伊雍》（*Aion*）就是從這裡產生的。[58]

那年的夏天，我在一堵牆外的小水坑，發現了一條一米多長的蛇。它垂在樹枝上一動也不動，頭埋在水裡。然後我又發現了，它的嘴裡還有一條魚，我想著：「天呀，這怎麼可能呢，這個洞裡根本沒有魚的！」那是一條河鱸，比蛇的嘴巴還要大。[59] 這條魚倒

---

56 《對亡者的七次佈道》（*Seven Sermons of the Dead*）完成於 1916 年，僅以私人刊物的形式，在少數特定的朋友之間流傳。這作品有諾斯替思想的創世神話風格，是以詩意的語言來表達的心理幻想小說。上帝的新形象在書中重新誕生了，象徵著光明與黑暗在祂身上合而為一。這一文章總結了先前幻想的主要思想，可以理解為對日後作品的預告。參見安妮拉・亞菲（編），1962 年，第 378 頁及以後，以及安妮拉・亞菲，1989 年，第 154 頁及以後。（另見榮格，《紅書》，山達薩尼（編），2009 年，第 333 頁及以後）。

57 《彌撒中的轉化象徵》（*Transformation Symbolism in the Mass*），首次在發表《1940/41 年艾拉諾思年鑑》（*Eranos Jahrbuch 1940/41*）中。見《榮格全集》第 11 卷，1969 年，第 296 頁及以後。

58 拉舍爾出版社於 1951 年首次出版，收在《榮格全集》第 9/II 卷中，1968 年。作品內容是對基督教「永恆」（Äons）觀念兩千年來相關發展的沉思，這概念與占星術關於雙魚座世代的「世界月」（Weltenmonat）的概念恰好一致。

59 河鱸，在瑞士又稱為 Egli，在瑞士大多數的湖泊中都能看到。水游蛇（grass snakes）和棋斑水游蛇（dice snakes）（體長可達一米多）是受到保護的爬行動物，牠們並不罕見，主要以魚為食。

底是怎麼來的呢？我想像可能是這樣的情況：蛇想要喝水，於是滑行到湖邊，結果發現了這條魚。然而河鱸的鰭上有尖刺！河鱸這會兒一定是為了自衛，將魚鰭的刺戳進了蛇的血盆大口裡，想要殺死蛇。當我發現牠們時，河鱸已經開始腐爛，但蛇還沒有。魚鰭深深地嵌在蛇的喉嚨裡。蛇無法就這樣吞下這條魚，也許承受著痛苦的折磨而掙扎了好幾個小時。

如今您想想：魚，在基督教中是愛的象徵，現在卻死掉了，因為遭到冥界的黑蛇吞食了。但是，蛇也會因捕到這條魚而死去。兩者都死去了，因為彼此是另一方的對立面。牠們之間沒有連結，牠們會互相殺死對方，就是因為這樣的緣故。可以說，牠們代表了無意識極為原始的形式，在動物層面上極為對立的兩面。

黑蛇是墨丘利的象徵，是煉金術的哲學動物，[60] 作為一種象徵，牠經常被視為非常邪惡的東西。牠是黑暗中的靈性。而作為象徵的魚，則是「全善」的，牠也是基督的象徵，指的是愛宴（love feast）。[61] 蛇與魚會同歸於盡，是因為牠們彼此截然相反。兩者共同構成了無意識上的對立。這種對立來自於基督教中的獸形背景，包括它們的動物性與性慾本身。換句話說：當人們不願承認，兩者其實是同一整體的兩面，是同屬於彼此的。

由於當時我正全神貫注於與聖餐有關的那些想法，很快就便發

60　關於墨丘利和蛇，見榮格，《精靈墨丘利》（*The Spirit Mercurius*），《榮格全集》第13卷，1967年；關於他對煉金術的研究，見《榮格全集》第12卷《煉金術研究》，1968年，以及《榮格全集》第14卷《神祕結合》（*Mysterium Coniunctionis*），1970年。

61　最後的晚餐被稱為「愛宴」（Love feast）或是「愛筵」（Agape feast），耶穌在臨終前夕與門徒一起慶祝，並引導他們此後定期用聖餐儀式來紀念這頓最後的晚餐。關於榮格將魚作為基督的象徵，以及煉金術中魚的象徵，主要參見《榮格全集》第9/II卷，1968年。

現了這兩種動物，似乎是一個共時性事件。[62]

我為這條蛇舉行了隆重的葬禮，還為牠立了一座紀念碑。就在塔樓的入口旁，我把它雕刻在石頭上，牠嘴裡還銜著魚，並為牠寫下銘文。[63]

62　在 1951 年 1 月 13 日給沃夫岡‧包立的信中，榮格也提到在博林根所發現的內容，他寫道：「就像當時我正忙著研究《彌撒的轉化象徵》（*Transformation Symbolism in the Mass*）的心理一樣，從煉金術的觀點來進行，這恰好是一條蛇想要吞下一條魚，而這條魚對牠來說太大了，於是就噎住了。魚是另一種聖餐的食物，因此在這種情況下，牠不是被人類吃掉，而是冥間陰靈，也就是墨丘利之蛇（serpens mercurialis，亦可譯水銀之蛇）。（魚＝基督；蛇＝基督和陰性的黑暗原則。）那時我作為一個旁觀者，只能認為這是巧合，卻看不到共同的原型基礎；也就是說，當時我不理解為什麼蛇與彌撒相對應。但我強烈地感覺到這種情況是一個類似的巧合，也就是說，這種存在不是微不相關的如此而已（so-it-is）。」兒邁爾（編），1992 年，第 68-69 頁。

63　見安妮拉‧亞菲，1979 年，插圖 137，第 142 頁。拉丁文碑文如下：「Piscis devorati nimis magna causa anguis suffocatus est. Hoc modo ambo simul perierunt in testimonium missam operisque magisterium esse idem et non idem quia mors eorum erat cogitationis meae coincidentia ac correspondentia. In huius facti memoriam anno MCMXXXVI posui CGJ.」意思是：「這條蛇被一條太大的魚噎住了。就這樣，兩者同歸於盡。這是一種證據，指向彌撒與偉大的作品（煉金術的作品）是相同而又不同。因為牠們的死亡與我的思考是相吻合的，為了紀念這一事實，我放置了這塊石頭，1936 年，C.G.J.。」

IV 關於人格與生活的體驗：
宗教和鬼魂

伊斯蘭教中對真主的呼喚

1958 年 5 月 16 日／1959 年 4 月 24 日

很長一段時間裡，我對伊斯蘭教一直沒有真正地瞭解，因此無法有所共鳴。不過在蘇丹，我體驗到了一種有意義的連結，後來在印度也得到了證實。

當時我們乘著一艘漿輪的平底輪船順著尼羅河往下走時，[1]兩艘駁船就繫在我們船的一側。有位病人躺在其中的一艘駁船上，他是一名穆斯林。夜裡，我不時會聽到他呼喊：「阿拉！」（Allah!）這聽起來像是響徹宇宙的呼喚！那時我才知道：就是這

---

1 【中譯註】：此為「布吉蘇心理遠征」（Bugishu Psychological Expedition）時自東非返程的旅途，1926 年。見安妮拉・亞菲（編），1962 年，第 227 頁及以後。
【審閱註】：1925 年北半球的夏天，受到大英帝國博覽會展示的非洲藝術和文化啟發，榮格決心盡快前往東非一趟。榮格希望找到一個足夠偏遠、居民與歐洲文化沒有接觸的地區，並親身了解未受現代世界影響的人們的靈性生活。最初，他的旅伴是喬治・波特（George Porter）和福勒・麥考密克（Fowler McCormick），他們在前一年計劃並資助了榮格的美國之旅。後兩人退出該計劃後，榮格選擇貝恩斯（H. G. "Peter" Baynes）和貝克威斯（George Beckwith，巴黎的美國僑民，也是榮格早期的追隨者）來代替他們。貝恩斯負責處理行程大部分細節，包括獲得英國外交部對這個名為「布吉蘇心理遠征」計劃的支持。

樣！那遙遠的聲音傳到無盡的空間中，對我來說便是活生生的伊斯蘭教。阿拉伯人的整個靈魂都沉浸在這呼喊之中，強烈的關係在其中湧動，那是與神的關係，與伊斯蘭的愛欲關係，與阿拉伯美妙愛情詩歌之間的關係。[2]

我在德里的大清真寺裡再次聽到了這一呼喚。[3] 穆安津（muezzin，意譯為宣禮員或喚禮員）那無微不至的聲音，唱著真主的名字「阿拉」，這聲音喚起了天堂和宇宙的廣闊存在。在開羅的伊本‧圖倫清真寺（Ibn Tulun），我也體驗到了這種聲音，當時數以千計的鳥兒在呼喚聲中飛上天空。伊本‧圖倫清真寺是人們能想像到的神之殿堂中最崇高的建築之一。[4]

我確信「阿拉」這個詞本身就是一種召喚，就像印度人的「唵」（Om）。唵表達的是一種整體性，而與之相對，阿拉表達的是一種無條件的渴望。唵與我歐洲人的本性一致，是冥想，是沉

---

2 1939年夏天，從榮格在艾拉諾思會議上所作的即興演講〈再生的不同面向〉（Die verschiedenen Aspekte der Wiedergeburt），可以看出他對伊斯蘭精神世界的興趣已經開始甦醒。參見〈關於重生〉（Concerning Rebirth），《榮格全集》第9/1卷，第199頁及其後，1968年。在其中，他對《古蘭經》的第18章進行了研究，尤其是希爾（Chadir/Chidher，或El-Khidr）——綠者，他稱之為「真主的的象徵化或化身」。另見《榮格全集》第12卷，1962年，第155頁。
   【審閱註】：綠者（Khidr）是《古蘭經》中沒有提及名字的人物。古書將他描述為擁有偉大智慧或神祕知識的、上帝的正義僕人。在各種伊斯蘭和非伊斯蘭傳統中，Khidr被描述為天使、先知或瓦利，守護海洋、傳授祕密知識並幫助遇險者。「al-Khiḍr」這個名字與阿拉伯語 al-akhḍar 或 al-khaḍra 有著完全相同的三個字根，這個字根在幾種閃族語言中都可以找到，意思是「綠色」或「翠綠」。在少數的圖中，將他畫成穿著綠衣的老人。
3 賈瑪清真寺（Jama Masjid, Masjid i Jahan Numa），位於舊德里的沙賈汗納巴德市中心，是世界上最大的清真寺之一。榮格曾在1938年到訪過此地。見安妮拉‧亞菲（編），1962年，第274頁及以後。關於榮格的印度旅行，可以參考蘇拉尼亞‧森古普塔（Sengupta, Sulagna）《榮格在印度》（Jung in India），2013年。
4 1926年冬天和1933年春天，榮格在非洲考察之旅快要結束之際，他到中東作短途的旅行，其中參觀了開羅最大的清真寺。另見《榮格全集》第12卷，1968年，第155頁。

思;而阿拉所蘊含的是一種完全不同的表達,是愛欲,是感覺。唵是情感,但不是渴望的吶喊,其中有許多的滿足感;阿拉不是滿足,就像是於沙漠之中,在遼闊的蒼穹之下,它所呼喚的,是一個無處不在的存在,就好像到處都能聽到的風聲。當太陽升起,所有的塔樓都能聽到穆安津的吟誦,那是發自內心深處自然的呼喊——就像在清晨,鳥兒們會飛來飛去,嘰嘰喳喳地歌唱。這不是思索之後得到的觀點,而是一種深刻的情感體驗。

對於穆斯林來說,戒律並不是決定性的因素。最令人感動和最為明顯的,反而是這種渴望,一種指向廣闊蒼穹,對無條件而不確定之命運的嚮往。

體驗非洲

1958 年 5 月 16 日

我在非洲所經歷的一切,幾乎無法用言語表達。[5]

從一開始我就認為,如果要將這一切再次呈現,我就必須成為一個出色的藝術家!這是我第一次遇到一個古老的世界,它是原始的,也是永恆的。我被迷住了,根本無法將這些情緒表達出來。彷彿在地球的歷史中倒退了十萬年,在非洲的許多地方,這種感覺一直伴隨著我。我感謝上天讓我看到了栩栩如生的原始世界。

這種回到過去的感覺產生了一種奇異的情感衝突:作為一個

---

[5] 1925 年 12 月和 1926 年 1 月,時年五十歲的榮格探訪肯亞(Kenya)和烏干達(Uganda)。參見安妮拉・亞菲(編),1962 年,第 253 頁及以後。另見安妮拉・亞菲,1977 年,《榮格:意象與談話》,第 160 頁及以後;插圖 151 所展示的地圖是考察之旅的路線圖。

白人，我總是必須意識到自己的存在；然而，另一方面，我與周遭的一切都處於無意識的認同與合一當中，就像是「*神祕參與*」（participation mystique）。我覺得自己掉進了一個世界，在這個世界裡，人與動物以及所有的一切，都是一體的──一個令人難以置信的一體。沒有任何的不和諧，也不會覺得格格不入，沒有任何文化相關的意識會打斷這一場景。每次我遇到白人的蹤跡時，例如當一個女人頭上頂著的不是陶罐，而是舊汽油罐時，我都會感覺非常痛心。真該死，現在我們才正要踏進文化生活的記憶之中，但是腳上卻踩到了玻璃碎片！這一切聽起來很誇張，但事情就是這樣，那段原始時光就是如此地存在著，就像是一個美麗的夢境──突然間被打斷了，一些不和諧的聲音響起，像是留聲機或類似的東西。

不過，這種原始的氣氛絕非浪漫的。在其中，人們還是可以感受到巨大的殘酷和漫天的無意義感。數以百萬計的動物，牠們誕生，牠們低頭進食，然後死亡──千百萬年來都是這樣。就像是馬蜂窩的巢穴，小小的巢穴依附在一起，一簇一簇地懸掛著。這是一個寧靜的世界，是一個完整的世界，它有著麻木不仁的殘酷，也有著無可比擬的美麗。我常常因此而感到一種無法形容的幸福。

我彷彿完全脫離了時間，完全不屬於任何一個時代。當然，我不得不回到當下，想想要吃什麼，想想要在哪裡買些食物，想想應該到處走走。結果，我突然聽見兩個朋友在用英語對話！這種反差令人非常惱火：這群白皮豬擋在中間，它們是完全不同的時代！這其中當然也包括我。我自己也是擾亂這一切的荒唐元素。如果我不在那裡的話，就不會感受到這種撲面而來的壓倒性體驗──這是一種難以置信的情緒體驗，讓人想要一直停留在這種體驗之中。我無法想像會消解回到那裡的渴望。我一直想要回去，那裡真的太美妙

了！例如,在埃爾貢山(Mount Elgon)的時候,每天清晨的黎明時分,我聽到*白鐘傘鳥*(bellbird)⁶鐘鳴一般的歌聲,在地平線上響起,我相信,如果有一天再次聽到那個聲音,我一定會得到思鄉病而死。鳥兒的歌唱像是小鈴鐺的鳴響,清脆悅耳。每天早上,我都會坐在那裡靜靜地聆聽,這是最珍貴的時候。

如果你仍然以歐洲人的心態將自己與非洲隔絕開來,就算是在非洲待上十年,也永遠無法體驗到這一切;然而,在我的內心,有些原來就有的東西因這樣的體驗打開了大門,使得一切變得極有可能。這自然是我內心的原始意識。這樣,人們僅能體驗到事物所呈現的樣子:到處都有無數看不見的可能性,而且在任何地方都可以充滿詩意的說——一種「奇妙的氣息」!當然,這些在其他地方也能體驗到。在阿爾卑斯山的偏遠地區,那裡是由大自然來主宰一切的,在這樣的地方待上了一段時間之後,大自然開始支配著你,就像心智狀態逐漸下降(abaissement du niveau mental)。⁷ 在文明開化過的生活裡,人總是在收集能量和消耗能量,要不然就是透支能量,就好像總是不斷地從滿滿的錢包中掏錢一樣。然而在那裡,在大自然裡,你並不充實,而是空虛的;大自然本身才是充實的。你什麼都不需要付出,一切就會湧向你。潛能被逆轉了。所以,不是我在與大自然打交道,而是大自然在與我打交道。

非洲的氛圍,非洲的與世隔絕,這都是意料之外而令人滿足的體驗。當時深深地感動了我,那是令人*滿意的*答案。對我來說,和

6　一種熱帶鳥類,生活在南美洲和澳大利亞。
7　abaissement du niveau mental(心智狀態逐漸下降)即意識狀態的下降(a lowered state of consciousness);這是榮格從皮耶・賈內(Pierre Janet)那裡借用過來的術語(關於皮耶・賈內,參見第 24 頁)。

一系列民族學戰利品、武器、鍋子和天知道還有什麼其他展覽的東西比起來，這更有價值。這一切都與我無關，我想知道的是，非洲會如何對我產生影響。

當然，原始意識的體驗並非完全沒有危險的。我和我的兩個朋友彼此之間都是小心翼翼的，而且當我們走路時，總是會保持大約二十公尺的距離。[8] 身為一個歐洲人，獨自待在一群黑人之間時，對彼此的反應都會更加敏感。那時我想起了一個警示的夢，那是在很久以前的夢，至少是去非洲旅行之前七年：我像猴子一樣爬上叢林裡一棵巨大的樹，又用手臂把自己拉了起來，我的腿很短。當我坐在樹上時──那是一棵巨大的*棉白楊*（Cottonwood-Baum）[9]，大約有一百公尺高──我突然害怕起來，意識到護林員可能會看到我，並開槍射殺我。並不是因為我是猴子，而是因為我假扮了「猴子」，好像這是一種大罪。

探險期間我的夢境都是站在有意識的自我這一側，而不是站在另一側的*原始黑暗*──原初的黑暗或母性的神祕。這些夢總是令我自己失望，我原以為無意識會欣然接受這個機會；但沒有，一點也沒有！除了一個例外，沒有任何的夢涉及到黑暗的非洲。[10]

8　【中譯註】：最初，與榮格在非洲同行的有希爾頓・戈德溫・貝恩斯（也稱「彼得」・貝恩斯，Helton Godwin〔Peter〕Baynes, 1882-1943）和喬治・貝克威斯（George Beckwith, 1896-1931），後來在埃爾貢山紮營時，露絲・貝雷（Ruth Bailey, 1895-1980）加入了考察隊。
9　【中譯註】：一種非洲楊樹。
10　關於這一現象及其解釋，另見安妮拉・亞菲（編），1962年，第272頁及其後。

肯亞的鬼魂

1958 年 9 月 19 日／1957 年 6 月 22 日

在與東非當地人閒聊時，我必須非常小心。[11] 他們一旦意識到你想要什麼，他們就會準確地給出他們認為歐洲人想聽的內容。有時一不小心，他們還會跟你說了許多天方夜譚一般的話。相反的，你必須假裝感到無聊，才會有更多的機會。然而，如果想要將對話導向本質的問題，則極其困難。有些事情，他們在任何情況下都不會討論，例如，我從來沒有和他們談過鬼魂——seletteni，這就如同在英國的會客廳（drawing room）[12] 發表了不適宜的言論。在我還不瞭解這條規則以前，曾經一度破壞了這規則而毫不自知。大家都感到非常震驚，我們不得不中斷談話。有些事物是不能想當然爾的。

黑人會害怕白人在科技方面的力量，因此也經常感覺在精神上也被掠奪了。他們會為自己的靈性傳統感到羞恥，認為和自己的武器一樣差勁。比起白人醫師的那些神奇醫藥，傳統藥物（當地語言稱為 dawa）又算是什麼？面對西方設備精良的傳教佈道活動，他們的宗教觀點又有什麼價值？男人夢想著槍支、短褲和襯衫；而女人則夢想著絢麗的歐式連衣裙。

誰都不願意承認曾聽說過神、魔鬼、精靈或是部落教義；甚至有人想讓我相信，他們從未見過鬼屋！對我來說，這樣的行為太過

---

11 有關 palavers，參見本書第 103 頁，註解 24，另外可參見安妮拉・亞菲（編），1962 年，第 264 頁及以後。
12 【中譯註】：早期的英國人宴客之後，女人會離開（withdrawing）飯廳，男人則可以繼續抽煙喝酒，說些「婦女不宜」的話。drawing-room 指的便是這樣的場所。

分了。畢竟我們已經發現了許多鬼屋，甚至還有一些嶄新的鬼屋。不久前，隔壁的卡拉爾（村莊）才剛剛用石頭砌成了一個非常漂亮的鬼屋，因為我們的挑水女工生病了。我們的搬運工向我們尋求幫助，我派了一個醫療實務經驗豐富的朋友去檢查。他的診斷是：敗血性流產。我們有些尷尬；因為我們沒有能力應對這種情況。

不過，後來我從一位非洲朋友那裡得知，他們同時也向山的西側一位*馬岡加*（mganga，巫醫）求救。他看著發高燒的病人，然後開始在屋子裡轉圈，圈越轉越大，最後宣佈從山上下來的小徑是鬼道。這位生病的挑水女工，父母顯然都很早就去世了，她是唯一的女兒。他們認為竹林是屬於亡靈的，在顯然是亡靈森林的竹林裡，父母感到非常孤獨和悲傷，想把女兒帶到他們身邊。

為了抵禦這些鬼魂，必須在小徑上設置一個鬼魂陷阱。將模仿病人的黏土塑像放在一間小房子的床上，再將水和食物（posho）放進破罐子裡。通常小屋建在陡峭的轉彎處，或是同樣陡峭的延伸之處，這樣鬼魂就只能直接進入小屋之中了。於是病人開始康復，擺脫了邪靈有害的影響。事實上，她在兩天之內就痊癒了，第三天就帶著水壺回到了營地，也沒有再發燒了。我無法查明這位馬岡加是否使用了其他方式。[13] 在這種情況下，我可以通過黑人朋友來確定，誰建造了鬼屋，它的用途又是什麼。我和許多人閒聊時想談這個主題，但都沒有人敢承認。難道對白人的恐懼如此之深嗎？還是說，對鬼魂的恐懼如此之深？

當我們在海拔 2800 公尺高的竹林中探險的時候，又一次看到了他們對鬼魂的恐懼有多麼根深柢固。當我們到達森林時，挑夫們

13　另請參見〈靈魂信仰的心理基礎〉（The Psychological Foundations of Belief in Spirits），《榮格全集》第 8 卷，第 575 頁，註解 2；在那裡提到一位巫醫，稱之為 nganga。

紛紛要求離開：實在太累了，不能再往前走了。難道我不想回頭嗎？其實這裡沒有什麼可看的，只有森林。如果我想繼續走下去，是否可以請他們睡在這裡等我？我嘲笑他們，甚至威脅他們。但是，一切都是徒勞的，他們已經完全喪失了鬥志，棄甲投降了。我別無選擇，只能任由他們。只有一個年輕的搬運工猶豫一番後，同意陪同我和我的朋友們。他叫薩比埃（Sabié），一個大膽而強壯的馬賽人。

蒼翠的竹林已陷在暮色的綠光之中，其中交織著野生動物的穿越小徑[14]，有些水牛和犀牛在林中來來往往。很長一段時間，我們全都彎著腰走在犀牛小徑上，因為從五英尺高的地方向上延伸茂密的樹冠，那相當於犀牛背的高度。為了讓所有的人和動物都相信我是沒有攻擊性的，和往常一樣，我手無寸鐵，已證明我人畜無害。我走得小心翼翼地，不想傷害任何生物，除了在路邊發現的一條小型鼓腹巨蝰（puff adder）毒蛇外，我從未殺死過動物。那個馬賽人緊緊跟在我身後，走得越遠，他就靠我越近。他大汗淋漓，看上去相當不安，他的眼睛也在顫動著。我最後問道：「你怎麼了，薩比埃？」他在我耳邊低語道：「selelteni，成千上萬。」他所害怕的，並非犀牛或是水牛，而是看不見的死者。而鬼魂——將他的膽量逼到了極限！有些地方在黑人看來是 mbaja（意思是「不吉利的」），但這些地方我從來不會錯過。而 mbaja 除了「糟糕的」這層意思之外，還有神奇的隱喻，有點類似於「這裡有不可思議的東西」、「這裡一定會上演一些什麼」。只要有傳聞 sheitani 居住過的地方，我也都一一前往。在阿拉伯語中，sheitani 意思是「邪惡

14　隨著時間的推移，野生動物經常走的路線會在地面上形成清晰可辨的路徑。

的鬼魂」。

　　人們往往會誤解一些東西,並為之感到驚奇。我在許多情況下都會盡可能地去探尋其所對應的真實狀況。不過有一次,我們來到了一個地方,在那裡我發現並感受到了聖祕(numen)。這是一次純粹主觀的體驗。在埃爾貢山的斜坡上,人們現在仍然可以看見曾經流經這裡的古老熔岩,它突兀地在山谷上方結束,而叢林就從那裡展開。在熔岩土壤上,生長著高聳在叢林之上的樹木,除此以外,什麼都不會生長。它們就像堡壘一樣,是安全的地方,因為從這裡有很好的視野可以觀察四周環境。比如說,連蛇也很容易發現。我們想在其中一棵樹附近建立營地,但突然之間,我感到非常不舒服,好像有東西在叢林裡一直盯著我看。似乎是一隻巨大的鳥,大約有兩公尺高。我拿起雙筒望遠鏡,卻什麼也看不見。所謂的鳥,原來只是樹葉之間的光影把戲。然而,那種令人毛骨悚然的感覺依然存在,而且是如此強烈,令我非常想要離開。這就是人們在非洲的樣子!我告訴過我的挑夫們這個詞:mbaja,這個詞不必多說,他們就都明白了。我提出來以後,沒有人反對,我們就立即離開了。能夠離開那個地方令我鬆了一口氣,也很開心,不過至今我仍不知道是什麼東西讓我這麼不安。這就是在非洲唯一讓我感到厭惡的地方。當地的黑人毫無偏見地就接受了我的直覺,這讓我印象相當深刻。

鬧鬼現象與外化的原型能量

1957年1月26日

在庫斯納赫特的家中與一群神學家談話時，榮格被要求談談鬧鬼現象和目擊鬼魂的事——這是我第一次聽到他談起前文所描述的在非洲肯亞的經歷。

當大自然以其真實的面貌出現，撕去人們所熟悉的面紗時，幽靈現象就此發生。例如，你在叢林中迷路的時候；又或者你在海上遇險，情況變得危急。這時就會出現這種現象。

有這樣的一個故事。一個男人想要獨自航行前往美國，可是他受傷了，發展成敗血症。他不能夠再繼續掌舵了，但由於信風的緣故，船還是保持著航向。於是，他將船舵設置好，並且繫緊。這樣他不必做任何事情，船也可以在信風的推動下繼續前進。然後他便失去了意識。時不時他醒來時會看看船舵，然後他便看見有人站在那裡，這個身影在他看來就像一個老水手，穿著奇怪的中世紀服飾，手握船舵。

顯然，這是原型人物的分裂，一種投射。這種情況非常危急，以至於通常掩蓋住自然的熟悉面紗便被揭開了。在這樣的時刻，一切突然變得非常不同，這樣的分裂就會發生；原型恢復獨立自主的行動。不再與自然有關係。例如，如果海上的局勢變得危險，這便有可能發生。

或者你去爬一座山，認為不會發生任何差錯。你隨身帶著繩子、冰斧，你是一位登山經驗豐富的人。但是，意想不到的事突然

發生了，一切都變得完全不同，你失去了與與大自然的連結，隨之而來的是分裂出去，然後魔鬼便來了。戰爭也創造出了條件，在戰爭之中，偶爾也可以觀察到幽靈出沒。想想二戰期間的瑞士中央軍團吧，當時就有傳聞說，有人目睹德國軍團在邊境被弗呂的尼各拉斯（Saint Nicholas of Flüe）[15]親手阻攔了！

如今，我們因為與大自然失去連結，再次陷入了困境。大自然再次向我們展示它是可以變得多麼「沒有人性」，同時也展現出了強大而無情的那一面，釋放出巨大的力量，我們的星球正受到了安全方面的威脅。現在大自然已經露出了它可怕的面孔。只要有一個世界級政治人物精神有問題，那麼地球就可能籠罩在放射線之中，這個星球也就將宣告結束。而今的戰爭規模已經是行星級別的了，這是非常危險的。這世界只要有一位領導人或負責的政黨舉起燃燒的火炬四處走動，那麼我們就都完蛋了。[16] 事情已經不再是人類所能承受的了——而在這樣的局勢下，剛剛所描述過的現象也就隨時可能發生。

至於飛碟，到現在還是有很大的爭議，而且不太可能真的存在，但目前世界各地確實有很多人都看到了飛碟現象。[17] 從神話的

15　弗呂的尼各拉斯（Niklaus von der Flüe，或 Niklaus von Flüe, 1417-1487），又被稱為「克勞斯兄弟」（Bruder Klaus），是一位瑞士隱士，十五世紀的神祕主義者。1947 年，他被教宗庇護十二世（Pope Pius XII.）封為聖人，被認為是瑞士的守護神。

16　在 1956 年和 1957 年初，榮格忙於撰寫和發表論文〈未發現的自我：現在與未來〉（The Undiscovered Self：Present and Future）。在引言中，他寫道：「當氫彈被引爆，或者說專制國家政體的黑暗精神和道德席捲了整個歐洲，我們的文明會走向何處，我們人類自身又會怎樣？⋯⋯在西方，到處都有顛覆性的少數人，他們做好了隨時毀滅一切的準備，對他們來說，萬事俱備，只差東風⋯⋯」；見《榮格全集》第 10 卷，1970 年，第 488-489 頁。

17　不明飛行物，又稱幽浮（der Unidentified Flying Objects, UFOs），相關現象參見榮格：《飛碟：天空所見之物的現代神話》（Flying Saucers: A Modern Myth of Things Seen in the Skies）。與神學家交談那陣子，他正在編寫這本書。該書由拉舍爾出版社負責出版，以平裝小書的形式於

角度來看，它們是「*預感*」（praesagia）——一種預兆，用神話的語言來說則是：神的干預；[18] 閃米特語稱之為 El Gabiros 或 Akbar，這些字表明了這些幻影的含義，也就是「形小而力大」。這是一種偉大的力量，當人類所面對的大自然是冷漠不仁的，它就會以一種不起眼的形式出現。如果我們人類意識到自己與大自然真正的關係，意識到自己其實是無法主宰、控制自然的，就可能發生這樣的現象。

在非洲的時候，我也忽然發現自己置身於大自然的狂野之中。我覺察到自己的精神狀態完全改變了，我甚至羞於描述當時的經歷。然而，事實證明我的反應是正確的。有一次，我們到了一個地方，莫名讓我覺得「不吉利」、「糟糕」、「對靈魂很危險」。我只對其中一位黑人說了一句話，他就立刻就明白了，毫無任何的疑慮。那句話就是盡快逃離那裡的信號。我們不得不認真對待這種非理性的印象，要傾聽內心的警告。這也可能是面對潛在危險而產生的直覺。那裡隨處都會冒出巨大的曼巴蛇（Mamba-Schlangen）；或者眼前突然走出一群象群，或是突然出現一隻體型沉重的大河馬。不像在這裡，一切都是文明的，當我在花園散步時，從來就不用擔心會出現一頭河馬來吃掉我的褲子。但在那裡，總是有這樣或那樣的危險。這就是為什麼人們必須考慮非理性的印象，包括幽靈和鬼魂現象，還有許多不可思議的傳說。當我在此談論這一切的時候，聽起來似乎很荒謬；但如果身處於那樣的境地之中，它就像地獄一樣嚴重。這是絕對的現實，令人絕望的現實。

當然，你也可以說：根本不存在這些東西。這一切只是心理上

1958 年首次現身於蘇黎世。現在收入《榮格全集》第 10 卷，1970 年，第 589 頁及以後。

18　Praesagium 意為：預兆，預感，前兆，預言。

的幻覺，感知上的錯覺，或是投射而已。當你待在書房時，這一切都是對的，也很有道理。但是在那兒，在大自然裡，這一切卻是不可否認的事實，無論是否純粹是心理上的。從心理學的角度來看，這些都是靈魂的現實；即便是錯覺，那也是一種真實的東西。

我想起了一個案例，關於一位哲學教授，他對癌症極度恐懼。他明知道自己並沒有患上癌症，但這恐懼還是存在，他總是擔心自己可能會罹患癌症。他的病症是真實存在的──只是他給了錯誤的名字了。現在我們認為這種現象是病態的，然而在早期，它們可能曾經被稱為神。名字並不重要，這些只是聲音和煙霧一般的障眼法──這種現象是真實的，並且有真正的影響。比如說，您想想所謂的促狹鬼（poltergeist）。[19] 只有我們態度改變以後，這些鬼魂和困擾才會真正消失。消失以後，我們開始談起的是錯覺、分裂解離、或原型的想像。原型總是以能量來呈現，但並不是永遠可以被人感知。我們憑藉著原型這個詞所能了解的，是我們所無法理解的超越性現實（transcendent reality）。

1956 年 6 月 23 日

以下是我正在撰寫作品《幽靈、死亡、夢境：榮格取向的鬼文本分析》（*An Archetypal Approach to Death Dreams and Ghosts*）時所做的筆記，這本書的計劃是榮格要求我負責的。[20]

19　促狹鬼（poltergeist）是一種鬼魂或精靈，被認為是和巨響或物體移動等這一類的物理干擾有關係。關於促狹鬼現象，也可見榮格，《愚者人物的心理學》（*On the Psychology of the Trickster-Figure*），《榮格全集》第 9/I 卷，1968 年，第 457、469 頁。
20　安妮拉・亞菲，《顯靈和預兆》（*Geistescheinungen und Vorzeichen*），1958 年由拉舍爾出版；英文初版名為 *Apparitions and Precognition*，由 University Books 出版社，1963 年；目前英文版名為《*Death Dreams and Ghosts*》，戴蒙出版社，1999 年。某家瑞士雜誌社發起了一項調查，徵

我對有關靈魂和鬼魂的報導一直很感興趣。這些報導當中，一些奇怪的事情以心理現實的形式出現。然後，這些情結瘋狂地撲向房門，就像幽靈一樣！我的表妹是個靈媒，給我留下最深刻的印象是，她在恍惚中對一個重要、傑出的人物（她也見過這個人的靈體）的描述，這不是空洞的或天馬行空的幻想，而是與內在的現實、也就是她的心理結構相對應的。這真的太讓我難以忘記了。[21] 精神疾病的患者身上有時也會出現這種現實。這就是妄想如此不可動搖的原因。我們是無法用理性來對抗它的。它就像石頭一樣堅硬。有些東西就是在那裡，是真實在那裡的，而不僅僅是一種看法而已。心靈是無可辯駁的現實，即使它無法被稱重，也無法被測量。

　　我自己也做過一些夢，這些夢中的體驗給我的感覺是：現在有什麼事要發生了！夢境表明，有一些重要的事情已經發生或即將發生。這指的往往並非外部的事件，而是與內在的體驗、轉化、未曾

集了 1200 多封信，其中包括了所謂的預言之夢（Wahrträume）與預兆，還有一些被認為很有意義的巧合，諸如此類的內容。出版社邀請為了榮格來做進一步的心理研究，榮格將這工作交給了亞菲，這本書誕生的基礎便是這一系列的信件。亞菲也表示：「1955 年，他將這一研究任務交給了我。當研究內容涉及到超自然的『神祕』體驗（aussersinnlichen oder "okkulten" Erlebnisse）時，我感到非常頭疼，但他願意興趣盎然地與我探討。在他的支持之下，我對各類問題進行了心理上的研究，整理出了具有啟發性的學術資料。」（【審閱註】：中文版由心靈工坊出版，2021 年。）

21　榮格寫了一篇論文，內容是關於榮格的表妹海倫・普里斯沃的經歷：〈所謂靈異現象的心理學與病理學〉（On the Psychology and Pathology of So-Called Occult Phenomena），《榮格全集》第 1 卷，1970 年，第 1-150 頁。也可參見他的文章，〈靈魂信仰的心理基礎〉（The Psychological Foundations of Belief in Spirits）《榮格全集》第 8 卷，1969 年，第 570-600 頁。儘管最初，在上述注釋中，他將「鬼魂」（spirits）解釋為集體無意識的情結投射，但最終他也沒辦法完全排除鬼魂顯象是超個人現實的其中一種可能性。參見同前，第 600 頁，註解 15。1920 年夏天，他本人在英國鬧鬼的一幢鄉間別墅中也遇到了鬼魂顯象，但無法解釋為情結的投射。見莫澤（F. Moser）的《鬼魂：是謬誤，還是真理？》（Spuk, Irrglaube oder Wahrglaube?），1950 年。同樣也發表於《榮格全集》第 18 卷，1976 年，第 764-781 頁。

意識過卻將浮現的思想有關。事實證明，這樣的夢境通常會產生深遠的影響。它們往往是艱鉅但富有創造性的工作的前奏。

在我的表妹身上，我很早就意識到，那些經常被鄙視為空想或胡思亂想的內容，其實必須被理解為活生生的內在現實。它們是外化為困擾或幽靈的情結，所以看起來是外在的。你可以用先入為主的觀點來掩蓋事實，也可以置之不理。但這樣一來，我們就無法理解靈魂的真實性。

胡貝圖斯神父治癒科尼家族馬戲團的小象

1958年9月19日

1958年，我最後一次陪庫爾特·沃爾夫拜訪榮格，榮格當時講述了以下故事。他曾經談到在非洲的故事，他想向當地人詢問靈魂和鬼魂時，遇到了巨大阻力，而講了下面這個故事。他說，瑞士的農民也有類似的表現，如果直接詢問他們，他們會強烈否認此類事件。

超自然現象與魔法對瑞士農民來說，並不是什麼稀奇事。但我在博林根住了十年之後，才知道附近原來有一個鬧鬼的牛棚。而這附近的每個村子，幾乎都有一位所謂的魔法師或巫師。世界各個地方都是如此，在英國，在德國，在義大利等地，類似的事情都會發生，但大家都諱莫如深，平常都不說。

博林根附近有一個嘉布遣會修道院（Capuchin monastery）[22]，

22　榮格指的可能是位於伯恩北方的拉珀斯維爾（Rapperswil）嘉布遣會修道院。

住著兩個驅魔人。胡貝圖斯神父（Pater Hubertus）也住在那裡，這位方濟會修士，他懷著聖方濟的愛，不久前治癒了柯尼馬戲團（Knie circus）[23]的一頭小象。眾所周知，柯尼馬戲團所有動物都在離這裡不遠的拉珀斯維爾（Rapperswil，伯恩北邊）過冬。拉珀斯維爾地區的獸醫被叫到生病的小動物那兒，但卻無能為力。於是有人說：「對了，您為什麼不把胡貝圖斯神父喊來？」於是，這位年邁的方濟會修士來了。他走到小象身邊，撫摸牠的頭，看著牠的眼睛，撫摸牠的背，然後說著：「為什麼呢，牠一點都不想好起來！」然後他又撫摸著牠的頭，撫摸著牠的背，久久地注視著牠的眼睛。他又說：「什麼都做不了。牠仍然是不想好起來。」胡貝圖斯神父只是一起待著陪伴這隻動物。一個半小時後，他說：「現在，牠願意好起來了！」從那時候開始，小象就逐漸恢復健康，牠也不再腹瀉了。牠被迫生活在骯髒而邋遢的環境中，一直都無法適應。或許馴獸師或飼養員也是不近人情，所以牠會這麼想：「他們不會改變的！」於是小象認命了，放棄自己。然而方濟會修士顯然使牠相信，人們其實是很喜歡自己的。這讓牠重新獲得了活下去的

【審閱註】：方濟嘉布遣會（Capuchin Franciscans，勳銜為 OFMCap），又名嘉布遣小兄弟會，是天主教會內方濟會修士的一個宗教團體，是由方濟會小觀察會修士（OFMObs，現在）改革而來的三個「第一修會」之一（OFM），另一個是 Conventuals（OFMConv）。這支方濟會於 1525 年改革為嘉布遣會，目的是恢復阿西西聖方濟各原來的習慣（褐麻布外衣），更嚴格地遵守阿西西聖方濟各在 1209 年所制定的規則。修會為方濟會第一會之分支修會，成立於 1520 年，一群修道士或兄弟在發誓過宗教生活後居住在社區中。他們追求像創始人阿西西的聖方濟各那樣生活，一起致力於祈禱和為窮人服務。

23 【審閱註】：柯尼馬戲團（Circus Knie）1803 年創立於德國，一次大戰期間改定居瑞士，1919 年從露天競技場改為有頂棚的帳篷以來一直保持現在的形式。該馬戲團長期以來以其動物表演而聞名，甚至曾經營一家動物園（Knie's Kinderzoo）。同樣是 1919 年，6 月在伯恩舉行的開幕演出中，入口上方寫著：瑞士國家雜技馬戲團柯尼兄弟（Cirque Variété National Suisse Frères Knie）。兩百年的歷史，成為瑞士家喻戶曉的一個表演傳統。

動力。

　　正如一位當地農民告訴我的那樣，這位胡貝圖斯神父也曾經幫忙解決了他農場裡的一個奇怪的情況，打敗了牛棚的幽靈。這位農夫是這樣告訴我的。有一天他來找我，情緒非常糟糕。「有人生病了嗎？」我問他。「沒有。」「牛怎麼樣呢？」「我已經知道是怎麼了。」「嗯，那是怎麼了？奶牛生病了嗎？」他說：「如果每天從牠那裡能夠擠出來三十升牛奶，而今天卻只有十升，你會怎麼說？！」「我已經知道我要做什麼了：我要去見見胡貝圖斯神父。」然後神父問他：「怎麼了，卡利？」「是這樣的，直到昨天為止，我每天能從這頭牛身上擠出來二十五到三十升奶，今天卻只有十升了。」胡貝圖斯神父接著說：「來，寫個紙條，將牠所有的名字記錄下來。」最好的牛通常有很多名字，但其中之一總是 Venes——字源自維納斯。於是我們的這位農夫將這些名字都寫在一張紙上，然後胡貝圖斯神父把紙條放進長袍袖子中。「所以，」他接著說：「現在沒事了，一切都好了。」農夫給他一枚五法郎硬幣，然後回到牛棚。確實：一切又恢復如初。這頭母牛產出和平時一樣的三十升奶！

　　嘉布遣會的主要收入來源便是這些治療，他們帶著聖方濟各的愛去治療。「狼弟兄」！[24] 天主教徒的影響在這一帶得以延續下去，並且在教會與農民之間建立了關係，甚至也建立起了與新教徒的連結。這一片土地是屬於天主教聖加侖教區。

24　榮格在這裡提到了阿西西的聖方濟各和古比奧（Gubbio）的狼傳說。狼嚇壞了古比奧城裡的居民，直到聖方濟各訪到牠，稱之為「狼弟兄」（Brother Wolf），並且與牠談判，答應給牠食物。而牠作為回報，需要與人友好相處。這故事取自於十四世紀後期佚名的義大利故事《聖方濟各之花》（*I Fioretti di San Francesco*），這本聖徒故事集在十九世紀以及二十世紀初廣為流傳。作為一本祈禱書，對聖方濟各形象的塑造產生了深遠的影響。

女巫與山羊

1957年8月3日

　　曾經有一次，我的心情非常憂鬱。於是，我在下恩加丁（Unterengadin，瑞士東部山區）進行了一次長途徒步旅行，從施庫奧爾（Scuol）出發。當我來到了西內什特拉谷（Val Sinestra，更東的阿爾卑斯山山谷），或是施特利亞谷（Val di Stria）……施特利亞（Stria）在羅曼什語[25]中的意思是女巫。在那裡，我坐在長凳上，點燃了一支煙。這時，我忽然覺得有什麼東西在我的頭頂上。我轉過身，看見一隻山羊正在聞著香煙的煙霧！於是我把香煙塞進牠嘴裡。瞧！牠將煙夾在嘴唇中間。當然，這看起來十分滑稽。後來我又給了牠一支，但這支被牠吃掉了。我繼續坐在那裡，突然感覺到臉頰上有什麼東西：那隻山羊非常輕柔地將牠的頭蹭著我的臉頰！自然，我所有的憂鬱全都煙消雲散了。

　　在象徵的圖畫意象或神話之中，女巫經常是以山羊的樣子出現。

　　許多年後，我在格勞賓登州的卡蘭卡山谷（Calancatal）中，有人指著一個男人，說他許多年前在靠近史翠格頂峯（Pizzo delle Streghe，直譯女巫峰）附近遇到過一位女巫（strega）[26]，從那時起他就再沒有說過一個字。

　　如果你在山裡迷路了，遇見一隻山羊，你很容易會產生想要跟著牠的念頭。你想要跟著牠，以為牠會跑回牠的羊圈，跑回村莊

25　羅曼什語（Romansh）是瑞士格勞賓登／格里松州的一種羅曼語，也是瑞士的官方語言。
26　【中譯註】：義大利語，女巫。

裡。但這就大錯特錯了！山羊會把你引入歧途，帶到完全陌生的地帶。很顯然，這就是那個男人的遭遇。當時他正在打獵，四處遊蕩了好幾天，衣衫襤褸地回到家，當時整個人已經變得糊里糊塗了，甚至於自己的槍也弄丟了。從那以後，他再也沒有說過一句話。

疾病與康復的夢中意象

1959年2月6日

1919年，我得了一次很嚴重的流感，發燒到四十度，那就是當時的「西班牙流感」，幾乎是生死攸關的狀態。[27] 當時我做了一個夢。但我不能很確定，這究竟是一個夢，還是一個幻象。

我坐著一艘小帆船，航行在波濤洶湧的海上。船上有顆球，它躺在船裡，我知道自己必須把它帶到安全的地方。這時在我的身後一個巨浪湧上，即將吞沒我和小船。

稍後，我著陸在一座島上。這是一座火山島，地表非常荒蕪，什麼都沒有生長，就如同在月球上一般荒涼，死氣沉沉的。而那個球這時究竟是掉在島的地面上，還是漂浮在島的上空？我已經不記得了。

後來出現了迷人的夢意象。這一定是發生在康復期間——又或者這個夢中的意象就是意味著身體開始恢復了。美妙的夜空在小島上空劃過一道弧線，那顆球就漂浮在兩棵樹之間，或著說落在那

27　所謂的「西班牙流感」（Spanish flu）公認起源於美國中西部，在1918年7月至1919年6月期間分三波席捲了整個瑞士。這流感在瑞士造成了兩萬五千人死亡，其中大部分死者都是男性。在部隊中，許多軍人死於這一流感。1919年夏天第三波疫情時，榮格受到感染。

裡。

夢的最後一個意象：這發生在突尼斯的蘇塞港（Sousse）。[28] 那裡有一頂奢華的帳篷搭建了起來，而球就住在帳篷裡，或是放置在裡頭。港口裡停泊著典型的非洲帆船。這個港口留給我的印象非常清晰。過了一段時間以後，當我真的來到蘇塞港，我發現這港口與我在夢中看到的港口竟然一模一樣。而在做夢的時候，我都還不知道自己會前往非洲。這夢的兩到三個月後，才開始有了去非洲的念頭。[29] 當抵達真正的蘇塞港時，我立刻就看出來了：這就是在我夢中出現的港口！這裡的船隻就像在夢中停泊的那幾艘！[30]

榮格後來畫了好幾幅這些夢中的意象。

彩色幻象帶來的繪畫靈感

1960 年 2 月

最近的一個早晨，胃病發作以後，我耐著性子玩紙牌。突然間，陽光明媚，我的撲克卡呈現出五彩繽紛的飽和色彩，畫面似

---

28 蘇塞港（Sousse）是突尼斯市南方的一個港口城市，距離突尼斯約 140 公里。一直到 1956 年為止，突尼斯一直都是法國殖民地。
29 參見安妮拉・亞菲（編），1962 年，第 238 頁及其後。赫爾曼・希格（Hermann Sigg）是榮格的鄰居，也是他的好友。1920 年初，他詢問榮格是否願意陪同自己前往突尼斯出差，於是 1920 年 3 月，這旅途便開始了。另外參見榮格從蘇塞寫給夫人艾瑪的信，1920 年 3 月 20 日，同前，第 371 頁及其後。
30 【編註】：榮格作品基金會、霍爾尼（U. Hoerni）、費舍爾（T. Fischer）、考夫曼（B. Kaufmann）等編輯《榮格的藝術》（*The Art of Jung*），2019 年，第 131-137 頁；也可參見里特貝爾格博物館瀏覽指南（Ausstellungsführer Museum Rietberg），2010 年，插圖，第 39-41 頁。

乎有了一種立體感,而這是我以前從未體驗過的。這實在太美妙了——就像是麥斯卡林(mescalin)[31]實驗所出現的情況一樣!房間裡的物品也變得無比生動,色彩斑斕。就像一幅奇幻的畫!

就在那時,我意識到,這些顏色迫使我注意到它們,不過我沒有立刻就理解這幅景象可能的含義。所以現在我必須好好的想一想。[32]

---

[31] 【審閱註】:麥斯卡林(mescaline/mescalin)又稱 3,4,5- 三甲氧基苯乙胺,俗稱仙人掌毒鹼,是從烏羽玉屬物種的種籽、花球中提取出來的致幻毒品,能產生強烈的幻聽、幻視作用。因為致幻效果與 LSD 和裸蓋菇素相當而聞名。當年歐洲人來到美洲大陸後,發現了印第安人在使用烏羽玉,將其視為異教徒行為而實行各種形式的鎮壓,所有與烏羽玉有關的儀式都消亡了。1897 年,德國化學家首次從佩奧特仙人掌中分離出麥斯卡林。1919 年,麥斯卡林首次被人工合成出來。許多知識分子半公開的使用,到了 1950 年代,因阿道斯・赫胥黎的著作《眾妙之門》而廣為人所知,1960 年代「迷幻藥物時代」時,更成為廣泛使用的藥品。榮格曾經在信中否認用過此藥,但可信度令人保留。他在 1955 年 2 月 15 日給 A.M. 哈伯德的信中表示:「感謝您盛情邀請為您的麥斯卡林計劃做出貢獻。雖然我自己從未服用過這種藥物,也沒有給其他人服用過,但我至少花了四十年的時間來研究這種藥物所揭示的精神領域;那是神聖體驗的領域。三十年前,我熟悉了普林茨霍姆博士的麥斯卡林實驗,因此我有充足的機會了解該藥物的作用以及實驗中所涉及的精神物質之性質。」《書信集》第二卷,第 222-224 頁。

[32] 不久以後,榮格又開始作畫。畫畫的主題是來自無意識的幻想。他曾在一封 1955 年的信中(見上一註解)詳盡地陳述,自己本人從未承認服用過麥斯卡林,並對使用這藥物作為接近心靈內容的方法表示擔憂(《書信集》第二卷,第 222 頁及以後)。作為一名醫師,他瞭解精神病學家漢斯・普林茨霍恩(Hans Prinzhorn)和科特・貝林格(Kurt Beringer)的麥斯卡林實驗。後者對同行醫師與醫學生使用麥斯卡林來進行過自我實驗,而作出研究評估。榮格在 1954 年到致維克多・懷特神父的一封信中,他強調,如果想要更多地瞭解無意識,卻不透過對夢和直覺的探索,那麼這一切的作為都是沒有意義的。「我痛恨自己觸碰了這一領域。在這裡,繪畫為世界增添色彩,光創造來照亮黃昏的絢爛,所有的線條與輪廓構成了這一整個領域,聲音填滿整個世界的軌道,思想法被創造出來照亮了黑暗的世界。也許有些可憐的貧民會把麥斯卡林當作上天賜予他們的禮物,但我對『純粹來自神的禮物』深感不安。人們將須為此付出昂貴的代價。」榮格《書信集》第二卷,第 172 頁及以後。在他關於精神分裂症(Schizophrenie)的最新著作中,他懷疑麥斯卡林會導致一些與精神病人身上相同的症狀;參見《榮格全集》第 3 卷,第 570 頁。

內在的音樂

1958 年 1 月 31 日

那時在我的大學時期,臨床實習已經開始了。有一天回到家特別累,我坐在沙發上,幾乎就要睡著了。這時,我聽到了非常輕柔的女中音,彷如是從遠處傳來一樣。她唱了一首韓德爾風格的詠嘆調,然後,我便陷入了更深的睡眠之中,但並沒有真的睡著。在這種奇怪的狀態下,我聽到那個聲音已經很近,甚至比以前更近,就好像她已經到了隔壁房間一樣。多麼美妙的女中音!我聽了很久很久,還聽見了遠方有樂器伴奏的聲音。「奇怪,」我想著:「那裡什麼人也沒有。特別是:沒有人可以唱出這樣的歌聲,沒有人能有這麼美妙的聲音。這是一位偉大藝術家的聲音。」

只要我清醒一點,聲音就會退得更遙遠一些,但她的聲音聽起來還是那麼美妙。我甚至都無法理解,那究竟是怎樣的聲音。

那個冬天的晚上,當我坐在博林根之中,聽著開水壺中沸騰的聲音,想起了這個聲音。[33]

昨天晚上,我也有類似的經歷。我的內在耳朵聽到了布拉姆斯的一首曲子。彷彿一位偉大的歌手親切地照顧著我:「我給您唱這首布拉姆斯的歌,然後您一定可以安心地睡著。」就是這樣!太美好了,簡直太棒了。於是,我便睡得像個嬰兒。

---

[33] 參見安妮拉・亞菲(編),1962 年,第 229 頁。

我是佛教徒轉世的嗎？

1958 年 2 月 15 日

　　我有時會想，我是不是一個印度人轉世的呢？如果是這樣的話，那我肯定是個佛教徒。這毫無疑問。我還能回想起當年讀叔本華時的心情，那是種難以形容的熱情，因為我從他那裡認識了印度和佛教。後來我讀《普曜經》（*Lalitavistara*）[34] 時，也有過類似的感動。多年以後，在印度見到桑奇[35] 佛塔時，我的情緒難以控制，遠遠超過了自然反應。[36] 您知道我還做過一個夢，夢見一個印度人正在冥想著我，只要他還在冥想之中，我就會繼續活著。[37] 這個印度人是佛教徒。在印度，給我觸動最深的便是佛教。佛教喚起我最深的激動。我去過瓦拉納西（Benares）的小樹林，佛陀就是在這裡對火佈道。[38] 這裡原本有一座佛塔，後來在桑吉這個絕美的地

34　公元二、三世紀大乘佛教的佛陀傳記傳奇。榮格在〈詩歌中的類型問題〉（The Type Problem in Poetry）也提到了這一傳記，《榮格全集》第 6 卷，1971 年，第 297 頁。
　　【審閱註】：《普曜經》，梵文名是 *Lalitavistara*，又稱《方等本起經》，是大乘佛教經典，收入大正新脩大藏經第三冊。西晉永嘉二年（308 年），由竺法護在天水寺譯出，共八卷。主要講述釋迦牟尼由降生直到證悟成佛的故事。
35　【審閱註】：桑奇（Sanchi）是位於印度中央邦博帕爾的一個村莊，該村以眾多佛教古蹟聞名於世，建築歷經孔雀王朝、巽伽王朝和笈多王朝等時期。這些佛教古蹟被聯合國教科文組織以「桑奇的佛教古蹟」之名列入世界文化遺產。
36　參見安妮拉・亞菲（編），1962 年，第 278 頁及其後。1938 年 1 月初，榮格與九十多名來自歐洲的學者，應印度科學協會（Indian Science Association）的邀請，參加了在加爾各答大學所舉辦的銀禧年會議（Silver Jubilee Congress，即二十五週年會議）。代表團在 12 月中旬抵達孟買後，經過海得拉巴（Hyderabad）和埃洛拉（Ellora），前往博帕爾（Bhopal）的佛教聖地桑奇（Sanchi）。佛塔（Stupa，窣堵波或卒塔婆，即中國的舍利塔）是象徵著佛陀及其教義（Dharma，達摩或法）的建築物，信徒們圍繞著它進行著朝拜。【編註】：關於榮格的印度之旅，更詳細的內容另見森古普塔（S. Sengupta），2013 年。
37　參見安妮拉・亞菲（編），1962 年，第 323 頁。
38　1937 年 12 月 27 日，代表團在貝拿勒斯（Benares，梵語：瓦拉納西 Varanasi）會面，並參

方,人們將這座佛塔重建了起來。[39] 在那裡,我的情緒難以自持,不得不離席躲了起來。這種震撼簡直是無可比擬。從這一切以後,在精神上將東西方結合在一起,成了我畢生的任務。衛禮賢當時對我有關「東方靈魂」的瞭解感到十分訝異:「你是如何知道這一切的?」我並沒有讀過太多關於這些的書籍內容,我所知道的一切都來自內心,來自我的內在體驗。

如果我生活在印度,毫無疑問,我一定會成為佛教徒。在印度,讓我最為感動的其實是佛教。

這也解釋了我與歐洲、與西方的關係:我是陌生的存在,是異鄉人。我一直都不明白,為什麼我的內心世界和我所說的話會讓這裡的人們覺得陌生。過去是這樣,現在依然是如此。

觀了鹿野苑(Sarnath)的小樹林,根據傳統,佛陀在此證悟,並講解佛法《分別聖諦經》(*Saccavibhanga Sutta*)。對火的佈道,即《一切燃燒經》(*Adittapariyaya Sutta*),是佛陀後來非常著名的關於佈施(generosity)和出家(renunciation)的佈道。【審閱註】:貝拿勒斯國內一般譯成瓦拉納西,是古代迦尸國首都。迦尸意思是「光的城市」。相傳是在 5000 年前興建。在公元四至六世紀曾為學術中心;十二世紀為古王朝國都。大唐西域記:「復大林中行五百餘里,至婆羅痆斯國(舊曰波羅奈國,訛也。中印度境)。婆羅痆斯國,周四千餘里。國大都城西臨殑伽河,長十八九里,廣五六里。閭閻櫛比,居人殷盛,家積巨萬,室盈奇貨。人性溫恭,俗重強學,多信外道,少敬佛法。氣序和,穀稼盛,果木扶疏,茂草靃靡。伽藍三十餘所,僧徒三千餘人,並學小乘正量部法。……婆羅痆河東北行十餘里,至鹿野伽藍,區界八分,連垣周堵,層軒重閣,麗窮規矩。僧徒一千五百人,並學小乘正量部法。……」

39 參見《榮格全集》第 10 卷,1970 年,第 991 頁:「在離阿格拉(Agra)和德里(Delhi)不遠處的桑奇山上有一座著名的佛塔……在那裡有一座岩石山,從山頂上可以看到印度平原的全景。你可以看見一個巨大的石磚建造的球,半埋在地下。就像佛陀在《大般涅槃經》中所描述的,將自己的凡人的一面進行埋葬的方式。他拿了兩個飯碗,一個蓋上在另一個上。可見的佛塔正是上面的一半。而那些埋在地下的部分則需要人們想像。圓形是自古以來就是完美的象徵,所以這一石碑成為了紀念塔達迦塔(Tathagata)的一種極富表現力的方式。它相當簡單、嚴謹,而又非常清晰,這與佛陀教義的簡單、嚴謹和清晰完全一致。這地方見證了印度史上的重要一刻,在這高處不勝寒的地方,孤獨也透露出一種難以言喻的莊嚴,好像還在見證著印度史上最偉大的智者提出自己最莊嚴之真理的時刻。」(Tathagata 是佛陀的名字之一,另見第 186 頁。)

還有一點也很奇怪：原型的多樣性及其不可思議的形式，與佛陀所處的情境完全吻合。他對這一點提出挑戰，也就是質疑來自於母系領域那永無止境、且未經審視的意象流（flow of images），這與我所呼籲的要對所見所聞進行反思的想法是一致的。對我來說，這是對無限的原型意象的形式設計所出現的反思。兩者都意味著加以意識化的歷程和個體化的歷程。

當然，佛教所發生的這些，在基督教也發生了：佛陀成為了自我實現（self-actualization）的依瑪構（Imago），他相信，通過因緣[40]的打破，就能證得菩提[41]，因此而成佛。[42] 通過冥想（打坐），任何人都可以成佛，這與基督教相似。在基督教中，基督是存在於每個人身上的一種意象。但在西方，這導致了對基督的模倣（imitatio），正如在東方對佛陀的模倣。所以佛像隨處可見。為什麼？因為他現在成為了一個榜樣。而一旦出現這種情況，墮落的可能性就會出現。就像是這樣：「出自造物主之手的東西，都是好的；然而一到了人的手裡，就全變壞了。」（Tout sort parfait des mains du créateur, tout dégénère entre les mains de l'homme.）。[43] 要知

---

40 尼陀那（Nidana）：梵文中的十二緣起支。【審閱註】：因緣這個佛教術語，在漢語中可指兩個概念：一者因緣經（nidāna），二者因（hetu）和緣（梵語：pratyaya、巴利語：paccaya）的合稱。

41 菩提（Bodh）：佛陀對一切事物本質的覺悟或有意識的理解。

42 1939 年，榮格為鈴木大拙《禪宗入門》（*Introduction to Zen Buddhism*）的德語版所撰寫前言。1958 年，它成為眾多新版本之一。榮格的前言見《榮格全集》第 11 卷，1963 年，《東西方宗教心理學》第 877-907 頁。

43 榮格在這裡採用了盧梭（Jean-Jacques Rousseau）的話：「出自造物主之手的東西，都是好的；然而一到了人的手裡，就全變壞了。」法文：「Tout est bien sortant des mains de l'Auteur des choses, tout dégénère entre les mains de l'homme.」英文譯文：「everything is good when it leaves the hands of the creator, everything degenerates in the hands of humans.」出自《愛彌兒或教育》（*Emile ou De l'éducation*），1762 年。中文譯為《愛彌兒》。

道，這些事情是神祕而艱難的。「世界是深邃的，比人在白天所意識到的還要深邃。」[44]

不知道為什麼，今天我會如此著迷於這些句子的引用。

---

[44] 「世界是深邃的，比人在白天所意識到的還要深邃。」（The world is deep, deeper than day had been aware.）引自尼采的《查拉圖斯特拉如是說》英譯本，譯者卡夫曼（Walter Kaufmann），1954年。

V 精神醫學實務與分析工作

與診斷為精神分裂症的患者所進行的工作

1956年6月16日

榮格從最初的博士論文,及在伯格霍茲里擔任醫師的臨床工作時,精神分裂症一直都是他關注的問題,一直到晚年還是一次又一次地討論這個話題。1957年9月,他在第二屆國際精神醫學大會上就此主題發表了最後一篇論文。[1]

原則上來說,我在治療病人時,在精神分裂症患者和精神官能症患者之間是不做任何區分的;另一方面,有一些所謂的「正常人」也會來找我討論諸如哲學或宗教方面的問題,我也同樣不區分。在所有的情況下,我都是以相同的方式來對待。

所謂的診斷,譬如「精神分裂症」這個診斷吧,帶給我最感

---

[1] 1957年9月1日至7日,第二屆國際精神病學大會（Internationalen Psychiatrie-Kongresses）在蘇黎世舉辦之際,榮格擔任其中「精神病之化學概念」（Chemical Concepts of Psychosis）專題研討會的名譽主席。榮格的孫子迪特・鮑曼（Dieter Baumann）提供了榮格的文章〈精神分裂症〉（Die Schizophrenie）。見《榮格全集》第3卷,1957年,第553-584頁。

興趣的訊息是,病人是否有治療的可能。這些人的身上究竟發生了什麼,診斷並不會告訴我。診斷只是一種臨床分類的工具,偶爾在某種程度上可以給醫師指明方向,但一般而言,診斷只不過是某種*聲音的氣息*(flatus vocis)罷了。[2] 當醫師診斷出「精神分裂症」或「歇斯底里症」時,他們也許認為這個診斷可以讓他們更瞭解病人的一些情況;然而,這些分類對病人既沒有任何的幫助,也不能說明治療的方式。相反的,或許我還可以通過夢來達到這一目的。我也許還可以透過病人的情緒或心理障礙來瞭解病人,儘管這心理問題也可能發生在普通人身上。因此,我對治療沒有固定的普遍信條,也沒有關於治療的理論。

每個病人都會給我帶來新的任務,所以面對每位病人,我必須個別去處理。當然,你必須好好紀錄病史(anamnesis),然而真實的病史總是要到最後才會真正顯現出來。精神官能症患者的治療,最好從他們當下所處的環境開始。這樣做可以節省大量的時間。事實上,如果不按照固定的規則去進行,而是等待生命故事及其具有的複雜性逐漸顯現時再開始行動,這樣反而在實際上會節省很多時間。

我沒有所謂的病態或病理的觀念,而是就像和健康人交談一樣跟他們交談。我的目標是和他們建立起跟健康人一樣的關係。你只能從健康的角度來對待病人。他們並不是醫學研究的對象或客體而已,我們必須意識到自己所面對的是某位特定的個體。

我們可以這麼說:大多數患者會向你伸出手來,而你必須抓住

---

[2] flatus vocis:字面上的意思是聲音所發出的一股氣息,這用來比喻如果想要用術語和推論來確定生活中的某些特殊性,將會是是毫無意義的。醫學上,flatus 指的是腸胃的氣脹或是「風」。【中譯註】:德語中,用風來婉轉地表達「屁」。

這隻手，才能抓住他們。你必須給他們一些東西，好讓他們從虛幻的狀態中脫身。你必須一次又一次地讓他們瞭解，你不僅就在他們身旁支持著他們，而且你努力要瞭解他們的感受，努力要體會他們所遭遇的一切。然而，為了理解他們，你必須丟掉所有理論性的假設。遵循自然才是唯一可靠的指南，這樣才不會誤入歧途。而理論的先入為主從來都不是正確的。

問題總是在於如何將病人從他們的虛幻世界當中拉出來，如何從他們的幻想世界回到現實的人間。醫師最重要的任務就是陪伴患者回歸現實。

有人說，現代的心理治療就是透過醫師的行為來激活病人的投射。關於這一點，我們必須以一種更有區別的方式來看待。原則上來說，這是正確的。作為一名醫師，無法阻止自己成為投射的載體，不可避免地會成為病人的「重要他者」。你就是這個角色，不管你喜不喜歡，也不論你是否有意識地在行動。隨著歲月的流逝，我變成了父親的形象，變成了「智慧老人」（the wise old man）之類的形象，有時甚至是母親的形象。為了幫患者搭建這座通向現實的橋梁，我們必須接受這些投射。他們以投射的形式送出感覺的觸角，想知道這樣的方式是否能接觸到醫師，以及醫師是否歡迎自己。因此，作為一名醫師不應該阻止他的投射，不要因為拒絕或解釋他們的投射，而令他們感到沮喪。你也許可以說，自己是被迫扮演著這樣的角色；但這一切的目的，只是為了能夠讓病人找到回歸現實的路。他在稍後的未來便會發現自己的投射是與現實不合的。這個時候，他也需要你的幫助，否則你會使得他一直陷在移情中，甚至是陷在精神病當中。但一開始的時候，病人是需要依賴他們的這些投射的。如果投射能夠被醫師所接受，這投射也就會帶給病人

一定程度的安全感。

　　有一次，一位二十四歲的男子從德國一家精神科診所轉診到伯格霍茲里來，診斷患有精神分裂症。他之所以會被這樣診斷，是因為他在柏林將一束紅白相間的花束扔進了皇后的馬車中，還一邊大聲喊著：「獻給皇后的瑞士色彩！」（Les couleurs suisses pour l'Impératrice!）警察因此逮捕了他。但因為他是瑞士人，因此很快被送回了瑞士。又因為他被診斷有精神病，而來到了伯格霍茲里。

　　他是個情緒十分容易激動的老師，一位非常瘋狂的小伙子，傲慢無禮且目中無人。大家因此想把他轉到「隔離病房」（Unruhigenabteilung），才能夠將他與其他人分開。[3]「千萬不要這樣做，」我說：「這樣一來通往現實的橋梁將會完全崩塌。」我擔心這會激發起日後無法治癒的青春型癡呆症（hebephrenia）。[4] 這會兒，照顧這個人的任務自然就落在了我身上。

　　治療很困難。那時我們對心理學還一無所知，但我對這個人十分感興趣，於是開始和他交談，才逐漸知道了他的故事。我們花了很長時間交談，我甚至為了花這麼多時間照顧單一病患，開始有些慚愧。正因為如此，我也成為其他醫師與護士嘲笑的對象。不過，在我們談話的過程中，我明確地向那個人表示自己很喜歡和他交談。我們討論了他所寫的一千頁手稿，內容全都是關於他的幻覺。我逐漸能夠深入地跟上他，開始可以坦誠地表示自己理解他的觀

---

[3]　Unruhigenabteilung 是指隔離病房。榮格在伯格霍茲里精神病院工作時，醫院有兩個小型隔離區域，分別作為「女性破壞性患者」和「男性破壞性患者」的病房。（可以參見羅斯勒〔W. Roessler〕和達努澤〔H. Danuser〕〔編〕，2013年，蘇黎世出版，第8頁及其後。）

[4]　精神分裂症的一種亞型，主要影響人的情緒和精神。（【審閱註】：青春精神分裂症（Hebphrenia）更早以前命名為早發性癡呆症（Dementia Praecox），年輕就發病，大多都會造成嚴重的智力退化。）

點，甚至贊同其中的一部分。我的所作所為給他創造了與現實的聯結，也給他留下了極為深刻的印象。從那一刻起，他決定做一個正常人。在接下來的兩、三個月，他恢復到已經可以出院的程度了。院長[5]對我留下了深刻的印象，但還是認為：「他會再回來的！」然而，他從未再回來。

大約二十五年後，我收到了這個人的來信，他在信中感謝我所給予的幫助。他移民到美國加州，成為舊金山一家大型酒店的總經理（Gerant）[6]，但仍然保留了自己的一些哲學思想。[7]

透過同理來進行識別

1958 年 11 月 21 日

我有種與生俱來的同理能力，我可以同理任何人（法語：n'importe qui）。可以這麼說，我能感覺到自己站在他的位置上。[8]我一直很驚訝，為什麼其他人做不到這一點。我想，這可能是因為

---

[5] 尤金・布魯勒從 1898 到 1927 年擔任伯格霍茲里精神病院的院長。在他的指導下，榮格從 1900 年至 1909 年 4 月（從 1902 年 8 月至 1903 年 4 月休息了幾個月）在這裡擔任過實習醫師、住院醫師，然後是助理醫務主任（assistant medical director）；從 1904 年 9 月至 1908 年底，和他的家人一起住在伯格霍茲里的宿舍，就在布魯勒家庭宿舍的樓上。日後，他將該診所稱為「世界修道院」（Weltkloster），參見安妮拉・亞菲（編），1962 年，第 112 頁。

[6] 總經理，或管理者。

[7] 在 1925 年的一次英語研討會上，榮格提到過這個案例（資料略有不同），強調理解精神疾病患者的想法和幻想是非常重要的，可以架起他們回歸現實的橋梁：「有時候，一個被認定是瘋子的人，如果能夠以任何方式讓自己的想法得到理解，那麼即使是最為離奇的心智失常，也可以恢復過來。」參見麥奎爾（編），1989 年，《榮格研討會（第三卷）》，分析心理學：1925 年的研討會記錄》（*The Seminars, Vol. III, Analytical Psychology, Notes of the Seminar given in 1925*）。

[8] 關於榮格相當深入的同理（或譯共情）能力（Einfühlungsvermögen），以及與之相關的非常規治療方法，另外可以參見安妮拉・亞菲（編），1989 年，第 120 頁及以後。

他們缺乏想像力，又或者他們被自己的思維方式緊緊束縛了。

有時，我甚至會震驚，我竟然可以如此直接地進入他人的生命感知之中。我發現自己雖然沒有主動做任何事，卻已經身處其中。然後，我就能夠準確地知道他們的感受，尤其是那些難以理解的人。也許是因為我會看著他們走路，然後在內心裡模仿他們是如何行走的，又或是如何擺動雙手的，透過這樣的方式，我就能知道，當我想像著如果自己也和他們一樣地動作的時候，我會產生怎樣的感覺。

如來（Tathagata）是佛陀的稱號之一，字面意思是「這樣走路的人」[9]。我們的行動方式實際上是我們個性的體現。每個人行走的方式都是獨具特色的。通過步態可以表達當下的心境；這種心境又會在意識閾值以下的層面影響著我。因為我有足夠的自我認識，所以我可以讓自己如此強烈地認同他人；而且我知道我會從這種認同中走出來。我認同對方，因此將他看得清楚透徹，但他是不會取代我的，不會在我身上留下痕跡。否則，這感覺可能會淹沒你，然後你就會受到傷害。然而，我能夠再走出來，我可以任由這一切波浪衝向我的身體，又毫髮無損地離開。

9　Tathagata（如來，或音譯為多陀阿伽陀），在梵文和巴利文中意味著「無所從來，亦無所去」。這是釋迦牟尼佛（Buddha Shakyamuni）的十大稱號之一，當釋迦牟尼佛在談到自己或其他佛陀時會使用這個稱號。
【審閱註】：梵語 तथा/ tatha 意思是「如」，如同或不變。आगता/ āgata 意思是「來」。如來即「如同來了」或「不來不去」之義。《金剛經》中解釋為「無所從來，亦無所去，故名如來」；也有解釋作「如諸佛而來，故名如來」。）

關於自殺現象

1958 年 6 月 13 日

《榮格全集》的第 16 卷,《心理治療實踐》(*Praxis der Psychotherapie*)將成為《榮格全集》德文版出版的第一部——1958 年春季,當這個消息揭露時,即引起了人們極大的興趣。榮格回憶了他在精神醫學方面的工作,以及與自殺病人相處的經歷,留下了如下的對話。

大多數自殺的人並沒有接受任何醫學觀察,因此,我們無法推測自殺的原因,無法進一步談論他們。在可以觀察到的案例中,整個過程可以發現許多跡象。這些人似乎看不到擺脫困境的可能出路,因此被自殺念頭所困擾。

我們雖然確實沒辦法知道這些人的出路在哪裡,但身為醫師,在這種情況下可以觀察他們的夢和其他無意識的表現,說不定可以從中得到想法,甚至無意識會揭示新的生活可能性。一般來說,確實是如此。感謝上帝,在實務工作中,自殺傾向往往可以這透過這種方式來加以阻止。也許無意識為生命暗示了一種新的可能性,從而打開了一扇這個人以前從沒有想過的門;也許一個人對自己的生活可以從另一個角度看問題,從而意識層面的態度也隨之發生了變化。透過這一切,也許就不再提自殺了。人們的態度可以隨著時間的推移而發生改變,這是經常會發生的事。

還有一些人——我這裡談論的不是精神病,而是僅限於因為精神官能症所導致的自殺,這些人是不會再讓任何東西來靠近自己

的。這些人很少會尋求分析師的幫助。如果他們真的這樣做了，那麼我們就必須努力去尋找出一條進出他們內心的方法。還有一種情況，臨死之人就是什麼都不願接受，所以他會又離開治療或分析。如果當事人什麼都不想，那麼你怎樣的嘗試都是沒有意義的，因為病人會感覺自己的意願被違背了。因此，你不能那樣做。

如果醫師在一定程度上認同病人，並且與他一起為他的生命而戰，有時也有很好的效果。這樣可能會尋致一場有些戲劇性的對立，但終究是有用的。但如果病人拒絕與你一起作戰，醫師也不能只是簡單地聽從而任由他。如果這樣，反而可能導致病人自殺。

我曾經遇過這樣的案例：一個年輕女孩，二十六或二十七歲的年紀，她患有強迫症。在經過長期徒勞無功的努力以後，再加上自身的一個小小事件，導致了治療的中斷。有一次，她帶來一個夢境，但只是撕下了報紙邊緣，漫不經心地記錄下來。她這樣的做法讓我很生氣：「您聽著！以後不可以再發生這樣的事情了！如果您再這麼草率地將夢帶來這裡，那麼就請您去找別的醫師吧！」但是下一次，她居然又這樣馬馬虎虎地來了，我把她轟了出去。不過出於謹慎的考慮，我還是待在門後，然後我聽見她輕輕的敲門聲。讓她敲了一會兒之後，我打開門：「嗯，您從哪裡來的？」「我將筆記本帶來了。」

但在她身上，什麼都不起作用。如果是和一塊石頭說話，可能還會更好一些。我知道，她有自殺的可能性，但我無能為力，沒有辦法認同她。我無法對她產生任何信念，只好讓她離開了。半年以後，我聽說她自殺了。

還有一個案例也讓我十分的擔憂。這位患者十分有名氣，才華橫溢而又品性純良。如果她感受到自己被單獨留下而「束之高

閣」時，會激起恐慌。她患有焦慮症和重度憂鬱症，而且有很多的遺傳因素。她是一位非常受人尊敬的女性。我真的是和她一起為生命而奮鬥，想盡一切辦法讓她覺得活下去是值得的。但我十分需要無意識來和我一起工作。作為醫師，我不能只是簡單地說：「現在我要給你一個活下去的理由！」這全然是徹頭徹尾的愚蠢行徑。我只是說：「我自己不能直接給您另一種生命方式，但無意識也許可以。」她理智地同意試一試。但是，在老天爺的指引下，她的夢總是只帶來自殺的暗示，所以這裡存著著一種必然性。我甚至試圖用解釋來欺騙她；但這些夢越來越多地暗示著，自殺是她唯一的選擇。我非常恐懼不安。最後我才清楚的說：「根據我所瞭解的情況，我必須坦白，這些夢表明自殺是不可避免的。因此，讓我們嘗試與無意識同行，靜靜地期待它可能會帶來另一種可能性。」

於是，我們一起從各個角度探討了自殺問題，包括宗教或倫理的方面。如果夢境繼續堅持指向自殺的話，這對她來說意味著什麼，對她的家人又是意味著什麼。我每週與她見面三到四次，這樣的頻率持續了六週，但夢境仍然堅定地指向自殺。我們甚至討論了自殺的不同方式，她還向我詳細的說明了自己是打算如何實施。事情就是這樣發生的。

我難道不該告訴她的家人嗎？然而這樣她就會被關到伯格霍茲里，但她非常害怕這樣。她也沒有憂鬱的症狀，只是單純地無法再繼續接受這樣的生活了。在她看來，自己的生命完全沒有意義，而且無意識對她也是沒有任何的幫助。「我無法再幫您了，也不知道該給您怎樣的建議了。」「不，您給了我最好的建議，也幫助了我。」她很感激這些談話。接下來的兩個月，她又去看了另外一個醫師。這樣的話，自殺一旦發生了，陰影就會落在另一個人身上，

而不是我！

這確實是我遇到過的最糟糕的病例之一。一方面，這個女人是一個如此有道德、有成就價值的人；而另一方面，她的死亡意志又是如此堅定。而無意識對她的也是無能為力的。「老天爺」一點都不幫忙干預！

在某些案例裡，既不可能出現任何的認同，上帝也好，大自然也好，全都不幫忙；在這些情況下，有的只是結束生命的傾向，善意的好醫師或其他一切都是無濟於事，沒有任何幫助，甚至獻上祭品也是沒有用。它來自內心的死亡意志。[10] 我從自己的體驗中明白了這是怎麼一回事。我也曾經有過一次死亡的想法，那是我夢到齊格飛被殺之後，因為根本看不出其中的意義與目的，我感到絕望，於是產生了死亡的願望。我那會兒明白：只要動一下手，我就死定了。上膛的左輪手槍就放在我的床頭櫃。於是，我那天晚上從床上起來，不得不在半夜裡分析這個夢，直到弄清它的含義。[11] 從外界來看，這可能很荒謬，我竟然會為此絞盡腦汁。但我自己十分明白，如果不竭盡全力，我就會輸掉這場戰鬥。我可以繼續下去，說服自己說這只是一個夢；然而我知道，我這樣就是失敗了。死亡的願望也可以在完全正常的生活中產生，這就是為什麼有些自殺似乎無法解釋。所以我盡我所能地去找出答案來。[12]

10　關於榮格對自殺意念的態度，也可參見榮格《書信集》第二卷，第 25 頁和第 279 頁。
11　參見安妮拉・亞菲（編），1962 年，第 180 頁。在夢中（1913 年底），榮格槍殺了齊格飛（Siegfried），這位《尼伯龍根之歌》（the Nibelungen saga）當中的日耳曼神話人物。夢中的行為被榮格解讀為，需要犧牲對英雄原型人物的認同——這並不是榮格一個人的議題，而是第一次世界大戰前那個時代的所有人，所共同面對的集體性問題。
12　榮格意識到，他必須放棄對英雄理想的認同，放棄對英雄的勇氣、意志力和自豪感的認同：「……我突然明白了這個夢的意義。『這正是這個世界上演著的問題呀！』齊格飛……代表的，正好是德國人所希望擁有的，也就是英勇地執行自己的意志。……我也曾經有過同樣的

自殺終究還是一種謀殺。自殺是謀殺自己，自殺者本身就是謀殺犯，就是凶手。而且同時發生的，是家庭謀殺。我們必須當作整個家庭是被謀殺了：隨著自殺，自殺者也會將他的家庭也隨之帶走。不過，我們每個人都可能是潛在的謀殺犯，只是要感謝我們目前所生活的環境對我們還算是有利的，所以才沒有這樣的念頭。也因為如此，在現實的生活中，謀殺犯或自我謀殺犯才沒能隨處可見。

　　想想看，當猶太人被迫送進集中營以前，出現了數不清的自殺！如果是我，我也寧願事先開槍結束自己的生命。很顯然自己在這樣的條件下，生活似乎不再有任何的價值。但是，也許我們無法預知事情會怎樣發展？

　　所謂的我的病人們，就是向我提出問題，讓我產生了疑問的人。最初的問題就是來自於患者。他們之所以會產生精神官能症，就是因為直到今天，他們對人生問題的答案都是支離破碎的：他們想要社會地位，想要婚姻，想要名譽，而且他們還相信，如果能夠得到這一切或類似的東西，人生便會十分幸福。然而，他們後來卻沒有因此而感受到幸福，即便是很成功也很有錢。於是他們來找我，想要聽聽看，還有什麼可以滿足他們的。然而事實擺在眼前，他們現在的生活根本沒有意義。他們的精神官能症，是因為他們沒有目標，他們的生活毫無意義。

願望。但如今，這已經不再可能了。這個夢表明了，英雄齊格飛身上所體現的態度已經不再適合我了。所以，這就是他為什麼必須被殺死的原因。」安妮拉・亞菲（編），1962年，第180頁。莎賓娜・史碧爾埃（Sabina Spielrein）幻想與榮格一起生下的兒子為「齊格飛」，如此令人不安的夢也可能與此相關。（也可參見山達薩尼編輯，《榮格分析心理學導論：榮格1925年分析心理學研討會筆記》，2012年，第61-62頁）【審閱註】：本書有中譯本《榮格心理學導論：1925年分析心理學講座筆記》，鐘穎譯，楓書坊出版，2023年。

當然，只用一隻腳也是可以走路的，用一隻手也可以生活，但這並不是理想的狀態。有些事情是需要聽天由命，只能逆來順受。但這種屈從並不一定是我們所需要的。在這裡，聽天由命可能不是理想的解決方案，但在某些情況下可能別無選擇，那麼就只得順其自然了。不過，如果還存在著不必順從、能夠繼續發展的任何可能性，那麼就有責任繼續走向這條路，繼續往前行。至少對醫師來說是這樣的。如果病人能忍受到了四十歲，決定順從天命，那麼便沒有人能阻止他了。不論他是覺得幸福還是覺得「正常」，不論他覺得是否有意義，那都是另外一回事了。

我的治療從來就不循規蹈矩。無論你有多少經驗或專業知識，每個病人都是一個新的命題，沒有所謂標準流程化這回事。當然，我必須擅長這門「手藝」的掌握；只是，一旦涉及到基本的問題，這門「手藝」就不夠用了。不管你願不願意：當你分析的時間夠長時，本質的問題就會自然而然地浮現出來。絕對沒有其他的可能性。

心理學與體驗

1958 年 6 月 27 日

這次談話是發生在我正編輯有關榮格精神醫學活動的章節前後，因為我要求他再次澄清某些方面的問題。

心理學的某些內容，只有實際生活中親身經歷過，才能真正理解。只是擁有某些概念的術語，並沒有任何的意義。它必須要觸動

人的心靈，或是影響人的生活，一切才會有意義。也就是說，一個詞語必須深深進入到我們的內心深處，成為我們的一部分，讓我們生活在其中。只有這樣的情況，當它不再僅僅只是語言或文字，人們才知道內心對它說了些什麼；精神對它來說，又是意味著什麼。

如果這個詞成功地深入了一個人的心靈，而不單單只停留在知識層面上的作用，那麼這個人才會開始面對意識的個體化問題——這是一項非常艱難的任務，常常是伴隨著痛苦。每個以這種方式體驗心理學的人，在某種程度上都會與其他人隔離開來，有點與世隔絕的；而隔離開的對象，不僅僅是那些頑固不化的傻瓜，也包含那些持有不同觀點的聰明人，這些聰明人的觀點往往也有預設的偏見。

任何一個人如果有意識去接受並想要實現個體化歷程，都應該注意，這條路可能會把你與周邊的人隔開，把你孤立起來，而且在與巨大的內心世界開始接觸時，也等於會將自己置於危險處境。但是，只有當一個人允許自己去直接接觸的時候，才會發生改變生活的深刻後果，也只有這樣，一個人的整體性才得以展現出來。這就是心理學的真正作用。在此之前，它主要是限制的作用。

但是，只有你準備好在現實世界中去面對危險、會保護自己免於受傷時，你才能成為你自己。我在心理學上的主張和見解，使得我在外面的世界不會受歡迎。這個世界與我們的想像是大相徑庭的。如果人們都更有覺悟的話，這個世界的現狀就會截然不同。

空虛與直覺

1959 年 6 月 25 日

所有的直覺者都必須學會的一件事，就是忍受高度的空虛（emptiness），否則，他們無法憑藉著直覺掌握任何東西。原因在於，一旦他們的意識被內容所填滿，直覺就無法滲透通過，或是被削弱了。實際上，直覺者最好是什麼也看不見，什麼也聽不見。這樣，他們的感知才可以通過無意識而湧現，直覺才能達到高度的準確性。但是，這樣一來，人們就會立即面臨狂妄自大和膨脹的風險，而在這之前，他們已經歷了不存在的感覺（也就是上述的空虛狀態）的許多折磨了。幾乎沒有哪個直覺者，會對這種感覺陌生。

由於忍受空洞虛無的狀態是相當困難的事，所以直覺者常常會產生自卑感。如果他意識到「空」就是「滿」，就會比較能夠忍受這一切。如此一來他們不會有這種自卑感，因此也就避免了補償性的自我膨脹。空虛是一種未被察覺的豐富，一種充實的可能性。但這會產生一種不舒服的感覺，這就是為什麼直覺者經常通過過度的活動來麻痺自己。他可能暴飲暴食，也許就是為了彌補內心的空虛。有時候，他們會具體地感受到身體的空虛感。這情形就是屬於這一類型。如果他感到空虛，那麼應該告訴自己：我像一朵蓮花盛開在深層水流的浮面。可是，他可能會害怕深層所具有的可能性。直覺者的生活往往是過於害怕各種的可能性。

疾病中的破壞性與邪惡

1958 年 6 月 18 日

在這段時間,榮格受邀參加一個會議,主題是關於「心理治療中的善與惡」(Good and Evil in Psychotherapy);這份論文後來在 1959 年印行。

比起一般人,精神疾病患者往往更容易深深地沉浸在世界的本質裡,因此其他更極端的觀點也可能適用在他們身上。他們認同超人的原型內容,有時甚至是認同邪惡。「我是反基督的!」尼采瀕臨精神崩潰時便是這樣寫著的。

有一次,我應邀到英國去為一位病人進行諮詢。她是精神病患者,還有自殺傾向。她對我說:「我與邪惡同在。我就是那個邪惡的人。」她認為自己是邪惡的化身。那是危險的膨脹(inflation)。

於是我特別囑咐,一刻也不要讓她一個人待著。但一天晚上,她請護士幫她裝熱水瓶。護士才剛走出房間,她就從窗戶跳了下去。我永遠也忘不了她臉上的表情,那是一種邪惡勝利的表情,因為她成功地將自己從窗戶扔了出去。生命對她來說並不重要,身為邪惡的化身,她已經將生命當做犧牲的祭品。

1959 年 11 月 12 日

如果病人的性格是邪惡為主的,那麼和他一起工作可能會傷害到治療師本人。如果病人天生具有破壞性,分析會產生非常負面的

影響。有一種危險是在於，分析可能鑿出一個洞，而邪惡可以通過這個洞不受控制地衝出無意識，並發揮影響。這不僅會影響患者和他周圍的環境，還會影響到醫師。

許久以來我們明白，分析可以誘發出潛伏的精神病。因為考慮到這些原因，在某些情況下，我們最好避免進行分析，這樣做只會對病人造成傷害。

我們必須一再地告誡自己，治療者無法從根本上改變或改善一個人。你所能做的，只能讓他們更清楚地意識到自己是誰。在最好的情況下，這可以導致態度的改變。在分析的過程中，陰影通常就會出現；只是這會嚇壞病人或受分析者，他們會因為自己的黑暗而感到痛苦。但在這種情況下，分析也會產生積極的影響；因為比起無意識的黑暗，自我更有能力去面對意識的陰影，並且堅持自己的觀點。

醫師的藝術在於及時識別出，是否適合進行分析。畢竟，還有一些不涉及無意識的治療方法。

關係，伊瑪構與投射

1959 年 2 月

在夢中可能會出現這樣的情況：即使兩個人之間的關係早已結束，也許是出於疏遠，或一方死亡，但夢仍會保留這段關係。然而，夢也可能延續關係，不僅僅夢中這關係依然存在，而且可能會與所有的實際經歷相反，尤其在做夢者與對方牽絆緊密的狀況下，此時夢表現得非常積極。這幾乎就是無意識想要誤導意識：一個接

一個的夢看起來都是願望的實現。

當然，人們首先會想到這是一種補償（compensation）：外面並沒留下這段關係的任何東西，但夢裡的一切卻依然井然有序。這該如何解釋？如果我們假設這種關係從一開始就只有一些有限的現實基礎，由於這一切主要建立在投射的基礎上，那麼我們就更接近真相了。這種情況經常發生。所夢見的人物實際上並不是真實的那一個人，而是投射到其他人身上的意象。

每段關係都會經歷一個關鍵時刻，這時就是撤回投射的時候了。如果不這樣做或是失敗了，那麼即使在這位伙伴消失以後，投射也會繼續發揮著作用。這時就會發生這樣的情況：夢與對方是無關的，而是與所投射的意象有關。

這種現象也可以在與父母的關係當中觀察到，儘管這經常不帶有積極意義。我有這樣的一位病人，在我們認識的十多年前，他的父母就去世了。但他仍然有一種印象，認為父親是在對自己施暴。負面的父親意象持續存在著，病人經歷了一種表面上與父親相關，但實際上是這個意象在無意識裡的投射。

這些案例提供了一種證據，伊瑪構（Imago）關係[13]可能會比真實的人際關係還要更牢固。外部關係結束後，我們的意識會悲傷地斷言，這個人已經離去了，已經消失了，但對意象的依戀還是仍然存在著，一如既往。於是，在夢裡才會這樣，好像一切都沒有發生，一切都沒有失去，一切都沒有改變。現實被徹底否定了，因為投射是如此強烈地依戀在意象之上。

我曾經有一個病人，她對我有一種奇異的移情。她的信念越來

13　依瑪構 Imago，拉丁語中的「意象」。在心理學上，它代表的是投射到另一個人身上的內在意象，通常因此扭曲了對這個人的認知，有可能太過於正向，也可能太過於負向。

越加堅定,對她來說,我是她的真命天子。不論我向她如何解釋,甚至告訴她我已經是當祖父的人了,而且我絲毫也沒有想愛她或娶她的意願。然而,她只是急促地回答:「不要打擾我。拜託了,請您保持安靜!」對我來說,這似乎是種莫名其妙的命定,所以我只得由著她去幻想。這樣的狀況持續了好幾個星期。她寫了整整一本筆記,裡面充滿了她幻想出來的故事,還有她的夢境。其中大多數都是些願望得以實現的意象。

後來,她做了一個夢:那是一個春光明媚的午後,她乘著小船順著河流而下。然後聽到一個聲音說:「還有十四天就要舉行婚禮了。」這時,她突然聽到了一聲雷鳴般的喧囂,水流變得更急了,小船被捲入急流,她看到周圍的浪花飛濺,小船最後翻入了河的深處。然後她便醒了。

當她向我描述這個夢時,我試圖警告她,可是她並不相信為有任何危險。「還有十四天就要舉行婚禮了。」她還是堅持這一點。對她來說,除此以外,再也沒有其他現實的事。之後她就離開了,好一陣子我沒有她的消息。然而某一天,我收到一封信,她在信中寫道:「上帝已經禁止我再去找您了。」我也許過多地打擾了她的那些一廂情願的幻想。又過了一段時間,我聽到消息說,她死於腸癌。

直到她死後,我才明白這一切的意義:她必須在我身上經歷一段愛情故事,哪怕只是以意象投射的形式。只有這樣,迄今為止從沒有體驗過的事情才會成為現實,她也才能夠甘心死去。

我一直將她的幻想理解為內在的現實,並試圖向她解釋這一點,想要幫助她將內在和外在的現實區分開來。當我發現她不可能從移情意象中分離出來具體的概念時,我一開始以為她是有精神疾

病的，但我卻無法診斷是否就是精神分裂症。我失去了勇氣，不再說什麼批評的言辭——事後看來，這樣的做法反而是正確的。我只是順其自然。我一言不發地坐在那裡，任由她的幻想像流水一樣順著我傾瀉流下。

直到事後，我才清楚的意識到，她是在經歷一種發展，這種發展將那麼多年的體驗壓縮在大約六週的時間裡，而這一切都是與她投射到我身上的意象相關。謝天謝地，這種情況非常罕見，我們必須特別考慮到意象。意象傳達了關於內心事件的訊息，而這些事件具有強烈的真實效果，即使它們與外部現實並不相符。

小孩子和普蕾若麻

1957 年 10 月 12 日

昨天女兒告訴我，我的孫子還是個小不點的時候對他曾祖母說過一句話。那時他調皮搗蛋，被曾祖母責備了。結果他怒氣沖沖瞪著她，回嘴說：「你不能罵親愛的上帝！」這就是兒童心理學！

許多年前，我也觀察到類似的事情。當時我坐在花園裡，小女兒瑪麗安也待在旁邊，當時才大約五歲。她將洋娃娃放在小嬰兒躺椅裡，開始和洋娃娃說話。我能夠聽見她，但是她看不見我。她對著洋娃娃說：「要知道，我們是皇家殿下，是榮格一族！」（You know, we are the Royal Highnesses, the Jungs!）

我自己的一次經歷是：在我才三歲的時候，媽媽的一個弟弟來看我。那時，我在一塊帶輪子的木板上釘了一匹小木馬。我叔叔問說：「現在，小男生，你要玩小木馬遊戲嗎？」我轉頭對媽媽

說──也是後來向她我描述了整個故事:「為什麼那個人說話那麼笨?」我不知道當時我以為自己是誰?上帝還是皇帝陛下?這個人怎麼能用這麼愚蠢的方式跟我說話,好像我只是個「小男生」!

孩子們就是這樣。他們仍然知道一些原始的和完整的人類相關的知識。他們仍然活在離普蕾若麻(pleroma)[14]不遠的地方,在那裡永恆的意象是栩栩如生的;他們本身仍然是完整的,因此也是重要的。[15] 這是兒童心理學,但是在任何教科書中都找不到這方面的內容![16]

個體化歷程與聖誕樹

1957 年 12 月

榮格收到格奧爾格‧格斯特(Georg Gerster)[17]的一封信,希望能夠就聖誕樹的話題進行採訪,這之後榮格表達了如下想法。在 1950 年代,榮格曾多次自發地談到過這個話題。這些思考要先於

---

14 普蕾若麻(Pleroma,希臘語):諾斯替(Gnosis)思想中,神性之圓滿性的完成。根據榮格的說法,由於幼兒仍然非常接近集體無意識,所以在這一發展階段,原型意象和幻想很相近。

15 在這樣的背景之下,榮格還回憶了自己十一歲時的經歷,當時他突然非常清楚地從這種無所不在的意識(universal consciousness)中走了出來,第一次體驗到了我的感覺(sense of an "I,");關於這一點見安妮拉‧亞菲(編),1962 年,第 32 頁。

16 關於這個題目,也可見榮格的四次兒童夢研討會──1936/37 年、1938/39 年、1939/40 年、1940/41 年,在蘇黎世聯邦理工學院進行;這四次冬季學期研討會的德文版於 1987 年作為《作品集》的附錄出版,英文版於 2008 年首次出版:《孩子的夢:榮格 1936-1940 年研討會論文集》(*Children's Dreams, Nates from the Seminar Given in 1936-1940*),編輯:榮格(L. Jung)和邁耶-格拉斯(M. Meyer-Grass),翻譯:法爾澤德(E. Falzeder)和沃爾夫森(T. Woolfson),普林斯頓大學出版社。【審閱註】:中文版《孩子的夢:1936-1940 年研討會筆記》由王一梁和徐碧貞翻譯,心靈工坊出版,2023 年。

17 格奧爾格‧格斯特(George Gerster, 1928-2019)是瑞士記者和航空攝影師先驅。

此後詳細回答了一家瑞士週刊的採訪。[18]

　　如果您去問大家，為什麼要立起聖誕樹，為什麼要裝飾它並點亮它的燈。您很少會得到有意思的答案。這並不奇怪，因為我們經常是先做了一件事，然後才會去想自己在做什麼。

　　樹是一個象徵。為了理解它的含義，我們必須清楚「樹」是什麼：樹是一種有生命的創造物，一種植物；它扎根於土地而生長；它不能從一個地方移動到另一個地方，而是固定在一個地方，「無論好壞」（for better or worse）；它必須在現有的條件下生存，從它所生長的土壤中汲取養分；它不能離開，也不能去別處尋找更好的條件；它暴露在大自然的各種氣候中，並非總是那麼容易的。

　　我說這些並不是為了說教，而是為了說明，樹是一種象徵，表達的是一種心理事實。作為一種象徵，它暗示了一個人所處的環境，那種必須依靠被賦予的手段和天賦來生活，並且必須在他個體的限制內發展。如果他們接受自己所受的限制，他就能實現自己的人格，就像橡樹從一顆橡實中、櫻桃樹從一顆櫻桃中，都是這樣萌芽而成長的。

　　然而，相對於植物，人有更多的不同。這一切，只有當我們能接受自己，不再逃離也不回避真實的自己時，才會呈現。如果能這樣，我們的內心才能爆發出新的事物。於是，我們成為對自己的

18　見日耳曼學者及攝影師格奧爾格・格斯特所進行的採訪〈榮格和聖誕樹〉（Jung und der Weihnachtsbaum），首次發表在刊物《世界週報》（*Weltwoche*）1957 年的聖誕特輯；參見《榮格演講、訪談和邂逅》（*Jung Speaking, Interviews and Encounters*）中的〈榮格聖誕樹〉（Jung and the Christmas Tree），邁奎爾（W. McGuire）和霍爾（R.F.C. Hull）編，1987 年，普林斯頓大學出版社，第 353 頁及以下。早些時候，榮格曾在心理學俱樂部的聖誕慶祝活動中自發談及這一習俗和象徵。

存在能夠反思的人;這時我們才會開始懷疑,侷限性只是自己存在的一個面向,而我們是生活在無限領域當中的有限生物。於是,就像一盞燈終於點亮了一樣,對超個人的超越(a supra-personal transcendence)這個觀念的理解也像光一樣地出現在我們身上了。[19] 那些我們用來裝飾聖誕樹的星星和燈光,它們指向了這樣的啟蒙,指向了每個生命的無限宇宙的背景;它們象徵著全新的內在之光,照亮了一年當中最黑暗的日子。

樹也有它的煉金術含義,煉金術士稱它為「哲人之樹」(arbor philosophorum)。樹的上方懸掛著巨大的「發光體」,太陽或月亮;它們的孩子就在他們之間,就像是孩童時的基督一樣。

煉金術士的工作是個體化歷程的反映,就像一棵樹,需要慢慢地成長。然而,即使是古代的大師們也很少意識到,自己的行動和幻想都有著重要的意義。這也就是為什麼找尋意義的時候,他們不透過這些工作的類比來做進一步的理解,而是試圖透過無數的名字或意象,這其中也包括了樹的意象。[20]

同樣的,如今我們也很少意識到聖誕樹的重要性。在冬至的時分,我們將聖誕樹立起來並加以裝飾,卻沒有人真正知道這意味著什麼。但我們的內心深處存在著一些「即將浮現的認識」(foreknowledge),雖然這一切還是無法意識到。這就是我用自性(Self)這個觀念想要表達的。在它的作用下,我們不自覺地採取了某些有意義的行動與儀式。心理功能在意識到它的存在之前,在

---

19 參見安妮拉・亞菲(編),1962 年,第 325 頁:「當我們認識到自己在個人人格的組合中是獨一無二的──也就是說,最終還是有侷限的──我們也就擁有了能夠意識到無限的能力。但也只能等到那時候才可以。」
20 參見榮格〈哲學樹〉(The Philosophical Tree),《榮格全集》第 13 卷,1967 年,第 304 頁及以後。

我們對它加以思索和反思以前，就開始發揮它的作用。雖然這是我們很難接受的。

VI　此時和彼岸

「我從來沒有明確地寫過關於死後生命的文章；因為一旦要寫的話，我就必須將自己生前死後的所有想法都記錄下來，然而這是沒辦法做到的事。好吧，儘管如此，我現在還是想講講我自己的想法。

即便是現在，我所能做的也無非只是講講一些『神話故事』。也許一個人必須接近死亡，才能獲得暢所欲言地談論死亡的自由。」

（《榮格的回憶、夢和反思》）

論死後的生命

1958 年 2 月 15 日

我不知道，人死後會以什麼樣的方式存在。人的意識會怎麼樣？這一點我也不知道——雖然這當然是個非常迫切的問題。

意識覺醒的問題與神性（Godhead）[1] 相關，這就是為什麼這

1　【審閱註】：神性（Godhead），亦有譯成神體，字源上是從中世紀 godhede 一字演變而成為

麼多神話都在描述靈魂的火花——意識的光——在死後會飛向太陽。意識在人身上產生，而這正是神性所仰仗。讓人類變得有意識，符合神的利益。[2]

因此，我們可以想像，而且也是很有可能的：死後這個意識會再次進入大宇宙意識。但這終究是一個巨大的謎團。不過，我覺得非常肯定的是，人死後，無意識成為意識的歷程還是持續不斷地發生著。

心靈意象裡的存在

1958年11月14日

以下觀點是榮格在閱讀了〈工作〉（The Work）這一章節的草稿，以及對來世的反思之後，才說出的想法。但這時的他，還沒有著手撰寫1959年1月才開始構思的〈晚期思想〉（Late Thoughts）一章。

隨著年歲不斷的增長，沉思與反省所扮演的角色越來越重要。這時人們開始尋找並認識到事件與體驗背後的意象。

這意象的世界，也就是我現在已經開始在體驗的，可能是下一步的前奏，而下一步就是從塵世跨向神話一般的存在，一種心靈意象中的存在。死後的生命於是能夠邁向意象的世界，繼續前進。

---

god-head，而 -head 就是 -hood。本意是神性（Divinity）或神祇。神性其實就是神所代表的東西，是神的本體及其功能。神之位格，就是世界之源，世界之源是大宇宙意識的分身。

2　關於這一點，參見本書〈上帝的無意識〉，第236頁及之後。

然而,由於我們的本性,我們無法將死後的存在想像成一個歷程,或想像成時間裡的一件偶發事件。但實際上,這樣的時間性只是看起來如此,就像心靈意象看起來只是有特定的空間位置一樣。我們根本無法想像四維或更多維的存在。同樣的,我們也幾乎無法辨識出心靈意象的本體特質。

我之所以對內在意象進行探索,就如同柏拉圖對哲學的探索:都是在為死亡做準備。在某種程度上,它幫助我避免在回顧之際結束了自己的生命。有些老人是這樣的,他們完全沉浸在回憶和回顧中。他們被囚禁在自己的回憶中。而對我來說,這只是「退一步海闊天空」(法文:reculer pour mieux sauter):我試圖看清自己生命中的那一條線,那一條引領我進入生活、進入這個世界,然後再次引領我離開這世界的線。

我的作品很清楚地反映了這一點:正是在我生命的中點,永恆的意象突然出現。[3] 歌德曾寫過它們,雖然他那時年紀要大很多了:「你又靠近了,那些搖曳不定的身影……。」[4] 對我來說,這些身影從來沒有搖曳過。它們的表現形式雖然各不相同,但似乎具有實質性,有著一種穩固性。與人們的預期相反的是,我們會*明白*這些意象是某種確定的東西,儘管這一點永遠無法準確地去表達,也無法證明。

---

3 這裡指的是榮格在 1912-1920 年間讓他困擾的內在意象(inner images)。參見章節〈與無意識的面質〉,安妮拉・亞菲(編),1962 年,第 170 頁及以後。另見榮格,《紅書》,山達薩尼(編),2009 年。

4 歌德《浮士德》,第一部。英譯:Anna Swanwick,美國費城出版,1898 年。

「屬你的死人要活過來」

1958年11月21日

在與無意識打交道時,我一再想起《以賽亞書》中的詩句:「屬你的死人要活過來」。[5]

如果我將心靈的意象世界視為是死後存在的前驅,那麼我也可以想像,死者在生者某些非自願的幻想中繼續活著。所謂的活著,不一定是作為具體的人物出現,反而更像是以「編排」過的形象出現。因此,它們將會在集體無意識中發揮著與原型相同的功能。原型是不可掌握的,然而必須將這些理解為原型的想像、幻想與意象的「編排」。

我們通過內在的意象世界因此與死者存在有所連結,而死者似乎就存在於這樣的存在中。從心理學的角度來說,我們所謂的「亡靈世界」的事件,實際上是發生在無意識的心靈之中。[6] 在許多原住民的傳統裡,夢境往往等同於亡靈之境,這種連結或巧合是不應該全然否定的。看起來,心靈是死者賴以生存的地方,或者更確切地說,無意識是他們復活的歸處。無意識是無垠的,是不可知的,是沒有所謂的空間與時間的;同樣的,所謂的「來世」也是無垠的,是不可知的,超越一切空間與時間概念的。

5　以賽亞書,26:19。
6　關於這一點,也可參見安妮拉・亞菲(編),1962年,第191頁及以後。

夢見母親離世後的存在

1958 年 6 月 23 日

在母親去世很久之後,我做了一個夢。在夢裡,我前往一個應該是她現在居住的地方,想要去拜訪她。她住在一棟十九世紀或十八世紀的房子中,一棟被玫瑰花叢包圍起來的鄉間小別墅。在夢中,我十分確定這所房子是座落在來世的。

之後又做了一個更長的夢。這個夢發生在阿根廷門多薩(Mendoza),而門多薩位於南美山脈最高峰阿空加瓜山(Aconcagua)的山腳下。夢中說我母親住在那裡,她嫁給了一位藥劑師。然後我看到一個年輕的女人——人們告訴我,那就是藥劑師的夫人,她的頭上和胳膊上都纏著繃帶。她受傷了。

幾天後,我在報紙上看到一則新聞:地震摧毀了門多薩市!

由於沒有更好的辦法(For lack of something better),我們可以將這個夢與母親過世後的存在連結起來,也可以將地震與夢中受傷的女人連結起來。

我的母親對遠方有強烈的愛洛斯(eros)憧憬。但她將這種慾望投射到我的身上,常常談及她的幻想:她說有一天我會去到東方,在那裡與一個亞洲女人結婚。「我只是想知道你會娶一個什麼樣的女人,肯定是日本女人或印度女人!」這些意象表達了她生動而廣闊的幻想,很容易成為她自身幻想進一步發展的催化劑。

我們通常認為,關於來世的想法和對超自然的明顯體驗只是心理上的,即主觀幻想。大多數時候,我們通常認為,關於來世的想法和對超自然的明顯「體驗」是「純粹是心理層面的」,也就是主

觀的幻想。然而，我們終究無法知道心靈內容在現實層面上是什麼樣的，而對死者的意象和顯靈在多大程度上可能具有類似自主性和客觀現實，我們的瞭解就更少了。我們並不總是能夠將它們與內心的意象和幻想加以區分開來。我認為，我們來自無意識的幻想具有一定程度的獨立有效性。關於來世，如果我的邏輯推理和智力無法提供任何證據，我就會依賴無意識的直覺和暗示，包括夢境在內，這些或多或少地都需要認真對待。我有理由使用它們，也可以去依賴它們。無意識說「門多薩」時，一開始會被認為是胡說八道。但是，當它後來出現在報紙上了⋯⋯！

對此，我不能說「是」，也不能說「不是」。但為了我心靈的平衡，重要的是要將無意識所提供給我、這樣的可能性納入考量，即使仍然無法證明。

我的母親，儘管她的內心博大、自然、豐富多彩，卻談不上任何的偉大，她只是一位鄉村牧師的妻子。然而，在她的無意識裡，卻住著一個更全面的人格，她在廣袤的大地上漫遊，偶然帶回了異國情調的事物——她將人格的這一面投射到我身上。所以她才認為我會從東方帶一個女人回家！很顯然的，在她的內心之中也有這樣的一位女人。這所體現的相對應補償性，十分符合我母親的性格。

也許「人在出生之前就選擇了自己的生命」這樣的想法也許並非完全是錯誤的。在這種情況下，以前的幻想和特定的人生之間就會產生聯繫。在我們的一生中，可能會對某些事情懷有嚮往，並對那些未曾經歷過的事物充滿幻想，直到我們死去。人們經常後悔沒有做這件事，又或是沒有完成那件事。如果有後續，按照心理的法則來說，衝動就會被喚醒，想去實現這些補償性的幻想。

我可以想像，將來我很可能會成為某一領域的先驅，但領域

不同，也許是自然科學領域，藉此來加以補償現有的生活。我完全可以理解，佛陀為什麼要在化身無數次之後，終於不想再回到人世了。我並不是說想永遠消失在涅槃之中。當然，我完全可以想像，也許世界的局勢會出現轉變，我忍不住會同意說：「再來一次！」（Encore une fois!）

現在的這一切是不會讓我這樣想的，我覺得現在這一切已經足夠了。唯一能吸引我的是自然科學——進一步深入瞭解事物的本質。自然科學的研究，是的，我可以想像自己是會這樣做的！但我不知道這個動機是否足夠。

當然，我現在真正最感興趣的是死後的狀況，以及人們在那裡可以發現些什麼。時間和空間是否是必要的條件？如果要確定這一點，那麼就需要一個體驗者，那便是主體的我，還需要一個被體驗的對象，即身為客體的我。在死後，主體與客體之間的這種區別是否依然存在，這是還不確定的。

這就提出了一個問題：我們死後是否還有意識？如果有的話，又會有多少的意識？這始終是個疑問。一個人是否會帶著持續發展的意識死去？又或者，人死後僅僅只是存在著，然後被一陣巨大的宇宙風吹滅了。雖然輪迴／投胎的說法（reincarnation）在我看來是可以接受的，但在理性上我還是無法理解這是怎麼進行的。

最能深深觸動我的，是洞察力。在我看來，我不需再經歷一次塵世的存在。想像一下，人死了以後就是在「彼岸」，在那裡可以獲得無限的洞察力。如果我們死後進入一種普遍的意識，一種超越對立的存在，在體驗的主體和被體驗的客體之間，兩者的分界不再存在，這當然是可能的。

然而，這樣的見解並不夠全面。因為這些所提供的都是關於事

實和連結的訊息:可以說這些知識廣度相當充足,但深度卻不夠。這是對事物直接的瞭解,不受時間和空間的限制。相反的,我更看重的是深度的獲取,能夠認識到賦予自己生活意義的那一切,以及從這一生所獲得的洞察力。知識廣度和獲取訊息量的增加,都有助於獲得更深入領域的洞察力。

夢見已故的妹妹在來世的婚禮

1957 年 11 月 15 日

昨天做了一個夢,我想要告訴妳:[7]

在夢中,我正在旅途中,又許是在火車站。這只是個印象,我完全無法確定。總之,我好像是在異國他鄉。那裡有一棟大建築,也許是火車站大廳,也許是在機場邊緣的停機庫裡,但是那裡沒有飛機。一片廣袤的田野就在我眼前展開,一直延伸到地平線盡頭那樣遠,延伸到黑漆漆的遠方,延伸到無窮無盡的無限中。我內心意識到自己正在旅行,從很遠的地方歸來。

夢接下來的部分是我記得很清楚的片段。⋯⋯不,其實也不是很清楚。夢是這樣的:背景中是一列軌道上的火車。我們站在火車頭旁,我和一群人。在那裡,我和父親與母親待在一起。與其說看見他們在那裡,不如說我已經知道他們在那裡。所以我是和父母一起旅行,不過我們都穿著正式服裝。我知道,我們剛剛從一場婚禮回來,這場婚禮是在遙遠的外國舉行。父親戴著一頂禮帽。在夢

---

[7] 這裡的敘述風格反映出榮格為了要記住自己的夢所付出的巨大努力。而這個夢面臨著再次消失於無意識中的可能。

裡我也戴著一頂禮帽，但我的是拿在手上的，同一隻手還提著行李箱，有點不舒服。我想：多麼愚蠢呀，我為什麼不帶個帽盒呢？我看著禮帽；它看起來確實有點「*抓狂*」（geruffled），被壓成皺皺巴巴的。相較於父親，母親的模樣更清楚一些。而且，正如我所說，我們剛從婚禮回來。在夢中，我是父母的兒子。我是一個成年人，是中年時的樣子，大約四十歲左右。

我突然意識到：妹妹不見了啊！當然了，這是為她舉辦的婚禮！所以我們剛剛離開的國家是死後的世界——不論這是意味著什麼。

我妹妹在三〇年代就去世了。今晚我一直在反復回想這個夢。我的妹妹葛楚德是個奇怪的人：我和她的關係一直不怎麼親近。現在，我的妹妹作為我的阿尼瑪出現在夢中。我告訴過您關於她的事，也提過她那令人驚嘆的態度。[8] 我對她總是很佩服的。她死於一場手術。這手術原本只是很小的治療，但她卻非常清楚，自己已經是命在旦夕了。我是在她去世時才去醫院的，因為我根本不知道事情會這麼嚴重——這一切都發生得太快了。

夢的第一部分已經很清楚地表明，這次旅行是從遙遠的宇宙中返回，我們剛剛降落在機場；而夢的第二部分，返回的母題仍繼續著。我們站在火車頭旁的月台上，我們是剛下了火車嗎？我不知道。我們從火車頭開始，沿著列車走，好像在尋找可以坐下來的車廂。這感覺就好像我們在維也納或巴黎想要登上火車回家，但實際上我們是來自更遠的地方。

禮帽是夢中的一個奇怪的細節，一開始我無法理解。當然，禮

---

[8] 葛楚德·榮格（Gertrud Jung, 1884-1935），參見安妮拉·亞菲（編），1962 年，第 112 頁。

帽會讓人變得更高大，難道不是這樣嗎？它讓一個人看起來更大，而這就是它的目的。因為看起來更大，人就會顯得更重要。在「那裡」，在人們稱之為「彼岸」的地方，這是有意義的。但在這裡，它反而成為障礙，是一種*阻礙*（impedimentum）。它讓我想起之前的一個夢，夢中我收到的褲子對我來說實在太大了。從那偉大的地方回到塵世，這是一件非常尷尬的事情！

哦，還有一件事也是很奇怪：父親走在我的左邊，他原本就比我高得多，或者說走在比我高的地方，好像他的腳與我的頭頂齊平。母親則是走在我的右邊，她腳的位置只有父親的一半高。我則是感覺自己身材矮小，好像也有深蹲的感覺。可以這麼說吧，我是唯一一個雙腳站在月台地板上，在平地上（法文：au niveau）。

機場的巨大空間讓人感到恐懼。天色有些昏暗，夜晚就要降臨，或者更確切來說是夜幕要降臨了。這個空間非常大，非常空，一個龐大而空洞的空間。這就是那個大廳，那個停機庫，又寬又高。我站在機場的最邊緣，在我面前是浩瀚無垠的土地。我關注的是「出發」，還是「抵達」。

好吧，我將夢中的妹妹理解為我無意識的或我阿尼瑪的具體化。她結婚了。那麼她一定是以某種方式與某種男性元素建立了重要的連結。而這對我個人究竟意味著什麼，我還無法知道。

我有一種感覺，彷彿最近幾天的疲倦感與這次夢境有關，也與自己從遙遠他方不得不返回有關。這就好像一次有著巨大成就的工作完成了以後的感覺：我必須回來，放低身段，摘下禮帽，雙腳又踩回到地面上。我父親的腳與我的頭齊平，但他看起來也不像是懸空的，反而只是為了保持平衡，對他來說是剛剛好！

兩度夢見一位已故的朋友

1958 年 1 月 10 日

當我進行《幽靈・死亡・夢境》一書的書寫時,榮格和我經常談論預知的經驗與夢境,這些現象發生在熟悉的人離世前不久或離世後不久。在這些夢當中,死者出現了。

1927 年 1 月 9 日,我的朋友 H[9] 去世了。在更早的半年前,也就是在 1926 年 6 月,我做了以下這個夢:我和 H 駕車沿著日內瓦湖旅行。我們從洛桑(Lausanne)驅車前往沃韋(Vevey)。但是,在夢中,我知道「沃韋」其實就是盧克索(Luxor)[10];因此,我們不是在日內瓦湖畔,而是尼羅河畔。到達沃韋的市政廳廣場後,H 對我說:「我必須去修車,大概需要一個小時。這段時間你可以去散散步。之後我們將在城市的東口、往蒙特勒(Montreux)的方向碰面。」我同意了,於是在城裡閒逛,一個小時後,我去到 H 指定的地方,但是他還沒有來,於是,我沿著鄉間小路往蒙特勒的方

---

9 H 是指赫爾曼・希格 - 伯丁豪斯(Hermann Sigg-Böddinghaus),他是榮格在庫斯納赫特的鄰居;兩人年齡相仿,很快稱為了密友。希格是從事國際業務的商人,他與瑪莎・伯丁豪斯(Martha Böddinghaus)結婚以後,與榮格的聯繫日益密切,是圍繞著榮格和心理俱樂部圈子中很早的成員之一。1920 年,榮格從西班牙流感中倖存下來後,陪同這位朋友出差前往突尼斯與阿爾及利亞;關於這一點,參見第 136 頁及以後。赫爾曼・希格在一次「麻痺性中風」(paralytic stroke)以後猝然離世,這對榮格的衝擊很大。

10 1926 年冬天,布吉蘇心理遠征之旅結束後,榮格在返程中曾到過盧克索(Luxor)。
【審閱註】:路克索或樂蜀、盧克索,古稱底比斯,上埃及路克索省的首府,建於公元前十四世紀,古蹟包括帝王谷、路克索神廟及孟農巨像等。其中,路克索神廟已逾三千年歷史,遺留巨型石像、浮雕及壁畫等。在古埃及神話中,西岸的日落代表往生之旅,因此象徵著尼羅河西岸埋葬的亡靈。

向走去，想要看看他是否會在前面等我。突然一輛車停在了我身後，正是H，他非常惱怒：「你可以等等我，不用逃跑！」很奇怪的是，這個夢境又重演了一遍。然後夢就結束了。

當我想著這夢的時候，我想到了，盧克索位於尼羅河左岸，而不像沃韋，順著隆河（Rhône）的方向走的話，沃韋位於日內瓦湖的右岸。而尼羅河右岸，也就是盧克索對面，是死城！在H死去以後，我覺得這個夢對我來說有著預知的一面。[11]

H的葬禮在他過世後大約兩到三週時舉行了。我又做了一個關於他的夢，這個夢很不可思議：這次我們真的就在盧克索。我們在一家餐廳裡，餐廳有著白色大理石的小桌子，還有著長毛絨扶手椅。我們兩人坐在角落的沙發上。我知道，我和H是一起在盧克索——這是與H相關的另一個夢，也相當重要。不知怎麼回事，我之前一直在等他。他著急而慌亂地來到我面前，激動地對我說：「你知道我還活著的，你沒必要想像我是死了。我和你一樣都是活著的！」這一幕又重覆了一遍。在之前的夢中，從沃韋到蒙特勒的路上，我們的相遇也重覆了一遍。然後他充滿威脅地靠我越來越近，突然一股強烈的腐屍臭味撲面而來。我知道，「現在有危險要發生了！」我於是從口袋裡掏出一把小彎刀，一種匕首。為了讓他無法貼近，我拿著匕首在我們之間來回揮舞著。

那是關於H的最後一個夢。我無法解釋那股威脅的氣氛。也許是需要我採取激烈的行為，來打破他與我之間的羈絆，改變我們之間的關係？[12]

11　【中譯註】：預先認知的一面：預感，預知。
12　關於這兩個夢，榮格還講述了在葬禮後的第二天，他對朋友「內在意象」的體驗。他看見H就站在自己的床頭，好像是想要帶自己走。榮格否認那是一個幻影（apparition），他認為

重生的理念作為一種神話想法

1957 年 9 月 23 日

我夢見托妮回來了。她的死完全出自某種搞錯的情況——就好像她是因為某種誤會而喪命的。[13] 所以現在她又回來了，以某種方式繼續她的人生。

我只能把她這個夢中人物理解為一個阿尼瑪。

當我問他，這個夢是否與重生相關，因為存在著需要了結的未竟事宜，榮格回答說：

如果與托妮・沃爾夫相比，我與妻子在一起時，疏離感或距離感要大得多。而與托妮在一起的時候，我強烈地感覺到她就在身邊。我的妻子則是得到了托妮沒有取得的那一切。

重生這種念頭或想法，為現實重新帶來了生命力，確實是一種不可思議的好方法。但是，即使有些東西在現實中帶給我們充滿深刻的啟發，我們無法光憑這一點就證明或認定它真的存在。然而，我們也無法證明重生是不存在的。我們可以稱它為一種「健康的信念」，或是稱其為「治療的神話」。只是它的積極作用並非對所有的人都有效，也不能藉此來判斷它是否真實存在著。但生命在死後

這是一種顯象，將其作為幻想來感知，但尊重其自身的現實性。朋友將他帶到了自己家的書房，並給他看了幾本放在書架上的書，這些書用紅帶子綁在一起。幾天後，榮格請求朋友遺孀讓自己走進書房看看。他看見了左拉短篇小說的德文譯本，其中的一本標題為《死者的遺產》（*Das Vermächtnis der Toten*）。見安妮拉・亞菲（編），1962 年，第 312 頁及以後。

13 托妮・沃爾夫；1953 年 3 月 21 日，離她六十四歲壽辰才剛剛過去半年，她卻突然去世了，這完全出乎榮格的意料。

會延續這樣的信念,可以讓人精神為之振奮,進而達到治療效果。或許我們正是因為這樣的原因,才會抱持著這樣的幻想。在某些情況下,一個恰當的意象或想法可以讓人精神為之提振。至於能否證明重生的存在,那又是另一個問題。重生本身是否是一種形而上學的歷程?關於這個問題,我們完全沒辦法掌握,也就談不上任何的闡釋了。

一直以來,我就意識到自己總有著這樣的堅定感覺:托妮離大地[14]並不遠,所以相對於我的妻子,她更容易向我顯現。至於我妻子彷彿是在另一個層面,是我無法觸及的。對我來說,托妮至少是在我可接觸及的地方,她所處的三維空間似乎和我們的存在相當接近,所以她才能夠有機會就溜回來——至少我從自己的夢可以得出這樣的結論。

在她身上,我強烈地感覺到,甚至可以說就是知道,她還沒能達到這樣一種狀態:這種狀態下,三維生命的延續已不再具有意義,這即意味著,其洞察力已經達到一定級別,能夠從想要返回地球的衝動中解脫出來,也就無需再歸來了。也就是說,隨著洞見的提升,對轉世的渴望也終可解脫。能夠脫離三維世界,是為涅槃。但是,如果還有剩餘的業力[15]需要處理,一個人就會被誘回到自己的慾望之中;一個人回到塵世生活,可能只是想要繼續活著,也可能是因為洞察到自己還有些事情有待完成。

---

14 【審閱註】:海德格「大地」的概念主要出現於〈藝術作品的起源〉(Der Ursprung des Kunstwerkes)等文中,他引入「大地」這一概念來解釋「藝術」與「真」之間關係。

15 Karma 在中文音譯為「羯磨」,意譯為「業」或「業力」,指的是印度人所相信的因果規律。其中的的「果」,不一定要在今世出現,也可以在來生顯現。

稍後，榮格又補充了一些：

轉世輪迴這個問題，我不能只是這樣就擱置它。我因為給不出答案，內心煎熬著。這個問題已經超出了人類可以理解的範圍，我無法憑藉理智來尋找。所以很早以前我就開始傾聽無意識在說些什麼。但即使我們認真對待無意識的答案，這些問題在夢中也得到了令人信服的呈現，這一切還是有不解之謎：「真的是這樣嗎？」對此我無話可說。我無法回答這個問題。這一切都是神話一般的想法。

更多的夢，在托妮・沃爾夫和艾瑪・榮格陸續離世以後

1958 年 11 月 14 日

如果人們相信轉世的可能，那麼順理成章的想法就是，那些再次轉世的人，是因為他們沒完成這一生注定要做的事情。

托妮給我留下非常深刻的印象。托妮身上的傾向可以說是此岸的，是相當接地氣的，她的身上充滿了人情味，但仍然非常有理智才華。然而她的天性受到束縛，因而也活得不太自然。我清楚地看到她是如何抵抗她的命運，抵抗她塵世的本質。如果她能夠了解這一點，她就不得不承認：「我錯過了一段生命。」她生前很長的一段時間對這一點一直是否認的。後來，她漸漸才能夠鼓起勇氣，誠實地面對自己，而承認了這一切，只是為時已晚，因為那時她再也無法完成自己生命中所缺失的這一部分了。這是托妮的悲劇。

如果轉世的可能性是存在的，對托妮來說，她應該再多一些此時此地的塵世，多貼近自然和本質。托妮離世之後，我曾多次夢見過她，這些夢就明顯地揭示了這一點。如果存在轉世的可能性，那麼在托妮的案例中，這將是為了讓她更接近塵世的此時此地，更接近大自然。這一點在她死後我夢見她時就很明顯。

　　在這些關於她的夢裡，我還明顯感覺得到她的鮮活靈動，這讓我久久難以忘懷。托妮依然是非常真實，好像還還在現實裡；而我的妻子在夢中則離我要遠得多。有一次，我做了一個印象深刻的夢：夢裡她在義大利翁布里亞地區（Umbria）的村庄，她成了一名農婦正在幹農活。這正是人們對她的想像，因為我們會認為她在那裡能夠痊癒。在烈日下，黝黑的肌膚展現出她在現實中未有的蓬勃活力。現在，她內在本能的、陰冥的（chthonic）那一面全都顯露出來了。她給人的感覺是那麼的自然，那麼的樸素，那麼陰冥；甚至受到了南方農耕的異教徒影響。那裡的人們都很接地氣，整個人是貼著大地的。

　　起初，我根本沒有想到這與轉世的可能性存在著任何的連結，但漸漸地，我開始覺得這樣的想法似乎是完全合乎邏輯的。

　　至於我的妻子，帶給我的則是完全不一樣的感覺。在妻子去世後，我也做過一些夢。有一天，我忽然從夢中醒來，意識到在剛剛的夢中我是和她在一起的。我們在普羅旺斯，整天都待在一起，她在那裡認真地研究著聖杯。[16]

16　艾瑪・榮格花了很多年的時間研究聖杯傳說，但直到她去世，只留下未完成的手稿。後來才由馮・法蘭茲博士繼續完成了這項工作。參見艾瑪・榮格和馮・法蘭茲合著，1960年。榮格在1958年春天曾經提到，在夢中，他聽見妻子告訴他，說她現在接受了他的觀點。他想知道妻子死後的發展，是否也會在自己身上起作用。所以與本章所陳述的相反，他在幾個月前反而強調，他與夫人艾瑪一直是保持著連結的，而與托妮・沃爾夫之間卻是沒有任何連結，甚

這夢的發生就像托妮去世後的夢一樣自然，不同的是這是在另一個層面上。翁布里亞，擁有充足的陽光和廣袤的土地，與北方相較，一個人的神祕一面能更成熟地孵化而出。對我的妻子來說，這一步根本沒有被強調：她似乎更致力於靈性道路上的發展。我感覺我的妻子處於精神領域；而托妮則處於冥界。從來沒有人告訴過我，我的妻子曾經出現在他們的夢中。即使和我在一起，她也沒有再次出現──除了作為她呈現給我的一個形象，[17] 只是我並沒有感覺到她真的出現。

　　在我們的談話中，榮格一再提及他夢到托妮的那些夢，並且再三拿來和出現妻子的夢來比較，這表明即使是在她們去世多年之後，他和這兩位女性的關係所面臨的挑戰，依然是令他如此地牽腸掛肚。當年在榮格完全投入無意識內心世界的探索時，年輕的托妮以她「天生的智慧與細緻和藹的心理敏感性」[18] 陪伴在榮格的左右，她所扮演的角色，就像是煉金術中功業時的「神祕姊妹」（soror mystica）[19]。而對榮格來說，他的妻子艾瑪則是家庭的根

至是匱乏和「空洞」（empty）的。

17　參見本書〈來世與性〉（The Afterlife and Sexuality）一章，第 169 頁及以後。

18　榮格〈為托妮・沃爾夫《榮格心理學研究》所作的前言〉（Introduction to Wolff's Studies in Jungian Psychology），收於《榮格全集》第 10 卷，1974 年，第 889 頁。1958 年 8 月在與亞菲談話的前幾個禮拜，榮格為托妮的作品選集作了序言。參見托妮・沃爾夫，1959 年。

19　【審閱註】：soror mystica，是拉丁語，神祕姊妹的意思。榮格在討論英國神學家和煉金術士約翰・波迪奇（John Pordage）時，指出他寫給他的神祕姊妹簡・利德（Jane Leade）信件的重要性，認為女性心理學在煉金術中的作用做出了非凡的貢獻。《榮格集》卷 16，第 506 頁。在煉金術的發展，也經常遇到了這種現象，一位熟練的女性經常扮演神祕女巫的角色（佐西莫斯和西奧塞貝亞、尼古拉斯・弗拉梅爾和佩羅內爾、約翰・波達奇和簡・萊德，以及十九世紀的索斯先生和他的女兒索斯夫人）。可以說，一個更年輕的阿尼瑪形象取代了母親阿尼瑪。亞菲曾表示：「就在那時，他遇到了托妮・沃爾夫，她成為他在精神意象世界的智力洞察方面的幫助者，並一直是他的幫助者，直到她 1953 年去世。」見亞菲著，《榮格的生活和

基，她是五個孩子的母親，也是一群孫子的祖母，她也是這個家的基石，而且多虧了艾瑪的靈性力量和獨立精神，使得她能夠在最困難的時期，為榮格提供「在這個世界上的一個立足點」。[20]

這種對人性而言是相當困難的處境，艾瑪·榮格用以下這句話指出了她創造性的解決方案：「他從來沒有從我這裡拿走任何東西給托妮，而且他給她的越多，他似乎就能給我越多。」[21]

他們之間，在長達幾十年的相互關係中，在我看來，三人都在為個體化服務方面取得了巨大成就。

死者透過動物的形象來顯現

1957年12月6日

在《幽靈·死亡·夢境》一書相關研究材料的一些報告中，談到動物具有說話的能力，牠們似乎有能力生活在一個時空連續體中，在這個時空時是分不清今生與來世的。榮格在閱讀過我的闡述之後，發表了以下的評論。

死者似乎會選擇最奇特的形式來展現自己，這點很奇怪。而且，就連動物也是如此！

我曾經養過一隻狗，是隻拳師犬，名叫帕夏（Pascha）。每當我在花園裡挖土時，牠就會坐在我旁邊，迫不及待地吞食挖出來的

工作》，第104頁。
20　參見安妮拉·亞菲（編），1962年，第189頁。
21　芭芭拉（B. Hannah）1976年，第119頁及其後：「他從來沒有從我這裡拿走任何東西給托妮，但當他為托妮付出越多，他似乎也能為我付出更多。」

蠐螬。後來，它死了，我非常傷心。有一次，我又在花園裡拿著鐵鍬幹活，一隻玲瓏小巧的知更鳥飛了進來，就待在我的身旁，像帕夏過去所做的那樣，隨時吃掉鏟土時所露出來的蠐螬，最後還甚至坐在我的鐵鍬上，等待著蠐螬的出現。我整個人非常感動，心裡想，牠是我的帕夏，牠的靈魂化為鳥兒回到這裡吃蠐螬了。但是我又會為自己當下的意念和想法十分惱火：你現在又開始幻覺了！於是我叫來了妻子，幫忙檢查一下：「能不能過來看看這個！」她立即趕了過來。可是，在還有二十五公尺的距離時，知更鳥就飛走了。還好，她還是瞥見那隻小鳥。那大概是二十年前的事了。

後來又有一件事：兩年前，托妮・沃爾夫忌日的那天，當然我在博林根。那一天，漢斯[22]拖了一車的枯樹枝回來，於是院子就堆成灌木叢一般的雜木堆。沒多久他就來找我，神情有些侷促不安地說，很奇怪，柴堆上有一隻鳥，一直就是在那裡，好像不想離開似的。我立刻過去看，又是一隻小知更鳥。它相當顯眼地棲在一枝樹枝上，任由著我慢慢走近，絲毫沒因我們的出現而不安，沒有從我們面前消失。牠在那裡坐了一個多小時。漢斯知道今天是托妮的忌日，就問我這只知更鳥是不是她的靈魂？我已經注意到了他的反應，同樣的想法也在我的腦海裡閃過。

帕夏一直都是一隻了不起的狗。有一次，我從台階上正要走下花園，牠就在樓梯下滿懷期待地看著我。牠的眼神與我父親以前的眼神幾乎是一模一樣，那一瞬間，一個念頭在腦海炸開：那是我的父親，他正在看著我！我被這個印象完全擊中了。我無法解釋。不

22　孔漢思（Hans Kuhn，也譯漢斯・昆），一個出生在博林根的年輕人；他擔任榮格家裡的園丁、司機、一般事物的修理好手。榮格提到他的時候，通常會誇他是長期以來十分信任的助手。

過，原始人相信死者的靈魂將化身為各種動物，徘徊在他們的墳墓和房屋附近。難道不是這樣嗎？

我顯然是以原始人的方式做出了反應，而不是去反思這種印象的客觀性。如果原始的靈魂是在現代受過教育的人身上得以延續，也會有這樣的經歷。

動物與完滿

1958 年 11 月 7 日

隨著年紀的增長，觀察過的動物越來越多，我對動物的欽佩之情也與日俱增。動物對這世界的體驗方式，一定是無與倫比的豐富，無可比擬的獨特。

1959 年 12 月 17 日

我們在晚年階段所獲得的一切，都要回溯到那些沒有說話的動物靈魂，但這些是不能言語的。我試著讓自己跟著這些無聲的本能走下去，到一個沒有語言的地方，一個自足的世界。一個只有自己的預感或直覺的世界。在那裡，我感到自己還活著。

我需要十分努力才能客觀地認識自己。我沒興趣去談論事情，也沒興趣去解釋自己的一切。我只是盡我所能地去做，但我需要這種安靜，語言的沉默。否則，本質，最簡單的存在，就會受到干擾。如果開口去談論它，就等於是將它推開了。就好像有什麼原本存有物的完滿（fullness），在喋喋不休之中，慢慢掉光了。

來世與性

1958 年 11 月 21 日

這次談話發生的那段時間，我正忙著寫〈幻象〉（Visions）那一章。榮格曾經一度瀕臨著死亡的威脅，我們因此再度談到了當時他在無意識狀態下的經歷。我們還談到了正在創作的另一章節，〈死後的來生〉。而關於榮格與佛洛伊德兩人關係的章節也正在進行中，因此提到了性對兩位心理學先驅的重要性。[23]

我曾經一度病危，而有了靈魂出竅的體驗[24]，當時，一股如釋重負的感覺湧上心頭。這已不再是年老或青春的問題，重要的是意義的展開。我體驗到了意義元素是如何佔據了它應有的空間，而在這現實的物質生活裡，我們只有模模糊糊的感知，或者是，因為只有表面的內容而無法辨識出來。而在那裡，我們擺脫了物質的桎梏，從原來成形的存有中掙脫出來，可以充分而完整地表達自己。空間不復存在，實體之間不再有碰撞。在「那裡」，從一端到另一端是不需要時間的。所有的這一切，形成了一幅偉大的意象。那就是「上帝之幻象」（visio dei）。[25] 當你開始體驗，立刻有感覺：對，就是這樣！再也沒有別的了——它是如此美麗而宏達，以至於一股深沉而讓人滿足的安寧油然而生。任何有這樣體驗的人都不會

---

23 參見〈幻象〉一章，安妮拉·亞菲（編），1962 年，第 289 頁及以後；以及〈死後的來生〉一章，同前，第 299 頁及以後。榮格在這些章節中對有關「此生」和「死後」之間可能存在著連結的暗示，包括出現在自己的經歷和自己夢中的意象，進行了反思。又見〈佛洛伊德〉一章，同前，第 146 頁及以後。
24 榮格提到的是他在 1944 年心臟病發作後的經歷。
25 visio dei：上帝的幻象（vision of God）。

認為這是沒有意義的無稽之談。

究竟我們死後是否還會經歷任何事情？關於這一點，直至最後也無從得知。不過在相當程度上，心靈極有可能還繼續存在著，因為無意識超越了時間和空間的限制。它超越了我們此時此地的現實。

對我來說，這樣的想像可以讓我感到安慰，比如我的妻子現在正在法國南部忙著研究聖杯傳說[26]，還是已故的朋友奧利（Oeri）正由他女兒教授著心理學[27]，又或是曬得黝黑的托妮·沃爾夫在翁布里亞的土地上快樂地勤勞耕作著。[28]

「在那裡」是沒有分離的，一切都是一體的存有（being-in-one）。至於這究竟是怎麼回事？我們甚至是無從想像起。它穿透了個人的全部存有，而且還向我強調著愛洛斯也沒有消失，也不是我們所認為的性慾，它甚至是主要的組成部分之一。您想想天堂裡的天堂美女（Huris）吧：穆斯林無法想像沒有愛的天堂。[29] 為什麼基督和他的新娘在天上洞房（Thalamus）裡呢？[30]

妻子去世以後，我曾做過一個夢：我看到她的形象似乎是為我

26　參見第164頁，以及安妮拉·亞菲（編），1962年，第309頁。
27　參見同前，第309頁；這個夢發生在阿爾伯特·奧利（Albert Oeri）死後兩週。（參見本書〈追憶巴霍芬、布克哈特，與巴塞爾這城市〉這一章的註解6。
28　參見第218頁。
29　Huri或Houri，是阿拉伯語-波斯語的概念，意思是伊斯蘭天堂裡的美麗少女。
30　Thalamos或Thalamus，指的是天上的洞房。榮格詳細探討了在表達心理整體性時性所扮演的角色，以及性的精神內涵及其神聖的意義，參見《移情心理學》（*The Psychology of the Transference*），《榮格全集》第16卷，1958年，第353及以後。以及《神祕結合》（*Mysterium Coniunctionis*），《榮格全集》第14卷，1970年，德文版第167頁及以後。
　　【中譯註】：Thalamus是大腦中的腦丘有「床」（bed）的意思，在中世紀隱喻了上帝之子在聖母瑪利亞的子宮裡化身為人。

量身訂做的。[31] 在夢裡，我體驗到了一種直達性慾深處的和諧感，一種完全的合一（unity）。

感知方面的深度是通過性愛來體現的。這是大自然當中最為強烈的一體體驗（experience of union）。只有兩個人靈性上完全合為一體，才算是接近這樣的體驗。在我們這個三度空間的世界裡，這樣程度合為一體的潛在可能，恐怕只可能隱含在性愛之中，但也只是可能。通常來說，只有極少數民族曾經歷過靈性的合一。在我們的塵世裡，這種存在是短暫而脆弱的。然而在那裡，在「彼岸」，這顯然是完全地呈現了。

在許多人的眼裡，束縛與痛苦就源自於性。他們認為，將性加以潛抑可以變得有智慧。事實並非如此，而是恰恰相反！但他們想證明，自己是不同於動物的。一旦你忍受得了自己的陰影，你就便能接受性愛。但是，不論是誰，一旦毫無顧忌地陷在無節制的性慾之中，你就會迷失——陰影將你牢牢控制了！

印度人如何看待死後的生命

1956 年

在談到這些內容前不久，榮格忙於再次閱讀卡爾·歐根·諾伊曼（Karl Eugen Neumann）的《喬達摩佛語錄》（*Die Reden des*

---

31 妻子艾瑪去世後，榮格曾經夢到了她：「我知道，這不是她，而是她為我製作或委託製作的一幅意象。其中包含了我們關係的開始，以及這五十三年婚姻生活中所發生的一切，還包含了她生命的終結。」同時參見安妮拉·亞菲（編），1962 年，第 296 頁。

Gotamo Buddhos），並為這個新版本撰寫了引言。[32]

印度神話中，人們有著永恆時間的觀念，也就是所謂的「*劫*」（Kalpas）或「宇宙時間的年代」（Weltzeitalter），在這些年代中，世界在其中緩慢變化。[33] 根據這種觀點，人死後的靈魂並不是永生的，而是能夠存在很長的一段時間。

這一點可以從以下的傳說來說明。

佛陀坐在小樹林裡冥思。他忽然察覺到，一位無上的梵天神有了個錯誤的念頭。於是，他立即前往無上的梵天世界。神的宮殿就在喜馬拉雅山脈的高峰上，在宮廷廣闊的天堂花園中，他尋到了這位神。神正忙著與宮廷中侍女們玩得不亦樂乎。他們爬上了一棵樹，往樹下扔鮮花與水果。在這位梵天神的眼中，這是相當舒適的，於是他對佛陀說：「你所看到的歡樂將永遠持續下去，你所見到的壯麗景觀也會永遠繼續，因為我是不朽的。」

佛陀說：「你錯了，犯了一個錯誤。你的生命確實會持續許多的劫，但總有一天也是會結束的。」梵天神並不相信這一點。就

32　卡爾‧歐根‧諾伊曼（Karl Eugen Neumann）的《喬達摩佛語錄》（*Die Reden Gotama Buddhos*，英文 *The Speeches of Gotama Buddha*）於 1911 年首次出版；1956 年刊出新版本，榮格為蘇黎世的阿耳特彌斯出版社（Artemis）以及維也納的若諾伊出版社（Zsolnay）寫了一篇文章；見《榮格全集》第 18 卷，1976 年，第 1576 頁。1960 年冬天，他再次談到這一著作。
　　【審閱註】：卡爾‧歐根‧約瑟夫‧諾伊曼，1865-1915，維也納人，是歐洲語言第一部佛教著作的權威翻譯家，他將巴利經典的大部分翻譯成德語，也是印度學家；釋迦牟尼，本名悉達多‧喬達摩，梵文 Siddhārtha Gautama 或 Siddhāttha Gotama。

33　Kalpa 梵語是 कल्प，中文一般譯成劫數，又稱劫波或劫簸（kalpa），簡稱「劫」，是印度教及佛教宇宙觀術語，原是古印度人用以計算時間單位的通稱。在梵文中是一個神話時間的紀元，神話曆法中的永恆，也就是說，作為一個時間段，Kalpa 是印度教和佛教循環宇宙論中最長或最短的時間，長可以長到無限長，短也可以短到一剎那。首次提到這個概念的是《摩訶婆羅多》。西方有時會將「劫」譯成「aeon」。

在那刻，一切歸於死寂。再也沒有落花，再也沒有落果，侍女們的笑聲也戛然安靜了。梵天神大驚失色，求佛陀解釋。佛陀說：「你看，就在這剎那間，你這些侍女的羯磨已然消散——她們已經不復存在了。終有一天，你也會如此。」於是梵天神發起誓願而皈依了佛陀。

就是這個故事，這故事表達了印度人的自然直覺，也就是時間是相對的。在「來世」，這也意味著在無意識中，時間是接近於永恆。但是，在我們的時間與絕對的永恆之間，仍然存在著無限多的過渡。在印度人看來，靈魂可以渡過許多的劫，但並不能永生。

1958 年，榮格在博林根
攝影：安妮拉・亞菲

VII 人的意象,上帝意象,世界觀

「在認識論上,我的立場是以康德為基礎的(Kantischer Grundlage),任何的說法是沒有預設對象的。因此,當我談到『神』的時候,我所談論的只是表象,並沒有預設這些談論是說給誰聽的。因而它們的有效性從來都不是形而上的,始終只是心理學的。」

(榮格《書信選》第一卷,第 294 頁)

顯現的上帝

1956 年 9 月 21 日／1959 年 2 月

1956 年秋天,榮格和我在博林根,就東方冥想功課的目的談了很多,當時正計劃著將他的一些文章推出平裝版。到了 1959 年冬天,榮格在撰寫關於基督教神話的進一步發展時,他又提到 1956 年當時所做的闡釋。[1]

---

1   為了向更多的讀者大眾陳述他的思想範圍,費舍爾圖書館(Fischer Bücherei)出版社正策劃一本平裝本的榮格文集,其中收錄了榮格的四篇文章,由我負責編輯。榮格建議將他的文章

在印度，人們努力擺脫意象所呈現的世界，希望透過冥想來消除意象的世界和大自然。我的投入與他們不同，我想要停留在對意象與自然的直觀（Anschauung）中，透過這一切來對上帝進行直觀。這就是我所想要的！畢竟，世界與大自然都是上帝的顯現。即便是中國的聖人，對自然也謙遜地保持這樣的和諧沉思[2]——*與大自然謙遜地和諧相處*（in modest harmony with nature）。

我並不是想要尋求解脫。不論是從人類，從我自身，又或是從自然之中，我都不渴望從中獲得解脫而離開這一切。於我而言，一切都是難以形容的奇蹟；自然地，也包括伴隨當中不可避免的深淵。如果沒有這一切，整體就不會*存在*起伏的地貌，不會有輪廓與深度，也沒有了具體的氣韻生動。存在的最高意義只能在於它的存在，而不在於它的不存在。

既然大自然是上帝的顯現，那麼在我們內心之中也存在著上帝的顯現。只是長久以來，我們都缺乏這樣的一種概念，也就是圓滿（wholeness）。誰為此作證？誰談論它？這些知識又來自於哪裡？這些其實並不重要。基本上，這確確實實無關於知識（Wissen）或認知（Erkenntnisse）。誰說的，或是由誰證明，同樣是無關緊要的。一開始這可能只是一些間接的認知，是通過我們的眼睛、閱讀過的書籍和報紙，通過遇見的人，又或是曾經有過的經歷，之後，

〈論東方冥想的心理學〉（The Psychology of Eastern Meditation）收入其中，為了說明他的理由，而有了上述的這段談話。到了 1959 年 1 月，他正進行回憶書的最後一章〈晚期思想〉相關的撰寫；參見安妮拉・亞菲（編），1962 年，第 327-354 頁。同時參見榮格《意識和無意識》（*Bewusstes und Unbewusstes*），1957 年。

2　拉舍爾出版社剛剛通知榮格，計劃在不久之後出版第五版《金花的祕密》，這是他與衛禮賢合作完成的著作。衛禮賢／榮格，1929 年第一版；1957 年第五版，拉舍爾出版社；英文第一版由凱莉・貝恩斯（Cary Baynes）翻譯，倫敦，凱根 - 保羅（Kegan Paul）出版社。

我們可能可以從內心直接獲取這些知識。有時這些知識會突然浮現於自己的腦海，落在自己的身上；有時這些知識在另一時刻浮現於其他人的腦海，落在其他人的身上。這都完全無關緊要。在所有人的內心中，所有的聽見聞都是來自同一個上帝，魚、鳥、植物也是，也都會告訴我們這些事。山是上帝，樹也是上帝，祂就在它們之中得到了顯現。

人是感受器，是感知者。關於大自然當中是否存在「道」，這一點確實是不得而知。[3] 但個體的人創造了「道」，讓存在於、也出現在我們之存在中的上帝，有了意識。因此，只有上帝還是遠遠不夠的，還是需要個體的存在，才能體驗這樣的圓滿。上帝和人（Deus et homo）。[4]

關於我們所意識到的知識

1957 年 10 月 24 日

這一天，榮格談到了他經歷過的一種命中注定的內在認知，一次是當他第一次看到他未來的妻子時；另一次是當他 1909 年在維也納拜訪佛洛伊德時。他堅信，這種知識早已經存在於他的無意識中。那是一種「屬於未來的知識，一種我所不知道的知識」。隨後的思考讓他開始探索這樣一個觀點：人類意識的發展是為了讓人類

---

[3] 「Tao」或「Dào」即漢語的「道」，意思是道路（way）和小路（path）。然而，當代漢學家建議將單獨使用「Tao」來表示它的概念，因為還沒有一個德語詞彙能夠反映其所代表的全部內容。在老子的《道德經》（*Tao te King*）中，這個詞用來表示超越一切、而又至高無上的現實和真理，也用來表示永恆不變的創造原則。

[4] 拉丁文，「上帝與人」之意。

能夠認識和思考世界,從而在某種意義上向世界的創造者確認世界的存在。1959年初,榮格在他的〈晚期思想〉中,再次提到了這個主題。[5]

當我說在無意識中存在著一種絕對的知識,也就是宗教所說的「上帝是無所不知的」[6],我還補充過,只有人類或是他們的意識才能擁有這種知識。這兩種說法並不矛盾。作為一個人,我是一個知道自己是知道的存在。人類能夠意識到自己的知識,而這個無所不知的宇宙存在卻意識不到它的知識。[7]知識直接了當地存在在那兒,它就這樣存在著,即便是宇宙與自然的最細微之處,它也可能存在其中。

在大自然中,有些東西看起來好像就是從知識中產生,並遵循著知識的安排。例如,在兩種動物的共生關係中,或動物和植物的共生關係中,一定存在著某種「知識」將它們聚集在一起。或者我們也可以想想腦積水病毒(Hydrocephalus-Virus)的行為:它行動的時候就好像是瞭解人體結構似的。[8]如果將蠑螈眼睛的晶狀體

---

[5] 參見安妮拉・亞菲(編),1962年,第327頁及以後,尤其是第338頁及以後。也可見本書的後續章節。

[6] 對榮格來說,「神性」(Godhead)與「無意識」(unconscious)這兩個詞並不相同,但這兩個終究是無法辨別的同義詞。參見安妮拉・亞菲(編),1962年,第336頁。關於無意識中的「絕對知識」(absolute knowledge)另見《榮格全集》第8卷,1969年,第912頁及以後。

[7] 參見下一章節〈上帝的無意識〉,第236頁及其後。

[8] 榮格談到了一種名為腦積水(Hydrocephalus)的病毒,也就是一種「腦中積水的病毒」。這是錯誤的說法,因為儘管病毒可能誘發腦積水,但是卻不存在這樣一種病毒。他指的應該是生物學家阿道夫・波特曼(Adolf Portmann)在1956年發表的論文,其中論述了狂犬病毒(Tollwut-Virus)是什麼,以及狂犬病毒如何影響另一個完全不同的生命系統。關於狂犬病毒與被感染個體間複雜的相互作用,參見波特曼,《生物學與精神》(Biologie und Geist),1956年,第203頁及以後。作者在其中寫道:觀察這些「意義特別重大」的協調過程時,

切除，它可以從周圍的組織中再生出新的晶狀體，哪怕這些組織是另一種類型。有一種黃蜂在產卵時，需要植入毛毛蟲體內。那麼，這些黃蜂是怎麼做的？毛毛蟲的運動中樞是在脊髓的神經節中，而黃蜂則是刺入毛毛蟲的神經節而使其癱瘓，黃蜂又怎麼會知道這一點的呢？蜜蜂甚至還可以將它們的這些「知識」表達出來：為了指明花蜜所在的方向，它們可以透過舞蹈完成交流。[9] 這些是一種抉擇，也是一種判斷活動。但是，動物是否知道它們自己在做什麼？這一點我們並不知道。候鳥也是這樣，我們無從知曉牠們是否知道自己有這種神祕的定向知識。

至於人類自己，我們能夠意識到我們是知道的，或者說，至少我們在某種程度上能夠意識到自己是知道的。除此以外，預知現象（precognitive phenomena）會出現，還有產生催化的外化現象（catalytic exteriorization）。就如同我第一次見到佛洛伊德和我未來的妻子時，關於這些現象的心理學，我當時還一無所知；但我這兩次都知道，命中注定的事情馬上就要發生了，而且在我內心深處存在著屬於未來的知識；也就是說，這種知識在我不知情時，就已存於我的內心之中了。我的無意識中就存在著某種知識。共時性（Synchronicity）是無意識中絕對知識的直接表現。[10]

「我們進到了一個神祕的領域」。而且：「病毒的行為方式必須歸因於『外部知識』。」最終，活躍在這裡的創造性力量還是沒有在我們面前露臉。

9　榮格這裡提到的是卡爾・馮・弗里希（Karl von Frisch）於 1927 年發表在《蜜蜂的生活》（*Aus dem Leben der Bienen*，英譯 *The Dancing Bees*）一書中的研究成果；作者是一名動物行為學學者，也是諾貝爾獎得主。

10　1909 年，在他與夫人的第一次會面時，還有在維也納與佛洛伊德的談話過程時，傢具發出了爆裂的聲音，榮格將其解釋為催化性的外化現象；參見安妮拉・亞菲（編），1962 年，第 155 頁。榮格所使用的術語「共時性」（synchronicity），指的是兩個或多個原本沒有因果關係的事件，但是卻在時間上表現出某種巧合，即心理狀態與外部事件相互吻合，而外部事件與當下的主觀感受所存在的相似之處被認為是有意義的。一直以來，榮格就很關注共時

至於愛洛斯（Eros），它就屬於人類有意識的知識。事實上，透過邏各所斯獲得的對洞察力（insights）的義務感，就是愛洛斯。愛洛斯總是想把兩件事合而為一，它所代表的是將分離的事物結合在一起的力量。邏各斯是辨別、區分、分離和創造二元性（Zweiheit）；愛洛斯則是創造眾物的合一性。然而，這兩種現象只可能存在於三維空間，也就是存在於時間之中才有可能。

　　因為我最初就來自於合一的狀態，所以我的內心仍然存在合一的認識。這些黑暗的知識需要愛洛斯的幫助。這就是為什麼愛可以將我們無意識之中的知識加以點亮。「*在愛裡的人，就會知道。*」（拉丁文：Qui amat cognoscit.）[11] 正如柏拉圖所說，對人的認知（cognition）就是對人的再認知（recognition）。因此，要說人是萬物之靈，這是完全準確的：因為我們有能力知道「是什麼」。人知道：這就是世界。人類憑藉著自己的認知能力，人類的心靈才得以等同於世界。人類才得以從永恆所統治的黑暗之中將這些事物搶奪出來。只有我們意識到這一切的時候，世界才會真正成為世界。因此，靈魂不僅僅是個人的問題，而是一個範圍最廣、最重要的問題。[12]

性現象，因為他很早就對因果原理在心理學裡的普遍適用有所懷疑。1951 年，榮格在艾拉諾思會議舉辦了一次關於共時性的講座後，發表了論文〈共時性：一種非因果性連結的原理〉（Synchronicity: An Acausal Connecting Principle），同時發表的還有沃夫岡‧包立（Wolfgang Pauli）的專論〈原型概念對開普勒自然科學理論的影響〉（The Influence of Archetypal Ideas on the Scientific Theories of Kepler）與 榮格的作品〈共時性：一種非因果性原理〉（Synchronizität als ein Prinzip akausaler Zusammenhänge）共同發表了出來，見榮格／包立，1952 年，弗勒貝-卡普泰因（Fröbe-Kapteyn）（編），1952 年，《榮格全集》第 8 卷，1969 年，第 816-968 頁。

11　英文翻譯成 The one who loves, knows。
12　參見《榮格全集》第 16 卷，1966 年，第 201 頁：「如果沒有意識，那麼就永遠不會知道這個世界的存在，如果沒有心靈，就完全不可能認識它，……只有心靈意象才是知識的直接對

意識能夠真正地瞭解自己的知識，是具有宇宙性意義的：一個被意識到的世界，就不同於與沒有被意識到的世界。也就是說，後者的世界只是生生滅滅，不被任何形式的意識所明白或感知。知識就在其中，但它不知道自己其實知道，這就是我從原始人身上所明白的。原始人並不瞭解自己知道，他們沒有反思，完全處於沒有意識到的狀態。《舊約》的上帝也是很好的例子，祂有知識，但卻不知道自己這些知識的力量；即使是作為慈愛之神的《新約》上帝，仍然沒表達出對這個知識的認識。這就是為什麼我堅信，我們人類在生命的最後一刻，會將我們對這些知識的瞭解帶入我們的生命、我們的生活。人類對這知識的瞭解，意味著，我們幾乎可以「告訴」上帝這個世界究竟是什麼樣的。

　　正因為如此，我才相信，神性必須一次又一次定期地離開神性，然後化為人形，去體驗這種覺知的意識。因為，人想要覺知到什麼，就必須先與之分離。只要神是整體的，那麼就什麼都無法覺知。萬物皆神。只有不同於上帝，或是從上帝身份分離出來，才能夠真正的看到和知道。如果我就是這個世界，我就無法認識這個世界。

　　這也就解釋了，和上帝保持神祕距離（Gottesferne）的意義：這是一種迷失的狀態，也就是路西法，這位光之使者。沒有人能像魔鬼那樣清楚地看到上帝的美。魔鬼的火所象徵的，正是無法成為上帝的強烈渴望。

　　象。世界的存在要有兩個條件：世界是要存在的，而我們是認識這一點的。

上帝的無意識

1959年3月6日

1959年2月初，榮格將1959年1月寫的一些初稿寄給了艾瑞旭‧諾伊曼，最終這些文字成為回憶書中〈晚期思想〉的開場。當年的2月18日，諾伊曼回覆了詳細的長信。榮格在考慮如何撰寫回信時，向我表達了如下想法。不久之後，他在1959年3月10日又回信給諾伊曼。[13]

當我說上帝是無意識的，需要依靠人才能變得有意識，人們並不理解我的意思。這種在意識層面的浮現，只能靠人類才能夠實現，因為在這裡，上帝接觸到了祂自己的另一面。

人們當然也可以假設上帝是有意識的，但是，如果祂已經知道一切，那為什麼還要創造人類與他們的意識呢？祂何必這麼做？如果祂不需要經歷人類因為開始有意識而承受的痛苦過程？[14]

13　這兩封信均已公開，見安妮拉‧亞菲，《榮格作品中意義的神話》（德文 *Der Mythus vom Sinn im Werk von Jung*，英譯本書名 *The Myth of Meaning*），1967年，第179頁及以後。同時參見利布舍爾（M. Liebscher）所編的《流亡中的分析心理學，榮格與艾瑞旭‧諾伊曼的通信》（*Analytical Psychology in Exile, The Correspondence of Jung and Erich Neumann*）由麥卡特尼（H. McCartney,）翻譯成英文，2015年，普林斯頓大學出版社，2015年，第361頁及以後。

14　1945年12月1日，莉夫卡‧夏爾夫（Riwkah Schärf）在心理俱樂部做了一場題為〈舊約中撒旦的形象〉的報告，談到了聖經《約伯記》中上帝意象的塑造，認為人類獲得知識有「利己主義的興趣」。認識人類是上帝的需要，這樣的看法在當時就引起了榮格的注意。從神學角度來看，這樣的看法會遭到譴責，被視為異端。在討論過程中，榮格提出了一個無意識上帝的假設，由於與意識分離，所以祂需要人類的意識。如果我們認真看待「Deus creator」（造物主），因為祂缺乏意識的力量，我們會看到祂正以怪異的姿態摸索工作著，雖然是成千上萬次的嘗試，但全都失敗了，因為缺乏意識的力量。「上帝化身成人」的想法是合理的，因為基於祂渴望成為一個可以看見的人，成為一個可以認識的人。祂種下一棵智慧樹，卻又禁止人吃它的果實。這是多麼奇怪的矛盾呀！難道這位造物主自己都不知道，祂想要得

在我確定神是無意識的時候，我自己也面臨極可怕的衝突。[15]正如《希伯來書》中所說的：「落在永生之神的手中，真的是非常可怕的。」[16]當我被迫理解上帝的無意識時，我感受到了深切的恐懼和震撼，這是最令人顫慄的經歷之一。更可怕的是，賦予我們生命的力量原來是令人顫抖而恐懼（Tremendum）的巨大力量。[17]那麼，人與神之間的關係有著何種意義呢？你遭遇了什麼？對我來說，承認這一點是多麼痛苦的一件事呀！這於我而言就像是腳下所踩的土地忽然塌陷的的經歷。[18]為了說出這樣的一句話，我甚至是因此而病倒了。[19]

　　我將這一切當成告解而寫了下來。體驗到上帝，這對人類究竟意味著什麼？沒有比這樣的體驗更豐富的了。對我來說，與《約伯記》的爭論是一塊熾熱的烙鐵，是一場激情澎湃的戰爭。然而，如果是其他人，這又會意味著什麼？他們當中的大多數人無法理解我。他們不明白問題的本質是什麼。這一切所意味的，如同雅各與天使的摔角，而我卻因為面對這樣的對立而嚇得要死。這一切全然的折磨，迫使我說：「上帝是無意識的！」要不是因為祂對一切無意識，否則我一定會詛咒祂。

到的，是人類的感知和認知嗎？榮格在《伊雍》和《答約伯》裡對這個話題繼續討論；他到了在生命的最後階段，對基督教神話的發展進行了更進一步的思考。里夫卡・舒爾夫的作品由榮格收錄在他的《精神的象徵主義》（*Symbolik des Geistes*）中，以及在《心理學論文集》（*Psychologische Abhandlungen*）第6卷，1948年，蘇黎世。

15　見榮格《答約伯》，《榮格全集》第11卷，1969年，第560頁及以後。
16　《希伯來書》（Hebrews）10:31。
17　Tremendum（拉丁語）：引起顫抖和恐懼。
18　艾瑞旭・諾伊曼在1959年2月18日的信中說：「神性的自我意識」是榮格「非常喜歡的論點」。榮格在這裡強烈反對這一看法。他強調，這絕不是一個「喜歡的想法」，而是「痛苦的經歷」，迫使他以痛苦和動搖的方式做出這樣的表態。
19　榮格在寫《答約伯》時，正因病而發高燒。

如果上帝自身是有意識的，那麼為什麼要創造出意識低下的人類？基督道成肉身的概念，本質上來說，就是表達了這樣的一種想法：神性進入了具有意識能力之人類的體內。然而，在那之前，人類還需要約伯的故事——約伯意識到，他必須憑借著自己的認知與自己的意識，去面對面地站在上帝面前，去對質上帝，與之抗衡。他認識到了上帝的黑暗面。[20] 在意識和洞察力這些方面，原來他自己是優於上帝的。

因此，這一個過程是從約伯那兒開始，後來透過基督的思想而得以繼續發展。據說，上帝就在基督的身上建立了自己，就如同在人的身上。這就是約伯身上所體現出，比上帝更優越之意識的結果。如果約伯認為，憤怒上帝需要一位辯護者的話，這就是創造出這樣一位代言人意象的最初階段。[21] 這位辯護者於是以「人子」的形象出現，是上帝的恩典所賜予的人形。

上帝與人

1958 年 5 月 23 日

那天下午，榮格在博林根被問及他自己關於生命意義的神話時，他提到了自己的想法，也就是上帝是被迫透過人類的存在來獲

20　《約伯記》42:5。
21　儘管上帝施加給約伯重重的困難，但約伯始終確信，最後他還是可以在上帝身上發現反對上帝自身的辯護者（參見《約伯記》，16:19 和 19:25），他並沒有拋棄上帝合一的形象，而是意識到了上帝內在的矛盾之處。這就是他作為人的優越性，而這一點，反過來也促成了上帝變成人。「這就是《約伯記》所發生的故事：造物主透過人類的意識之眼看清了自己，這也就是為什麼上帝會化身為人。」亞菲／阿德勒（編），《榮格書信選》第二卷，1971 年，第 436 頁。另可參見《答約伯》，《榮格全集》第 11 卷，1969 年，第 553 頁。

得意識的，以便能夠認識到無意識的創造是有意義的。當時，他並不想將這些「假設性」的想法融入傳記中。但在 1959 年 1 月〈晚期思想〉一章完成以後，我們有機會再次討論了他在前一年所談到的這一些話。他擴展了一些觀點，表示他自己認為這些觀點對他思想的發展是至關重要的，也證明了他自己內心激烈掙扎的激情本質。當榮格使用「神」（「上帝」）或「神性」這些字眼時，所指的是一個意象、觀念或象徵。[22]

這就是我們的生命之所以如此重要的緣故：生命會要求我們讓這一切浮現到意識層面。當我們非常認真地對待自己的生命時，我們就不會犯錯；否則，神性就會因為意識的停滯而痛苦。上帝的危機導致了世界的危機——如果神性本身是完美的，就不會給世間帶來危急的情況。《舊約》裡的耶和華深感苦惱的是，祂的子民不服從祂，因為如此一來，祂的這場遊戲就白玩了。

有一種觀點反覆被人強調，上帝其實是想要考驗人類。但不是這樣的，祂是想要說服自己相信人類是有意識的。人類一定會與天使對抗，這就是雅各為何與天使進行搏鬥的原因。[23] 上帝想說服自己相信這一點。如果上帝真的想把我們從這個世界中拯救出來，那麼祂的存在就完全沒有意義了！這樣的上帝就好比一個陶工，自己製作了糟糕的陶罐，然後抱怨這罐子做得不好。

透過不斷的戰鬥來保持有所意識的狀態，來承受生命和它帶來

22　「從心理學的角度來看，上帝這一概念涵蓋了所有的終極事物，包括最初或最後，最高或最低。」榮格於《榮格全集》第 11 卷，1969 年，第 738 頁，註解 1。
23　《摩西五書》第一書，即《創世紀》第 32 篇第 23-31 行；可參考安妮拉・亞菲（編）1962 年，第 344 頁；另見亞菲／阿德勒（編），《榮格書信選》第二卷，1971 年，第 239 頁；還有《榮格全集》第 5 卷，1967 年，第 524 頁。

的考驗，到了最後也就意味著能夠承受上帝的存在。不過，那是屬於遙遠的未來。然而，如果我們有意識地過一種非常簡單的生活，就像生活在森林裡，從而將生活簡化為最單純的公式，那麼意識就勝利了。當人類的黃昏降臨之際，最高的文化就在最簡單的生活裡。因為那時，人們已經認識到存在的意義，並且也意識到，除了活在當下以外，其他的一切都是幻覺。

然而，如果我想要住到一個地方，就像高更移民到波利尼西亞群島一樣[24]，想要找到一些完美，或者像隱士一般遠離塵世，與世隔絕，好好思考這個毫無意義的世界，好好看清它既不會帶來意義，也不會有所價值。更確切地說，這將是對造物主的責備，因為祂在塵世所創造的存在，盡是如此的無稽。

生命和自然提出了一個深奧的問題。我們如果要理解這一切的意義，就需要知道更多難以想像的東西，這不僅需要科學巨大的進步，更需要如今還難以想像的深度意識化。意識的深化雖然是一個遙遠的目標，卻為我們的存在帶來了尊嚴和希望。

顯然的，人應該要以為生命而鬥爭的態度來生活，用我們存在的每一絲纖維來獲取最大的意識和知識，這一切不只是關於自身，也是關於世界與永恆。這才是生命意義的所在。如果沒有意識，世界的存在將只是愚鈍的德謬哥（Demiurge）愚蠢的一念。[25]

24　法國畫家保羅・高更（Paul Gauguin, 1848-1903），於 1891 年啟程前往當時的波利尼西亞（Polynesien），希望能夠遠離文明，過一種原始而又不被干擾的生活。

25　在柏拉圖主義（Platonismus）中，德謬哥（Demiurge）是一個崇高的存在，他只想要創造出最好的，也只帶來最好的事物；然而在諾斯替主義（Gnosis）中，德謬哥則是一個聲名狼藉的二流神祇，所創造的是一個充滿邪惡而不完美的世界。

【審閱註】：Demiurge，巨匠造物主，又譯作德謬哥或黛米烏爾、迪米烏哥斯，在柏拉圖、新畢達哥拉斯、中古柏拉圖主義、新柏拉圖主義哲學中，指的是一個類似工匠的存在，負責創造並維持了物質世界。在早期基督教的諾斯替教義中，巨匠造物主是次等神祇，創造了有

這讓人想起諾斯替的觀點，即真神是是一位善良的神，他不關心這個不完美的世界。這完全是德謬哥的錯，才造就了這個充滿苦難的世界，導致人像動物一樣地生活其中。作為「世界的建造者」，德謬哥對這個世界負有責任。

我只能如此想像：人類在這個被創造的自然中要鋪展出自身的意識，而世界也依靠著人類而鋪展開來。要讓無意識的創造可以擁有某種意義，是需要意識的。然而，人類只有理解了大自然的語言，理解了動物和植物的語言，才能做到這一點。這樣才能夠發展出更高的意識文化。在這文化之中，人類不會總認為自己比大自然更瞭解大自然。但是，今天我們離這一目標還很遙遠，還有很長的路要走。然而，人類才只有一百萬年的歷史，這還稱不上什麼。

但有一點，我們不能忘記：我們的知識越是增加，意識擴展得越遠而顯現得越多，這一切就會變得越危險。終有一天，地球會毀滅，最後的災難終究可能發生。有什麼理由不可能呢？也可以想像，人類毀滅後，另一個實驗將會在其他地方展開。這樣的實驗很可能正在宇宙各個地方都進行中，最後有可能會出現不斷更新和深化的意識。在我看來，造物主的神祕意圖是，透過認識自身存在的知識來改變自身的存在。否則，將會一無所獲。如果沒有人知道這點，那麼創造也就不復存在了。

當我在閱讀史瑞伯（Daniel Paul Schreber）[26]的作品時，讀到作

缺陷的物質世界，住著與聖善的至高上帝相對抗的邪惡勢力。這概念最早出現在古希臘哲學家柏拉圖的《蒂邁歐篇》。

26　丹尼爾・保羅・史瑞伯，見本書第 91 頁〈移情，追隨與責任〉一節。
　　【審閱註】：丹尼爾・保羅・史瑞伯（Daniel Paul Schreber, 1842-1911）是一位德國法官，因為透過作品《我的神經病回憶錄》的書寫，個人講述自己的精神分裂症經歷而聞名。佛洛伊德在榮格推薦下，閱讀了這本著作，而寫下《史瑞伯：妄想症案例的精神分析》（*Psycho:*

者表示神性是渴望成為人類的,以便在他們身上體驗到自身。史瑞伯看到了一些東西,然後便精神失常了。人類是否能經受得住上帝的試驗,這一點目前還不確定。畢竟,史瑞伯只是在思考這一點時就已經受不了而崩潰了。

在大自然中,有大量潛在的種籽是浪費掉了。您看看這棵梨樹:有多少朵花正在凋謝,有多少種子會就此回歸塵土!人類也是如此——芸芸眾生,真正有意識的卻只有極少數人!生命的形式是如此繁多,恰恰證明了造物主堅定的意志。上帝必須創造世界,才能在其中找出一個可以提供給祂意識的對象。

在印度神話裡,可以看到這想法。神話是這樣描述的,在時間無限的廣度裡,只存在著神。除此之外,什麼也沒有。有一天,上帝意識到了自己是孤獨的,於是產生了「他者」的想法,一個對立面,一個對象或客體。於是祂將自身分裂,從中創造出其他的事物。世界因此得以誕生。

哲學家的思考通常到這一點就停止了,因為世界已經誕生,人類因此迷失在其中,於是沒有人會再去問:「分裂之後,上帝自己又發生了什麼事呢?」

人們必須竭盡所能地去製造生活中的一切,這也就是為什麼人們會後悔自己曾經被召喚、但卻沒去做的事。「如果我的人生可以再重新開始,我會⋯⋯。」

能夠承受,生命才會有意義。這意味著一個人因此是能夠忍受上帝的。因為上帝自己也正在懷疑自己能否被承受,或者未來將可以被承受。這就是為什麼上帝會裝備人與動物,提供給他們最不

Analytic Notes upon an Autobiographical Account of a Case of Paranoia),繁體中文版王聲昌翻譯,心靈工坊於 2006 年出版。

可思議的武器來保護自己的生命；這也是為什麼所有的生物都有這樣的求生意志。總之，所有的生靈所必須對抗的，實際上是分裂的上帝：祂搖擺不定，既想要又不想要，一邊創造著，卻也一邊摧毀著。

化身

1956年11月10日

以下是榮格在與一群神學家談話時所說的一些話。這裡必須再次強調，他是談話中隨興提到了與化身（incarnation）相關的想法和意象。在這裡，榮格將「化身」理解為與生俱來之超個人意志的人類意象。這種意志既是善的，也是惡的；既是建設性的，也是破壞性的。為了能夠處理這樣的情況，人類需要最高的意識。

上帝化身為人究竟意味著什麼？這就像人內在的第二個意志，而且這具有相當深遠的道德影響。

這對人們來說，往往是很難理解的，因為第二個意志不同於自我意志。「我所想要的」與「第二意志想要的」是不同的，第二意志同樣也不希望以自我意志的方式來行事。保羅就曾經歷過這樣的情況。[27] 關鍵的是，如何確定，哪一個意志才是有效的。也許第二意志所想要的，正是我認為不道德的；但我必須這樣做，因為我相信這是神的旨意。這是一場巨大的衝突！

我不僅要對我的自我道德負責，也要在同樣的程度上對第二個

27　《羅馬書》7:18-21。

意志負責。而化身也正是這個意思：上帝的意志通過我來完成。我必須承受這一切，直到最後。

我們可以將化身看作是活在我們內在的一種決心，是我們必須遵從的。例如，《舊約》中已有記載：當亞伯拉罕獻祭以撒的時候[28]，或先知們想要違抗召喚、因此只是勉強跟隨的時候。[29] 在《新約》也有同樣的情形：「不要從我的意思，只要從你的意思。」「我父啊，倘若你願意，就讓這杯離開我吧。」[30] 這兩句話表達了，對被視為神聖化身的第二意志最為謙卑的服從。

神的意志是奇異而莫名地出現在我們的心中，想要得以實現。當我們說「上帝在我們內部」時，意思就只是「上帝在我們內部」。上帝想成為人。也就是說，上帝渴望帶著自己的意志，進入經驗豐富的那些人們的身上。這會導致嚴重的倫理問題。

困難在於，對基督徒來說上帝只能是純粹的善。然而，這樣做可能會忽略了一個事實，就是上帝，或是我們所說的「上帝」，同時也是非善良的，也就是惡的。因為隨著祂的化身，那些負面意志也可以同樣形成化身。上帝把祂的善惡本質強加在了人的身上，所以人們基本上必須得說，人類是因為上帝而受苦。這就是讓人們深感沮喪的地方。

人與上帝的關係是多樣的。如果能夠有一個明確的上帝形象，生活起來會更容易一些，就像下面這樣：「上帝是一個慈愛的父，我會實現祂所想的。」然而，這跟我們所體驗到的現實並不相吻合。上帝與祂的作為似乎是矛盾的，而祂又讓這樣的矛盾心理加重

28　《摩西五書》第一卷《創世紀》22。
29　《約拿書》1:1。
30　《馬可福音》14:36。

了我們的負擔。

其中一個悲劇性的後果就是原子彈。我們必須承認，這絕非小事一樁。人類的智慧已經發現了如何分裂構成世界的原子。人類有能力毀滅地球上的生命。因此，形成這個世界的力量被人類掌控了。如此一來，我們像上帝一般的意象於是湧現了。

當奧本海默[31]觀看原子彈的第一次試驗時，《薄伽梵歌》中所提到的神的話語，浮現在他腦海裡：「比一千個太陽還亮」。[32]接下來，我們不知道還會發生什麼事，而一切事態的發展又是不可避免地一直繼續下去。這股將世界維繫在一起的力量，現在落入到人類的手中。原始力量現在掌握在我們手中，掌握在我們這些人類脆弱的手中。這是無法想像的，可能將會發生什麼！在人類手中，它們是可怕的危險。毫無疑問的，人類必須學會如何去應對這一切。上帝是一股令人難以置信的爆炸性力量。我們需要全人類的理性、洞察力、批評性推理，還有愛！

然而，如果認為人們不能向這樣的上帝祈禱，那就大錯特錯了。《舊約》裡一再告訴我們，如何向盛怒的上帝祈禱。猶太人是向矛盾的上帝祈禱的，我們可以向猶太人學習如何做到這一點。

「善」與「惡」這兩個詞反映出人類的侷限性。我們的思維只

31　羅伯特・奧本海默（Robert Oppenheimer, 1904-1967），美國物理學家。在克服道德上的顧慮之後，第一枚鈽彈於1943年在他的領導下於洛斯阿拉莫斯（Los Alamos）誕生了。然而此後，他被指控在政治上是不值得信任的，因此在1954年，他被免去了普林斯頓高等研究院（Institute for Advanced Studies in Princeton）院長的職位。

32　見《薄伽梵歌》第11章，第12節。就在這次談話前，羅伯特・容克（Robert Jungk, 1913-1994，奧地利作家、記者、歷史學家和和平活動家，主要的著作主要涉及與核武有關的問題）剛剛發表廣受好評的著作《比一千個太陽還亮》（*Heller als tausend Sonnen*，英文版 *Brighter than a Thousand Suns*）於伯恩出版社，1956年，他根據與物理學家和研究人員討論當年原子彈的研發，寫下這本著作。在這同時，榮格正在撰寫他的論文〈未被發現的自我〉（The Undiscovered Self），德文原名是〈現在與未來〉。

能想到非此即彼的對立，此外再也無法思考其他的可能性了，因為不知道還有什麼可能性。我們無法表達，只能說上帝是有光明和黑暗的兩面。[33] 這是人類的思想和人類的語言。

根本上來說，我們談論的是一種努祕（Numinosum）[34]，一種無形的東西，它以這樣或那樣的方式出現在我們面前，我們根本無法用其他方式來表達。不論是宗教體驗本身，還是上帝或神性本身，一切仍然是神祕而不可言說的奧祕，我無法對它說出任何的東西。[35] 這依然是一個謎。

做自己力所能及的事

1958年12月5日

每個人能夠完成的，都是自己力所能及的事。一個人的成就是以他的業力來衡量——自己是否充分地回應了業力。每個人可以完成自己特有的事，牧羊人一生都在放牧羊群，他也有自己的功德；同樣地，全心全意以承諾和奉獻履行職責的牧師也值得讚賞。我們絕不能錯誤地認為有一種特定的靈丹妙藥，一種適用於所有人的萬用良方！這並不是要求所有的人都必須這樣；而是既然我們在其位，自然就要謀其職，負其責，盡其事。利用自己所擁有的一切，盡自己最大的努力，而不是嘗試超出自己能力範圍的事情。即使只

33　榮格在這方面經常引用的是《以賽亞書》45:6-7：「我是耶和華，在我以外並沒有別神。我造光，又造暗；我施平安，又降災禍。造做這一切的，是我——耶和華。」
34　【中譯註】：Numinosum 來自拉丁語中的「numen」一詞，指的是精神或宗教情緒的激發，神祕而令人敬畏。
35　ineffabile：拉丁語，無法形容的，無法理解的。

是盡一己所能來做自己的小事,也能推動人類的進步與發展。這不是這個或那個的問題,而是我在這個三維的系統裡,我的存在是否好好回應了對個人的呼喚;我是否為命中注定屬於我的一切挺身而出,實現了我的人生目標,完成那些賦予我的任務,生命因此才會充實。不只是只有想一想或說一說,而是去實踐,去親力親為。

生命的意義是否完成,完全根據一個人的特質是否有全面的展開完成,也就是一個人是否長出了先天基本結構應該有的樣子,就好像雞從雞蛋中孵出來,橡樹從橡實中長出來,而小老虎長成威風凜凜的大老虎。這時,人們就能夠體驗到這樣的一種感覺:這一切已經發生的,已經實現的,就是這一生意義之所在。不管完成的是什麼,也許這個對你的內在要求是不講情面的。這一定就是命運。

我不相信造物主一開始就有意將這個世界打造成理想的世界,而是讓這世界有機會成為理想的世界,在我看來,這才是目的所在。不是所有的人都必須聰明,必須快樂。有的注定要繼續活下去,有的注定要離世;有些必然會崛起,有些必然將衰落。這些都是存在的條件。事情就是這樣,而且總是這樣。人類一旦滅亡了,世界會是什麼樣子?我們不知道。也許還是跟現在一樣。我們可以假設自己正處於人類所理解程度的最高點。不過,人們一直都是這樣認為的,早期的基督教徒就是這樣想的。然而,人類的認識會一直地發展,也會繼續發展下去;只要人類不要因為核武戰爭、甚至炸毀地球,而毀滅了自己,我們就會繼續下去。

最後的紀錄，記於榮格離世前三週

1961 年 5 月 16 日

如果沒有遺憾，就沒有所謂的創造，只有承擔代價的人才能有所創造。

一個先天沒有任何遺憾的人，如果放棄這世界，拒絕支付生命的代價，他將無法達成他的個體化，因為黑暗之神在他身上無法找到停留的位置。

通往中心體驗的道路有很多。那些已經探索到自己內心深處的人，也能夠認識其他道路的價值和合法性。明白了這些道路的多樣性，可以帶給生命更大的充實和意義。

一九六一年六月六日，榮格發病不久後，在庫斯納赫特的家中與世長辭。

第二部

榮格，亞菲與傳記

艾琳娜・菲斯利　撰文

〔引言〕
作品誕生背後的故事

安妮拉・亞菲（Aniela Jaffé）在擔任榮格秘書期間，經常與榮格會談和交流。這本書是以榮格晚年與他這位最親密合作者的交談筆記作為基礎，再經過亞菲回顧當時記錄下來的所有筆記，加以編輯整理出六十篇短文。這些文章都是榮格對自己一生回顧時的想法，他不僅試圖瞭解自己，而且還試圖為透過直覺和內心意象所暗示、即將到來的未知做好準備。本書將收集到的資料以書面形式呈現，分為幾個短小的章節，從幾頁到短短一段，依主題排出順序，並輔以亞菲極有助益的注釋。

六十篇短文彼此之間的聯繫是鬆散的，是有關榮格經驗世界和思想世界中的紀錄，包括他的記憶、反思和軼事。為了理解自己，也為了接近那些以意象和直覺的方式呈現在眼前的未知的一切，榮格重新回顧了自己的一生。我們想要解釋這些短文的背景及脈絡，包括將這些短小精悍的章節串聯起來，安妮拉・亞菲自然是不二人選。在榮格生命的最後幾年，工作上最親近的人就是她。這些有趣得有如萬花筒一般的紀錄，均來自亞菲在一九五六年至一九六一年間所作的筆記。

然而，我們不禁思考：這些對話是如何開始的，與之相關的筆

記又是如何形成?她和榮格之間的關係是什麼?他們之間究竟是如何合作的?這位記錄者是誰,為何可以獲得榮格的賞識,並為之撰寫傳記?這本書為何沒能在她去世前依其計劃出版?亞菲為了撰寫那部宏大的傳記作品所記錄的原始素材,第三方又是如何處理的?以下的歷史回顧,不僅提供了對榮格的思想、工作、個性和生活的洞察;還能夠爬梳傳記作品萌芽過程背後錯綜複雜的歷史;更能夠清晰地看到,亞菲為何會認為這是一個既充實又痛苦的過程。

要回答上述問題,就必須研究榮格對傳記的矛盾想法。對於是否書寫這本傳記,榮格的態度一直以來就搖擺不定,猶豫許久。如果沒辦法了解他當時的態度,就無法理解安妮拉‧亞菲所輯錄的《榮格的回憶、夢和反思》是如何誕生,當然也就無法回答上述提問,以及其他相關的問題。通常,亞菲將《榮格的回憶、夢和反思》這本書稱為「回憶書」(Erinnerungsbuch, memory book)。從一九六二年出版以來,這本寫著由「由安妮拉‧亞菲記錄和編輯」的暢銷書,讓廣大的讀者群眾能夠瞭解榮格,很多讀者第一次接觸榮格的思想,也引領了許多人對他的思想感到興趣。這篇歷史分析不僅要探究安妮拉‧亞菲所扮演的角色,包括她記錄和編撰確切的意義,而且,我們還要追溯故事為何會進展到這一步?另外,榮格在這項工作中的角色是什麼,他的參與程度又是如何?還有,榮格在此之前失敗的傳記計畫中,又扮演了怎麼樣的角色?有何種程度的參與?當然,榮格和安妮拉‧亞菲之間的合作關係也將納入到探討之中。

今天,這項研究的基礎可以說是擁有大量的檔案資料:榮格的信件和指示,及安妮拉‧亞菲遺稿中大量的文件;亞菲、榮格、先前出版商庫爾特‧沃爾夫,及其同事之間探討這本書出版,而產生

大量詳細的往來信件和筆記；發展階段的筆記、文件、手稿草稿；亞菲寶貴的文件中其他有價值的個人訊息，以及榮格的書面貢獻等等[1]。如此豐富而廣泛的原始材料，有助於對這一文學作品進行多層面和多方面的研究，包括在創作過程中雖然爆發激烈衝突、但最終仍取得了巨大成功的這部傳記是如何誕生的。本書的分析報告可以理解為在原始資料的基礎上，對歷史進行修訂的第一步。透過對原始文件以及主角們敘述的相關重點的介紹和評估，我們可以瞭解《榮格的回憶、夢和反思》這本書和各種修訂版是如何產生的，以及相關各方之間的激烈爭執[2]。同時，過去女性的重要性往往被低估，有時候甚至還被忽視。這項評述透過文學史的分析，將賦予女性她們應有的聲音和面孔，也就是透過對亞菲的生平及其對社會的重要影響，進行更詳細地討論。

1　安妮拉・亞菲的遺稿保管在戴蒙出版社的「安妮拉・亞菲檔案」（Archiv Aniela Jaffé Daimon Verlag，以下簡稱 AAJD）；出版商庫爾特・沃爾夫（Kurt Wolff）、他的夫人海倫・沃爾夫（Helene Wolff）、安妮拉・亞菲和榮格等其他人的信件，記錄在海倫・沃爾夫和庫爾特・沃爾夫的論文中，被保管在紐哈芬市耶魯大學的貝內克珍本與手稿圖書館（Beinecke Rare Books and Manuscript Library, Yale University, New Haven，以下簡稱 YBL）；安妮拉・亞菲和榮格的更多的信件則被保管在蘇黎世聯邦理工學院（Eidgenössischen Technischen Hochschule in Zürich，以下簡稱 ETH）的榮格著作檔案館（Jung-Arbeitsarchiv）；安妮拉・亞菲的文件和筆記，以及博林根基金會（Bollingen Foundation）、普林斯頓大學出版社（Princeton University Press）和她本人就這些文件和筆記所進行的往來書信均保管在華盛頓國會圖書館（Library of Congress, Washington，以下簡稱 LoC）。露西 - 海耶 - 格羅特（Lucy Heyer-Grote）的信件和手稿素材則被保管在巴塞爾大學圖書館（Universitätsbibliothek Basel，以下簡稱 UBB），NL 335。

2　狄德蕾・貝爾（Deirdre Bair）無視基本的科學標準，在她所寫的《榮格傳記》（*Jung: A Biography*）中發表了很多與此相關的不實報道。這本書的第二部分澄清了一些爭議問題。參見山達薩尼（S. Shamdasani）對貝爾的批評，《被傳記作家扒光的榮格》（*Jung Stripped Bare by his Biographers even*），2005 年，第 87 頁及以後；也見拉默斯（A. Lammers），〈榮格 - 懷特書信中「糾正愚蠢之事」〉（Corrctio Fatuorumre the Jung-White Letters），《分析心理學期刊》（*Journal of Analytical Psychology*），2004 年第 49 期。

I 命運、限制與渴望交織而成的巨型戈爾迪烏姆之結

「有關傳記這件愚蠢的事情……」在一九五〇年代初期榮格之所以會這樣說,是與他作品集的出版有著直接的關係。二戰結束後,在美國銀行家保羅・梅隆(Paul Mellon)的財力支持下,傳記的出版計劃變得越來越具體。保羅是海灣石油公司(Gulf Oil Company)的大股東,也是美國最富有的人之一。一九四六年,保羅的夫人瑪麗去世了;在她離世前幾年,出於她對榮格作品的推崇,為了出版這位受人敬仰的精神科醫師的作品集,她成立了博林根基金會(the Bollingen Foundation)。由於英國的出版權已經授予勞特利奇與基根・保羅出版社(Verlag Routledge and Keagan Paul),而德文出版權則是授予了拉舍爾出版社(Rascher Verlag),所以博林根基金會在一九四七年所獲得的是在美國的出版權。接下來的幾十年間,博林根基金會為大西洋兩岸的編輯工作提供了大量的資助。[1]因此,榮格全集的第一卷首先出版的是英譯

---

1 保羅・梅隆(1907-1999),是海灣和英國石油公司(BP British Petroleum)的重要股東,還是大型鋁和鋼鐵公司以及梅隆銀行的所有者。他這一生慷慨奉獻,進行過多項慈善資助。1938年,他在蘇黎世與榮格進行了一次嚴肅的私人談話,當時他的第一任夫人瑪麗(Mary, 1904-1946)也在場。幾十年來,梅隆一直資助著威廉・麥奎爾(William McGuire)的工作。在麥奎爾退休前不久,還特地撰寫了一篇長文描述基金會光輝的歷史:《博林根:一場收集往事

本。[2]

由於夫人瑪麗的熱忱，自一九三八年以來，保羅・梅隆還資助了艾拉諾思會議的創始人和組織者奧爾嘉・弗勒貝-卡普泰因（Olga Fröbe-Kapteyn），出版艾拉諾思年鑑和她個人的研究項目。弗勒貝-卡普泰因在首次嘗試的傳記計畫中，即扮演著中間人的角色。一九四〇年代末，在阿斯考納（Ascona）的一次會議上，博林根系列叢書的主編們，尤其是約翰・巴雷特（John Barrett），希望能夠出版一本榮格的傳記，一方面是想提高榮格的知名度，另一方面也是為了回應對他作品的喜愛。[3] 當然，如果這是出自榮格之筆的自傳作品，那就再好不過了。在這之前，巴雷特已經和榮格相熟的朋友凱莉・貝恩斯（Cary Baynes）進行過討論。然而，分別在一九五〇年和一九五二年，榮格與貝恩斯的女兒西梅納・德・安古洛（Ximena de Angulo）進行了兩次會談，面對她們試探性的詢問，榮格均表示拒絕。[4]

的歷險》（*Bollingen: An Adventure in Collecting the Past*），1982 年出版。關於梅隆，還可見保羅・梅隆、約翰・巴斯克特（John Baskett），《回憶錄：銀匙裡的倒影》（*Reflections in a Silver Spoon-A Memoir*），1992 年；威廉・叔恩爾（William Schoenl）《榮格：他與瑪麗・梅隆及普利斯特里的友誼》（*Jung: His Friendship with Mary Mellon and J.B. Priestley*），1998 年；霍夫曼・威廉（William S. Hoffman）《保羅・梅隆：一個石油大王的畫像》（*Paul Mellon: Portrait of an Oil Baron*），1974 年。

2　1953 年，應榮格的要求，出版了《心理學與煉金術》（*Psychology and Alchemy*），英文版《榮格全集》（*Collected Works, CW*）第 12 卷，及《分析心理學兩篇文獻》（*Two Essays on Analytical Psychology*），英文版《榮格全集》第 7 卷；在 1976 年，《象徵的生活》（*The Symbolic Life*），英文版《榮格全集》第 18 卷。德語版的《榮格全集》（*Gesammelten Werke, GW*）則是在 1958 年至 1981 年間出版。

3　編輯委員會由赫伯特・里德爵士（Sir Herbert Read）、榮格和約翰・巴雷特組成，他們之下再成立「執行次委員會」（executive sub-committee），則是由麥可・佛登（Michael Fordham）、格哈德・阿德勒（Gerhard Adler）和赫伯特・里德爵士組成，負責實際項目的執行；而威廉・麥奎爾則是美國「博林根編制內編輯」（Bollingen house editor）。

4　西梅納・德・安古洛（Ximena de Angulo）寫給凱莉・貝恩斯的信，1952 年 9 月 5 日，引述

凱莉‧貝恩斯當年是在紐約分析師克里絲汀‧曼（Kristine Mann）的推薦下，於一九二一年來到蘇黎世拜訪榮格而留下來。一九二四至一九二五年間，她負責抄錄榮格所編輯的《紅書》部分，也幫忙記錄了榮格英語研討會的內容。這兩本書，都包含了大量榮格自傳的素材[5]。凱莉‧貝恩斯的夫婿戈德溫‧貝恩斯（H. Godwin Baynes）是精神科醫師，也是榮格的親密同事，他們在蘇黎世相識後結為夫妻，婚姻從一九二七年維持到一九三一年。她投入衛禮賢德文版《易經》的英譯本工作二十多年，該書最後在一九五〇年由博林根基金會出版。此後幾年，凱莉‧貝恩斯一直在基金會的編輯委員會任職，瑪麗‧梅隆曾提議由她來翻譯榮格的作品，但在一九四六年遭到她堅決的拒絕，因為「有一大堆的擔心和疑慮」[6]。

　　根據榮格告訴亞菲的消息，二〇年代中期，凱莉‧貝恩斯就貿然提出了創作傳記的提議：「這起愚蠢的傳記事件可以追溯到凱莉‧貝恩斯的時代（一九二六年九月研討會）[7]。起初是貝恩斯夫人想做傳記，後來，H夫人[8]也一起加入行列。」然而，如果是博林根基金會認為需要出版一本傳記，他是會考慮的。一九四八年他回顧自己的人生時，曾明確表明：「我是永遠不會寫自傳的。」[9]

　　　自山達薩尼，2005年，第13-14頁。西梅納‧德‧安古洛是凱莉‧貝恩斯在第一次婚姻的女兒，西梅納最初在母親家的編輯辦公室為基金會工作，一段時間後又搬到了瑞士。
5　參見山達薩尼所編，2009年，第212頁及以後。
6　見麥奎爾，1982年，第109頁。
7　【英譯編註】：原文如此。
8　【編註】：H夫人，即露西‧海耶-格羅特（Lucy Heyer-Grote）。榮格寫給安妮拉‧亞菲的信，1954年1月20日，ETH。榮格在此提及的研討會事實上並非在1926年舉辦，而是1925年。關於露西‧海耶-格羅特，參見下文。
9　榮格寫給安東尼奧‧薩維茲（Antonio Savides）教授的信，1948年1月13日，見《榮格書信選第一卷》，第489頁。另參見同一卷第404頁，他寫給爾格‧菲茲（Jürg Fierz）的信。

這一類的書他已經讀得夠多，在他看來，這類書都不真實，也根本不可能真實——本質的一切都不見了。

四年後，就在一九五二年二月，一位同事想要鼓勵他寫一本自傳，他也以類似的方式表達了想法：他不是很看重傳記，因為傳記很少是真實的。而且那些吸引讀者興趣的傳記內容，都是一些容易理解的生活瑣事。讀者不能理解他為心理學所付出的工作，也無意去瞭解他個人在無意識領域的發現。而且，他還提出了另一個不寫傳記的理由：「因為除了缺乏動機之外，我也不知道該如何著手。」不過，這至少表明，他正在深入研究傳記敘事形式的問題，也有了想要寫自傳的願望。此外，他也不太相信能有第三方完成這項任務：「我更看不出其他人如何能解開這個由命運、限制、渴望，還有一些我自己才知道的一切，所構成的可怕的戈爾迪烏姆之結！任何想嘗試這種冒險的人，如果他想真正完成這項工作，就應該能夠把我分析得遠遠超出我的想像。[10]」

儘管榮格拒絕傳記的態度十分堅決，但在幾個因素的共同作用下，抵制的情緒很快就開始緩和。他七十五歲生日之後，在媒體的相關採訪和文章中，以及朋友圈子越來越多的堅持下，儘管他的內心矛盾重重，但也逐漸意識到：關於自己的傳記終究是會出版的，只是時間早晚的問題而已。完成傳記的可能性越來越大，也就可能由不稱職的，甚至是完全未經授權的人來負責，他因此更迫切希望自己或多或少能有一定程度的掌控。

另一個因素可能是榮格知道歐內斯特・瓊斯（Ernest Jones）正

10　榮格寫給約翰・索伯恩（John Thorburn）的信，1952 年 2 月 16 日，《榮格書信選第二卷》，第 38 頁編註。

在撰寫一本關於佛洛伊德的傳記,而且瞭解到這事也已經有些日子了。一九五二年初,瓊斯曾懇請得到榮格的准許,查閱一下佛洛伊德寄給他的信,這項要求讓榮格再次面對幾十年前的這些信件。他請當時負責管理剛成立不久的榮格研究所的安妮拉・亞菲,查看佛洛伊德寫給自己的信,還請她研究一下,是否具有歷史價值或牽涉公共利益。她向榮格報告,佛洛伊德的信件除了提及精神分析或學術的主題之外,還包含許多「非常私人的言論」,以及對其他人的評論和組織事務等相關內容。[11] 瞭解到這一點之後,榮格問了自己以下這些問題:他打算如何處理這些對科學研究無疑很重要的文件?他想要公開的是什麼,不想公開的又是什麼?[12]

由於艾瑪・榮格(Emma Jung)也曾與佛洛伊德有過書信聯繫,也都留下了書信檔案。因此他們夫婦討論此事,共同的結論是:佛洛伊德的書信具有一定的歷史價值。只不過,榮格堅持向第三方聲稱,信件的內容「不重要」。他告訴瓊斯,他不希望出版這些信件,因為這些信「不是特別重要」,大多數的內容都是關於組織管理或是組織出版物的相關訊息,有些內容又過於私人化,他認為信件的內容完全無法為佛洛伊德的傳記提供有價值的訊息。關於個人回憶的要求,榮格也拒絕了:「因為除了我自己,沒有其他見證人。關於逝者,我寧願避免未經證實的的故事。」[13]

這會兒,博林根基金會的負責人也知道瓊斯正進行佛洛伊德的工作後,他們覺得榮格傳記不能再繼續拖下去。確定凱莉・貝恩斯

---

11 安妮拉・亞菲寫給麥奎爾的信,收於《佛洛伊德與榮格的書信集》(*The Freud/Jung Letters*)的引言,第 XXI 頁。
12 榮格寫給榮格研究所之理事會(the Curatorium of the Jung Institute)的信,1952 年 3 月 22 日,ETH。
13 榮格,《榮格書信選第二卷》,第 40 頁。

沒有執筆，他們開始評估露西・海耶 - 格羅特（Lucy Heyer-Grote）能否成為傳記作者的合適人選。她和榮格一樣，都是來自巴塞爾，而她的哥哥弗里茨・格羅特（Fritz Grote）是榮格的大學同窗，當時已經在琉森市（Luzern）的桑馬特診所（Klinik Sonnmatt）擔任主任醫師多年。

　　露西出生於一八九一年，她的父親在拉脫維亞的里加（Riga）經營一家油漆廠，露西就在這裡長大；之後，她來到德國，從卡爾斯魯厄（Karlsruhe）的高中畢業，成為德國第一批進入大學學習的女性之一。她在慕尼黑和海德堡學習古典語言學和古代歷史。一九一七年，她嫁給了古斯塔夫・理查德・海耶（Gustav Richard Heyer）醫生，他們兩人參加的研究小組是以神經學家魯道夫・勞登海默（Rudolf Laudenheimer）與萊昂哈德・塞夫（Leonhard Seif）為核心人物，從事研討榮格的研究。從一九二八年開始，她與榮格有了個人的聯繫。在一九三〇年至一九三二年間，露西・海耶 - 格羅特主要接受托妮・沃爾夫（Toni Wolff）的精神分析，也接受榮格和伊娃・莫里茨（Eva Moritz，柏林榮格學院的主席）的分析。三〇年代，她在德語報紙和專業期刊上評論榮格的幾部作品。榮格六十歲壽辰前後，她有了想要出版有關於榮格專著的想法，希望透過這種方式讓榮格心理學在德語世界中更廣為人知，並且將榮格和他的心理學納入世界哲學傳統的背景脈絡中。不過，到了最後，夫妻兩人這一專著的計劃並未實現。二十世紀二〇年代中期之後，她一直在慕尼黑執業，前後完成了針對舞者瑪麗・威格曼（Mary Wigman）、運動治療師艾爾莎・金德勒（Elsa Gindler）、以及呼吸治療師克拉拉・施拉夫霍斯特（Clara Schlaffhorst）和海德薇・安徒生（Hedwig Andersen）等人的培訓，她成為了心理治療身體工作

（psychotherapeutic body work）這一領域的先驅。[14]

一九三一年春天，榮格邀請她將新開發的工作方式，介紹給蘇黎世心理學俱樂部的成員。在這裡，她報告的題目是〈精神官能症患者和精神病患者的體操〉（Gymnastik bei Neurosen und Psychosen），還接受了由榮格和戈德溫・貝恩斯所轉介的一些患者。一九三四年，她與古斯塔夫・海耶離婚，不久之後，榮格也因為古斯塔夫・海耶的納粹主義態度而與之疏離。一九三九年之前，露西・海耶-格羅特定期參加艾拉諾思會議；在年輕的時候，她和艾拉諾思年鑑的的編輯，也就是萊茵河出版社的丹尼爾・布羅迪（Daniel Brody）和黛西・布羅迪（Daisy Brody）夫婦，有著密切的關係；而且，她與艾拉諾思會議創始人弗勒貝-卡普泰因也一直關係友好。因為這一切，在一九四九年，弗勒貝-卡普泰在博林根基金會為露西・海耶-格羅特積極背書，強調她一直以來就是抗拒納粹主義的。[15]

一九五二年八月二十四日，海耶-格羅特在丹尼爾・布羅迪的推薦下，向博林根基金會提出了以「榮格傳記的方方面面」（Gesichtspunkte einer Biographie Jungs）為書名的寫作大綱[16]。從她的引言中可以清楚地看出，這本書將專注於榮格的作品和思想過程的演化，而對於外在事件，也只有在與其心理學和作品的發展有關

14　露西・海耶-格羅特（1891-1991）的遺稿存放於巴塞爾大學圖書館，手稿區，NL 335。也可參見耶爾・格塞爾（Yael Gsell）的碩士論文，《露西・海耶-格羅特傳記：時代變遷中的自由女性》（*Lucy Heyer-Grote Biografie. Eine emanzipierte Frau im Wandel der Zeit*），2019年；不過其中的一些說法有誤。例如，文中提到露西・海耶-格羅特於1950年在艾拉諾思會議上做報告；但事實上，她並沒有做什麼報告，只是作為與會者前往。
15　奧爾嘉・弗勒貝-卡普泰因寫給約翰・巴雷特（John Barrett）的信，1949年7月20日，LoC，博林根檔案館（Bollingen Archive）。
16　露西・海耶-格羅特，1952年8月24日，ETH。

聯時才會提及。這樣做的目的是為了彰顯一個人的品格，因為他抓住並應對了時代的集體潮流。[17] 她表示自己十分願意與凱莉·貝恩思合作這個計劃，而榮格也贊同這種合作方式，因為在他看來，這兩位女性的觀點可以成為一種有效的互補。[18] 海耶-格羅特認為，完成傳記的大前提是需要與榮格進行直接的對話，「對所有重要問題進行詳細的採訪」，並將採訪的結果以文本的形式呈現。[19] 顯然，海耶-格羅特對此任務的理解受到了博林根基金會的好評。

而榮格最初也是同意的，從他在一九五三年二月給亨利·福魯諾的回信中可以看出：他同意了「美國方面」的請求：「嘗試以採訪的形式來撰寫我的傳記」[20]，同時也表達了，僅僅是將這個工作看作一個結果尚未可知的實驗。雖然這封信顯示出榮格比以前更強的意願，但也揭示了榮格對這一計劃的看法，他認為這只是一次「嘗試」，結果並不確定。他自己沒有想過親自拿起筆「將所謂生命的奇異經歷，寫成任何小說或詩歌」，對他來說，「經歷過」就足夠了。[21] 他已經說得再清楚不過了，自己對傳記（Bio-Graphie，將生命轉化為畫面）的興趣有多麼淡薄，以及他對這一嘗試的態度有多麼懷疑，儘管是默許了這一嘗試。

海耶-格羅特提議將書名定為「榮格：其思想的發展與影響」

17　同前。海耶-格羅特在她的計劃中強調，她想描繪的榮格，是面對其所處時代的集體「需要」，能夠做出敏感而又富有創造性之反應的一個人：「我們認為，最自然、最富有成果的方法，是透過對榮格的作品，將這一理解為人格的表現，某種程度上已經承受、而且依然在承受著時代之苦難的人格。」

18　參見榮格寫給凱莉·貝恩斯的信，1953 年 10 月 7 日，參見山達薩尼的引用，2005 年，第 15 頁。

19　露西·海耶-格羅特寫給榮格的信，1952 年 9 月 16 日，ETH。

20　榮格 1953 年 2 月 12 日寫給西奧多·福魯諾（Theodore Flournoy）的兒子亨利·福魯諾（Henri Flournoy）的信，見榮格，《榮格書信選第二卷》，第 106 頁。

21　同前。

（Jung-Werden und Wirken seiner Ideen），整本傳記分成九章：背景與開端（Voraussetzungen）、精神醫學、精神分析、朝向內在的道路、情結心理學、來自東方的光、轉向西方傳統、時代的問題，以及榮格的繼任者及其流派。她認為，從蘇格拉底時期的諸位先哲到現代詩人和科學家，以他們的思想和作品所構成的歷史巨大弧線中，榮格的思想和作品擁有安放其中的位置。[22]

海耶-格羅特的構思與榮格在談話中所提供的訊息是相呼應的，這顯示如果不是榮格曾經與她談起過自己的態度和喜好，不然就是她對榮格的一切非常瞭解。這一傳記方案的結構來說，不僅表現出她對這計劃的認真思考，還能看出她從歷史脈絡出發，同時以科學的方式進行，至於所有私人或個人性質的內容都是處於次要地位。

保羅·梅隆隨後承諾，他會自掏腰包資助該書寫計劃的進行。最初的想法是，這本傳記先與《艾拉諾思年鑑》的出版商萊茵出版社（Rhein Verlag）合作先出版德文版，由出版社的負責人丹尼爾·布羅迪主持這工作。丹尼爾是《艾拉諾思年鑑》的編輯，也是榮格多年來的老友。[23] 雖然榮格現在已經明確地表示，他同意海耶-格羅特的構想，並將她作為傳記作者的人選；但由於凱莉·貝恩斯參與了推進的工作，他表示如果凱莉願意的話，也可以支持海耶-格

22　露西·海耶-格羅特的遺稿，未注明日期，UBB。
23　丹尼爾·布羅迪（1883-1969），自 1933 年起，他與奧爾嘉·弗勒貝-卡普泰因為共同編輯艾拉諾思會議的年鑑，他一直持續這項工作直到去世。榮格，還有艾拉諾思會議其他的報告人，透過布羅迪而在萊茵出版社出版了一些作品；他與赫爾曼·布羅赫（Hermann Broch）關係密切，並且，布羅迪出版十卷本的布羅赫作品系列來向其致敬。布羅迪、他的夫人黛西（Daisy），以及露西·海耶-格羅特，三人之間的關係一直十分友好。推舉海耶-格羅特作為傳記作者的源頭，可以溯源到丹尼爾·布羅迪身上。

羅特的傳記書寫。不過貝恩斯認為，由於這任務已經交給了海耶 - 格羅特，所以自己被忽略了，她為此責備丹尼爾・布羅迪，繼而又將憤怒轉移到榮格的夫人艾瑪身上。榮格立即親自進行了澄清：在他看來，貝恩斯為傳記項目的推動提供了絕對的動力，而且他以為她是有意願合作的；然而對於這一宏偉的傳記計劃，他一向確信露西・海爾 - 格羅特絕對是合適人選，但從一開始他就堅持讓貝恩斯參與其中，因為她能帶來寶貴的另一種視角。[24] 他因此建議貝恩斯盡快開始認真地與海耶 - 格羅特合作，而且動作要快一些，「趁我還沒有完全老去！」——對於榮格來說，精神和身體都健康的時間並不多了。貝恩斯認為海耶 - 格羅特的構想過於哲學化，最後還是拒絕合作了。不過，她仍願意在傳記的後續過程中發揮自己的作用。

「我還沒有為自己找到圓滿的答案」

一九五三年一月，奧爾嘉・弗勒貝 - 卡普泰因通知博林根基金會的負責人，榮格願意接受露西・海耶 - 格羅特的傳記採訪。因此，保羅・梅隆在一九五三年至一九五五年間向其支付幾筆款項，用於支持她的工作。[25] 幾個月之後，榮格和海耶 - 格羅特開始認真工作了。這很有可能是榮格在理性的驅使下所產生的結果，因為如果沒有外部的壓力，他很有可能不會同意。在這不久以前，他

---

[24] 節選自榮格寫給凱莉・貝恩斯的信，1953 年 10 月 7 日，根據山達薩尼的作品，2005 年，第 15 頁。
[25] 參見保羅・梅隆寫給露西・海耶 - 格羅特的信，1953 年 4 月 14 日；約翰・巴雷特寫給露西・海耶 - 格羅特的信，1953 年 4 月 1 日；約翰・巴雷特寫給露西・海耶 - 格羅特的信，1955 年 1 月 25 日；LoC。

耗費了大量的精力和心思在近來出版的三部作品，以及大眾對這些作品的接納上：他在一九五一年所完成了關於自性原型的研究專著《伊雍》（Aion，又譯《艾翁》），這一研究「是自性原型的全面性研究，包括對基督形象許多象徵性的放大」，副標題定為「象徵歷史的研究」（Researches into the History of Symposium）；而一九五一年春，他情緒澎湃地寫下了《答約伯》（Answer to Job），而這作品引起了強烈的反響和大量的書信；還有，一篇關於共時性（synchronicity）的文章，即關於「非因果關係事件間有意義的巧合」的討論。[26] 此外，在一九五三年，他還寫了《哲學樹》（The Philosophical Tree），論述了煉金術文本中樹意象的意義及其發展。[27] 此時，榮格年事已高，身體也不太好，但這些重量級的作品是一種見證，證明當時在精神方面，他仍展現出頗富創造力的內容。他所感興趣的是一些特定的主題和時事問題，而不是自我的省思和耽溺。

一九五三年秋天，露西‧海耶-格羅特從德國搬到巴塞爾，開始傳記的採訪和記錄。有趣的是，榮格在工作開始之際，交給她瓊斯所著的《佛洛伊德傳記》第一卷，說這本書能讓她瞭解關於佛洛伊德的道聽途說。[28] 儘管榮格沒有多想便回絕了瓊斯的訪談，拒絕

26　《伊雍》研究的是自性的象徵，《榮格全集》第 9 卷第 ii 冊；〈答約伯〉，收於《榮格全集》第 11 卷，第 553 頁及其後，最初由拉舍爾出版社（Rascher Verlag）於 1952 年出版。《共時性：一種非因果性的關係原理》，原載於與沃夫岡‧包立（Wolfgang Pauli）合作的《自然的解釋與心靈》（Naturerklärung und Psyche），1952 年出版於拉舍爾出版社；《論共時性》（On Synchronicit），1951 年發表艾拉諾思會議，由萊茵出版社（Rhein Verlag）1952 年出版。這兩篇文章均可見《榮格全集》第 8 卷，第 816 頁及其後。
27　首次發表以〈意識的根源〉（Von den Wurzeln des Bewusstseins）發表於《心理學論文集》（Psychologische Abhandlungen），1954 年，第 IX 卷；收於《榮格全集》第 13 卷，第 304-482 頁。
28　歐內斯特‧瓊斯，《佛洛伊德的生活和工作：性格形成時期和偉大的諸發現》（The Life and

進行佛洛伊德有關的回憶,而現在,他抱怨說,從來沒有人問過他這一切究竟是怎麼回事兒。榮格聲稱,瓊斯對他與佛洛伊德關係的描述是片面和扭曲的;他給瓊斯的信語帶指責:「如果你能就某些事實的真相來諮詢我,才是夠明智的做法。」[29] 榮格同時向海耶-格羅特提供了更多的資料。

剛好就在這時候,他不得不接受生命中另一段重要關係的變化,讓情緒大受影響,雖然他很少與旁人談及,然而托妮・沃爾夫在一九五三年三月意外去世這件事,確實對他造成了沉重的打擊。儘管他繼續嘗試參與傳記,但是態度越來越保留,對自己的生命也充滿了懷疑和疑問。棘手的問題不斷湧現:他應該向露西・海耶-格羅特透露些什麼,不應該透露些什麼?哪些是非常重要而不得不提及的?他應該如何去組合這一切敘述,又應該如何去證明事情的發展?很顯然地,他想要為自己的生命找到一種連貫的敘事。正如他在一封寫給亞菲的信中(下文將進一步引用)表示,他越是花時間去尋找這樣一種敘事形式,就越是找不到;所以他再次表示,傳記並沒有真正表現出真相,傳記只是假裝這樣罷了。

一九五四年三月,海耶-格羅特以熱情洋溢的樂觀口吻通知保羅・梅隆:「榮格教授對這項工作表現出極大的興趣,並且非常願意提供我所需要的一切訊息。」然而,榮格僅僅晚一週寫給凱莉・貝恩斯的信,內容恰與海耶-格羅特這封信描述完全相反,他表示自己沒有能力再「繼續這個可笑的傳記遊戲了」。[30] 榮格把自己描

Work of Sigmund Freud.1856-1900: The Formative Years and the Great Discoveries),1953 年。榮格指的是第 13 章〈弗利斯時期〉(The Fliess Period),並指出瓊斯的描述有誤,佛洛伊德並沒有在榮格面前昏厥。

29　參見榮格,《榮格書信選第二卷》,第 133 頁和第 144 頁。
30　第一句引文摘自露西・海耶-格羅特給保羅・梅隆的信,1954 年 3 月 28 日,LoC;第二句引

繪成一隻遠離傳記作者的鳥,顯然,她的任務是抓住一個難以捉摸的主人公,並認為這是一項幾乎肯定失敗的挑戰。他批評自己與海耶-格羅特合作,其實是一場沒有被認真對待的遊戲;他在寄給貝恩斯信中所做的比喻更加尖銳,他描述「我還不知道她打算如何捕捉這隻鳥」[31]。在這個比喻中,榮格將自己描繪成一隻再三躲避抓捕的鳥,並且認為這位作者一直只是徒勞地想抓住這個難以捉摸的主人公,認為這是一項必然失敗的挑戰。

幾天後,他用更嚴肅的語氣批評自己,他向安妮拉・亞菲透露了那個讓自己不安的更深層原因:

「我在博林根的靜謐之中緩緩地看著自己,回望了這將近八十年的生命經歷。我必須承認,我還沒有為自己找到圓滿的答案。關於自己,我的懷疑還是一如既往,我越想說清楚一些事情,懷疑就越增多。就好比,因為對自己不斷地努力要加以瞭解,我反而離自己更遠了!」[32]

這一切自述,帶給我們許多啟發。對榮格來說,這個階段最讓他煩惱的是那些有關生命和工作的問題,一切都是懸而未決,特別是他表示,自己所尋求的是「圓滿的答案」。這同樣清楚地表明了,在他的設想中,整個敘事的風格需要具有足夠的連貫性、解釋性、相關性,才能夠呈現出「生命輪迴」(Lebenskreis)之類的連貫模型。他顯然嘗試著要從大量不同但奇特的經歷或作品中,描繪出自己的整個人生。要想實現這一點,就必須將不同的經歷連結在

文摘自榮格寫給凱莉・貝恩斯的信,1954 年 4 月 4 日,被引用於山達薩尼,2005 年,第 18 頁。
31　榮格寫給凱莉・貝恩斯的信,1954 年 3 月 29 日,引同前。
32　榮格寫給安妮拉・亞菲的信,1954 年 4 月 6 日,《榮格書信選第二卷》,第 163 頁。

一起,並將這些作為發展的階段來加以呈現,最後所有這一切結合成一個整體,這樣才能發現其中發展的脈絡,或是找到基本的底層結構。也許這樣,才能發現那個「圓滿答案」。儘管他為了解決這個問題,盡全力地深入思考和反省,但所作的努力還是付諸東流,這些嘗試還是以失敗告終。當他想通過某種確定的方式來表達自己的性格或生命時,非但沒辦法更接近自己,反而還產生了一種疏離感和隔閡感。讓人詫異的是,當他感受到越來越多的疏離,即便是對那些原本明確的東西也開始懷疑時,他感覺自己過去可能想得過於片面和簡單了。[33] 關於自己的歷史和人格的問題,比起那些可以表述的、確定的、已知的內容,似乎是更加寬廣許多。這樣一來,所有關於自身的陳述都顯得不堪一擊,甚至十分不中肯。

等到第二年,榮格的疑慮更是愈發不可收拾。一九五四年夏末,艾瑪・榮格被診斷出患有癌症。一切都發生得非常意外,手術和放射治療緊隨而來。最初,艾瑪和榮格對這事隻字不提,連對兒女們都隱瞞了病情,可見夫婦兩人對這次患病是非常擔憂的。而更早以前,三月底傳來一則令人驚訝的消息,讓他對一切不得不重新仔細考慮:安娜・佛洛伊德(Anna Freud)找到了榮格寫給佛洛伊德的信;而大家原本還以為,這些信件在佛洛伊德從維也納流亡倫敦的過程中早已遺失。紐約的佛洛伊德檔案館(Freud-Archiv)想要取得這些信件的副本,於是聯繫了蘇黎世榮格研究所的所長卡爾・阿爾弗雷德・邁爾(C. A. Meier),想要商討出版這些信件的

---

[33] 還可參見榮格在 1952 年 6 月 17 日寫給茲維・韋伯洛夫斯基(Zwi Werblowsky)的信,出自《榮格書信選第二卷》第 70 頁:「我所說的話必須曖昧不清或是有雙種含義,才可以公正地對待心靈的本質……我有意識地、刻意地含糊其辭,因為這比清晰的表達更有效,更能反映出生命的本質。而我這個人的秉性卻是直來直往,非常坦率的。因此要我做到那些清晰的表達並不難,但代價卻是犧牲了真相。

可能性。榮格的想法是,在做出任何決定之前,他想要先回顧他寫給佛洛伊德的那些信,於是,邁爾於一九五四年十一月前往紐約,取得信件的副本。信件的重新發現讓人非常意外,榮格需要一些時間再次面對這個曾經非常重要的衝突時期。從他的反應可以發現,他又一次呈現出強烈的防禦姿態:一九五五年一月,邁爾不得不告訴佛洛伊德檔案館的秘書庫爾特‧艾斯勒(Kurt Eissler),榮格現在並不想讀那些他寫給佛洛伊德的信,並且無論如何也不會同意在其有生之年出版。[34]

在此同時,榮格向一些熟人再三表達自己的態度:對於傳記的計劃,他的懷疑日益漸增。他所猶豫的,絕非海耶-格羅特的工作能力,而是與自己十分傳統又極其普通的布爾喬亞生活有關。在這裡,我們看到了榮格之所以不情願的另一個顧慮:他懷疑人們會對他和他的作品有足夠的興趣?他表示,自己的生活與普通公民並無二致,完全沒有戲劇化的情節,一切平凡無奇,不會引起任何人的特別興趣。他一再諷刺地指出,像史懷哲(Albert Schweitzer)那樣的生活,對公眾的吸引力要大得多;他指責史懷哲是為了躲避在歐洲的挑戰,而選擇去成為貧困非洲人群心目中備受讚譽的「救世主」。[35] 十分顯然的,在人生的這一階段,榮格尚未明確地專注在自己的內在歷程,儘管這一切有時是相當戲劇性的,那些分析工作確實是相當創新的。他反而注意到一些一般認為不夠友好的回應。雖然戰後幾年,他一直公開批評國家社會主義(納粹主義),然而公眾對他戰前那些年的批評和爭論從未停止過,這也讓他感到憤憤不平,甚至覺得聽天由命算了。特別是一九五二年後,大眾對《答

---

34 見《佛洛伊德與榮格的書信集》,1974 年,麥奎爾的引言,第 xxii 頁及以後。
35 榮格,《榮格書信選第二卷》,第 40 頁,第 140 頁及其後。

約伯》猛烈而嚴厲的攻擊，也讓他深深地感到受傷。在這之後，他多次表示自己被誤解了，是「恐怖的誤解」和「暴力的攻擊」的受害者，他不得不「將自己武裝起來」。[36] 因此，也就不難理解為何在前面提到的那封信件中，他向安妮拉・亞菲提出的反問：「我身上究竟是什麼讓世人如此反感？我是如何得罪了這整個世界的？」[37]

一九五四年十一月，榮格第一次要求露西・海耶 - 格羅特讓他閱覽她正在進行的手稿。[38] 因此十二月初，海耶 - 格羅特寄去了前言的草稿和一些章節內容。[39] 然而，對露西來說這本傳記的撰寫變得越加困難，因為此刻的榮格明顯的更加猶豫了，而她自己內心對「博林根基金會和布羅迪所預設作品的抗拒」，和她如何應對這項任務的感覺產生了衝突。儘管如此，海耶 - 格羅特仍然相信這個傳記計劃將持續相當長的一段時間，到了秋天，她向美國再次

36　榮格，《榮格書信選第二卷》，第 79 頁；也可參見榮格寫給艾瑞旭・諾伊曼的信，1952 年 1 月 5 日，第 32 頁。

37　榮格，《榮格書信選第二卷》，第 162 頁及其下。

38　根據榮格的說法，直到 1954 年初，他和海耶 - 格羅特已經進行了大概七次的對話，都是針對傳記書寫計畫。但是，正如榮格在寫給亞菲的信中所說，對於是否能夠從這些對話產生任何有價值的內容，他是持懷疑態度的（榮格寫給安妮拉・亞菲的信，1954 年 1 月 20 日，ETH）。而露西・海耶 - 格羅特在 1954 年 3 月底，寫信告訴保羅・梅隆，稱自己幾乎每週都會拜訪榮格，討論傳記相關的事宜（露西・海耶 - 格羅特寫給保羅・梅隆的信，1954 年 3 月 28 日，LoC）。四個月後，榮格給安妮拉・亞菲的另一封信中，可以看出榮格直到夏天仍在參與傳記工作，1954 年 7 月 22 日他還與海耶 - 格羅特一起參觀了自己的出生地：「昨天，我回到了我出生的地方，圖爾高州的凱斯威爾（Kesswy Ct. Thurgau）——它的羅馬名字是卡西奧維拉（Cassiovilla）。」所以，可以得出結論，他可能為了傳記一直忙到了夏天。同一封信指出，他似乎還看到了自己曾經的夢境，並告訴亞菲，自己在第一次世界大戰前的第三次夢。在夢中，葡萄樹的意象出現了，樹上結滿了一串又一串的葡萄，這碩果累累的畫面被解讀為「Menschheit bestimmt」（注定要留給人類）。（榮格寫給安妮拉・亞菲的信，1954 年 7 月 23 日，ETH。）關於這個夢可參見亞菲（編），1962 年，第 176 頁。

39　露西・海耶 - 格羅特的手稿，在她的遺稿中，UBB。

提出申請，希望可以繼續獲得「資助」。[40] 艾瑪・榮格也參與了傳記的一些採訪，艾瑪・榮格曾經與佛洛伊德通過信件，她曾經許諾提供這些信件，然而不知為何，海耶-格羅特從未收到過。[41] 幾個月前，在蘇黎世有人針對選擇她作為傳記作者而提出異議，這些誹謗海耶-格羅特的人認為，如果傳記是由一位前德國納粹支持者來撰寫，將會有損榮格的聲譽。對於這樣的詆毀，榮格出面制止。[42] 不過，在這同時，他本人卻向遠在美國的朋友巴雷特和貝恩斯寫信抱怨，表示自己越來越不願意參加會談，並且對海耶-格羅特的能力提出了質疑，對於自己不得不把寶貴的時間獻給這位「可悲的女士」感到遺憾，說她缺乏必要的動力，也沒有讓他看過採訪的結果。榮格之所以提出這些抱怨，最初可能是為了維護了自己外在的形象，將自己的衝突和懷疑隱藏了起來。然而，他的這些話卻導致了發起者和捐助者之間的裂痕。

一九五五年初，艾瑪・榮格再次住院。榮格這樣寫道，這場大病佔據了「我所有的閒暇時間」。[43] 一月，他寫下了〈曼陀羅〉[44] 一文；接下來的幾個月則忙於《神祕結合》（*Mysterium*

40　露西・海耶-格羅特寫給古斯塔夫・海耶（Gustav R. Heyer）的信，1955 年 3 月 29 日，UBB。其中的暗示非常明顯：不論是博林根基金會還是出版商丹尼爾・布羅迪，或許都對露西・海耶-格羅特的工作做出了要求——這本關於榮格的作品在內容和形式上都應該依相應的規範來撰寫。遺憾的是，無法找到更多的訊息來佐證作者、出版商和贊助商三者持有的不同想法。不過，根據現有的海耶-格羅特的手稿可以猜測，出版商和博林根基金會想要的是一本適合廣大讀者群體的作品，而作者想要的是學術訴求，與他們的構想背道而馳。

41　同前。

42　榮格在 1954 年 1 月 20 日給安妮拉・亞菲的信中否認了這些指控：海耶-格羅特從來都不是納粹，她的哥哥曾經在巴塞爾和自己一起讀書，而她自己則是出生於瑞士。ETH。

43　榮格，《榮格書信選第二卷》，第 251 頁。

44　首次刊於瑞士月報《你》（DU），XV/1955 年 4 月 4 日，第 16 頁及以後。本期的主題是艾拉諾思會議。另可參見《榮格全集》第 9/1 卷，第 713 頁及以後。

Coniunctionis）最後的收尾工作。為了這部作品，他已經耗費了十多年的心血。這時的榮格已然筋疲力盡，他強調這將會是他最後的作品。一九五五年上半年，他忙著修改第一部分的校樣，[45] 同時，他還花時間在英文版《榮格全集》的策劃、翻譯、審核、校對，以及回答編輯的提問上。榮格自稱有時會感到不堪重負，覺得頗有「年紀的負累」。

面對海耶-格羅特的草稿，他感到十分沮喪。不出意外地，這個傳記項目結束了，一封寫於一九五五年二月二日的信記錄了這一切。在信裡榮格首先向海耶-格羅特解釋，自己肩負著許多其他的職責和任務，但榮格補充，其中決定性的原因在於：為了闡明這一切，他已經說了自己能夠說的所有內容，但是，這計劃仍然只能完成部分，他無法假裝能夠超越自己的頭腦。因此，這並不是因為對她理解力或能力的否定和批評；只是在他看來，現在他明白這項工作是不可能完成的。[46] 面對這樣的結局，海耶-格羅特極為震驚，但同時又感到解脫，她表示已經「為此做好了充分的準備」。[47] 在給出版商丹尼爾·布羅迪的一封信中，榮格再次提出，自己的生活對於一本傳記而言，太過於平淡無奇了。在閱讀這份手稿的時候，他開始能夠感受到自己的遺憾：如果要寫一些值得一讀的生活故事，那麼，他的生活根本無法提供任何的素材。他還順便提到了自

45　榮格撰寫了〈結合的組成〉（The Components of the Coniunctio）、〈矛盾體〉（The Paradoxa）、〈對立面的化身〉（The Personification of the Opposites）等三章所構成的第一部分，先在於 1955 年夏天由拉舍爾出版在系列《心理學論文集》第 X 冊中。參見《榮格全集》第 14 卷第一部分。《神祕結合》是與瑪麗-路意絲·馮·法蘭茲合作撰寫。
46　榮格寫給露西·海耶-格羅特的信，1955 年 2 月 2 日，ETH。
47　露西·海耶-格羅特給古斯塔夫·海耶的信，1955 年 3 月 29 日，UBB；露西·海耶-格羅特寫給麗達（Lida）的信，1957 年 2 月 12 日，UBB。稍後，她又開始著手處理該項目的工作，但最終還是沒有完成。

己一開始就有的擔心,他表示自己無法想像,透過一連串平庸而又不起眼的小事,怎麼可能向公眾展示一幅貌似真實的生活畫面。[48]

48　未註明日期。榮格寫給丹尼爾・布羅迪的信,ETH。

II 一種創造性的共鳴，
　　如同女性存在的啟示

　　同樣是在一九五五年二月，當上述事件發生時，安妮拉・亞菲為知名文化雜誌《你》（DU）撰寫了一篇關於榮格的人物描述，這時的她根本沒有料到，就在不久的將來，大約兩年以後，這傳記的後續項目將會委託給她。[1] 她在這篇描述裡，開場白就表明：自己不僅瞭解榮格和海耶-格羅特的合作已經中止，而且認同榮格應當保留對傳記表示意見的基本權利，認為第三方嘗試對傳記計劃提建議的做法不可取，因為這不只是行不通，也是冒昧的：

　　「他的生命之所以偉大，不是在於身外所獲得的一切，包括學歷、職業的生涯與地位、曾經擁有的榮譽、去過什麼地方旅行、遇到了什麼樣的人或事等等，這些都只是人生外在的線索與標記。在這一切的之間、這一切的背後，將所有這些串聯起來的，是隱匿在那豐富的生命體驗，和在這過程中心靈長足發展背後、持續延伸中的偉大弧線。他的內心是如此地繁盛而豐富，然而表面上的研究生活卻是那麼的不起眼，這樣的差異可能會讓任何傳記作家都望而卻步；這樣的經歷不論是想要公諸於眾（enthüllen）或是想要避而不

1　安妮拉・亞菲〈卡爾・古斯塔夫・榮格〉，發表於瑞士月刊《你》，XV/1955 年 4 月 4 日，第 22 頁及其後。

談（verhüllen），都只能由擁有這般生命的那個人才可能做到。如果要讓同時代的人或是後人，透過傳記來參與到自己人生當中，那就需要由他本人來分享自己的經歷；因為是他塑造了自己的人生，也是他被自己的人生所塑造。」[2]

亞菲使用了虛擬語氣——只有那個人才可能做到（nur dem Menschen selber käme es zu），一方面是指這種生活和工作只能採取自傳的形式，另一方面也表達了她的懷疑：如果可能的話（es würde dazu kommen）。尤其值得注意的是：她強調在自傳寫作過程，公諸於眾（enthüllen）和避而不談（verhüllen），都是同等重要的兩件事。亞菲的描述深深地吸引了榮格：僅僅提及與學術研究和結果相關的傳記素材，並將他的工作描述為終生的歷程是不夠的；而是那內在的體驗，將這一生的歷程和這一切外部的研究都相互結合；她同時十分簡潔地說明了他的工作的複雜性。

安妮拉・亞菲是作家，也是心理學家，這時除了要操心原本的工作之外，她還在一九四八年成立的榮格研究所（the Jung Institute）擔任行政秘書。在她之前發表的著作中，榮格決定，將她對霍夫曼（E.T.A. Hoffmann）的童話《金罐》（*The Golden Pot*）的意象和象徵的詳細研究，收錄在他一九四七年出版的著作《無意識的形塑》中。[3] 此外，五十年代起，她還在德國報刊和專業的學

2　同前，第 22 頁。
3　榮格，《無意識的形塑》（*Gestaltungen des Unbewussten*），《心理學論文集》第 VII 冊，1950 年，蘇黎世。榮格和拉舍爾出版社將這本書作為榮格個人的著作，僅在書中扉頁提到亞菲的「貢獻」約估作品的三分之二。1949 年 1 月，榮格在前言中談到了亞菲的工作：「霍夫曼的這本書長期以來一直在我的文學創作清單上，想要去挑戰對它的解釋和更深入的理解。因此，我要特別感謝亞菲女士，因為她費了很大的力氣來詳細介紹《金罐》的心理背景，使我擺脫了一項任務，在此之前，我認為自己有義務去做這樣一件事。」（前文所引用的作品，第 2 頁）。儘管得到了讚賞，但榮格和出版商對待作者的不公平令人印象深刻，從這些資料

術期刊上大量撰寫有關榮格重要著作的評論。[4] 她個人與物理學家沃夫岡・包立（Wolfgang Pauli）關係也十分要好，當時還評論了包利與榮格一起撰寫的著作《自然的解釋與心靈》（*The Interpretation of Nature and the Psyche*）。[5] 在榮格八十歲壽辰前夕，榮格研究所諸位分析師編寫了兩卷紀念文集：第一卷專門介紹分析心理學的理論和實踐；第二卷則是討論分析心理學對文化史和人文學科的重要性。[6] 艾瑪・榮格和安妮拉・亞菲都是其中的著作者。榮格夫人同時也是這小型編委會成員之一，艾瑪對亞菲的才智和敏銳十分欣賞，因此，在一九五四年秋天艾瑪因為罹病的限制，邀請亞菲協助參與編輯工作。當榮格自己閱讀過亞菲所撰寫的草稿之後，再次像以前很多場合一樣，表示了對她語言能力的欽佩，也驚嘆她對本質的理解與感知。[7] 亞菲早期的職業生涯，以及她與榮格的關係，在後續章節將進一步地詳細介紹。

一九五五年春天，一件事變得越來越緊迫：為榮格尋找新的私人秘書。自從瑪麗-珍妮・施密德（Marie-Jeanne Schmid）結束

來看，亞菲似乎只是執行命令的下屬；然而，她是緣於 1942 年的一個夢，自發而主動地對霍夫曼的作品進行探索。1945 年，她在作品中添加了一章，內容有關德國浪漫主義及其對近代納粹歷史致命的影響。後來亞菲這些作品得以獨立出版，書名《《金罐》中的意象和象徵》（*Bilder und Symbole, «Der goldne Topf»*），戴蒙出版社，1990 年。

4　包括《伊雍》、《答約伯》、《心理學與煉金術》、《意識的根源》（*Von den Wurzeln des Bewusstseins*）。參見榮格寫給安妮拉・亞菲的信，1953 年 9 月 2 日，ETH：「評論非常精彩，這是在 NZZ（《新蘇黎世報》）八年來沒有發生過的事件！」或是 1954 年 4 月 6 日的信：「非常感謝您的精彩討論！在我的工作中，有很多垃圾被送到我家裡，這一次能找到一個理解我、友好的人，真是太高興了。」《榮格書信選第二卷》，第 162 頁。

5　榮格、沃夫岡・包立，《自然的解釋與心靈》，蘇黎世，1952 年。

6　榮格研究所（編），《榮格分析心理學研究》（*Studien zur analytischen Psychologie Jungs*），《榮格誕辰八十週年紀念文集》（*Festschrift zum 80. Geburtstag von Jung*）第二冊，蘇黎世，1955 年。

7　榮格，《榮格書信選第二卷》，1954 年 12 月 26 日，第 200 頁。

長達十年的工作後,私人秘書的位置一直都沒有找到令人滿意的人選。由於丈夫的工作已經超過負荷,再加上艾瑪相信亞菲的能力和品格,在她的推動下,亞菲的工作從研究所調到榮格在庫斯納赫特的辦公室。於是,榮格請亞菲為將離職的研究所職位擬定繼任的計劃。正如亞菲後來所寫,她也曾對這項調動有過猶豫,但由於有大量緊急事務要處理,一九五五年的初夏,她就開始在庫斯納赫特的私人秘書處先處理緊急事務了。根據她自己的說法,到目前為止,多年來她和榮格之間的關係一直在「或多或少受保護的空間」中活動。「對於兩個都是內傾的人來說,如何面對外在世界的日常生活,他們兩人要好好深思熟慮,並且做好必要的準備。」[8] 她從此一直擔任他的私人秘書,直到他生命的最後一刻。

在這秘書工作不久之前,榮格曾委託她編輯一本平裝本,收錄了幾篇關於意識和無意識之間關係的文章,計劃由費舍爾出版社(S. Fischer Verlag)出版。[9] 早在一九五三年,她就曾與格哈德・撒迦利亞(Gerhard P. Zacharias)合作出版了他的《心靈世界》(*Welt der Psyche*)。[10] 此外,她也曾為蘇黎世和紐約的檔案館工作,負責將佛洛伊德與榮格所有往來的信件抄錄下來。

工作沒多久,一九五五年的夏天就是榮格八十歲壽辰。不出所料,許多賓客來訪,而榮格也接受了許多採訪。到了十月,艾瑪・榮格邀請已擔任榮格私人秘書數月的亞菲加入《榮格全集》的編輯團隊,然而,亞菲考慮到當時的工作量已經十分繁重,婉拒了

8　安妮拉・亞菲《榮格的最後歲月》,1987 年,第 117 頁。(【審閱註】:中文版由心靈工坊出版,台北,2020 年。)
9　榮格《意識與無意識》(*Bewusstes und Unbewusstes*),由安妮拉・亞菲進行編輯並完成後記,1957 年出版。
10　由拉舍爾出版社發行,蘇黎世/司徒加特,1954 年。

邀請。不過，一年後，榮格還是將她與格哈德・阿德勒（Gerhard Adler）以顧問身份，加入德文版的委員會。[11] 亞菲直到年老以後，仍然對當時拒絕了艾瑪・榮格的最後一個請求，感到十分後悔。[12] 儘管最初拒絕了，但她還是不遺餘力地以行動和知識來支持《榮格全集》的工作，直到順利出版，並且在這過程中充當了負責與博林根基金會溝通的重要聯繫人。

同年十月，亞菲負責通知佛洛伊德檔案館的秘書庫爾特・艾斯勒，榮格夫婦決定「目前不同意出版這些信件」。雖然榮格希望將這些信件置之不理，但在外界希望有所行動的壓力下，最後他的科學責任感佔了上風：他終於第一次表明自己願意重新閱讀這些信件。他同意編寫一部作品，但需要由具有專業能力、且與他和佛洛伊德同時代的人來進行，按佛洛伊德檔案館的期待，為最終出版所選信件做準備，同時規定只能在「遙遠的未來，為子孫後代」的情況下來進行出版。[13]

這時瓊斯撰寫的《佛洛伊德傳記》也出版了第二卷，並且與第一卷一樣暢銷。因此在討論佛洛伊德與榮格的信件以及傳記工作時，一個想法誕生了：精心挑選榮格寫給不同收件人的信件，輯錄這些信件一起出版。這樣一來不僅傳達學術信息，也提供了傳記相關的見解。但是，由於榮格的矛盾態度，這個問題一直懸而未決，

11　1956 年 10 月 26 日，榮格在遺囑中表示，關於其文集的德文版，除格哈德・阿德勒外，安妮拉・亞菲也以顧問的身分進入委員會；每當提及為文本的編輯和印刷做出貢獻的人物時，他們的名字就應當被列入。ETH。

12　安妮拉・亞菲寫給赫伯特・凡・埃爾克倫（Herbert van Erkelens）和羅伯特・亨蕭（Robert Hinshaw）的信，1989 年 12 月 22 日，未公開的採訪，AAJD。

13　安妮拉・亞菲以卡爾・阿爾弗雷德・邁爾之名寫給庫爾特・艾斯勒的信，1955 年 10 月 1 日，AAJD；《佛洛伊德與榮格的書信集》，麥奎爾、紹爾蘭德（W. Sauerländer）編，1974 年，引言，第 XXV 頁。

直到一九五六年春天才得以繼續進行。[14]

　　一九五五年十一月二十七日，榮格的夫人艾瑪去世。而托妮‧沃爾夫在更早的一九五三年已經離世。榮格失去了生命當中最重要的兩位女性，隨後的幾個月，他變得非常孤僻。安妮拉‧亞菲試圖幫他處理信件來減輕他的負擔，讓他感覺好一些。一九五六年二月，她寫信給他們共同的好友，作家勞倫斯‧凡‧德‧波斯特（Laurens van der Post）：「他非常勇敢地承受著孤獨。在最黑暗的日子裡，他雕刻著一塊石頭，這塊石頭有中國式的圖案與文字，幫助他走過那段難捱的日子。現在，他又回到曾經待著的地方。」[15]一九五六年，榮格忙於準備出版《神祕結合》的第二卷。他已經為這兩卷書工作了十多年，他疲倦了，而且意識到自己年事已高，曾將其描述為自己的「最後的一部作品」，[16]雖然，在這作品後，其他的著作還是隨之而來。一九五六年五月，他成立了所謂的信函委員會（Briefcomité），指定由安妮拉‧亞菲、他的女兒瑪麗安‧尼胡斯 - 榮格（Marianne Niehus-Jung）和格哈德‧阿德勒負責編輯和挑選信件，但這「書信集」並不包括他與佛洛伊德的通信。[17]

　　此時，出版商庫爾特‧沃爾夫（Kurt Wolff）從凱莉‧貝恩斯那裡得知：原本由露西‧海耶 - 格羅特撰寫、由他的競爭對手丹

14　關於佛洛伊德 - 榮格的通信，安娜‧佛洛伊德代表佛洛伊德檔案館、榮格和安妮拉‧亞菲代表榮格研究所代表，他們一起決定，在 1956 年 3 月準備好抄寫以後，同意將這些信件的副本交給安娜‧佛洛伊德、海因茨‧哈特曼（Heinz Hartmann）、恩斯特‧克里斯（Ernst Kris）、歐內斯特‧瓊斯和赫爾曼‧南伯格（Hermann Nunberg），以最嚴格的保密原則進行評估和評論。參見前文所引用的作品，第 XXV 頁。由於克里斯和瓊斯分別於 1957 年 2 月和 1958 年 2 月去世，這個計劃從未實現。
15　安妮拉‧亞菲寫給勞倫斯‧凡‧德‧波斯特的信，1956 年 2 月 16 日，AAJD。
16　榮格，《神祕結合》，前言，第 xiii 頁。
17　參見榮格寫給格哈德‧阿德勒的信，1956 年 5 月 24 日，榮格，《榮格書信選第一卷》，第 9 頁註解（在亞菲的前言中引用，但英文版未錄入）。

尼爾・布羅迪的萊茵出版社發行傳記的計劃，如今已經胎死腹中了。[18] 凱莉・貝恩斯一如過去還是不動聲色，不想因為過於積極參與而燙傷了手指；她也明白，一項計劃中斷以後想要重新啟動，將會面臨著多大的困難。儘管如此，因為長期以來與博林根基金會的關係，在這件事上她還是繼續扮演著專家和顧問的角色。而庫爾特・沃爾夫則是急著為自己的出版社抓住這機會。一九五六年八月，他在艾拉諾思會議期間與約蘭德・雅可比（Jolande Jacobi）[19] 進行了討論。雖然雅可比認為，出版這本書的確很緊急，但她卻不相信榮格會願意和自己重啟這個棘手的項目。依她的意見，只有一個人能夠親近榮格並取得他的信任，而且，這個人還具備作為傳記作者的能力──她提議讓安妮拉・亞菲執行這項任務，並提出自己會努力去爭取榮格和亞菲的同意。

18　出生於 1887 年的庫爾特・沃爾夫，從二十一歲就已經在恩斯特・羅沃爾特（Ernst Rowohlt）身旁從事出版工作，在這之前他主修過幾個學期的德語文學。後來因為母親早逝而有了一筆繼承，再加上妻子伊麗莎白・默克（Elisabeth Merck）經濟上的支持，他在 1913 年創立了庫爾特・沃爾夫出版社（Kurt Wolff Verlag），並先後成為其他出版社的所有者，包括白皮書出版社（Verlag der Weissen Bücher）、亥伯龍出版社（Hyperion Verlag）、新精神出版社（Der Neue Geist）。1930 年，他解散了所有出版社。1941 年，他飛往美國，於 1942 年和他的第二任夫人海倫成立了萬神殿圖書公司（Pantheon Books, Inc）。作為一位老練的商人，他與博林根基金會進行談判，商討出版物的創作和發行，為自己和出版社的生存都奠定了穩定的基礎。參見麥奎爾，1982 年，第 60 頁及以後。

19　約蘭德・雅可比（Jolande Jacobi, 1890-1973），與榮格開始合作要追溯到 1927 年。她對榮格研究所的成立發揮了重要影響力，並且在其理事會擔任理事長達二十年。1940 年，拉舍爾出版社出版了她的《榮格心理學》（*The Psychology of Jung*）；1945 年，該出版社又發行了她的《心理學反思：榮格著作選集》（*Psychologische Betrachtungen. Eine Auswahl aus den Schriften von Jung*）；1952 年，她與榮格共同負責了《轉化的象徵》（*Symbole der Wandlung*）。博林根基金會於 1951 年出版了她編輯的《帕拉塞爾蘇斯著作選》（*Paracelsus: Selected Writings*）英文選集，作為博林根系列的第 28 卷；這本書的德語版是更早以前於 1942 年問世：《帕拉塞爾蘇斯：活生生的遺產》（*Paracelsus. Lebendiges Erbe*）。1969 年，她以《來自靈魂的豐富意象》（*Vom Bilderreich der Seele*）一書而聲名鵲起。直到 1973 年去世以前，約蘭德・雅可比都一直積極地投入於榮格思想的傳播。

對榮格來說，現在思路更加清楚，唯有當傳記專注於他的學術生涯，關注於他的思想如何形成和演變來作為核心，這樣來寫的傳記才會是有意義的。如果傳記作者想要贏得他的信任，就必須充分地理解這一點。同時他有了這樣的想法：如果從不同的角度來寫傳記，譬如神學或醫學的角度，將會非常有意義。畢竟，透過不同學科的角度來處理他一生的現象，會有不同的看法。[20] 然而，不論是哪一種傳記，無意識的表現和立場都應該囊括在內，因此也應該研究那些對他個人非常重要的夢是如何發展，如此傳記才會有意義。這樣的念頭在他的無意識中陪伴了他本人已經很長的一段時間了。他在一九四九年冬天寫給分析師埃爾維娜・馮・凱勒（Alwine von Keller）的信寫著：

　　「如今，我處於一個回顧人生的階段。二十五年來，我第一次透過收集和整理我的各種過去的夢，想要徹底地跟自己打交道。這裡頭隱藏了各種各樣稀奇古怪的東西。一個人終其一生，對『無意識』的認識是如此的少。」[21]

　　一九五六年八月末，榮格在與英國醫師貝納特（E. A. Bennet）的一次談話中，分享了自己夢見日耳曼英雄齊格飛（Siegfried）被謀殺的夢。他想讓貝納特明白，夢在傳記作品中所扮演的重要角

20　參見第 281 頁，註解 23。
21　榮格寫給埃爾維娜・馮・凱勒（Alwine von Keller）的信，《榮格書信選》第一卷，第 516 頁。埃爾維娜・馮・凱勒（1878-1965），是教育家，也是保羅・給希博（Paul Geheeb）這位社會改良家在奧登瓦德學校（Odenwaldschule）的同事，後來成為了榮格的學生。在她生命的最後幾十年裡，直接住到了艾拉諾思旁邊的莫夏村（Moscia）。榮格在這裡指的是 1925 年的英語研討會。在這次研討會，他通過重新審視自己 1913 年以來的一些夢，更深入地研究了自己的發展歷程。在這樣做的過程中，他對自身夢境材料更深入的反思性闡述，為他的創新理論——概念心理學提供了依據。關於這一點，參見《榮格的回憶、夢和反思》中〈正視無意識〉這一章，亞菲（編），1962 年，第 170 頁以後。

色。對榮格來說,這個夢代表了他人生中的一個重要轉折點;如果不瞭解他隨後的心理學研究,就無法真正理解這個夢。他解釋說,夢裡的角色釋放了他遭抑制許久的力量,激勵他接下來要走上自己的路。[22] 他對貝納特說,他工作的主要源泉應該是從無意識意象中看到的。到了九月初,回到英國的貝納特以書面形式詢問榮格,是否能夠授權給他來撰寫這本傳記?榮格回答,他已經和安妮拉・亞菲談過由她來撰寫傳記的可能性;並且他回覆,自己身上所呈現的是如此複雜的現象,所以一個傳記作者是無法全面性地描繪他的。如果貝納特願意的話,可以從作為醫生的角度來寫。[23]

顯然,榮格相信他的同事兼私人秘書安妮拉・亞菲,可以通過充分的心理學分析,綜合他那相當多樣化的發展脈絡。亞菲想要一些時間考慮,接下來的幾週,她和榮格多次談到了這個計劃。一方面,她可以有機會和榮格一起更詳細地反思他的成長經歷,這是一項巨大的挑戰,也可以提升自己;另一方面,她也預見到了其他人會有各式各樣的反應,許多人可能會嫉妒她的特殊地位和榮格對她的信任。榮格曾經拒絕雅可比來做這項工作,後來與莉莉安・弗雷-羅恩(Liliane Frey-Rohn)不多的談話也終止了,如今明確地

---

22 關於「齊格飛之夢」更詳細的描述和解釋,見安妮拉・亞菲(編),《榮格的回憶、夢和反思》,1962 年,第 180 頁及其後。
23 榮格於 1956 年 10 月 10 日寫給貝納特的信:「就像你所瞭解的那樣,我是一個有些複雜的現象。一個傳記作者幾乎無法全面地涵蓋到……因此,我想給你一個提議,像神學家菲利普(Philp)那樣,你身為一位醫生,不妨沿著你自己的路線前進……由不同領域的專家合作所撰寫的傳記才有可能是準確的。儘管這樣的做法可能在心理學的綜合上並不能做到非常全面,因為心理的綜合需要的是一位原始心理學、神話學、歷史學、超心理學和科學,甚至是藝術體驗領域,全都同樣精通的專家。」ETH;參見山達薩尼,2005 年,第 41-42 頁,菲利普(H. L. Philp),貝納特的熟人,計劃出版一本有關榮格和宗教信仰的書,因此與榮格產生了頻繁的聯絡;參見《榮格全集》第 18 卷,第 1584-1624 頁,菲利普後來在 1958 年出版了《榮格與邪惡的問題》(*Jung and the Problem of Evil*),然而榮格並不同意其中的內容。

決定要選擇亞菲。[24] 她很清楚，她所接受的這項任務，是多麼不容易才自前人那裡拿到的「遺產」；同時她也明白，這次的重新開始可能又會再次面臨失敗，因為她清楚地察覺到了榮格的心裡仍然存在的疑慮。她並不想以任何方式，強求榮格去做不符合他感覺和意志的事情。儘管亞菲從一九五六年九月就開始記錄各式各樣的談話內容，可是她還是不願意作出承諾。因此，面對焦急的庫爾特・沃爾夫，她有所保留的回答，榮格「原則上並不反對這個想法，但他想將整件事當作一個*實驗*來對待，而*這個實驗是否會成功、是否會有所收穫*，都是不得而知的，因為誰也不知道是否能夠發現些什麼。」[25]

亞菲向美國出版商指出榮格的日程安排非常繁忙，並強調自己作為傳記作者，並不希望受到來自美國出版商的任何壓力。她繼續說道，不論是她還是榮格都不認為自己已經與萬神殿圖書公司（Pantheon）有契約關係；甚至對沃爾夫所提出的請求，希望能夠暫定一份大綱，她對此也沒有回應。這個時候的榮格正在為《未發現的自我》（*The Undiscovered Self*，德文書名是《現在與未來》）[26] 的德文和英文版做準備。而安妮拉・亞菲，不僅忙著進行自己的臨床工作、準備費舍爾出版社平裝書的出版、處理秘書處繁重的任務

24　安妮拉・亞菲寫給羅伯特・亨蕭的信，1991 年 6 月 14 日，AAJD。
25　安妮拉・亞菲寫給庫爾特・沃爾夫的信，1956 年 11 月 9 日，YBL。斜體是作者艾琳娜・菲斯利特別強調的。
26　《現在與未來》（*Gegenwart und Zukunft*）首次是作為全集的附卷第 XXXVI 號補充出現：先刊於 1957 年 3 月 12 日瑞士月刊（Schweizer Monatshefte），然後再以平裝本於 1957 年秋天由拉舍爾出版社出版；參見《榮格全集》第 10 卷，第 488-588 頁。榮格在與當時擔任美國國家藝術基金會（National Arts Foundation）主席卡爾頓・史密斯（Carleton Smith）的一場談話後，榮格提到，在經歷了兩次毀滅性的世界大戰之後，又發展了諸如核武器這類「恐怖的毀滅」方式之後，如何去討論有關破壞性和與陰影的對抗，顯然是非常有必要的。

（包括打字修改手稿和處理信件）之外，還要忙著自己的著作《幽靈‧死亡‧夢境》。[27] 這也就是為什麼她會告訴沃爾夫，一九五七年春天之前，都不可能著手處理這項任務。她說，她很期待這項任務的開展，並希望「會發生一些事情」。[28]

截至此時，安妮拉‧亞菲已花費大約二十年的時間，投入在榮格的心理學領域——她與榮格的個人分析是開始於一九三七年。但這位安妮拉‧亞菲究竟是誰？她是怎樣的成長經歷？而榮格是基於什麼而如此信任她，願意將這樣棘手的項目交給她？

安妮拉‧亞菲的生平

安妮拉‧亞菲的外祖父母姓菲爾斯滕貝格（Fürstenberg），住在柏林維多利亞街（Viktoriastrasse）的豪宅中；一九〇三年二月二十日，亞菲在這裡出生。亞菲的母親是海德薇（Hedwig, 1878-1963），父親阿爾方斯‧亞菲（Alfons Jaffé, 1861-1948）則是非常富有的企業家，也是律師，同時還是狂熱的藝術收藏家。亞菲曾經提到，人們會將她與她的外祖母聯想在一起，不僅是她們都叫安妮拉這個名字，還因為個性也十分相似。在當時帝國的首都裡，她的外祖母安妮拉‧菲爾斯滕貝格（Aniela Fürstenberg）所代表的，是一位有著文化底蘊和社會地位的解放女性，而丈夫卡爾‧菲爾斯滕貝格（Carl Fürstenberg）則是柏林手工業銀行的首席銀行家。作為

---

[27] 安妮拉‧亞菲的《幽靈‧死亡‧夢境》（*Apparitions: An Archetypal Approach to Death Dreams and Ghosts*）於 1958 年首次出版，由榮格撰寫前言；2008 年由艾因西德倫（Einsiedeln）的戴蒙出版社出版。書中將幽靈那些「神奇的故事」視為心理上的集體無意識意象，並以共時性現象來加以解釋。【審閱註】：中文版由心靈工坊出版，台北，2021 年。
[28] 安妮拉‧亞菲寫給庫爾特‧沃爾夫的信，1956 年 11 月 9 日，YBL。

他的夫人，她發起了一個極其自由的沙龍，為政治、金融和藝術注入活力。在二十世紀初期，這個沙龍發展成了這城市裡新興的文化場域。[29] 來賓中有實業家、大使、國務卿和政治家等顯赫的人物，還有許多當時的藝術家、科學家和知識份子。其中有不少的來賓是各行各業極為傑出的女性，包括作家、音樂家和投身於婦女權利的代表人物。[30]

　　安妮拉・亞菲，以及她的姊妹加布里埃爾（Gabriele）和凱西（Käthe），生長在這樣一個進步的上層社會環境中，她們的童年和青年時代是在多元化思想和現代活力的氛圍中度過的，接受各種充滿遠見和活力的想法。她們的父親雖然是富有的企業家，也是一位狂熱的音樂愛好者，有能力收集大量的藝術品。[31] 他最好的朋友

29　見埃米莉・比爾斯基（Emily Bilsky），《柏林大都會：猶太人與新文化，1890-1918》（*Berlin Metropolis: Jews and the New Culture, 1890-1918*）；佩特拉・威廉（Petra Wilhelmy），《柏林沙龍，1780-1914》（*Der Berliner Salon 1780-1914*）。在卡爾・菲爾斯滕貝格的領導下，柏林貿易股份公司成為了最重要的工業融資銀行之一，與德國通用電氣公司（Allgemeine Electrizitäts Gesellschaft，AEG）有著密切的業務關係，AEG 的監事會主席則是由卡爾・菲爾斯滕貝格擔任。參考漢斯・菲爾斯滕貝格（Hans Fürstenberg）所著的《卡爾・菲爾斯滕貝格：一位德國銀行家的生平》（*Carl Fürstenberg Die Lebensgeschichte eines deutschen Bankiers*），1931 年。

30　星期四晚上常出現的來賓有海德薇・多姆（Hedwig Dohm）、加布里埃萊・羅伊特（Gabriele Reuter）、諾貝爾和平獎獲得者貝爾塔・馮・蘇特納（Bertha von Suttner）、理察・史特勞斯（Richard Strauss）、馬克斯・萊因哈特（Max Reinhardt）、戈哈特・豪普特曼（Gerhart Hauptmann）、亨利・范・德・費爾德（Henry van de Velde）、馬克斯・利伯曼（Max Liebermann）、文學和戲劇評論家阿爾弗雷德・克爾（Alfred Kerr）、出版商和藝術品經銷商保羅・卡西爾（Paul Cassirer）、科學家諸如羅伯特・科赫（Robert Koch）、柏林醫學先驅如奧托・赫布納（Otto Heubner）或阿達爾伯特・車爾尼（Adalbert Czerny）、國際大使和傑出的政治家如瓦爾特・拉特瑙（Walther Rathenau）。安妮拉・菲爾斯滕貝格還是奧古斯特・羅丹（Auguste Rodin）的朋友，在巴黎時曾幾度拜訪過他。

31　阿爾方斯・亞菲曾是倫茨有限責任公司（Lenz & Co.）的總經理，這家公司從事德國、北美、及非洲的德屬殖民地的鐵路建設。當他逃離德國時，出於安全保存的考慮，阿爾方斯・亞菲將他大部分藏品捐給了荷蘭的萊頓市立博物館（Städtischen Museum Leyden）；這些藏品於 1941 年遭到納粹沒收。參見勒爾（H.C. Löhr），《藝術的褐宮：希特勒與林茨美術館——幻象、犯罪、損失》（*Das Braune Haus der Kunst. Hitler und der Sonderauftrag Linz- Visionen,*

安妮拉・菲爾斯滕貝格（Aniela Fürstenberg），安妮拉・亞菲的外祖母，柏林世紀之交的傑出人物。
油畫：利奧波德・霍洛維茨（Leopoldo Horowitz），創作於1890年左右。

安妮拉・亞菲，大約拍攝於 1906 年。

馬克斯・弗里德蘭德（Max J. Friedländer）是柏林版畫素描博物館（Kupferstichkabinett）的館長。安妮拉的父親經常和馬克斯一起，帶著女兒們參觀展覽、劇院、音樂會和電影院。這個家庭屬於柏林地區新興的、被同化的猶太上層階級，他們思想裡認為自己主要是日爾曼人。而安妮拉的母親甚至在十幾歲時就皈依了基督教，後來三個女兒都接受了洗禮，並以新教徒的身分被撫養長大。然而，撫育她們的這個社會環境中，還是有很多典型的猶太文化精英和猶太經濟精英。

在柏林貿易股份公司成為德國一流的銀行之後，安妮拉的外祖父投入了柏林-格魯內瓦爾德（Berlin-Grunewald）別墅區的開發，新建的家庭住宅就在國王大道 51-55 號，一家人開始在這兒度過了夏天。之後，外祖父還積極參與選帝侯大街（Kurfürstendamm）的擴建，年輕的亞菲一家很快就搬進了位於威廉皇帝紀念教堂（Gedächtniskirche）正對面的豪宅裡。[32] 亞菲等三個外孫女在附近的柏林夏洛滕堡（Berlin-Charlottenburg）的威爾曼・馮・埃爾龐斯女校（Töchterschule Wellmann von Elpons）接受了古典教育。

普魯士教育部頒布新的女子高等教育條例之後，阿格奈什・馮・桑-哈納克（Agnes von Zahn-Harnack）成為了洪堡大學（Humboldt-Universität）哲學系的第一位德國女學生。她是年輕的

    Verbrechen, Verluste》，2005 年；還有阿爾德斯（G. Aalders），《偷竊！猶太人的財產在二戰期間被侵佔》（*Nazi Looting. The Plunder of Dutch Jewry During the Second World War*），2004 年。

32 這些傳記訊息以及上述提到過的傳記細節，都是出自安妮拉・亞菲與弗蘭克・赫爾曼（Frank Herrmann）之間的書信，以及由托馬斯・福爾（Thomas Föhl）和魏瑪古典基金會（Klassik Stiftung Weimar）在 2013 年進行註解的加布里埃爾・亞菲（Gabriele Jaffe）未發表的日記手稿。也可參見漢斯・菲爾斯滕貝格（Hans Fürstenberg），《卡爾・菲爾斯滕貝格：一位德國銀行家的生平》，1931 年。

女教師，同時也是作家，更成為安妮拉和加布里埃爾的榜樣和好友。³³ 之前，普魯士女性只有在獲得任課教授的特別准許後，才能以旁聽生進入課堂。馮‧桑-哈納克積極進入所謂的女校學習，隨後獲得了高中文憑，才得以進入大學。在二十世紀初期，就算是在柏林這樣的前衛的大都市，想要完成這些走到她這一步，也會遇到很多阻力。在學業中，安妮拉‧亞菲得到了這位職業女性的積極而堅定的支持，而且，在社會問題上，她也始終保持著敏感性。當時，正值第一次世界大戰，很多男人都走上了戰場。大多數婦女因為缺少食物，不得不工作，挑起生活的重擔。

亞菲就讀高中時，帶領無產階級的孩子們參觀劇院和動物園，還幫助他們取得書籍。父親故意不捐錢，希望女兒為自己的承諾負責³⁴，於是亞菲特地給有錢人家的孩子輔導拉丁文和數學，希望能夠給貧窮家庭的小孩買聖誕禮物。

馮‧桑-哈納克的支持，鼓勵亞菲繼續接受大學教育，但她選擇的專業和未來的職業又受到了祖母的影響：安妮拉‧菲爾斯騰貝格與當時知名的小兒科醫生奧托‧赫布納（Otto Heubner）和阿達

33　阿格奈什‧馮‧桑-哈納克（Agnes von Zahn-Harnack, 1884-1950），化學家尤斯圖斯‧馮‧李比希（Justus von Liebig）的曾孫女，獲得了德語、英語和哲學博士學位。為了促進女性的大學教育和及獲得大學教席的權利，參與到德國女性學者協會（Deutschen Akademikerinnenbund）的成立工作中。在普魯士，從 1908 年開始，女性才被允許在大學讀書，在女性爭取到可以擁有高中畢業證書七年以後，馮‧桑-哈納克在一起第一次德國婦女運動中，她所代表的是資產階級自由新教派。參見阿格奈什‧馮‧桑-哈納克，《婦女運動：歷史、問題、目標》（Die Frauenbewegung: Geschichte, Probleme, Ziele），1928 年。她是神學家迪特里希‧潘霍華（Dietrich Bonhoeffer）的朋友，在第三帝國時，兩人都一樣在基督教內部組織反對希特勒及其政權的活動。在開戰之前和戰爭期間，她私下教那些被官方禁止讀書的猶太裔兒童。她的弟弟恩斯特‧馮‧哈納克（Ernst von Harnack）是普魯士省政府主席，於 1942 年被納粹處決。

34　安妮拉‧亞菲與沃納‧韋克（Werner Weick）和羅伯特‧亨蕭的談話，1991 年 5 月 8 日，AAJD。

爾伯特・車爾尼（Adalbert Czerny），一起創立和資助柏林西區的母嬰之家。[35] 而安妮拉・亞菲高中畢業後，在柏林弗里德里希-威廉大學（Friedrich-Wilhelms-Universit）攻讀醫學期間，成為車爾尼教授的實習學生，分配到柏林夏里特（Charite）醫院照顧進食有問題的小孩子。她帶著孩子們逛來逛去，和小孩子一起玩耍，直到他們放鬆起來，願意進食。晚年時，她評論這種早年對小孩子的愛是本能或是一種原型的衝動，並且補充說：「也許我已經感受到：我不會有孩子了，所以我身上展現出了我的母性。」[36]

安妮拉・亞菲從少女時代，就與讓・德雷福斯（Jean Dreyfus）墜入愛河。讓的父親是藝術史學家，出身巴塞爾一個歷史悠久的銀行家族，這也是為什麼在幾年之後，亞菲在躲避納粹的時候可以選擇入境瑞士。[37] 在她生命的前二十年，亞菲的原生家庭和家族朋

---

35 現在的柏林的夏洛滕堡兒童和青少年精神醫學診所。安妮拉・菲爾斯滕貝格就如同她的父親，華沙著名的醫生和慈善家路德維克・納坦遜（Ludwik Natanson），同樣是畢生致力於慈善和社會事業。奧托・赫布納教授（Otto Heubner, 1843-1926）是德國第一個小兒科教授，也是夏里特醫院兒科診所負責人，柏林在他的帶領下，成為世界的小兒醫學領導中心之一。路德維克・納坦遜在柏林的一個兒科中心深造；赫布納大幅降低了嬰兒的死亡率；他的繼任者阿達爾伯特・車爾尼（Adalbert Czerny, 1863-1941）在 1913 年至 1932 年期間領導兒科，將柏林兒科醫學的重要性提升到了二十世紀上半葉的最高名望；他也創辦了柏林夏里特國際兒科學校。這位醫生喜歡繪畫和音樂，他主要的研究是嬰兒時期的營養生理和代謝病理，特別是嬰兒初期飲食障礙相關的身心問題。安妮拉・亞菲對非機能性障礙的心理問題相關的興趣，可以追溯到她在車爾尼教授指導下的工作。

36 醫學研究信息來自位於普雷茨費爾德（Pretzfeld）的赫爾曼／亞菲家族檔案館（the family archives of Herrmann/Jaffé）；來自托馬斯・福爾（Thomas Föhl）、魏瑪古典基金會的函件，韋克（W. Weick）、亨蕭（R. Hinshaw）對安妮拉・亞菲的訪談，1991 年 5 月 8 日，AAJD（音頻資料，Audio-Datei）。在 1932 年的一次流產後，亞菲發現自己無法再懷孕了。

37 讓・艾伯特・德雷福斯（Jean Albert Dreyfus, 1904-1985）是藝術史學家、政論家和翻譯家艾伯特・埃米爾・德雷福斯（Albert Emil Dreyfus）的兒子，雕塑家阿里斯蒂德・馬約爾（Aristide Maillol）的老朋友。祖父艾薩克・德雷福斯-傑德爾（Isaac Dreyfus-Jeidels）是巴塞爾的銀行家，開辦了德雷福和斯森（Dreyfus & Söhne）銀行，1891 年又在柏林新開了一家銀行。儘管讓・德雷福斯出生在巴黎，但卻是瑞士公民。

友們,自然而然地成為上層階級中有影響力、思想又開明的一群人,積極地為社會福祉奉獻。然而直到一九二二年六月下旬,她才震驚地意識到反猶太主義已經興起——瓦爾特·拉特瑙(Walter Rathenau)被人謀殺了,他是祖父卡爾·菲爾斯滕貝格的好友與同事。[38] 從此原本的安全感戛然而止。拉特瑙在一九一七年所說的一句話,描述這段命運詭譎的歲月:「在年輕的時候,每個德國猶太人都會經歷一個痛苦的時刻,這個時刻會讓他終生難忘:第一次徹底地意識到因為自己的猶太血統,所以永遠是以二等公民的身份存活在這個世界,無論多麼出色的能力或功績,都無法幫助自身擺脫這種困境。」[39] 當然,這情形也發生在亞菲身上。

她的摯愛德雷福斯這個既聞名又臭名昭著的姓氏,立即暴露了他的猶太人血統。他曾經在蘇黎世聯邦理工學院(ETH)學習政治經濟學和電氣工程,[40] 而父母則居住在巴黎。一九二九年兩人才在巴黎完婚,在此之前,他和安妮拉這對青梅竹馬的戀人多年來一直被家人和朋友戲稱為「未婚夫婦」。他們婚後,他先在瓦爾特·

---

[38] 瓦爾特·拉特瑙(Walther Rathenau),1867 年出生於柏林,是實業家、作家和自由派政治家。1922 年在柏林的格魯內瓦爾德(Berlin-Grunewald)由於政治原因而被暗殺。他在 AEG 和柏林貿易股份公司擔任領導職務,並於 1919 年成為德國民主黨(Deutsche Demokratische Partei, DDP)的聯合創始人,該黨也得到了亞菲家族的支持。在他被任命為外交部長不久以後,遭到一位激進的右翼民族主義分子暗殺,他後來被稱為第三帝國的第一個受害者。

[39] 瓦爾特·拉特瑙,〈國家與猶太教之辯〉(Staat und Judentum. Eine Polemik),刊於《對當代的評論:提醒和警告》(Zur Kritik der Zeit. Mahnung und Warnung),柏林,1911 年,第 188-189 頁。另見漢斯·菲爾斯滕貝格(Hans Fürstenberg)根據對這位被謀殺的實業家和政治家在經濟、文學上的成就,以及對他本人相當準確的瞭解,而撰寫的文章〈憶瓦爾特·拉特瑙〉(Erinnerungen an Walther Rathenau),以及哈利·格拉夫·凱斯勒(Harry Graf Kessler)〈瓦爾特·拉特瑙的生活與著作〉(Walther Rathenau. Sein Leben und Werk),1962 年。埃米爾·拉特瑙(Emil Rathenau),瓦爾特的父親是 AEG(德國通用)的創始人,任命卡爾·菲爾斯滕貝格為 AEG 監事會副主席。

[40] 讓·德雷福斯的家族與法國軍官阿爾弗雷德·德雷福斯(Alfred Dreyfus)沒有血緣關係。

安妮拉・德雷福斯-亞菲與丈夫一起探索瑞士的山脈,滑雪,甚至是「施維茨小型手風琴」。
攝影:讓・德雷福斯。

拉特瑙（Walther Rathenau）所擁有的 AEG 巴黎分公司工作。後來由於拉特瑙和菲爾斯滕貝格之間的密切聯繫，調往柏林擔任電氣工程師。

就在這時候，安妮拉・德雷福斯 - 亞菲意識到，在醫學的領域中，相對於器質性的那些障礙，自己更感興趣的其實是心理的發展過程，於是她轉而跟隨兒童心理學先驅威廉・斯特恩。斯特恩這位漢堡的教授，因為他的差異心理學研究和對批判性人格主義（critical personalism）的哲學 - 心理學方法而聞名。[41] 而他的著作《幼兒期心理學》（*Psychologie der frühen Kindheit*）這本開創性的著作，為兒童心理學奠定了基礎，讓他的蜚聲國際，同時在普通大眾的心目中也樹立了重要的地位。[42] 而當時在美國，在斯坦利・霍爾（Stanley Hall）的領導下，麻薩諸塞州伍斯特市（Worcester）克拉克大學的美國兒童研究中心也有著一定的發展。斯特恩在科學與學院的關係，不僅和比奈（Binet）和賈內（Janet）有著深交，同時也跟美國兒童研究中心關係深遠。這些關係讓斯特恩與榮格有了私人的接觸。

41　威廉・斯特恩（William Stern, 1871-1938），在《論個體差異心理學》（*Über Psychologie der individuellen Differenzen*, 1900）和《差異心理學的方法學基礎》（*Die differentielle Psychologie in ihren methodischen Grundlagen*, 1911）中，他的研究不是針對心智功能運作的一般規律來進行探索，而是關注個體的多樣性。而且，他是第一位強調，研究個體多樣性將是未來心理學的科學探索主要的方向。在他的人格主義（personalism）中，重點是主體與環境之間動態的相互關係，而「人」則是理解為一個獨特的、多元的、具有自我價值的個體。參見威廉・斯特恩，《人與物：哲學世界觀體系》（*Person und Sache. System der philosophischen Weltanschauung*）。第一卷《理性與基本原理》（*Ableitung und Grundlehre*），第二卷《人格》（*Die menschliche Persönlichkeit*），第三卷《價值哲學》（*Die Wertphilosophie*），1906 年，1918 年，1924 年。

42　君特・斯特恩 - 安德斯（Günther Stern-Anders），第七版的前言，1952 年，第 IX 頁。克拉拉・斯特恩和威廉・斯特恩對自己孩子進行觀察，做了詳細的每日紀錄，並根據這些紀錄，出版了一部著作。這部作品於 1914 年首次出版，到了 1928 年已經刊出第五版。1924 年作品被翻譯成英文，1933 年德文重新再版。

一九〇九年，威廉・斯特恩、西格蒙德・佛洛伊德和榮格應克拉克大學之邀前往美國，通過斯坦利・霍爾獲得了榮譽博士學位。在前往紐約的旅途中，斯特恩和榮格熟稔起來，可能是因為他的證言陳述心理學（Aussagepsychologie）與榮格投入的字詞聯想實驗相關，榮格因此對他印象十分深刻。可是，佛洛伊德對他卻不那麼友好，因為斯特恩對有關兒童發展的精神分析理論持著保留的態度。[43] 這次的接觸在幾十年後，對安妮拉・亞菲的職業生涯產生了決定性的影響。

一九一九年，年僅十六歲的亞菲聽說斯特恩參與了漢堡大學的創建，而且他還打算聘請亞菲家族所熟知的哲學家恩斯特・卡西勒（Ernst Cassirer）到漢堡大學。[44] 在斯特恩的帶領下，漢堡大學心理研究所（Psychologische Institut der Universität Hamburg）很快地發展成為魏瑪共和最重要的研究機構之一。斯特恩還與恩斯特・卡西勒一起主持漢堡哲學研討會（Hamburger Seminar für Philosophie）。[45]

結婚以後，安妮拉・德雷福斯-亞菲進入漢堡大學就讀哲學和兒童心理學這門新學科，而當時恩斯特・卡西勒是漢堡大學的校

43　榮格與庫爾特・艾斯勒（Kurt Eissler）1953 年 8 月 29 日的會談，收於華盛頓國會圖書館的手稿區（錄音，未發表的手抄本）；也可參見麗貝卡・海尼曼（Rebecca Heinemann）《兒童和青少年研究先驅，威廉・斯特恩在 1900-1933 的研究：視孩子為人》（*Das Kind als Person. William Stern als Wegbereiter der Kinder- und Jugendforschung 1900-1933*），2016 年，第 56 頁，第 108-113 頁，以及安吉拉・格拉夫-諾爾德（Angela Graf-Nold）〈斯特恩與佛洛伊德關於兒童精神分析的爭論〉（Stern versus Freud. Die Kontroverse um die Kinder-Psychoanalyse），收於由沃納・多伊奇（Werner Deutsch）編《關於威廉・斯特恩隱藏的現實》（*Über die verborgene Aktualität von William Stern*），1991 年。
44　恩斯特・卡西勒（Ernst Cassirer, 1874-1945），在他到漢堡大學任命之前，曾經在柏林大學擔任講師。
45　在漢堡，卡西勒完成了他的三卷本著作《符號形式的哲學》（*Philosophie der symbolischen Formen*）。

長。在她的學業開始的時候,發展心理學主要側重於觀察兒童和青少年的發展過程,而這時斯特恩開始擴大發展心理學的研究範圍和研究深度,強調要以兒童的「世界」作為研究目標。「如果想要瞭解兒童,漢堡中心的研究重點就不應該僅僅是對孩子進行人格性和整體性的覺知(personalistic-holistic perception),還應當關注兒童所處的生活環境,因為只有瞭解兒童的世界,我們才能夠瞭解他們。」[46] 對他來說,重要的不是環境或家庭狀況的影響,而是孩子如何創造自己的世界,以及如何想像、描述這個世界。[47] 這些觀點,影響了德雷福斯-亞菲後來的學習和研究興趣,這一點從她論文主題就可以清楚地看出來。

在漢堡就讀期間,她還深入研究恩斯特・卡西勒關於文化哲學方面的著作以及符號形式理論(theory of symbolic form)。而且,由於從小就對美術感興趣,她還參加了歐文・帕諾夫斯基(Erwin Panofsky)的講座,那時帕諾夫斯基還很年輕。[48] 不久以前,他才與阿比・瓦爾堡(Aby Warburg,安妮拉・亞菲是阿比・瓦爾堡父親那邊的親戚)、弗里茨・撒克爾(Fritz Saxl)和恩斯特・卡西爾共同創立了「漢堡藝術史學院」(Hamburger kunsthistorische

---

46 威廉・斯特恩,漢堡研究所的第三次報告,1931年,被引用於麗貝卡・海尼曼《兒童和青少年研究的先驅威廉・斯特恩在1900-1933的研究:視孩子為人》,2016年。
47 參見威廉・斯特恩,〈兒童與世界〉(Das Kind und die Welt),1932年2月12日的講座,收於《心理學史》(Geschichte der Psychologie),德語心理學家簡報,第四年卷,1987年,第19頁。
48 歐文・帕諾夫斯基(Erwin Panovsky, 1892-1968),自1928年起,擔任漢堡大學藝術史教授。在瓦爾堡文化科學圖書館(kulturwissenschaftlichen Bibliothek Warburgs)雄厚的財政支持下,他成為了這門年輕學科的領軍人物,見下文的注釋。《土星與憂鬱》(Saturn und Melancholie)的第一版就在他於漢堡大學任職期間完成。二戰後,當他在普林斯頓大學時,安妮拉・亞菲透過沃夫岡・包立再次與他取得了聯繫。

Schule）。[49] 這個團體強調，要去解釋視覺的內容、形式和主題就必須要有跨學科的基礎，比如先瞭解文化、政治、宗教或哲學背景。根據這想法，一件藝術品是反映歷史背景的當代文獻，在它們身上應當展現出象徵性的價值，表達和體現文化、政治、宗教或哲學等等的內容。就這樣，安妮拉透過在漢堡的學習，她不僅接受了當時兒童心理學主要領軍人物的科學研究訓練，還受到了卡西勒和帕諾夫斯基這些偉大思想家的影響，加深了自己對文化哲學和藝術史的瞭解。而這一切的經驗，日後幫助她加速掌握分析心理學，當然也為她贏得了榮格的尊重。

一九二九年，當她沉浸在學術世界時，紐約證券交易所「黑色星期五」所引發的全球經濟危機，促使世界各地社會和政治環境發生巨變。德國出現大規模裁員和失業，政治局勢也動盪不安。當年廿七歲的亞菲，親眼目睹國家社會主義黨（NSDAP，德意志民族社會主義工人黨，簡稱納粹黨）上台掌權的過程，以及出現更加明目張膽的反猶太行為。而在這以前，大多數人都認為這是不可能發生的。

雖然漢堡大學的領導層和教授是自由開放的，但激進的「漢堡大學德國國家社會主義學生協會」（Hochschulgruppe Hamburg des Nationalsozialistischen Deutschen Studentenbundes）多年來持續在活動。儘管安妮拉・德雷福斯-亞菲曾經受洗，是新教基督徒，但是這一事實並沒有阻止以她的姓氏為由而進行的反猶太歧視，例如

---

49 阿比・瓦爾堡（Aby Warburg, 1866-1929），藝術史學家和文化理論家，他創建最重要的文化科學圖書館，也就是如今的瓦爾堡研究院（Warburg Institute）的前身，現在被併入了倫敦大學圖書館科陶德藝術學院（Courtauld Institute of Art）。弗里茨・撒克爾（Fritz Saxl, 1890-1948），藝術史學家、瓦爾堡的學生。在 1920 年代，撒克爾先是一名外部講師，直到 1933 年春天，才成為漢堡大學的藝術史副教授；而安妮拉・亞菲也曾聽過他的講座。

她就被拒絕參加學生的野外活動。關於她被流放之前生活的描述並不多，但是可以看出來，當時最親密的幾個同學對她所遭受越來越多的排斥而感到遺憾，並努力支持她。當時，不論是在她的家庭裡或大學環境裡，都沒有人可以預料，在希特勒領導下，反猶太行徑究竟會發展到何等的狂熱；但她確實能夠感覺到，在所有的社會階層不管是明顯或隱藏的侵略性，都日益明顯。自然地，普遍且日趨激烈的仇恨情緒也逐漸高漲。這一點也反映在她的博士論文〈幼兒園兒童的社會行為〉（Das soziale Verhalten von Kindern im Kindergarten）的研究結果中：兒童間互動的遊戲存在著大量的不安、易怒、好鬥、恐懼和好戰的特徵。包括斯特恩在內，大部分的人都沒有意料到，學齡前兒童「將環境作為自己的世界」會變成一個戰爭的世界；斯特恩更沒有想到，到了一九三三年春天，這個世界將使得優秀的漢堡研究所突然就走向了終結。而低估這一切威脅的，不只是斯特恩一人。

一九三三年二月，納粹奪取政權幾天後，立刻頒布法令：「法律是為元首效忠的。」卡西勒是最早預見到這樣政治發展的人之一，他呼籲：「如果德國所有的法律學者不團結起來反對這些，明天德國就完蛋了。」[50] 一九三三年三月德國國會選舉後沒多久，儘管存在著許多反對的聲音，漢堡大學還是正式支持阿道夫·希特勒的政策和影響深遠的《專業行政工作恢復法案》（Gesetz zur Wiederherstellung des Berufsbeamtentums），也就是立即將所有非雅利安血統的公職人員撤職。到了一九三三年五月焚書事件發生後，戈培爾聲明，納粹現在的目標是「結束極端猶太知識分子的時代」，

50　托尼·卡西勒（Toni Cassirer），《我與恩斯特·卡西勒在一起的日子》（*Mein Leben mit Ernst Cassirer*），2003 年，1948 年的再版，第 195 頁。

以便為「德意志精神」「清掃掉所有的障礙」。任何父母或祖父母如果有一個是猶太人,那麼孩子就不是雅利安人。[51]

在漢堡,包括威廉‧斯特恩、恩斯特‧卡西爾、歐文‧帕諾夫斯基和弗里茨‧撒克爾等教授在內,大約有五十名猶太學者被停職。學生們突然失去了自己的導師,哪怕他們已經寫好論文,論文已被接受了,仍然無法攻讀博士學位;年輕的亞菲就是其中一員。被禁止進入學校的斯特恩,立即被要求離開學生期末考場;而安妮拉‧德雷福斯-亞菲拒絕行納粹禮時,也被學校勒令退學了。[52]

因為斯特恩與日內瓦的發展心理學家皮亞傑(Jean Piaget)有接觸,跟蘇黎世的榮格也有來往,再加上亞菲因為婚姻所取得的瑞士公民身份,有人因此建議她前往瑞士。特別是她的姊夫、樂團指揮埃弗雷姆‧庫爾茨(Efrem Kurtz)被蓋世太保通緝的時候,她才

---

51 約瑟夫‧沃克(Joseph Walk)編,《納粹國家猶太人特別法:法律措施與指南、內容與意義》(*Das Sonderrecht für die Juden im NS-Staat: Eine Sammlung der gesetzlichen Massnahmen und Richtlinien, Inhalt und Bedeutung*),海德堡,1981 年,第 12-13 頁。1933 年 4 月 7 日生效的「專業行政工作恢復」法案,不僅排除猶太人,而且想要清除官方機構中的共產主義者和其他反對納粹主義的人。這意味著可以立即吊銷律師、法官、醫生和大學教師等職業的專業執照。該法律強迫至少二百萬州政府官員和數萬名學者和文化工作者提供關於自身雅利安血統的證據;見弗里德蘭德(S. Friedlaender),2010 年,第 31 頁及以後。1933 年 4 月 25 日通過了一項法案,將「非雅利安學生」的錄取率控制在所有學生的 1.5% 以下;至於關於禁止猶太學生完成博士學位的法案,從 1935 年以來就一直在討論,最終於 1937 年生效。
52 威廉‧斯特恩震驚了,自己的世界觀已然崩潰。他退回到自己黑暗的公寓裡,最終做出艱難地抉擇——移民。他長久以來的同事奧托‧李普曼(Otto Lipmann)和瑪莎‧馮‧穆肖(Martha von Muchow)陸續自殺身亡。卡西勒的夫人在回憶錄中描述了斯特恩的絕望,以及在漢堡大學發生的戲劇性的變故:「卡西勒的下一位同事,善良的心理學家斯特恩,當時已經六十二歲,無法相信自己必須在學生完成期末考試之前就得離開。撒克爾是最快明白他必須做什麼的人:他要求恩斯特去說服已故學者阿比的弟弟,也就是著名的銀行家馬克斯‧瓦爾堡(Max Warburg),立即搬遷瓦爾堡圖書館,對方照做了。如果圖書館不是美國的財產,它就會受到所謂的『德國文物保護』,而且之後也不可能搬到英國⋯⋯」,參見前文所引用的作品,第 205-206 頁。也可參見亨蕭(Hinshaw)和亞菲之間的對話,1989 年 12 月 22 日。

猛然意識到，留在德國是多麼危險的一件事。[53] 於是，她不得不和最小的妹妹凱西一起逃走，兩人沒日沒夜地逃到巴黎。中途在海德堡稍作停留之後，於一九三三年九月越過了邊境抵達瑞士。

1935 年，威廉・斯特恩在兒子君特（Günther Siegmund Stern）和兒媳漢娜・鄂倫（Hannah Arendt）的敦促下，也決定即刻啟程。當時任職哈佛大學心理學系主任的高爾頓・奧爾波特（Gordon Allport）是他以前的學生，於是在奧爾波特的幫助之下，斯特恩先到荷蘭短暫停留，一九三五年成為美國北卡羅來納州達勒姆市杜克大學的教授。從書信中可以清楚地看到，安妮拉・德雷福斯-亞菲在一九三七年時仍在考慮是否跟隨斯特恩前往美國，但一九三八年三月斯特恩心臟病突然猝死，這一計劃也就隨之破滅。[54]

到了瑞士，安妮拉・德雷福斯-亞菲最初是在日內瓦的盧梭學院（the Institute of Jean-Jacque Rousseau）跟隨皮亞傑研究。然而，她很快意識到，對她來說皮亞傑的研究方向並不特別深入到個體之間的差異，而且幾乎不甚關注深度心理學的領域。十一月她搬到蘇黎世，因為她先前曾經和丈夫造訪過這座城市。他的叔叔格奧爾格・路德維希・德雷福斯（Georg Ludwig Dreyfus）曾經是法蘭克福

53　埃弗雷姆・庫爾茨（Efrem Kurtz, 1900-1995），來自聖彼得堡。自 1924 年以來，他一直擔任斯圖加特愛樂樂團的指揮，並臨時代替柏林愛樂樂團傳奇指揮家阿瑟・尼基什（Arthur Nikisch）。逃亡前不久，他才剛剛與安妮拉・德雷福斯-亞菲的妹妹凱西・亞菲成婚。他會被列入蓋世太保的名單中，可能是因為他與俄羅斯移民保持接觸。顯赫的地位和名聲都無法保護猶太藝術家或知識分子，甚至連奧托・克倫佩勒（Otto Klemperer）和布魯諾・瓦爾特（Bruno Walter）等指揮家也被迫逃離。

54　1936 年夏天，斯特恩在哈佛大學舉辦了著名的威廉・詹姆斯講座。斯特恩去世後，高爾頓・奧爾波特最初將遺稿保存在哈佛大學大學圖書館（Harvard University Library）的手稿區；1970 年 11 月，遺稿被轉到耶路撒冷希伯來大學（Hebrew University）的猶太國家與大學圖書館（Jewish National and University Library）。在威廉・斯特恩流亡的過程中，他還設法帶走了自己的學術藏書，這些書籍如今也收藏在耶路撒冷。

歌德大學的神經學教授，在納粹頒布四月法案之後也移民到了蘇黎世。[55]

與其他情況類似的移民一樣，亞菲所面臨的困難不僅在職業生涯上，她還必須面對一些艱難的個人挑戰。安妮拉·德雷福斯-亞菲與丈夫原本期望能組成一個大家庭，但在亞菲某次流產之後，他們就一直沒有孩子。此外，她的原生家庭在德國也面臨著生存的限制，甚至是屈辱：姊姊加布里埃爾的丈夫是建築師，然而一九三五年他的專業執照被吊銷了，而他們的孩子為了維護自己猶太身分的祖父，在課堂上反駁那些反猶太的言論，最後被學校立即開除。安妮拉因此將加布里埃爾的兩個小孩安置在恩加丁（Engadin）的一個兒童之家，並且在他們與父母分離的情況下盡可能安慰孩子們。隨後，就是為了移民英國所做的長期努力；然而還是無法說服安妮拉·亞菲的父母，他們已經很年邁，雖然身在柏林，卻無法意識到留在德國的風險有多大。

安妮拉·德雷福斯-亞菲曾經試圖讓瑞士承認她在德國的博士學位，但她並非單獨個案：由於德國大學解雇了大批講師和教授，大量學生突然需要重新尋求學習和教育機會，而瑞士和奧地利這兩個德語國家顯然是首選。但是，瑞士政府很快就回應了，開始對大學入學做出限制，這一限制在一九三三年底得到了新聯邦委員會條例的支持。[56] 德雷福斯-亞菲曾經試圖請海因里希·漢塞爾曼

---

55 「專業行政工作恢復」法案，參見注釋51，第233頁。
56 關於這一點，參見西爾維亞·博利格（Silvia Bolliger），2019年，〈國有化的跡象：蘇黎世大學在兩次世界大戰期間對外國學生的態度〉（Im Zeichen der Nationalisierung. Die Haltung der Universität Zürich gegenüber ausländischen Studierenden in der Zwischenkriegszeit），收於《蘇黎世對歷史科學的貢獻》第11卷，博勞（Böhlau）出版社，維也納／科隆；以及邁克爾·亨加特納（Michael Hengartner）在2019年10月23日的UZH新聞中所寫：「蘇黎世大學在兩次

（Heinrich Hanselmann）教授批准她的論文；海因里希・漢塞爾曼教授早年曾在法蘭克福工作，師從喬治・路德維希・德雷福斯，而且自一九三一年以來成為了蘇黎世大學治療教育的首位教授。遺憾的是，安妮拉・德雷福斯-亞菲的博士論文沒能成功地得到漢塞爾曼教授的青睞。[57] 但是，通過漢塞爾曼教授的介紹，亞菲有機會在巴爾格里斯特（Balgrist）診所為殘疾兒童工作；在這裡，亞菲結識了敬業的精神科醫生雅各布・盧茨（Jacob Lutz）。在這位年輕醫生的指導和幫助下，她又得到蘇黎世大學伯格霍茲里（Burgholzli）精神醫學醫院兒童精神科的工作機會。[58]

讓・德雷福斯和安妮拉・亞菲因為學習和工作的緣故，經常處於分居狀態，最終，兩人於一九三七年二月解除婚姻關係，但他們終生保持著親密的友誼。這位自小成長經濟條件極其優渥的女士，自一九三八年開始卻迫切需要一份收入。由於當時的政治局勢十分緊張，她被自己的人生境遇壓得喘不過氣來，心煩意亂的她，遲遲無法完成另一篇論文，無論如何在這期間，許多瑞士大學都

世界大戰期間的招生政策，是由反猶太主義決定的；在這種情況下，沒有考慮人文主義的空間。」

[57] 海因里希・漢塞爾曼（Heinrich Hanselmann, 1885-1960），他在法蘭克福的心理學院工作，並且在一個服務精神和智力缺陷青年的機構負責管理工作。之後，他於 1924 年春天在蘇黎世創辦了治療教育研討會，並擔任學習障礙及精神障礙青年入學習機構的負責人直至 1940 年。1931 年，他成為特殊教育教授，是歐洲在這一領域中的第一位教授；參見魯道夫・卡斯特爾（Rudolf Castell）編，《1937-61 年德國兒童和青少年精神醫學史》（*Geschichte der Kinder- und Jugendpsychiatrie in Deutschland von 1937 bis 1961*），2003 年；以及安妮拉・亞菲與羅斯維塔・施馬倫巴赫（Roswitha Schmalenbach）的一次談話，瑞士貝羅明斯特廣播（Schweizer Radio Beromünster），1975 年 7 月。

[58] 雅各布・盧茨（Jakob Lutz, 1903-1998），從 1930 年起，他擔任蘇黎世伯格霍茲里診所斯蒂芬斯堡（Stephansburg）兒童精神科主任，此處從 1947 年起成為蘇黎世邦兒童精神醫學服務中心。

為猶太血統的學生設定了錄取名額限制。[59] 除了上述的一些心理和精神醫學領域的工作之外，她還為好幾位不同領域的教授擔任學術秘書工作，尤其是精神科醫生雅各布・盧茨，他支持她寫一本關於兒童精神醫學的書。除此以外，還擔任過藝術史學家卡羅拉・吉迪翁・韋爾克（Carola Giedion Welcker）、漢學家愛德華・馮・薩納（Eduard von Tscharner）、印度學家埃米爾・阿貝格（Emil Abegg）的研究秘書。

在那段黑暗的歲月裡，她開始沉浸在榮格的心理學中。這是動盪不安的戰前和戰爭時期的轉折點，同樣是猶太人的女同學莉夫卡・夏爾夫（Rivkah Schärf）[60]，成為了她終生摯友。一九三六、一九三七年的冬季學期，榮格在蘇黎世聯邦理工學院舉辦關於「孩子的夢」研討會，作為這講座學生的舒爾夫，帶她一起前往參加；[61] 然後在科妮莉・布魯納（Cornelia Brunner）[62] 的安排下，她在

59　安妮拉・亞菲與羅斯維格・施馬倫巴赫的一次談話，瑞士貝羅明斯特廣播，1975 年 7 月；也可參見許多寫給羅伯特・亨蕭和弗蘭克・赫爾曼的私人消息，如《低調》（Low Profile），2002 年，第 3 頁及以後。另見諾米・西伯德（Sibold, Noemie），《動盪的時代：猶太人 1930-1950 年在巴塞爾的故事》（Bewegte Zeiten. Zur Geschichte der Juden in Basel 1930-1950），2010 年。

60　莉夫卡・夏爾夫（Riwkah Schärf, 1907-1987），1955 年結婚，婚後名為莉夫卡・克魯格 - 夏爾夫（Riwkah Kluger-Schärf）。她獲得蘇黎世大學閃米特語和宗教研究的博士學位，並成為榮格分析師。亦可參見本書頁 236，註解 14。

61　榮格，《孩子的夢研討會》（Children's Dreams），洛倫茲・榮格，瑪麗亞・邁耶 - 格拉斯（Lorenz Jung / Maria Meyer-Grass）編，1987 年，1936/37 冬季學期的內容見第 42-107 頁；備忘錄基於莉夫卡・夏爾夫、莉莉安・弗雷 - 羅恩、漢斯、鮑傑（Hans Baumann）、庫爾特・賓斯汪格（Kurt Binswanger），與瑪麗 - 路薏絲・馮・法蘭茲的筆記，同上，第 12 頁。
【審閱註】：本書提及的榮格許多講座，都由腓利門基金會陸續重新整理出版，此書已經在 2008 年出版，名為《Children's Dreams: Notes from the Seminar Given in 1936-1940》，而中譯本《孩子的夢》亦由心靈工坊出版，台北，2023 年。

62　科妮莉・布魯納（Cornelia Brunner, 1905-1998），榮格早期的學生，當時已經是心理學俱樂部的特定賓客（statutory guest），後來在 1952 年至 1977 年間擔任該俱樂部主席。1975 年榮格誕辰一百週年之際，安妮拉・亞菲積極支持她籌備在蘇世赫爾姆豪斯藝術博物館

心理學俱樂部的圖書館開始了個人的進修，利用每個空閒的早上或下午來閱讀榮格研討會的講稿，以及相關書籍。然而由於面臨著個人、經濟和政治上的關係斷裂所造成的情緒衝擊，她開始接受了分析師莉莉安‧弗雷-羅恩[63]的分析，而且終其一生兩人一直維繫深厚的友誼。一九三七年深秋，在榮格前往印度的不久前，她開始接受榮格的個人分析。後來她表示，在那些戰爭年代，她可以說是上過榮格分析心理學的「私人課程」。[64]

威廉‧斯特恩在一九三八年春天去世。這時候希特勒吞併了奧地利，作風也日益激進。亞菲逐漸意識到：留在瑞士這個中立國，只是暫時還受到法律保護，不僅因為開戰的風險逐漸攀升，事實上待在瑞士也是有危險的。多年來，猶太人承受的敵意和排斥依然真實出現在生活的每個角落：一九三〇年代末，只有百分之零點五的猶太公民和大約百分之五點五的外國公民，這個數字佔瑞士總人口的比例極低；但由於政治和媒體不斷的渲染，瑞士人對「過度滲透和過度猶太化」的恐懼不斷在加劇。從一九三三年以後，排斥猶太人的政策不斷增加。一九三四年起，外國猶太人只有在持有目的國簽證的情況下，才能過境瑞士。「民族的精神國防」運動（the spiritual defense of the nation movement）中所宣傳的「非瑞士」鬥爭，就是專門針對持有瑞士護照的猶太人。這群人被描繪成危險、

（Helmhaus）舉辦的展覽。
63　莉莉安‧弗雷-羅恩（Liliane Frey-Rohn, 1901-1991）父親是蘇黎世聯邦理工學院的校長，在十幾歲的時候透過父親認識了榮格。1933 年，她就讀蘇黎世大學時撰寫哲學和心理學論文，比較了佛洛伊德和榮格的理論。1936 年起，她在榮格的督導下從事分析工作。
64　安妮拉‧亞菲與羅伯特‧亨蕭的談話，1988 年 2 月 1 日，1989 年 12 月 22 日，AAJD。在 1989 年 1 月 26 日由彼得‧阿曼（Peter Ammann）錄製，與史蒂夫‧馬丁（Steve Martin）、阿利耶‧梅登鮑姆（Aryeh Maidenbaum）和羅伯特‧亨蕭的談話中，她說明，第一次見面時，她的意象和夢就給榮格留下了深刻的印象，所以榮格決定為她提供定期的分析。AAJD。

不愛國的「偽瑞士人」（pseudo-Schweizer）。作為他們中的一員，亞菲雖然被容忍和接納，但即使在榮格的圈子裡，她也被認為是「不受歡迎的人」之一。當時，瑞士的難民政策非常嚴格，以至於截至一九三八年底，被認為是政治難民而獲得瑞士居留許可的只有一百二十三位；而從一九三三年到一九四五年間，總共也只有少得驚人的六百四十四人。[65] 所以說，十多年來，亞菲其實一直面臨生存的威脅。

藉著與榮格的接觸，亞菲獲得了許多支持，她所感受到的威脅和不安全在很大程度上得到消解。榮格很快就免除了她的分析費用；一開始她拒絕接受這樣的安排，但榮格回應說，他深信亞菲以後會對分析心理學做出更重大的貢獻。從她身上，榮格留下深刻的印象，不僅是斯特恩對她的科學訓練，還有她對神話、宗教和藝術的象徵所表現出紮實的文化哲學素養，以及她成熟而沉穩的性格。一九三九年夏天，也就是戰爭爆發的動盪之際，他邀請亞菲分析和評論一個小男孩的夢，並且安排她在自己於聯邦理工學院所舉行的「孩子的夢相關的心理解讀」研討會上，發表這些結果。[66] 從

65　瑞士專家獨立委員會-第二次世界大戰，《瑞士與納粹時期的難民》（*Die Schweiz und die Flüchtlinge zur Zeit des Nationalsozialismus*），蘇黎世，2001年；卡爾·路德維希（Carl Ludwig），《1933年至今的瑞士難民政策》（*Die Flüchtlingspolitik der Schweiz seit 1933 bis zur Gegenwart*），伯恩，1966年；海因里希·羅斯蒙（Heinrich Rothmund），1939年1月27日，聯邦移民管理警察局長：「二十年來，我們都沒有與瑞士的猶太化作鬥爭，才導致今天的局面，移民把這個問題擺到我們的面前了。」瑞士外交文件，dodis. ch/46769，見霍倫斯坦（A. Holenstein），庫里（P. Kury）和舒爾茨（K. Schulz），《瑞士移民史》（*Schweizer Migrationsgeschicht*），巴登，2018年。

66　參見安妮拉·亞菲的文章：榮格，《孩子的夢》，1987年，第236頁及以後。在榮格的委託下，她與莉莉安·弗雷-羅恩一起編輯1939、1940年研討會的內容，供研討會參與者和心理學俱樂部成員參考，「莉莉安·弗雷和安妮拉·亞菲根據莉夫卡·夏爾夫的筆記進行編輯工作」；參見榮格，《孩子的夢》（*Children's Dreams*），2008，第xv頁。

安妮拉・亞菲,大約拍攝於 1938 年。

一九三八年開始，她因為榮格而開始參加艾拉諾思會議，這時她還難以想像在幾十年後自己也會成為這裡的演講者。此時，在戰爭年代想要找到一份工作，已經越來越困難了，於是榮格盡可能讓她參與大大小小的研究，以幫助她度過財務上的困境；她則在聖誕節和生日時，將日常微薄的供應中省下的肉類配給券送給榮格，以表達她的謝意。然而在可怕的「水晶之夜」大屠殺發生後僅數週，她不顧蘇黎世的朋友和榮格的強烈警告，為了年邁的父母還有他們的藝術收藏品，前往柏林，並在最後一刻即時安排父母逃往英國。她在這次的救援行動中的表現非常勇敢。[67] 此後三十多年，亞菲再也沒有踏上德國一步。

一九四〇年的夏天才剛剛開始，法國便投降了。這時候，瑞士開始擔心德國針對自己發動閃電戰，成為德軍轟炸的目標。亞菲加入了一小群人，在榮格和他的家人引領下，前往瓦萊州一個偏遠的村莊瓦勒斯多夫（Wallersdorf），暫居一個私人組織安排的「小住所」（Réduit）。[68] 亞菲與榮格有這些個人往來，在這段時間又接受過榮格的支持，因此在戰後別人要求她站出來，指控榮格的反猶太行為，實在是一件不可能的事。一九五八年，出版商庫爾特・沃爾夫希望榮格能夠在回憶錄中為反猶太行為「道歉」，她寫信給沃爾夫：「在納粹時代的最黑暗時期，我與榮格開始進行分析，最初，猶太人的問題就擺在眼前。以我對這個問題的敏感度，如果

---

[67] 整個情況可以參考亞菲和菲爾斯騰貝格家族在 1937 年至 1939 年間的通信，裡面詳細地記錄了安妮拉・亞菲是如何積極而努力地營救阿爾方斯・亞菲的部分藝術收藏品。未發表的文件，AAJD。1938 年 11 月 9 日到 10 日凌晨，猶太人數以千計的教堂、商店、公寓和墓地被摧毀，數以萬計的猶太人被監禁或是被驅逐到達豪（Dachau）集中營、布痕瓦爾德（Buchenwald）集中營，和薩克森豪森（Sachsenhausen）集中營。

[68] 安妮拉・亞菲寫給弗蘭克・赫爾曼（Frank Hermann）的信，1982 年 5 月 13 日，AAJD。

我感受到了他的排斥,哪怕只是一點點,我都能立刻察覺並且離開。然而,事實的真相是,我與榮格的這些談話逐漸治癒了我的猶太情結,也治癒了我的自卑感。」[69] 榮格去世幾年後,她曾就這個主題寫了一篇更長的文章,文中她研究了「對榮格有利和不利的證據」,「不僅提出了有利於榮格的實證,而且還提出了一些事實,使得批評可以被理解」。[70]

然而,在戰爭年代,即使是分析心理學界也同樣存在著反猶太主義的歧視:一九四三年,托妮・沃爾夫通知亞菲,為了「保護」榮格避免受到德國方面可能的制裁,亞菲的心理學俱樂部成員資格被拒絕了。榮格對此感到憤怒,以辭職來威脅,極力爭取對亞菲的接納,[71] 在這一過程中,他公開支持亞菲,並反對由托妮・沃爾夫所主持的董事會。然而一直到一九四四年十二月為止,亞菲和莉夫卡・夏爾夫依然不被允許參加俱樂部成員的聖誕晚宴,理由是

---

69 安妮拉・亞菲寫給庫爾特・沃爾夫的信,1958 年 5 月 16 日,YBL。關於猶太人和非猶太人之間差異的分析會議,當時是以一個動人的姿勢結束:榮格將自己的左手掌心朝上,放在桌子上,又一把抓住她的手,讓她的手掌心挨著自己的,說:「請看看有多少相似的掌紋!」他所想強調的是兩者的共同點,而非差異;亞菲,於不來梅廣播(Radio Bremen),1988 年 9 月 1 日。也可以參見亞菲,《榮格的生活和作品》(The Life and Work of Jung),1989 年,第 78 頁:「當時,榮格對我很友善,在經濟上也很支持我。他對待其他猶太人也是如此。」

70 安妮拉・亞菲,1989 年,第 78 頁,受勞倫斯・凡・德・波斯特爵士的啟發,她在 1967 年撰寫了文章〈榮格與納粹主義〉(Jung and National Socialism),於 1968 年首次發表,收於安妮拉・亞菲《榮格的生活和工作》,英譯本由霍爾(R.F.C.Hull)翻譯,1989 年,第 336 頁及其後。【編註】:本書中文版為《榮格的最後歲月》,2020,心靈工坊。

71 安妮拉・亞菲,未發表,未注明日期,關於心理學俱樂部的手稿,AAJD。「這非常令人討厭,同時也令人沮喪。但是榮格對我很支持,讓我感受到了他的善良。他不喜歡這種排擠。」安妮拉・亞菲與羅伯特・亨蕭的談話,1988 年 2 月 1 日,AAJD。也可參見不萊梅廣播播送的節目,1988 年 9 月 1 日。還可參見《揮之不去的陰影:榮格學派、佛洛伊德學派和反猶太主義》(Lingering Shadows-Jungians, Freudians, and Anti-Semitism),邁登鮑姆(A. Maidenbaum)、馬丁(S.A. Martin)編,1991 年;以及《榮格和反猶太主義的陰影》(Jung and the Shadow of Anti-Semitism),邁登鮑姆編,2002 年。

「我們想和自己人待在一起」。即使是在分析心理學的圈子，猶太人的身份仍然教人不安，依然是遭排斥的理由。直到一九四五年六月中旬，戰爭結束之後，在榮格和卡爾‧阿爾弗雷德‧邁爾的推薦下，亞菲才受到一致的同意而成為俱樂部成員。[72] 再過七年後，亞菲成為俱樂部董事會的成員。[73] 一九四四年十二月祕密引入的「反猶太限制條款」還一直持續到一九五〇年，直到西格蒙德‧赫維茲（Siegmund Hurwitz）的干預，這項條款才被解除。[74]

在榮格公開支持亞菲之後，就可以清晰地看到，他是多麼地重視亞菲。榮格在二十年的時間裡，給安妮拉寫了大約八十封信，為我們提供了瞭解兩人關係的寶貴資料。[75] 榮格在閱讀了她所寫關於霍夫曼作品的大量手稿之後，於一九四六年寫信給她，表示他必須「由衷地欽佩，妳能如此理解我思想創作的內在關聯，以及能夠以清晰的方式來呈現這一切」，「妳所取得的成就，真是太不可思議了」。[76] 榮格決定，這部「了不起的作品」應該與他的四篇短文一

72　特別大會會議紀要，1945 年 6 月 16 日。
73　1951/52 年度報告，蘇黎世心理學俱樂部。
74　關於戰爭結束後，瑞士的反猶太歧視和排斥，參見阿拉姆‧馬蒂奧利（Aram Mattioli），《1848-1960 年瑞士的反猶太主義》（*Antisemitismus in der Schweiz 1848-1960*），蘇黎世，1998 年；以及阿爾弗雷德‧海斯勒（Alfred A. Häsler），《船已滿員》（*Das Boot ist voll*），蘇黎世，2008 年。第二次世界大戰後，許多社會圈子雖然並不公開談論如何不歡迎猶太人進入到當局、協會、政黨和決策機構中，但排斥還是存在。
75　最初的幾封信，主要是評論了亞菲夢中的意象；之後很快地，他寫的信裡開始講述自己的夢，分享自己手頭的工作，還有他在博林根的日常，而這些信很多都是從博林根寄出。有時寫信只是衝動下讓她知道他還活得好好的訊息（參見 1942 年 4 月 29 日的信），或是對亞菲所撰寫文章作出相關的回應，或是對她的研究、論文、講座，另外也會回應她對榮格手稿和出版物所提出的評論。榮格寫給安妮拉‧亞菲的信有一部分收錄在榮格《榮格書信選第一卷》和《榮格書信選第二卷》，1973 年。其餘部分則保存在 ETH 檔案館（Archiv der ETH）中。
76　榮格寫給安妮拉‧亞菲的信，1946 年 4 月 9 日和 1946 年 7 月 20 日，ETH。

起出版。[77]

才幾個月前，榮格在一封信中，無奈又詼諧地宣佈，需要「一定的想像力，才能從他的作品裡識別出那些曲折複雜的關聯」；在他看來，這些文章就像是「由一隻蚱蜢，腳踩著印刷用的活字塊，在思想的世界裡跳躍，偶爾留下印記」的隨機痕跡。如果有任何人想要從這些作品中來瞭解作者的本質，他是一點都不會羨慕的；而且因為他本身就是「厭惡自傳」的，所以也不願意承擔這項任務。[78] 而亞菲能夠成功地掌握和闡明他作品之間的內在脈絡，讓他開心又驚訝。當初的被分析者和學生，到了一九四〇年代中期，已成為備受尊敬的同事與作者。

經歷了戰爭，不僅她的家庭四分五裂，幾位近親和朋友甚而失去了生命。戰後，她的經濟狀況開始穩定起來。當心理學俱樂部開始籌備榮格研究所的時候，安妮拉・亞菲被授予行政部門和秘書處的職責。這份兼職工作讓她有足夠的時間進行自己的分析和科學工作。現在，榮格會定期將自己最新的手稿給她評估、編輯和審查。然而，他對她的欣賞遠遠超出了她的專業能力，這一點明白地顯現在他對亞菲極其正向的反移情。

在此引用榮格給亞菲所寫的信，作為一個鮮活的例子。之前她在一九四七年夏天曾評論過他的〈對三位一體的教義進行心理學研

---

[77] 榮格寫給艾瑞旭・諾伊曼的信，1947 年 7 月 19 日，榮格《榮格書信選第一卷》，第 473 頁。在這種情況下，有趣的是，榮格在他的《心理學論文集》中最先收錄的他人所寫的文章就出自兩位猶太作家之手：莉夫卡・夏爾夫和安妮拉・亞菲（在第 VI 卷和第 VII 卷中，出版於 1948 年和 1950 年）。

[78] 榮格寫給於爾格・菲茲（Jürg Fierz）的信，1945 年 12 月 21 日，榮格《榮格書信選第一卷》，第 403 頁及其後。收信人合併了榮格的一些文章，並要求作者就作品之間的關聯評論幾句。Heugumper 是瑞士德語中對「蚱蜢」的稱呼。

究〉(A Psychological Approach to the Dogma of the Trinity) 的修訂稿[79]:

「親愛的安妮拉,

我由衷地感謝您對『三位一體』(Trinität) 的回覆,我無法想像還有比這更好的回應。回應本身十分地『全面』(total),對我來說,這也產生了『全面』的影響。您對我在作品裡所嵌入的意象全都真正地看出來了。而您的來信讓我再一次明白,當一個人沒有得到回應的時候或僅僅是得到一兩個片段時,他會是多麼的失落呀;然而現在體驗到的喜悅卻是完全相反,一種創造性的共鳴,如同女性存在的啟示一般,這是多麼的快樂呀。一如必須經過辛勤的勞動和汗水、擔憂和呵護,才能釀出成熟而優質的好酒,並將這酒倒入珍貴的高杯中。如果沒有容器的容納和接受,這個陽剛之氣的作品就只能是一個嬌弱的孩子,人們用懷疑的目光追隨著,看著他內心充滿焦慮地進入這個世界。但是,當有個靈魂向作品敞開時,就好像一粒種子落在了肥沃的土壤裡;又好像一座城市的大門在傍晚安然上鎖,讓人們可以享受更安寧的夜晚。我非常感謝您。致以真摯的祝福,您真摯的……」[80]

他深受感動,榮格在信中給出了極高的評價,還選擇了明顯具有力比多特質的比喻。

因為她在漢堡接受過實驗科學的研究培訓,戰後榮格將她推薦給巴塞爾的同事、醫學博士阿道夫・維舍爾(Adolf L. Vischer)。

---

79 1940 年在艾拉諾思發表的演講,經由增添和修訂的文本最後是發表在榮格《精神象徵》(*Symbolik des Geistes*),《心理學論文集》第 VI 卷,1948 年;參見《榮格全集》第 11 卷,第 169-295 頁。
80 榮格寫給安妮拉・亞菲的信,1947 年 8 月 10 日,ETH,《榮格書信選第一卷》,第 474 頁及以後。

維舍爾針對養老院的老人進行一項結合醫學、社會學和心理學等多學科的大規模研究。[81] 安妮拉・亞菲負責了心理部分的研究，其中包括了羅夏測試的評估，還有個人訪談。[82] 同時，她還撰寫了一篇全面闡釋巴爾扎克筆下多元性別的文學人物《塞拉菲達》（Séraphîta）的文章。[83] 不久以後，在榮格的啟發下，她又寫了一篇關於英國女醫師安娜・金斯福德（Anna Kingsford）的文章，金斯福德因為無法抗拒「既邪惡又可怕的現實」，最後淪為犧牲品。[84] 不管是進入榮格研究所以前，還是在榮格研究所工作期間，榮格經常將研究和其他任務委託給她——「信件、查詢的圖書館資料、單行本報告和手稿，都等待他進行評論，這些資料在他的圖書館堆積成一座沒法穿越的小山」——並且請她參與自己著作的編輯。[85] 一九五四年，她為赫爾曼・布洛赫（Hermann Broch）的作品《維吉爾之死》（The Death of Virgil）所寫一篇篇幅更長的文章，收在《榮格誕辰八十週年紀念文集》中。[86] 她與沃夫岡・包立之間

81　阿道夫・盧卡斯・維舍爾（Adolf Lukas Vischer, 1884-1974），曾任巴塞爾養老院的主任醫師，1954 年被任命為巴塞爾大學老年醫學的榮譽講師。

82　安妮拉・亞菲，〈養老院老年人心理調查〉，見亞菲等人，《在養老院的老年人》（Alte Menschen im Altersheim），1951 年，第 81-131 頁。

83　奧諾雷・德・巴爾扎克（Honoré de Balzac）於 1835 年發表了他的短篇小說，內容是有關於塞拉菲達（Séraphîta）這一雌雄同體的人物。1949 年 11 月 5 日和 1949 年 11 月 19 日，安妮拉・亞菲在心理學俱樂部的講座發表了自己的論文；如今收未發表的手稿（unpubl. Manuskript），AAJD。

84　安妮拉・亞菲，《安娜・金斯福德：宗教妄想和魔法》（Anna Kingsford-Religiöser Wahn und Magie）1980 年；第二版《宗教妄想与黑魔法：安娜・金斯福德的悲慘生活》（Religiöser Wahn und schwarze Magie-das tragische Leben der Anna Kingsford），1986 年。與此相關的內容，見亞菲於 1951 年 6 月 16 日和 1951 年 6 月 30 日在心理學俱樂部所做的演講。在榮格對《金花的秘密》進行評論的時候，就意識到了安娜・金斯福德和她夢中豐富的素材。參見第 355 頁。

85　安妮拉・亞菲，1987 年，第 117 頁。

86　安妮拉・亞菲，〈關於赫爾曼・布洛赫的《維吉爾之死》〉（Hermann Broch: Der Tod des Vergil），收於《榮格分析心理學的研究》（Studien zur Analytischen Psychologie Jungs）第二卷，

也有著長期的友誼，大量的書信裡充滿了彼此之間生動而深刻的心理交流。這位物理學家經常去拜訪她，偶爾委託她一些歷史研究或秘書工作。從一九五三年開始，她有時還充當榮格的聯絡人。[87]

一九五二年冬天，榮格將佛洛伊德的信交給亞菲來評估，這更一步表明榮格信任亞菲的判斷力。[88] 亞菲對榮格在發展心理學方面的工作深表讚賞，一方面是榮格的心理學毫不迴避的承認和面對上帝形象的陰暗面和邪惡性。這幫助了亞菲去認識、接納和承受自己在毀滅性的戰爭時期所遭受的痛苦，並且將這一切視為一種必要的經歷，也是自己整體存在的一部分。她形容榮格是一位心地善良、和藹可親、富有幽默感的人，他對「每個人真實的才學和能力」都非常尊重，也樂於從別人獲得教導。對她來說，榮格的權威並不令人生畏，反而十分具有人情味——這是他「與創作天分殊死搏鬥」的表現。因此，他的存在從來不會讓人覺得「被他的學識所輾壓，不會讓你覺得渺小或尷尬」，反而自己有了改變，甚至更有敬意。[89]

1955 年。關於這一點，榮格在 1954 年 12 月 26 日的一封信中提到：「我不知道我更佩服哪一個，您的耐心、您對本質的理解和您的表現力，還是布洛赫對轉化祕密那驚人而深刻的洞察力、他的忍耐力和一致性，還有他的語言表現力。」見榮格《榮格書信選第二卷》，1972 年，第 200 頁。亞菲的文章亦收入她的作品《神祕主義與知識的局限》（*Mystik und Grenzen der Erkenntnis*），1988 年再版。

87 沃夫岡・包立寫給安妮拉・亞菲的書信，1948 年 -1958 年，ETH。其中包括他親筆寫給亞菲的詩歌與散文。亞菲留於 ETH 檔案館的 97 封信中，72 封是包立寫給亞菲的，25 封是亞菲寫給包立的。參見《沃夫岡・包立與榮格在 1932 年至 1958 年間的書信》（*Wolfgang Pauli und Jung-Ein Briefwechsel, 1932-1958*），邁爾（編），柏林，1992 年。關於包立和亞菲之間的友誼另見《心理學觀點》（*Psychological Perspectives*），第 19 期，1988 年；從包立所收到的信件來看，對於這位物理學家來說，亞菲不僅僅是幫助他聯繫榮格的橋樑。

88 威廉・麥奎爾、沃夫岡・紹爾蘭德（William McGuire / Wolfgang Sauerländer）編，1974 年，引言第 xxi 頁。也可參見本書第 258 頁。

89 安妮拉・亞菲，《榮格的最後歲月》，第二版，1987 年，第 116 頁。

榮格和安妮拉・亞菲；1942 年，莉莉安・弗雷-羅恩、榮格、安妮拉・亞菲在艾拉諾思。

攝影：瑪格麗特・費勒（Margarethe Fellerer）。

一九五四年夏天，她對他的〈結合〉這一章的草稿不僅提出修改的意見，還提及與內容相關的反對意見，這表明她已經有自己的獨立思考，能夠對「親愛的教授先生」提出質疑。不過，這時的她尚未完全擺脫作為學生的顧忌，這點可以從她一封信的內容中清晰地看出，她寫道，她是猶豫再三才提出反對的意見，唯恐自己理解不足而引來榮格的惱怒或批評。[90] 這些年，不論是榮格偶爾造訪，或是她為分析或工作而前往博林根和庫斯納赫特（Küsnacht）拜訪榮格，在亞菲的描述中，兩個人見面的時刻有如「時間洪流中的寧靜島嶼」，並且表示「我們的互動方式和諧而靜謐」。[91] 榮格對她的態度，到了最後顯然是相當關愛的。例如由於亞菲健康不佳，榮格曾二度出資讓她到山上的療養中心。[92] 也因為如此，作為回報，每次當榮格因為年齡太大的限制，或是太操勞時，亞菲也接手他所託付的繁重而耗心力的工作。在這一方面，榮格曾經寫道，亞菲「表現出如此微妙的同理、理解和洞察」，所以那些關於幽靈的材料無論交給誰，都不會比交到亞菲的手中「更具有價值」，而「那些值得稱讚的作品，已經讓她成為家喻戶曉的作家。」[93]

　　一九五五年，亞菲成為了榮格正式的私人秘書，幾乎天天都會聯繫，兩人關係也正如亞菲後來回憶的那樣，性質開始有了變化：對彼此理想化的感覺必須讓位給現實中的體驗。在現實的作用下，日常生活中各種大大小小的事實都體驗得到，「更完整的關係」也

90　沒有確切的日期，安妮拉・亞菲寫給榮格的四頁信，ETH。遺憾的是，無法找到其他安妮拉・亞菲寫給榮格的信件。關於〈結合〉的章節見《神祕結合》第二卷，首次出版於《心理學論文集》第 XI 卷，1956 年，見《榮格全集》第 14 卷，第 654-789 頁。
91　安妮拉・亞菲，《榮格的最後歲月》，第二版，1987 年，第 116 頁。
92　沃納・韋克與安妮拉・亞菲進行的採訪。1991 年 5 月 8 日，AAJD。
93　榮格為安妮拉・亞菲所寫的前言，1963 年，第 7 頁。

就出現了。榮格苛刻的性格和偶爾暴躁的脾氣很快就顯露出來。面對堆積如山的信件或工作，榮格偶爾會心煩意亂地發脾氣，但亞菲慢慢學會了面對，開始「扭轉局面，逐漸地，所使用的武器幾乎從來沒有失敗過」，可以逗得榮格開懷大笑。[94] 亞菲如今能感受到的，除了榮格過去對她的耐心，也有榮格的沒耐性和敏感；但另一方面，也更加能夠體會到榮格高度的同理心和善於照顧人的天性。例如，如果她帶著滿滿一籃子信件、文件、手稿和書籍，疲憊不堪地抵達博林根，榮格會要她先到躺椅上蓋上毯子休息再說。

順便一提，亞菲深知私人秘書這個職位的特殊性，一開始並不願意接受這個新職位，她表示除非艾瑪·榮格也同意自己經常出現在這個家裡，直到榮格向她保證這是艾瑪的建議，她才終於同意。[95] 後來談到托妮·沃爾夫時，亞菲語帶含蓄而尊重。相比之下，她對艾瑪·榮格的感情表達得更清楚：她很喜歡艾瑪·榮格。同樣，艾瑪也相當欣賞亞菲的處世方式和能力。[96]

在這種種情況下，一切的發展就順理成章了：約蘭德·雅可比提議讓亞菲擔任傳記作者，而這意見獲得榮格的同意也就不足為奇。亞菲不僅幾乎每天都會與榮格接觸，對他的性格、作品和思想都有著深刻的瞭解，而且當時她已經算得上是擁有聲名的作家，也是能獨立工作的研究者。於是一九五六年秋天，亞菲寫信給庫爾特·沃爾夫，表示同意與榮格一起嘗試傳記計劃。

94　安妮拉·亞菲，《榮格的最後歲月》，1987 年，第 130 頁。
95　榮格寫給安妮拉·亞菲的信，1955 年 6 月 14 日，ETH。
96　安妮拉·亞菲寫給赫伯特·凡·埃爾克倫和羅伯特·亨蕭的信，1989 年 12 月 22 日，AAJD。

坐在與會者中的榮格與安妮拉・亞菲，於 1948 年艾拉諾思會議。
兩張照片的攝影：瑪格麗特・費勒。

III 找尋一條穿過我記憶叢林之路

　　從一九五六年九月起,安妮拉‧亞菲與榮格開始著手傳記項目。一九五七年一月上旬,沃爾夫詢問工作是否已經開始。在他給亞菲的第一封信中強調,要她「以非常直接的方式呈現材料」,希望在形式上應該參考約翰‧彼得‧愛克曼(Johann Peter Eckermann)所寫的《歌德談話錄》(*Gespräche mit Goethe*)。[1]他希望「榮格用自己的話,以第一人稱單數的口吻來對人物、地點和事件進行回憶」。[2]亞菲遵循了他的要求,文本的作者身份於是變得撲朔迷離,以至於一直到今天,大多數讀者仍將這本書視為榮格的自傳。[3]沃爾夫提出,傳記內容的主題可以是榮格的觀察,包括對

1　【審閱註】:中譯本名為《歌德談話錄》,朱光潛 1978 年翻譯。
2　庫爾特‧沃爾夫寫給安妮拉‧亞菲的信,1956 年 10 月 24 日:「……最好像愛克曼一樣以非常直接的方式呈現材料……,榮格用自己的話以第一人稱單數的形式來對人物、地點和事件進行回憶。」沃爾夫指的是約翰‧彼得‧愛克曼(Johann Peter Eckermann)的《歌德談話錄》(*Gespräche mit Goethe in den letzten Jahren seines Lebens*),萊比錫,1836 年。1957 年 1 月 16 日,他寫信給亞菲,又一次提到:「關於整本書的構思是這樣:它不應該只是一本傳記,而應當盡可能地成為一本自傳的書。關於這本書,我想要的是,榮格在其中盡可能地直接談論。」YBL。儘管德語才是沃爾夫的母語,而且他直到二十世紀四〇年代初才開始待在美國,但在 1957 年底前,除非另有說明,他寫給亞菲的信主要用的都是英語。但 1957 年 11 月以後,他的書信大多以德文書寫。
3　關於這樣的觀點,見第 326 頁及以後。最近,索努‧山達薩尼特別指出,這本書不是榮格的

動物、兒童、男人和女人、不同國籍的人、「原始人」，特別是對於像夏科（Charcot）或佛洛伊德這些名人的想法。沃爾夫完全被最後一個「名人」的部分吸引，特別是與佛洛伊德的關係。從這裡可以看出，沃爾夫對傳記的理解非常傳統，也可以發現他對榮格的認識非常狹隘，對精神醫學與心理學的歷史瞭解也是十分有限。[4] 他像其他大多數人一樣，似乎把問題集中在榮格與佛洛伊德的關係上。亞菲聽到這些要求，立即回覆，她很難開口問榮格「這麼普通的問題」——榮格希望她把精力主要放在內在世界（interior world，即心靈素材、夢、和幻想）對自己發展的的影響，也就是內在的體驗（inner experiences）及其影響；關於與夏科和佛洛伊德相關的問題，她索性就留給貝納特去問；甚且她的解釋讓沃爾夫嚇了一跳：「坦白說，我自己也覺得這些並不是很有趣。當榮格談到這些問題，總擺出一副可以說是『照本宣科』的神態，完全不是他平常的樣子。」[5]

而且，她已經決定盡可能不要主動向榮格提問，因為她知道，榮格更喜歡自己隨心所欲地暢談。[6] 一九五六年十一月，當貝納特先寄來一份問題表單，榮格明顯不想回應，並用如下的話邀請他前往庫斯納赫特：「在我看來，自己已經暴露在太多的誤解之中了，所以會非常害怕說出傳記的真相。因此，我更希望你先自己試著去找尋一條穿過我記憶叢林之路」。[7]

自傳；參見山達薩尼，2005 年，第 22 頁及以後。
4　例如，他完全不知道：在榮格還是高中生時，夏科就已經離世了。
5　安妮拉・亞菲寫給庫爾特・沃爾夫的信，1957 年 1 月 11 日，AAJD，YBL。她的信是用德語寫的，這裡翻譯成英語。
6　參見安妮拉・亞菲寫給庫爾特・沃爾夫的信，1957 年 1 月 20 日，YBL。
7　榮格寫給貝納特的信（英文書寫），1956 年 10 月 10 日，ETH；參見山達薩尼，2005 年，第

榮格顯然認為，傳記作者的任務是讓自己置身於榮格記憶的龐大叢林當中，然後慢慢走進這團混亂，親自找尋出一條穿越的小徑。給貝納特的信有兩點值得注意：一方面他對講述自己「傳記的真相」感到焦慮以外；另一方面，他其實更喜歡傳記的形式是，碎片化而結構零散的「回憶錄」。傳記這玩意兒隱含著一種態度，就是聲稱要呈現出事實的準確性和完整性，敘事不僅要與事實相符，且必須完整；然而回憶錄則具備了明顯的主觀和軼事，受到的限制要少了許多。亞菲權衡了這一點，於是過了一年，她提議在標題中強調這本傳記的回憶性質。[8]

　　回到一九五六年秋天，當時一切才剛剛開始，榮格明確表示，他歡迎不同的人從不同角度對自己和自己的回憶進行觀察。按照亞菲預計，榮格回憶的時間點，應該是他在博林根開始隱居生活的那個春天。但在一九五七年一月十八日，「出乎我的意料的，榮格想將他最早的童年記憶告訴我」。[9]於是，兩人之間的對話開始了，而且這樣工作持續了好幾年。最終，在亞菲的記錄與編輯之下，《榮格的回憶、夢，與反思》一書才得以呈現，而現在這本書《榮格晚年沉思錄》也是同時開始醞釀的。

　　每週五的午後，他們都進行傳記相關的工作。榮格會描述記憶中一些深刻的成長經歷或是夢境，這些通常都關聯著他個人發展

41-42 頁。
8　參見第 336 頁及以後。
9　安妮拉・亞菲寫給庫爾特・沃爾夫的信，1957 年 1 月 20 日，YBL。（榮格不久前在庫斯納赫特接待了貝納特。）
　　【英譯註】：德文書名的英文直譯為「Memories, Dreams, Reflctions by Jung」，即《由榮格寫出的記憶、夢、反思》；但實際上應該是「Memories, Drams, Reflections of Jung」，《榮格的記憶、夢、反思》。出版商使用「by」一詞是為了讓人覺得這是一本自傳，而這誤解一直延續至今。同時參見第 330 頁。

和後續作品演變的反思。後來亞菲描繪，榮格有時是與她對話，有時感覺又像是「在我面前自言自語」。榮格講述自己的生活和反思，想到哪兒就說到哪兒；有時整個思路曲折蜿蜒；有時思緒跳來蹦去；也有時候，說著說著又重覆了一些已經說過的部分。她認為如今的榮格充滿了講述自己經歷的動力，想分享得更多，「但謝天謝地，不是那種有條不紊的系統，只是那一刻想到了什麼就說什麼。」這種方法反而讓亞菲非常高興，因為她覺得「唯有如此，才能獲得生命的原初物質（prima materia）」。[10] 那些年來，她經常陪著榮格接受採訪，每次榮格被要求針對那些相似又無趣的問題回答時，他是那麼的疲倦，又是那麼的煩躁；所以亞菲明白，保持著開放和期待的態度，以不著痕跡的提問來抓住重點，這些是多麼重要。在第一階段，她扮演的角色像是一個積極的傾聽者，就像人類學家在進行田野調查，時不時插問一些啟發性的問題，比如「那是不是你的『仙人掌』靈視出現了？」或「對這次體驗，你母親說了些什麼？」她有意識地向後退，正如寫給沃爾夫的信裡所說：「因為榮格這個人天生就是一個偉大的說故事的人，他會不斷地將內心的意象流轉化成文字。即便他經常會走岔而偏離了原本的方向；但是我小心翼翼地不去打斷他，因為這些彎路上充滿了驚喜。」[11]

想要進一步瞭解亞菲在這過程所扮演的角色之前，我們有必要仔細研究一下榮格「內在意象流」（stream of inner images）的發展過程。有趣的是，一九五七年秋天前與亞菲的對話，以及後來在他關於童年和青年時期自傳性質的文本，儘管偶有偏題，但他選擇的多少都是按時間順序的敘述結構。主要的話題有：童年歲月；中

10　安妮拉・亞菲寫給庫爾特・沃爾夫的信，1957 年 1 月 20 日，YBL。
11　安妮拉・亞菲寫給庫爾特・沃爾夫的信，1957 年 3 月 2 日，AAJD，YBL。

學生活;大學時代;作為一名年輕醫生的經歷;受到西奧多・福魯諾、威廉・詹姆斯、西格蒙德・佛洛伊德、衛禮賢等重要人物的影響,和離開伯格霍茲里的工作之後;以及如何面質內在無意識。他首先描述了自己幼年時期最早的感官知覺,然後是他能清晰記憶的第一個夢,接下來是隨後童年時期所體驗的感受,以及這些感受與夢的關聯。

他的敘事風格具有的共同特色是,這些故事中的暗示和關聯,衍生出他後來所提出的心理學相關主題,例如,關於阿尼瑪的觀念及他自己與阿尼瑪的關係。因此可以看出,他後來作品的種子似乎已經在這些早期經驗中開始萌芽。我們同時也看到,他從邁入老年後的視角,對過去的體驗和意象進行回顧性的解釋,試圖賦予其意義,並將這一切融入到自己的一生當中。在這樣的敘述中表達了一種觀念:在孩提時代的他,就已經肩負了命運交給他的重要任務或責任,難免讓人聯想到赫拉克利特的那段話——Ethos Anthropos Daimon,意即「性格決定命運」。[12]

榮格不是在尋找早年外在現實中所經歷的那些細節,而是想找出決定了自己人生的那些潛在的「基本真理」,就像歌德在晚年時的回顧一樣:「我最認真的意圖是,盡可能地描述和表達那一更深層次的基本真理。就我所知,它就一直主宰著我的人生。但是,如果不讓回憶和想像發揮作用,從而在最終的階段透過某種詩意的能力,那麼很明顯,所匯集和強調的都是我們現在如何思考過去的結果,而不是它們當時是如何發生的細節。」[13]

---

12 第爾斯、克蘭茨(Diels / Kranz),《前蘇格拉底哲學》(*The Pre-Socratics*),片段 119。
13 歌德,《全集》(*Sämtliche Werke*),霍斯特・弗萊格(Horst Fleig)編,第 II/11 卷,1993 年,〈寫給巴伐利亞國王路德維希(König Ludwig von Bayern)的信〉,1829 年 12 月,第 209

之後,亞菲多次告知出版商沃爾夫:榮格記憶中的客觀事實是無法被喚醒的,能夠喚醒的只有具有靈魂意義的那些不可少的內容。[14] 後來,榮格提出過一個有趣的想法:存在於外部世界的生命表現,在他的記憶中大多都會消失殆盡,是因為那一切是他曾經全力以赴參與其中的緣故。因此,幾乎無一例外地,它們全都「變成了幾乎記不起來的幻影,再也無法為我的想像力張開翅膀了;然而,在另一方面,與我內在體驗有關的記憶,反而都變得更加生動而多彩多姿。」[15] 就像歌德一樣,他也意識到,回憶不僅是與幻想和想像有關,還與創造的能量相關,就是那「詩意的能力」（poetic ability）。[16]

　　亞菲描繪的那種可以得到滿滿收穫的「走岔」（detours）,和繞著傳記相關話題的週旋,以及所引發的許多長串聯想,往往是來自榮格當時所忙於投入的工作而引起的,包括準備中的演講、通信、正在撰寫或閱讀的書籍,還有與亞菲剛好談起的其他共同興趣。

　　榮格理所當然地認為,在早期年幼的那些夢境意象中,或是所經歷的描述裡,如何不著痕跡地指向他後來作品裡的蛛絲馬跡,

頁。

14　多年後,詹姆斯・希爾曼（James Hillman）提出結合個案歷史來對這一現象進行了探討的想法,並表示:「靈魂的傳記是經驗的而不是事件的。它似乎並不遵循單向的時間流,對於情感、夢境和幻想的體驗才是它最好的報告……從重大夢境、危機和洞察力中所產生的體驗,賦予了人格的定義。〔……〕它們就像界碑,標示出了一個人自己個體的基礎。這些標示比生活中的外在事實,還更不容易被否認〔……〕。」《治癒虛構》（*Healing Fiction*）,1983 年,第 24 頁（參考《自殺與靈魂》〔*Suicide and the Soul*〕,達拉斯:春泉出版社,197,第 77-79 頁。【編註】:繁體中文版由心靈工坊出版,2016 年）。

15　榮格寫給古斯塔夫・史坦納（Gustav Steiner）的信,1957 年 12 月 30 日,《榮格書信選第二卷》,第 407 頁。

16　【中譯註】:德文為 dichterisches Vermögen。

這原本就是亞菲應該能完成的任務。「榮格並沒有告訴我這其中有哪些關聯,他假定我會理解,彷彿他曾經明確向我談起過。」[17] 所以,當榮格告訴亞菲童年最早的夢境時,他相信亞菲能夠理解自己對孩子之夢的看法,也就是這些夢能夠預先勾勒、陳述命運的特徵:「孩子的夢可以刻畫出人生的基本藍圖,能夠設定出這一生的基本模式。」[18] 因此,他還希望可以依靠亞菲對《紅書》足夠深刻而透徹的理解,因為認為她已經明白了榮格在中年階段的內心活動,這些是極少數人能夠瞭解的。因此,亞菲才認真地考慮,如果要為讀者發揮橋樑的作用,是否應該在這一本書中「以相當寧靜」的語氣,來提供解釋性的評論,為讀者的理解進行鋪墊。[19] 正如稍後所提及,榮格不僅同意這樣的做法,甚至明確地表示歡迎第二個聲音的出現。然而,隨著時間的推移,原先態度曖昧不定的出版商,對這個提議的反對越來越強烈,因為他所希望得到的效果是,讓讀者覺得書的作者和書中的主角是同一個人。

此外,當時榮格還向亞菲提供了更多帶有自傳內容的材料,包括許多私人的信件,還有一九二五年在研討會中,他討論過他與佛洛伊德的關係。[20] 一九五七年十月,榮格還將六卷的《黑書》提供給亞菲[21],這是一系列非常個人化的、類似日記的筆記本,榮格允

17　安妮拉・亞菲寫給庫爾特・沃爾夫的信,1957 年 1 月 20 日,YBL。
18　參見榮格,《孩子的夢研討會》,榮格、邁耶-格拉斯(Lorenz Jung/Maria Meyer-Grass)編,1987 年;引用榮格未發表,與分析師的談話紀錄,1957 年 6 月 29 日,ETH。【編註】:繁體中文版由心靈工坊出版,2023 年。
19　安妮拉・亞菲寫給庫爾特・沃爾夫的信,1957 年 1 月 20 日,YBL。
20　參見榮格《分析心理學:根據 1925 年研討會的紀錄》(Analytical Psychology, Notes of the Seminar Given in 1925),麥奎爾(編),1995 年。【編註】:繁體中文版譯自經山達薩尼編輯過的版本,《榮格心理學導論:1925 年分析心理學講座筆記》(Introduction to Jungian Psychology: Notes of the Seminar on Analytical Psychology Given in 1925),楓書坊,2023 年。
21　安妮拉・亞菲提到,榮格供她閱讀的這些《黑書》中類似於日記的文本,是《紅書》的前

許她在傳記的寫作上，從中引用相關的訊息。而在此之前，亞菲早已收到了榮格送給她的禮物：《紅書》的副本。

在談話過程中，安妮拉‧亞菲記錄了她想記住的那些話，有時內容會記得很詳細，有時又很簡短，許多還使用了縮寫和零碎的關鍵詞。[22] 書面的文字紀錄還顯示，她自行決定什麼時候開始筆記，也自行決定想寫錄的內容。這樣的做法導致的結果就是，經常遺漏了對話的開始，對話的完整過程沒有被記載下來。[23] 她後來也多次強調，榮格在她筆記時，給予了她完全的自由，所以這絕不是一般所謂的「口述」，而是更像是榮格依照自己的聯想和回憶，自發地說話。就亞菲而言，她成為一位對相關知識十分淵博的傾聽者，充滿了興趣卻又謹慎，讓榮格擁有極大的自由去反思內心的想法，必要時也可以長時間地保持沉默。

從本書的某些章節中可以清楚地看出，榮格並非像亞菲在序言中所說的「自言自語」，而是將她當作密友，經常會直接參與其中相互的交流。作為訊息的接受者和談話的伙伴，她對兩人談話的方向和內容都有影響。最初，傳記會談是每週一次，一次一個半小時，但很快地，談話的節奏和持續時間出現了的巨大變化。如果他們討論的是榮格非常感興趣的問題，或是觸碰到激起靈感的核心問題，會談可能會持續更長的時間。這可能是因為榮格在某個話題上

身，「這些書涵容了榮格的整個人」（寫給庫爾特‧沃爾夫的信，1957 年 10 月 27 日，YBL）；她還說，這些書涵容了一種所謂是「Urstoff」的原初物質，在這物質裡「人格性與非人格性的關係……也變得驚人地清楚明白」，並且說這些書寫裡沒有任何外部世界的事件，只有「與內在世界的對質」。（寫給庫爾特‧沃爾夫的信，1957 年 10 月 29 日，YBL）。榮格《黑書》，山達薩尼編，2020 年。

22 榮格通常是以標準德語與亞菲交談；如果偶爾使用瑞士德語或其他語言中的一些慣用語來表達的話，她也會將這語言的原文特別註記而記錄下來。

23 關於這一點，見安妮拉‧亞菲寫給庫爾特‧沃爾夫的信，1958 年 1 月 1 日，YBL。

繞了更遠，花了更多時間；但也可能是因為內容激發了他的想像力，喚起了他的回憶，又或是引起了他進一步的思考。[24]

素材的收集方式也與通常的訪談有很大的不同。在這些談話之前的幾年，亞菲對榮格的生平已經有一定的瞭解，他們之間有一種舒適的熟悉感，而且兩人都有內傾的一面，這對整個過程有著極大的助益。所以，想要以較少的開放性提問來和榮格對話，並且盡量節制自己的話語，不去干涉榮格，為他創造出開放而寬容的空間，令其暢所欲言，這對亞菲來說是很容易做到的事。亞菲知道榮格以前在回顧自己的一生時會有感到矛盾的時候，她也毫無疑問地尊重榮格不願談及的某些話題和經歷。不過因為榮格對這關係的信任，以及向來的坦率，他確實說出一些不曾說過的話；這樣的時候，亞菲要麼不做紀錄，要麼表示不會發表這些評論。「當然，榮格自然也很想跟我談談托妮・沃爾夫的事。雖然在傳記開始之前，他就曾給我寫信，表示自己不想在書中談到任何有關於私人關係的隱私。」[25] 她相當地尊重榮格所進行的自我審檢，也尊重榮格其他的各種期待；而她願意這樣做，絕不僅僅是因為傳記人物擁有隱藏和不披露的權利。一個很傳神的例子是，在一組手寫的簡短筆記中，亞菲親筆批注：「這是極其內傾的一天，內心充滿了豐富的意象」；然而這些意象，她卻完全沒有提到。[26] 榮格和她對神祕現象

---

24 有關他們對話之間的自由形式，亞菲提到了當榮格向她談起1944年重病期間的死亡幻象：「那是一個難忘的下午，榮格向我講述了他的這些幻象。我們坐在花園裡，一直到太陽下山了，他還繼續不停地說著。那是秋天的一個傍晚，太陽早已在秋光中走散了。對我來說，那才是真正的、最真實的榮格。」安妮拉・亞菲寫給庫爾特・沃爾夫的信，1957年11月2日，YBL。
25 安妮拉・亞菲與羅伯特・亨蕭的談話，1991年3月15日，AAJD。
26 參見會談筆記，1957年3月21日，第2頁，LoC/ETH。

的心理意義有著同樣的看法。他們兩人會分享對共時性現象或超心理學現象的興趣,部分是因為兩人同時還進行著其他的計劃。這樣的共同興趣和觀點,當然也影響了他們的談話內容。[27] 會談開始九個月後,榮格已經非常投入其中了,甚至極度疲憊的時候,他還是希望能跟亞菲見面會談。因為如此,他在一九五七年十一月告訴亞菲說:「當我講述自己,其實也是為了自己的緣故。」[28]

在最初階段的編輯,亞菲先將原來速記的筆記加以修改、抄寫並完成。在這過程中,努力保持榮格的措辭,盡可能呈現出「原始」形式,然後再將他的措辭組合成完整的句子。[29] 從她與出版商的書信中可以清楚地看出,第一步驟的轉寫和編輯,不一定總是在會談後立刻進行,有時是在幾天之後或是幾週之後,偶爾甚至是隔了幾個月之後。這和她二十年後的說法是不一致的。[30] 例如,從亞菲給沃爾夫的一封信當中,就可以很清楚地看出,她在一九五七年十二月初與榮格的兩次會談的筆記,直到一九五八年一月中旬,甚至更晚時,才加以謄寫和打字。她稱這個過程為「潤色加工」(Ausarbeitung)。[31] 因此,儘管她認為自己盡可能忠實地再現了榮格的表達,但不能假設榮格的原話是逐字逐句地再現的。這就像愛

---

27 在完成作品創作《未發現的自我》之後,1957 年,榮格開始起草作品《飛碟:空中所見的現代神話—對不明飛行物現象的心理學研究》(*Flying Saucer: A Modern Myth of Things Seen in the Sky-a Psychological Examination of the Phenomenon of UFOs*)(德文書名直譯是《現代神話:天空中的所見之物》,見《榮格全集》第 10 卷,第 589-824 頁。如前面提到,這時候的亞菲也同時在榮格要求下從事《幽靈・死亡・夢境》的書寫和出版工作,後來榮格在 1957 年 8 月為這本書撰寫了前言。
28 安妮拉・亞菲寫給庫爾特・沃爾夫的信,1957 年 11 月 15 日,YBL。
29 安妮拉・亞菲寫給庫爾特・沃爾夫的信,1957 年 1 月 20 日,YBL。
30 參見安妮拉・亞菲寫給庫爾特・沃爾夫的信,1958 年 1 月 1 日,1958 年 1 月 10 日,1958 年 5 月 1 日,YBL。
31 安妮拉・亞菲寫給庫爾特・沃爾夫的信,1958 年 1 月 10 日,YBL。

在博林根進行會談的時候,經常伴有一些美好的點心和飲料,而且往往一直到忽然驚覺夜晚即將來臨的前一刻。即便是如此年老的歲月了,榮格還是沒有失去他的體貼和幽默。
攝影:安妮拉・亞菲。

克曼與歌德的談話一樣,先有了愛克曼的創作,才有了愛克曼的歌德。所以,這些筆記應該被理解為亞菲所理解和再現的榮格。[32] 這些打好的副本標註了談話的日期,亞菲將其稱為「手稿」、「會議紀要」或「報告」。[33] 這些筆記有時不夠全面,而且將會議過程裡的關鍵字和速記片段,轉換成正式的文本,有時是很困難的。她在給沃爾夫的一封信中就提到了這點:「我只希望還能從我粗略的筆記中,好好理解那些錯綜複雜的想法——會議紀要稍晚才會寄出。」[34] 然而,在這種情況下,亞菲在榮格的發言幾週後所撰寫的會議紀要,無論是在內容上,還是在語言表達上,都如此連貫、流暢而清晰。所以,可以猜想,亞菲為這稿子加上了極大份量的編輯工作。[35] 此外,如果對許多的會議紀要加以比較,就會發現,轉為書面形式的時候,編輯和處理程度是存在顯著差異的:某些紀錄遵循了完全無縫的引用,然而另外某些言論顯然被刪除了。因此,無論是直接的敘述風格,還是記錄的方式,都不能被視為榮格話語的逐字對應。由於亞菲將這些會議紀要視為日後起草文稿的基礎材料(一開始時,這方法是想學習保羅‧克洛岱爾《即興回憶錄》的方

---

32 約翰‧彼得‧愛克曼(Johann Peter Eckermann),《與歌德生命最後幾年的對話》(*Gespräche mit Goethe in den letzten Jahren seines Lebens*),萊比錫,1836 年。英譯本書名直譯《*Conversations with Goethe in the Last Years of His Life*》,由 S.M. 富勒(S.M. Fuller)譯,波士頓和劍橋,1852 年。【審閱註】:中文版由朱先潛翻譯,書名《歌德談話錄》,1978 年。)
    關於對話的真實性,愛克曼只是在前言中明確的強調:這是「他的歌德」。然而,不論是榮格還是亞菲,他們項目中,都盡可能與「歌德和愛克曼」的模式保持一定的距離。
33 安妮拉‧亞菲寫給庫爾特‧沃爾夫的信,1957 年 6 月 9 日,1957 年 10 月 13 日,1957 年 10 月 27 日,YBL。
34 安妮拉‧亞菲寫給庫爾特‧沃爾夫的信,1958 年 1 月 1 日;也可參見安妮拉‧亞菲寫給庫爾特‧沃爾夫的信,1957 年 6 月 9 日,YBL。
35 1957 年 12 月 13 日的會議紀要,LoC/ETH。

式[36]），因此其中並沒有她自己的提問或評論，就算有，也只是極為少數。後來在她自己的陳述，和她寫給沃爾夫的信中，也都可以看出，會談的主要話題還是由榮格或她來決定的。[37]

然而，傳記的材料收集並不只限於這一系列的會談。在榮格的允許下，亞菲在紀錄中補充了一些筆記，都是有關自身的體驗世界和思想世界的，包括榮格在演講或研討會等其他場合所做出的陳述。例如，在後面關於榮格作為精神科醫生臨床工作的章節中，她參考了榮格於一九五六年一月二十七日在伯格霍茲里，與精神科醫生們的談話紀錄。她對這些會議紀要的理念，在介紹性的評註中清楚地表明：「並非逐字進行，而是以關鍵詞為基礎的紀錄；不是字面意義上的協議，而只是作為備忘錄（aide mémoire）。」[38]作為榮格的私人秘書，她幾乎每天都與榮格接觸；一旦榮格在各種場合（例如處理信件時、與神學家或分析家會面等等）有提到對自己生活的回憶，提到對工作的反思，或是能夠對內容有所補充，她就會將這些陳述加進傳記項目的原材料中，同時也加以註釋。[39]

在漫長八個月的會談後，在沒有第三方的干涉下，傳記回憶的

36　保存在 YBL 的一封 1957 年 1 月 7 日的信裡，庫爾特・沃爾夫建議安妮拉・亞菲效仿讓・阿姆羅什（Jean Amrouche）與保羅・克洛岱爾（Paul Claudel）的會談模式進行。克洛岱爾、阿姆羅什，《即興回憶錄》（Mémoires improvisés），巴黎，1954 年。然而與榮格和亞菲的對話不同，他們的對話是在廣播錄音室裡錄製的，再由阿姆羅什抄錄，而且包含了更長的段落。亞菲於是立即回覆沃爾夫，她不想自己的身份顯得如此重要。而沃爾夫讚賞亞菲的做法。
37　參見安妮拉・亞菲寫給庫爾特・沃爾夫的信，1957 年 6 月 9 日，YBL：「與榮格下一次進行的『會議』主題是他想談談與衛禮賢、福魯諾、蓋沙令（Keyserling）的相會過程。」某些會談在一開始時，榮格會宣佈內容，例如，他今天想談談自己父親或母親。
38　安妮拉・亞菲關於「榮格答精神科醫生的提問」（Fragenbeantwortung Jung mit Psychiatern）的打字稿，1956 年 1 月 27 日，ETH。
39　例如：與神學家們的對話，1956 年 11 月 10 日和 1957 年 1 月 26 日；與榮格研究所理事會成員的問答時間，1957 年 6 月 22 日，LoC/ETH；榮格對信件的口語回應，見安妮拉・亞菲寫給海倫・沃爾夫的信，1958 年 3 月 18 日，AAJD。

階段算是告一個段落了。一九五七年秋天,庫爾特・沃爾夫前往蘇黎世,與安妮拉・亞菲和榮格共同討論這一計劃的下個階段。這次除了商討傳記內容之外,還有關於合約的內容事項。在此之前,沃爾夫為了建立起有效的約束力,曾試圖預付款項,然而遭到了亞菲的拒絕。這一次當他看到了紀錄,又明白是榮格向亞菲提供了大量額外的個人材料,他立即希望能夠馬上起草一份合約。他急於避免榮格再次退出傳記的書寫計劃,就像當年萊茵出版社布羅迪的情況一樣。於是,榮格正式將特定權利具體授予亞菲:

「我特此授權給您酌情使用您與我的談話紀錄;我允許您從我所寫的自傳作品中摘錄和選編一些內容,來補充和完善這些紀錄;我不希望在我的《全集》中收入這些內容,因為它們不具有學術性。」[40]

該文件詳細規定了哪些自傳材料允許亞菲可以摘錄,作為對談話紀錄的完善和補充,其中包括:《紅書》、1925 年英語研討會、他在非洲的日記、「印度之旅的印象報告」,還有一九一六年的作品〈向死者的七次佈道〉,他認為這與《紅書》的第一卷和第二卷密切相關。[41]

40　榮格寫給安妮拉・亞菲的信,1957 年 10 月 21 日,AAJD。
41　關於《紅書》,見第 149 頁,註解 53;榮格,《紅書》,山達薩尼(編),2009 年;1925 年的英文研討會翻譯成《分析心理學:根據 1925 年研討會的紀錄》,麥奎爾(編),1995 年;《印度之旅的印象》(*Impressions from a Trip through India*)和「非洲日記」是截止目前仍未出版的文本,榮格私人檔案(Privatarchiv Jung);〈對亡者的七次佈道〉(Septem Sermones ad Mortuos)是榮格向死者說的話,準確來說是對「未回答、未解決、未獲救贖的聲音」(Stimmen des Unbeantworteten, Nicht-Gelösten, Nicht-Erlösten')的佈道,他把它們理解為對內心世界提問的回答,這篇文章的內容是他此後幾十年作品中關於無意識世界的前奏,自 1916 年以來,這篇文字僅作為內部出版物流通,只有私下印刷的文本在市場上流通。亞菲強調,文本內容對後續的學術工作非常重要,而且這一作品的詩歌體裁在榮格的作品中也是絕無僅有的。最終,亞菲成功地說服榮格,將這篇文本作為附錄而整合到傳記中。參見安妮拉・亞

在同樣這份文件裡，榮格還明確表示，不僅將亞菲談話紀錄的版權轉讓給她，而且上述提到的自傳性質著作的摘錄權也完全授予亞菲，用於拓展與補充對談記錄。[42] 然而，鑑於自己為傳記提供了珍貴的材料，他要求亞菲分享已出版書籍一半的版稅。而亞菲之前就曾向出版商建議，自己的報酬應該是與榮格分享的，自然同意了榮格所提出的要求。不過，榮格重申，只有亞菲可以負責寫作，包括全部傳記材料的彙編、文本的書寫、編輯和出版，並且拒絕由他撰寫前言的要求。[43]

雖然榮格給亞菲的授權書和版權轉讓書寫得十分清晰明瞭，然而出版商合約中的措辭和版稅安排卻不同尋常：儘管安妮拉・亞菲是唯一的作者，但她同時也是「以榮格之名」行事。[44] 合約規定她將一半的作者版稅分給了榮格，因為他提供了大量的重要材料，均可用於傳記的出版。[45] 在這一階段，這本將會在未來出版的書被稱為「所謂的自傳」（so-called autobiography）；然而，榮格卻不打算充當這本書的作者。我們可以發現，各方存在著不同利益要求。在這樣緊張關係中，亞菲所努力爭取是自己對傳記材料的評定，能夠有明確的法律根據；榮格所希望的是將寫書的責任明確移交給亞

菲（編），1962 年，第 389 頁及以後；也可見第 106 頁，註解 6，和榮格《紅書》，前文所引用的作品，第 344 頁及以後。
42　榮格寫給安妮拉・亞菲的信，1957 年 10 月 21 日，AAJD。
43　由「作者」和「出版商」在 1957 年 10 月 25 日達成的協定是由萬神殿圖書公司所擬定的，庫爾特・沃爾夫簽訂的「為暫定名為『卡爾・喬治・榮格的即興回憶錄』的作品」（for a work tentatively entitled Carl Georg Jung's Improvised Memories）；在亞菲的干預下，榮格的名字隨後被更正，AAJD。
44　「acting in her own name as well as in the name of Professor Dr. Jung「以她本人之名，也代表榮格教授的名義」⋯⋯「作品應當以榮格博士接受作者採訪時的內容為基礎」。同前，第 1 頁。（原稿是用英文）。
45　安妮拉・亞菲寫給庫爾特・沃爾夫的信，1957 年 10 月 4 日，YBL。

菲；而庫爾特・沃爾夫所追求的是透過一本可以取得巨大成功的出版品，間接地將榮格與自己或萬神殿圖書公司緊緊地綁在一起。

亞菲和榮格都希望事情可以更清晰透明：榮格並未將這部傳記視為自己學術工作部分的著作，所以他們希望《榮格全集》在英國和美國的出版方可以事先明確同意，不得對上述著作的權利提出任何要求。他們還向沃爾夫明確表示，關於榮格日記式的作品，亞菲僅被授予可以摘錄的權利。亞菲也再次強調，她授予萬神殿圖書公司的權利很有限，僅僅包括了目前正在處理的這本作品的出版權，而其他所有用於該作品的紀錄，又或是其他原材料的出版權，全部都不包括在內。[46] 英國的赫伯特・里德爵士最先表示，他的勞特利奇（Routledge）出版社有興趣出版這本書在英國的譯本。兩年後，赫伯特・里德爵士將與沃爾夫進行一場激烈的競爭。萬神殿圖書公司聲稱，根據一九五七年十月的協議，自己擁有這本書的全球獨家版權。後來，在榮格的干預下，在一九六○年才對這一點進行了修改。[47]

在亞菲和沃爾夫溝通的過程中，儘管彼此交流的語氣是非常客氣的，但在這本書的內容和設計上，分歧越來越明顯。沃爾夫仍然希望榮格多談一些個人生活的隱私，比如說他的感情生活，他作為一個家庭男人和父親的角色，他與自己孩子和夫人的關係，以及一些日常的主題，例如住房、食物、金錢，他與文學、音樂和藝術的關係，他與「名人」的關係和對他們的看法，包括愛因斯坦、佛洛

---

46 安妮拉・亞菲寫給庫爾特・沃爾夫的信，1957 年 11 月 2 日，1957 年 11 月 7 日，YBL。榮格寫給安妮拉・亞菲的信，1957 年 11 月 6 日，AAJD。

47 見第 388 頁及以後。

伊德、夏柯、巴霍芬、布克哈特、威廉・詹姆斯、衛禮賢等人。[48]為了與亞菲和榮格會面，沃爾夫也準備了筆記。但從筆記的內容來看，他此前對榮格的瞭解充其量只是皮毛，在某些情況下甚至是完全錯誤的。[49]

當亞菲讓沃爾夫看到談話紀錄後，沃爾夫回應熱烈，想要拿到副本，以及《紅書》第一章〈重尋靈魂〉的內容。亞菲給他看這些筆記的整理，只是希望他能夠瞭解榮格思想的敘述方式，是充滿聯想而又蜿蜒曲折。她以為讓沃爾夫閱讀後，就能夠相信她的計劃，因此會盡可能地不去修改這些文本。她最大的讓步，頂多只願意按主題來分類，分為片刻的回憶和反思的形式來出版；然而沃爾夫仍繼續堅持，應當遵循時間順序的線性敘事結構。亞菲認為素材的收集過程還不夠完全，而且需要時間來徹底研究榮格提供的大量額外原始資料，所以她明確提出，暫且先擱置不談該書的形式問題。[50]她告訴沃爾夫，她需要安靜地進行必要的研究工作，而這只能一個人獨自來完成；但是沃爾夫沒有放棄，他辯稱自己只是想再詳細讀一讀筆記，以便能更稱職地陪伴她，並決定這些筆記是否有可能按時間順序排列。最終，沃爾夫如願以償，他想方設法終於拿到了紀錄的副本。[51]

48　庫爾特・沃爾夫在 1957 年 9 月底、10 月初所寫的筆記，部分手寫於蘇黎世斯托申酒店（Hotel Storchen）的信紙上，他在訪問 YBL 期間就住在那裡。

49　例如，他想知道榮格之所以「抵制宗教」是否基於他父親是牧師的緣故，還有，他認為榮格討厭俄羅斯作家，像杜斯妥也夫斯基。庫爾特・沃爾夫未注明日期的手寫筆記，可能是 1957 年 9 月底，YBL。

50　「我認為還沒有見到彙編材料的時候」和「我想盡可能地再聽聽榮格自己說的話」，「我不是想要有太多的秩序：『繞著圈子說』可以說是屬於榮格的一部分。他最後總是會回到同一件事上，然而已經加以深化了，又或是繞到另一個話題，最終……他所尋找的東西就出現了。」安妮拉・亞菲寫給庫爾特・沃爾夫的信，1957 年 10 月 29 日，YBL。

51　亞菲在一年後強調，自己嘗試劃清界限，但所做的一切都是徒勞：參見安妮拉・亞菲寫給庫

沃爾夫、亞菲和榮格三人之間的這些談判,反而對整個傳記計劃有了更強化的作用。僅僅在一九五七年十月,亞菲和榮格又進行了九次有關於傳記的對話。榮格現在顯然對這個項目產生了濃厚的興趣,在將《飛碟》(Flying Saucers)的德文手稿交給拉舍爾出版社之後,他也更加自由了。[52] 沃爾夫對亞菲筆記的反應也非常興奮,他寫信表示「非常高興,妳能夠將如此美妙的東西交到我的手上。」回到紐約後,他立刻沉浸於閱讀這些材料,並列出了一份問題清單,同時告訴亞菲,他正急切地等待更多的副本。[53]

　　此外,沃爾夫還敦促亞菲提供榮格的非洲日記、印度旅記的副本,以及更多的《紅書》內容節選;與此同時,他向凱莉・貝恩斯索取了一份一九二五年研討會的副本,他從裡面抄錄了許多與佛洛伊德相關的段落,還有一些榮格在與佛洛伊德決裂後的內心經歷。從這時起,當沃爾夫跟亞菲提起這個項目時,開始稱它為「我們的書」了,並且表示,再也沒有什麼能像這本書一樣,讓他日日夜夜興奮地牽掛著。遺憾的是,在他看來,關於榮格的這一生仍有很多地方沒有提到的空白,而他希望盡可能將這些空白降到最低的程度。於是,關於這些所謂還未得到回覆的問題,他寄出了一份清單。[54] 他請求亞菲提供榮格《紅書》等等這些副本的要求,然而亞菲並沒有回應。而且,亞菲還明確表示,整個創作過程必須不受干擾,她需要按照自己的節奏進行。她因此懇求沃爾夫保持克制,任

爾特・沃爾夫的信,1958 年 11 月 13 日,YBL。
52　安妮拉・亞菲寫給庫爾特・沃爾夫的信,1957 年 10 月 4 日,YBL。
53　「我熱切地期待著,能夠得到您筆記的副本。」這句以及正文中提到的句子,都引自庫爾特・沃爾夫寫給安妮拉・亞菲的信,1957 年 10 月 27 日,YBL。
54　很難指望從榮格那裡聽到他這一生完整的故事,但「如果能將最明顯的差距減至最低限度,那肯定是最好不過的」;庫爾特・沃爾夫寫給安妮拉・亞菲的信,1957 年 11 月 1 日,YBL

何有關書籍的內容和形式，都只想留到一九五八年夏天以後再來討論。

沃爾夫對這一請求置若罔聞，完全不打算在閱讀完亞菲這些筆記以後將其歸還。事實上，他已同時請來了沃夫岡・紹爾蘭德，來負責編輯這本書，紹爾蘭德曾在萬神殿圖書公司和博林根基金會（Bollingen Foundation）工作，他遵從沃爾夫的安排，按照主題或是時間順序對材料進行分類，並獲取更多的信息來構建第一章。[55] 從保存下來的會議紀要副本來看，沃爾夫和紹爾蘭德在收到它後不久就開始了編輯工作。這些文本是亞菲將她和榮格的會議紀錄的整理，只有加上少量的補充；然而到了紐約，除了針對編輯和措辭的更動，還添加了許多註釋。沃爾夫總在亞菲文稿的邊緣空白處標記，註明了哪些段落在內容上是相關的，哪些是重覆或過於冗長的；他還會在基礎的材料上做許多的刪減和「更正」，批注哪些部分可以合併，並對文字的順序加以調整；最令人遺憾的是，他還經常刪掉好幾頁。因此，這些副本不再是從亞菲那裡寄出的那一套原先的全部材料。[56]

直到十一月底，沃爾夫已經將此前收到的紀錄副本遵循時間順序彙編了好幾章，包括〈童年歲月〉、〈我和佛洛伊德〉、〈同時代的人〉、〈幻象〉等；接下來，他將這些交給紹爾蘭德做進一步的編輯。從當時的筆記可以清楚地看出，相對於沃爾夫，紹爾蘭德反而對榮格的生平和心理有著更為準確的瞭解，特別在材料的分

55　沃夫岡・紹爾蘭德（Wolfgang Sauerländer）是德國人，1939 年他還年輕時就來到紐約。還在慕尼黑時，他的父母就與庫爾特・沃爾夫相識。1943 年，他成為萬神殿圖書公司的第一位員工，最初擔任的職位是記帳員和倉庫管理員。

56　參見安妮拉・亞菲與榮格談話的會議紀要，1956 年 9 月 21 日－1958 年 9 月 19 日，LoC/ETH。

組中,他發揮了重要作用。幾週後,沃爾夫給凱莉・貝恩斯寄出一份編輯好的章節,並請她來到紐約一起討論這些內容。十二月初,在亞菲不知情的情況下,〈童年歲月〉和〈幻象〉這兩章已經委託一位譯者翻譯成英文,而這已經構成對亞菲作者和編輯身分的侵犯。[57]

沃爾夫和紹爾蘭德還以榮格一九二五年研討會的摘錄為基礎,共同編輯了關於〈佛洛伊德〉一章的內容,只不過由於亞菲仍不斷提供新的會議紀要,所以這一章仍處於有待編輯的狀態。[58] 沃爾夫在沒有與亞菲或榮格進行任何討論的情況下,已經打定主意,為了促銷,考慮將〈佛洛伊德〉這一章節賣給某些雜誌(如《大西洋月刊》)率先披露。沃爾夫不僅無視於亞菲的作者身份和編輯身份,也無視於亞菲曾經明確地請求他克制;他在隱瞞亞菲的情況下,組織著一群人如火如荼地全力編輯和處理亞菲寄來的材料。這甚至可以從他寄給亞菲的一封信可以明白看出,沃爾夫徹底掩蓋了事實的真相:「我完全同意妳的看法,人不應該過分追求秩序。我們現在是同一條戰線了,如今談論材料編排的這類話題確實還為時尚早。」[59]

當亞菲得知,沃爾夫一直在與蘇黎世的其他人聯絡,詢問有關榮格的訊息後,沃爾夫自己向她坦白了,曾自作主張地向紐約的

57　庫爾特・沃爾夫的手寫便條:「〈童年歲月〉和〈幻象〉這兩章內容於 1957 年 12 月 3 日交給理查德・威爾伯(Richard Wilbur)」,YBL。沃爾夫可能弄錯了譯者:是理查德・溫斯頓(Richard Winston)接受萬神殿的正式委託來進行翻譯工作;而詩人理查德・威爾伯則是將法語翻譯成英語的譯者。
58　沃爾夫訪問之後,榮格才詳細地向安妮拉・亞菲吐露了他與佛洛伊德的關係,以及與佛洛伊德理論的關係;眾所周知,亞菲原本想把這個話題留給貝納特。
59　庫爾特・沃爾夫寫給安妮拉・亞菲的信,1957 年 11 月 2 日,YBL。

凱莉・貝恩斯「展示您的紀錄」[60]，因此她在十二月中旬焦急地向沃爾夫指出，自己希望「獨自」完成任務，而且事實上她也需要如此做。亞菲再次要求沃爾夫保持沉默，在這個時間點上，她不希望第三方再有更進一步的干涉。等到時機成熟，她會給沃爾夫一份沒有經過潤色加工的手稿；但在那之前，她希望沃爾夫信任自己，就像榮格一樣地信任自己。「我很高興你對這份紀錄那麼喜愛，也很高興看到你如此有興趣。但我由衷地希望您現在可以忘記它們，並歸還它們。」她所要求的尊重和克制，不僅是為了她自己的利益，也是為了榮格：「像他這樣一個有創造力的人，也許在某種程度上你知道從何時何地開始，但無法預料它會走向何方。更何況，他自己也是最無法知道這一點的人。」按榮格的說法，為了給這個「不可預測的流動一次機會」，一個人需要有足夠的勇氣，去大大方方地擁抱這一切的不可知。「而且，所湧現的東西，可能是外部無法觸及的。」亞菲這麼寫著。[61] 因為亞菲早就明白，既不會有一本常規的傳記，也不會有一般意義的回憶錄，所以她曾向榮格建議過，將書的標題定為「回憶，夢，反思」（Erinnerungen，Träume，Gedanken），如此榮格可以更加自由：既能保持碎片化的特點，還可以為反思留出恰如其分的空間。而榮格當時也立即同意了這樣的設想。[62]

隨後，沃爾夫連續寄出了兩封恭維的信。他在信中表示，與亞菲的相遇，以及兩人之間的合作發展，都是一九五七年最美好的禮

---

60 庫爾特・沃爾夫寫給安妮拉・亞菲的信，1957 年 12 月 10 日，YBL；他有意隱瞞凱莉・貝恩斯已經閱讀了由他編輯過的手稿、並進行評論的事實，還否認了紹爾蘭德的存在：「順便說一句，我絕不會向任何人展示這些材料……。」，YBL。
61 全部引自安妮拉・亞菲寫給庫爾特・沃爾夫的信，1957 年 12 月 15 日，YBL。
62 參見安妮拉・亞菲寫給庫爾特・沃爾夫的信，1958 年 1 月 1 日，YBL。

物;只是信中隻字不提亞菲所要求的界線,也完全忽略亞菲「最深切的願望」:請他歸還她的稿件。[63]

在這同時,密集而深入的生命回顧,促使榮格做出令人驚訝的轉變:他寫信給從前在巴塞爾的同窗,信中清晰表達了自己決定「試一試,至少對這一生最初的階段進行客觀研究」。[64] 而亞菲是最早知道榮格做出這個決定的人之一。

63　正是由於這種情況,直到今天仍然可以使用截至 1958 年 9 月 19 日之前的會議紀要副本。在這時間以後,亞菲就不再寄給庫爾特・沃爾夫談話記錄的副本了。而關於亞菲 1961 年以後的會議紀要副本在美國的處理狀況,參見第 324 頁,以及第 347 頁及以後。在安妮拉・亞菲的遺稿中沒有發現其他副本。

64　榮格寫給古斯塔夫・史坦納的信,1957 年 12 月 30 日,《榮格書信選第二卷》,第 406 頁及其後,也可見該冊第 82 頁及以後。

Ⅳ　進入合作關係

　　從一九五七年十一月底開始,亞菲就知道榮格開始考慮要寫一些自傳文章。他讓亞菲知道:在他們談話的過程中,他對很多事情有了更清晰的認識,尤其是關於「他自己生命的重要含義,這是在此之前從來沒有真正地徹底思考過的。」正如她寫給庫爾特・沃爾夫的信中所說。年底時,榮格做出一個重大的決定:他要開始書寫自己的早期記憶,因為現在他明白了「為什麼他必須建構起這些記憶」。[1] 這些話表明,對過去歷程的重新述說,不論是用什麼方法來闡釋、研究和重現,都不僅僅只是承認和認識自己過去曾經活過的一切,這還是一種識別、整合和創造,可以找到建構出自己生命的模式。在榮格描述自己的主題和過程中,我們可以清楚地看見,他的雙手就像是自己生命故事的創作者和闡釋者。一旦對記憶開始進行思索,不僅是某一種意義會被選擇,也必然決定了一種特有的形式來講述故事。[2] 最後,榮格找到一個令人滿意的方法,解決了如何將自己的回憶建起框架、並加以串聯起來的問題,這讓他大大鬆了一口氣。

1　安妮拉・亞菲寫給庫爾特・沃爾夫的信,1958 年 1 月 10 日,YBL。
2　關於傳記敘事和敘事結構,也可參見詹姆斯・希爾曼,1983 年。

在描述生命的發展時，相對於發展心理學的傳統，他另外設計了雙重的人格模式，所謂的一號人格和二號人格，完全不同於過去的敘述方式。他不再尋找那個「圓滿的答案」，而是將內在動態的對質和聯結放置於最突出的位置。如此以來，他就能夠以雙重的視角來進行描述。他認為，二號人格從童年起，就與集體無意識、永恆的原型背景和創造性的代蒙（Daemon，或譯守護神）緊密相連。一號人格是存在於當下，存在於外在的世界；而二號人格不一樣，這一部分是「屬於未來的知識」[3]。在這裡，我們再次看到了榮格與叔本華的相近之處。叔本華認為，人們認為自己自由地做出的選擇，實際上只是基於一種不可避免的偶然性，因為「他已經成為了他所希望的樣子：因為從他現在的樣子，就必然能夠推論出他在過去所做過的一切。」[4] 榮格認為，二號人格不僅不可避免地塑造了他未來的職業生涯，也與那些過去的、深層次的永恆事物相互連結。童年時期，還有青年時期的那些重要而看似獨立的體驗、夢、和感受，全都在這種特殊的敘述模式下，彼此有著連繫，成為命運一般有意義的動態脈絡，讓他可以將童年經歷與後來的生活與工作，全都連結在一起。所以，這也就絲毫不奇怪，當亞菲讀到這段文本，她會驚訝地視之為「一個甚至是在孩提時期就已經被靈性所『選中』、並加以形塑的人，所說出來的告白。」[5]

　　榮格清楚地認識到，與亞菲的談話，為他撰寫自己人生的開端打下了基礎；他同時又將這一切視為一種必須要實現的內在使命：

3　見第 231 頁。
4　這段話的德文為：「er schon ist, was er will: Aus dem, was er ist, folgt notwendig alles, was er tut.」見亞瑟・叔本華，《十卷本全集》（*Werke in zehn Bänden*），蘇黎世，1977 年，第 6 卷，第 138-139 頁。
5　安妮拉・亞菲寫給庫爾特・沃爾夫的信，1958 年 1 月 31 日，YBL。

「來自內在的命令，讓我寫下最早的回憶。」[6] 在這內在的召喚下，他採取了一種新的態度，也就是對他以前一直抗拒的自傳產生了興趣，而開始接受。為此，他搬回博林根的塔樓，在那裡寫作了好幾個星期，並且決定只有在死後才可以發表他所寫的內容：「對我來說，這樣的承諾是很有必要的，因為這樣才能確保我能夠與之保持距離，並且保證我平靜的生活不會受到打擾。」[7] 這部分文本的標題是：「從我生命中的最初事件說起」。榮格一開始並未精確界定這文本內容為哪個生命階段；在一九五八年二月上旬通知出版商時，他表示「無法（知道），對早年記憶這樣的全身心投入，會帶著自己走到多遠的地方」。最初，他打算在「在我科學工作開始的地方」就停止這部分的寫作；[8] 後來，他考慮繼續寫到第一次與佛洛伊德相遇為止，但排除了有關他們兩人之間關係的書寫；三月中旬，他決定一直寫到通過國家考試再結束；之後又決定寫到他結婚的一九○三年。最終，還是由於他的謹慎，寫作才終於停了下來。[9]

榮格的文字或多或少遵循經典傳記的模式，按照時間順序，從他的出生和他早期的記憶開始，而且寫得比前一年向亞菲描述的更加詳細。不過，在他的描述中，最早的夢境仍是他在一年前首次告知亞菲的那一個，只是現在，他對這個夢境有了更多的反思，

6　榮格寫給未透露姓名的收件人，1959 年 1 月 9 日，英文版《榮格書信選》第二卷，第 408 頁。（原稿是英文。）
7　榮格寫給古斯塔夫・施泰納的信，1957 年 12 月 30 日，《榮格書信選》第二卷，第 406 頁。
8　榮格寫給庫爾特・沃爾夫的信，1958 年 2 月 1 日，YBL。
9　「他提供的理由似乎第一次說服了我……，他說，如果他再繼續寫下去，就會誠實地表達一些內容，可是這些內容本該秉持著謹慎的態度，不作表達。」安妮拉・亞菲寫給庫爾特・沃爾夫的信，1958 年 3 月 25 日，AAJD。

而且還為內心的這個意象賦予了讓人不安的啟蒙意義。[10]榮格將自己童年、青少年時期的記憶與老年時期的反思和解釋緊密地結合在一起，這過程的經歷與後來的作品及追求隱密地聯繫起來。如此一來，這位老人的記憶在整個文本中，都能夠與自身的思想與解釋緊密結合了，這成為這段文本的一個特色。

榮格在手稿末尾的簽名之後緊隨著一行字：「Aet.s. a.82 m.8」，這是拉丁語的縮寫，指的是榮格的確切年齡，即八十二歲又八個月。[11]從這點可以看出，對榮格來說，這是他非常重視的事：他是多麼想讓未來的讀者明白，這是從他現在的老年視角對過去的回顧。稍後，出版商在讀完第一部分之後，整個評價認為，相較於亞菲記錄的口頭陳述文本，這篇文本具有更大的「連貫性和連續性」[12]；而亞菲記錄的文本則能讓人更強烈地感受到他在聯想當下的具體思考狀態，以及他碎片化的話語所體現出來的自發性。

亞菲非常認可榮格的作品，而且，她還告訴出版商，現在傳記項目以一種全新的形式進行，榮格正在親自書寫自傳，他不需要參考亞菲在此之前撰寫的紀錄。[13]她提議，自己不再參與這個項目，但榮格並不贊同。之後，她對這一階段做出了如下的陳述：「最初，我剛剛開始著手處理這個項目的時候，立刻出現很多針對我的情緒，漫天都是羨慕和嫉妒。而我很早以前就注意到了，家族

10　參見安妮拉・亞菲（編），1962年，第21頁。
11　「Aetatis suae anno 82, mensibus 8」，意思是在1958年3月底的時候，榮格的年齡是八十二歲零八個月。他在1958年4月7日完稿；〈從我生命中的最初事件說起〉（Von den anfänglichen Ereignissen meines Lebens）的打字稿，ETH。
12　庫爾特・沃爾夫手寫的筆記，1958年2月19日，YBL。
13　亞菲多次表示榮格並沒有閱讀她的會議紀要；在1957年10月27日寫給庫爾特・沃爾夫的信中，她指出榮格檢查了她的一些筆記，可能是為了在他們寫作前，將這些作為對話的整體紀錄，而進行補充或更正。

方面對出版傳記這樣的做法無疑也是抱持保留的意見。這就是為什麼我現在希望能夠不再繼續參與這個項目。然而，榮格還是希望和我一起繼續開展工作。」[14] 亞菲願意幫助榮格，而之前與萬神殿圖書公司所簽訂的合約，也要求著她繼續盡職盡責。於是，她通知出版商，自己永遠不會停止工作，因為，就連榮格自己也不知道這份文本將會引領他走向何方。儘管亞菲要求榮格「盡可能地多寫，盡可能地寫得更長。如果他寫完了這一生的故事，那麼，會談的紀錄就幾乎沒有什麼需要補充的了。他知道，這樣的話，對我來說會是最棒的結果。」然而，這是一個不太可能發生的「極限情況」。[15] 兩份稿件最終會如何設計或組合，仍然是一個懸而未決的問題。她目前只能等待事情的進一步發展，僅能處理一下已經完成的會議紀要，所以她提出，之前沃爾夫已經支付幾個月的預付款，如今可以暫停支付了。她會將整個項目視為一個結果不確定而繼續進行的實驗。在創作過程中，她所做的一切貢獻，並不是為了物質上的回報。自從收到紐約方面的付款以來，她一分都沒有動過帳面上的金額，為的就是如果某天需要退款，她能原封不動地物歸原主。

她在博林根期間，榮格允許亞菲閱讀他完成的手稿。他幾乎不間斷地寫作，她形容他對這項工作「全神貫注，總是感到充實和滿意」[16]，但同時也對這些紀錄的價值感到懷疑。榮格反覆告訴她，他把他的孩子們想像為他的讀者，他也在介紹中提到了他們。亞菲在給沃爾夫的信中寫道，文本是寫在「一本以皮革裝訂的精美對開本」中。後來榮格將談到，這種向後回顧的過程與向前眺望死亡有

14　安妮拉・亞菲與羅伯特・亨蕭的談話，1991 年 6 月 14 日，AAJD。
15　安妮拉・亞菲寫給庫爾特・沃爾夫的信，1958 年 1 月 10 日，1958 年 1 月 29 日，YBL。
16　同前。

關,就像為了更完美的跳躍之前,必須向後退助跑的動作一樣:「我試圖看清引導我進入我生命的那條線,它將我引入這個世界,又將我帶離開這個世界。」[17]

亞菲習慣了榮格令人驚訝的內心變化,她相當樂觀地認為他最終仍會同意在有生之年出版。然而,她擔心這個計劃可能會遭到家人的反對,畢竟榮格的孩子們將父親視為私己的家庭成員,而不是公眾關注的人物。[18] 她的擔心並非完全沒有根據,迄今為止,傳記並未受到他身邊親近的人太多注意,但隨著榮格對自傳寫作的熱情明顯增加,他們就再也不能忽視它了。而正如亞菲所擔心,阻力並非來自他的女兒們,而是來自他的兒子和兒媳。可以理解,榮格對此「有些不安」,但他仍繼續堅持這個工作。[19]

與此同時,大西洋彼岸掀起了軒然大波;出版商對這出人意料的轉折極為震驚:榮格果真自己開始進行自傳的寫作;甚至做出在他去世前拒絕出版作品的決定。沃爾夫更擔心的是,榮格會把文稿交給拉舍爾,而亞菲原來所進行的會談記錄,將編輯成與萬神殿圖書公司合作出版的英文版,而這正是榮格最近提出的想法。沃爾夫在給榮格和亞菲的信中寫道,如果「兩本自傳同時出版」[20],相對

17　見第 151 頁。榮格關於人生前二十五年所寫的文字,簡單畫了一道弧線就來到了死亡的節點。榮格最初為它提供了一種獻詞,但讓亞菲遺憾的是,這遭到了沃爾夫、凱莉、貝恩斯和譯者霍爾(R.F.C. Hull)的反對,將其刪除了。榮格在文章裡強調,自某一程度上來說,他所寫的一切都是寫給世界的一封信,有意或無意地是寫給大眾。現在,他想像著,自己的孩子們就坐在想像出來的禮堂的前排,而他想要對他們講述的,是他現在還依稀記得的生命的開端和成長過程的經歷;參見榮格,〈從我生命中的最初事件說起〉的打字稿,第 1 頁,ETH。

18　安妮拉・亞菲寫給庫爾特・沃爾夫的信,1958 年 1 月 29 日,YBL。

19　安妮拉・亞菲寫給庫爾特・沃爾夫的信,1958 年 3 月 7 日,YBL。又見第 77 頁及其後。

20　庫爾特・沃爾夫寫給榮格的信,附有一封寫給安妮拉・亞菲的信,1958 年 1 月 26 日。YBL,AAJD。

於還是名不見經傳的作家安妮拉‧亞菲的作品，榮格親自所寫的自傳在商業上取得的成功一定是更大。此外，沃爾夫知道，按照拉舍爾出版社、勞特利奇出版社和博林根基金會的合約，他們對榮格的作品已擁有權利。就在幾個月前，亞菲和榮格就曾多次表示，他們不希望與萬神殿簽訂的契約會侵犯到其他出版商的合約權益。[21]

後來，當沃爾夫得知榮格這些計劃的消息後，用「災難」這個字來形容，表示自己必須要不惜一切代價來阻止這一切。他為了保護自己的利益，迫切地想要介入創作和發展過程，開始提出決定性的意見，甚至想要控制，認為榮格書寫的文本應當明確地定義為與亞菲合作項目的延伸，是和原先的那些會談記錄相關聯。沃爾夫為盡快通過合約，對這一點確定下來，開始向榮格強調「您託付給安妮拉‧亞菲的這些公開內容」所代表的價值。[22] 您在書中所寫或講座中所說的一切，都無法像這些談話紀錄一樣，「更純粹、更清晰地表達」，如此直指人心，直達內心最深處。[23] 他期待並希望榮格正在計劃一個「書面與口頭的結合」。

榮格回應，正是通過與亞菲的對話，促使他現在有興趣更深入地挖掘自己的早期記憶。他認為自己的寫作是對亞菲的一種支持，因為他們二人已經「步入了合作關係，可以說，我現在是在貢獻自己的一份力量。」[24] 但只要一切都還在不斷地變化和發展的狀況下，對文本未來的使用以及書籍未來可能的設計，他是拒絕進行任

---

21 安妮拉‧亞菲寫給庫爾特‧沃爾夫的信，1957年10月28日，1957年11月2日，1957年11月6日；榮格寫給博林根基金會的約翰‧巴雷特（John Barrett），1957年11月6日，抄送給勞特利奇與基根‧保羅出版社的赫伯特‧里德爵士，YBL；另見第262頁。
22 庫爾特‧沃爾夫寫給榮格的信，1958年1月26日，AAJD。
23 同前。
24 榮格寫給庫爾特‧沃爾夫的信，1958年2月1日，YBL。

何猜測的。當然,他也拒絕再簽署任何相應的合同協議。

儘管榮格已經明確表達了自己的立場,沃爾夫還是立即起草了一份合約的補充條款,其中規定「自傳材料應與口頭傳授給安妮拉・亞菲女士的材料結合在一起,作為一本書進行整體的創作,編輯和設計工作由榮格教授來指示進行,實際的執行則是由亞菲女士親手負責」。[25] 在他起草的契約補充條款中,還這樣規定:自其他出版商、雜誌社、記者或經記人對榮格的詢問,只要是跟自傳材料有關,不論是書面還是口頭的,都必須轉交給庫爾特・沃爾夫「處理」。庫爾特・沃爾夫從年初以來就一直有嚴重的健康問題,但他還是迅速地為自己和夫人海倫訂好了飛往蘇黎世的機票,並且在給亞菲的電報中將這次的行程淡化為「短暫的假期」。[26] 這一次,當沃爾夫堅持合併兩份手稿的最初,亞菲的反應十分謹慎,她再一次強調,創作過程當中不受到干擾是非常必要的。對於這一份剛剛才起筆新寫的文本,榮格希望有絕對的自由來決定如何處理它。所以,當亞菲向沃爾夫指出,拉舍爾方面可以擁有選擇權時,海倫・沃爾夫立刻反駁,一直以來,丈夫想要的一切都會實現——這次,他也能夠得償所願地推進計劃。[27] 當沃爾夫夫妻抵達蘇黎世,得知榮格在瑞士南部馬焦耳湖北邊的米努肖(Minusio)度假後,兩人立即毫不猶豫地跟了過去。

在這之前,榮格早已授權亞菲,她可以將自己的手稿副本轉交給出版商。[28] 因此,在提契諾(Tessin)的會見之前,沃爾夫先

---

25 庫爾特・沃爾夫的合約草案,日期為 1958 年 2 月 8 日,YBL。
26 庫爾特・沃爾夫發給安妮拉・亞菲的電報,1958 年 2 月 12 日,AAJD。
27 參見安妮拉・亞菲寫給庫爾特・沃爾夫的信,1961 年 1 月 17 日,AAJD。
28 安妮拉・亞菲寫給庫爾特・沃爾夫的信,1958 年 1 月 31 日,AAJD。

閱讀了榮格手稿的前三十九頁,還有亞菲更多的談話會議紀要。[29] 沃爾夫發現,榮格的手稿充分描述了他的內在生命,然而關於外在的生命卻還非常不完整;因此認為榮格絕對有必要再講述並書寫更多關於一號人格的內容。這一次,沃爾夫對亞菲大大地讚賞,特別是她在談話和記錄過程中所展現的敏感天性,他也認為亞菲沒有個人的私心,因此在她謙虛的態度中表現出一種「崇高的靈魂」(grandeur d'âme,法文),而這,正是愛克曼所沒有的。[30] 此外,沃爾夫再次強調,會談紀錄蘊含許多令人著迷的材料寶庫,而兩人談話時的那種直接的語氣,恰好可以為榮格親筆的文稿提供生動的補充,這就是為什麼必須要將兩個部分加以交織在一起。

沃爾夫最後成功說服榮格,同意將對話紀錄與自傳文本加以合併;然而卻不得不接受榮格要求,只允許出版英文版,而德文版的出版則是無限期地推遲。此外,因為在一九五七年十月榮格已經將權利轉讓給亞菲的情況下,他還是希望能夠繼續履行安妮拉・亞菲和萬神殿之間最初的出版合同;不過,對於這些有關早年的自傳文本,榮格作出限制,要求萬神殿的摘錄使用權僅為十年。隨後,沃爾夫用盡一切的方法終於說服榮格,同意在各雜誌上預先披露部分不同章節,並且提供了一萬瑞士法郎的高昂預付款;在返回美國之前,又「恭恭敬敬地」寄了一箱葡萄酒給榮格以示敬意,也是作為「由於對一號人格相關的要求而給予支持和安慰」。[31]

一回到紐約,沃爾夫就發出了一份清單,關於他與榮格協商

29　〈從我生命中的最初事件說起〉,榮格,ETH,打字稿。
30　庫爾特・沃爾夫手寫的筆記,1958 年 2 月 19 日,YBL。
31　庫爾特・沃爾夫手寫的筆記,1958 年 2 月 25 日,YBL。關於沃爾夫要求提供更多關於榮格一號人格的材料,另見於 1958 年 6 月 3 日寫給榮格的信,YBL。當時的 10,000 瑞士法郎大約相當於今天的 50,000 瑞士法郎。

的結果,《給榮格教授和安妮拉・亞菲女士的備忘錄》。這份備忘錄的核心內容是沃爾夫聲稱所委託的出書計劃,其全球獨家版權歸萬神殿圖書公司擁有,不論是「榮格正在創作的自傳文本,還是榮格對亞菲進行的口頭陳述」,都被包含在內。[32] 沃爾夫認為,談話紀錄和榮格的文本都不算是榮格的「作品」[33],所以其他出版商的任何條款都是無效的。他意識到了這一說法的大膽,尤其認定榮格是受萬神殿委託工作的說法——榮格只是為了回應自己的內心驅動而寫作,絕不是受到沃爾夫或是萬神殿委託。[34] 亞菲和榮格都不願意在沒有法律顧問的情況下簽署這份「備忘錄」,於是找了榮格的律師漢斯・卡勒(Hans Karrer),卡勒認為這會侵犯拉舍爾出版社的權利。因此,榮格同意亞菲提出的建議,由獨立於出版商之外的瑞士作家聯盟(Schweizerische Schriftstellerverein)的律師,來覈實這份備忘錄的內容是否妥當。[35] 此外,她準備了榮格在一九五三年到一九五七年間和拉舍爾簽訂的五份合約副本,寄給了律師。沃爾夫別無選擇,只能同意在前往瑞士度暑假期間,與這位律師貝德勒(Beidler)會面討論。然而,在上述法律問題還沒有得到解決之前,沃爾夫早已不顧榮格拒絕出版德語版的決定,一回到紐約不

---

32 「萬神殿圖書公司獲得了《榮格的回憶、夢與反思》一書全球的獨家版權(包括榮格博士與亞菲女士的口頭交流,以及他在自傳中所寫的一切內容)。」庫爾特・沃爾夫的備忘錄,萬神殿圖書公司,1958 年 3 月 4 日,YBL。(原文為英文。)
33 「不屬於榮格博士的『作品』」,同前。
34 在 1958 年 3 月 4 日寫給安妮拉・亞菲的信中,隨信附上的另一信,庫爾特・沃爾夫寫道:「我不喜歡使用『委託』這個詞,但我不知道還有什麼詞可以清楚地表明這一點,並避免相關風險」。YBL。(原文為英文。)
35 參見安妮拉・亞菲寫給庫爾特・沃爾夫的信,1958 年 3 月 17 日,AAJD,YBL。關於保留法律效力,見萬神殿圖書公司的《給榮格教授和安妮拉・亞菲女士的備忘錄》,1958 年 3 月 4 日,可能是通過書信,1958 年 3 月 31 日,榮格和亞菲首次簽署;參見安妮拉・亞菲寫給庫爾特・沃爾夫的信,1958 年 3 月 31 日,YBL、AAJD。

久,就擬定了一份有利於費舍爾出版社的協議,向後者保證了德語版的出版權,但要求他們必須印製至少五萬冊平裝本,每冊最低售價為十馬克。[36]

由於榮格本人在他的寫作中是按照時間順序的排列來進行的,因此沃爾夫抓住了這個強有力的論據,反對亞菲一直以來所主張的結構,就是按照談話的實際進程來呈現,再配合上特定的主題。在她看來,這樣的做法才能讓讀者深入瞭解榮格腦中的聯想思維方式,並且呈現出他在不同日子裡的反應是如何變化的。而沃爾夫長期以來一直認為,應該採用按時間順序的線性結構,並根據章節的主題來組織這一本書的章節。[37] 在二月底的一次談話中,他向亞菲展示了他暫定的大綱,也就是八個章節的暫定標題[38],並要求亞菲盡快將會談記錄內容與榮格的文本結合起來,甚而給出了範例——他將這一做法稱為「融合體」。他認為,榮格的文本還需要針對文風來進行修改。

沃爾夫向亞菲簡要展示了「他的」〈佛洛伊德〉這一章的草稿,但是依然隱瞞關於沃夫岡・紹爾蘭德和凱莉・貝恩斯參與的

---

[36] 費舍爾公司(S. Fischer Corporation)和萬神殿圖書公司(Pantheon Books Inc.)之間的協定,1958年3月12日,YBL。
[37] 不久前,沃夫岡・紹爾蘭德首次反對了沃爾夫的想法,並支持亞菲的呈現方式,但他並沒有成功:「遵循時間順序排列章節,然後將這些材料強行編入進去,這樣的做法可能是錯誤的。……榮格所採用的方法是圍繞著自己主要關注的內容展開,而不是沿著直線進行,他的做法會不斷重覆,但也會帶來更多的細節。因此,如果在編輯材料的時候想要符合某種線性的邏輯,不僅不可能,也是不可取的。」他建議:「就讓一切基本保持原樣(按照安妮拉・亞菲最初推薦的做法)。」沃夫岡・紹爾蘭德於1958年2月6日寫給庫爾特・沃爾夫的工作筆記,YBL。(原文是英文。)
[38] 庫爾特・沃爾夫於1958年2月22日手寫的筆記中有如下的章節劃分方式:「序言?;1. 早期;2. 佛洛伊德及與佛洛伊德的決裂;3.1912年-1931年;4. 同時代的人;5. 非洲(北部和東部);6. 印度;7.1944年的幻象;8. 晚年思想與夢境」,YBL。

事。亞菲隨即指出，這一階段對榮格產生影響的人物還有西奧多‧福魯諾（Théodore Flournoy）和威廉‧詹姆斯（William James），因此也需要在這一章加以考慮。在這以後不多久，亞菲才終於徹底明白，自己的一切干預都是白費力氣的。三月十日，亞菲收到了沃爾夫從美國寄出的有關於〈佛洛伊德〉這一章的文本。沃爾夫認為這一章節已經「圓滿完成」了，其中收錄了一九二五年研討會的節選內容，並且表示「如果附上福魯諾和威廉‧詹姆斯的內容，對我來說似乎是一種妨礙。」[39] 不過，他非常期盼：「希望榮格能發表聲明，讓讀者瞭解他對性的看法。」[40] 從這個細節，我們可以再次清楚地看到，出版商是如何將自己的雙手伸入了編輯的專業領域。不僅如此，在設定主題優先性的過程中，沃爾夫完全無視榮格實際的經歷和陳述，也沒考慮歷史上的相關因素。雖然他一再向亞菲保證，自己會給亞菲完全的自由來設計這本書，但實際上卻一再地介入亞菲的工作。

沃爾夫急於完成〈佛洛伊德〉這一章節的工作，不僅是出於利益的考慮，也不僅是由於媒體宣傳的需要；這些行為表明了，在沃爾夫的想法中，與佛洛伊德的關係才是榮格傳記的關鍵內容。可這與榮格對這一關係的評價並不相符。在榮格看來，在他一生的生活

39　庫爾特‧沃爾夫寫給安妮拉‧亞菲的信，1958 年 3 月 6 日，YBL。不等亞菲和榮格對他這一章的草稿做出反應，他就委託理查德‧溫斯頓（Richard Winston）進行翻譯工作，對方於 5 月初就交付完成了譯稿。參見理查德‧溫斯頓寫給庫爾特‧沃爾夫的信，1958 年 5 月 4 日，YBL。

40　庫爾特‧沃爾夫寫給安妮拉‧亞菲的信，1958 年 3 月 6 日，YBL。不久之後，庫爾特‧沃爾夫告訴榮格，自己正忙著操心預印本，預印本都刊載在諸如《生活》（*Life*）和《美國週末郵報》（*The Saturday Evening Post*）等擁有百萬發行量的雜誌上，這可能帶來二十五萬瑞士法郎的收益，此外他還解釋，為什麼必須向讀者提供關於榮格的某些易讀而又富有吸引力的內容；參見庫爾特‧沃爾夫寫給榮格的信，1958 年 6 月 3 日，YBL。

和工作當中，這段關係的重要性並沒有那麼高。即使到了晚年，榮格還是經常反覆強調，如果要再一次描述與佛洛伊德的密切接觸，已經變得非常的困難。當榮格在一九五八年三月初告訴亞菲，自己可能會將這段相遇的經歷整合到自傳文本中時，他表示這是「一項具有挑戰性的任務」。儘管還是有一定的評判，然而亞菲建議應該以「和解」的態度來處理這一段關係。[41] 後來，在她描述這段關係時，儘管保留了很多對佛洛伊德的質疑與批評，但同時也保留了對佛洛伊德的尊重和敬意。

這一階段，榮格繼續寫他的文章；而亞菲則準備了一份草稿，來說明如何在開篇中將談話紀錄與榮格的陳述聯繫在一起。由於按年代順序的緣故，她做了一些小小的改動，嘗試將榮格的文本進行了小幅的重新編排，初步縮短或延長了一些章節。她將這種編排作為一種補充，來豐富內容詳實的談話紀錄。一九五八年三月初，她將這份草稿和談話紀錄全文都提交給榮格，供他進行仔細的檢查。之後，她告訴沃爾夫，榮格「對我的『融合』嘗試（'amalgamation' attempts）非常滿意」。[42] 榮格後來所寫的文本裡提到與亞菲的會談，也會對夢作簡短的描述，並提及他已經將這些內容告訴了亞菲──這清楚地表明，他希望她的筆記能被納入最終版本中。[43]

亞菲開始按照不同的主題創建了文件夾，並從會談紀錄中找出

41　安妮拉・亞菲寫給庫爾特・沃爾夫的信，1958 年 3 月 7 日，YBL。
42　同前。這裡牽扯到對榮格文本第一部分所進行的編輯調整。亞菲根據榮格的手稿創建了打字稿，我們要感謝榮格作品基金會（Stiftung der Werke von Jung）的托馬斯・費舍爾（Thomas Fischer），他允許我們檢查了這份打字稿。隨後，該書的整個文本分為三章：〈童年〉、〈中學時代〉、〈大學時代〉。
43　參見打字稿的第 70 頁，ETH；參見安妮拉・亞菲（編），第 84 頁。

適合的部分，分門別類地放入這些暫定的章節或主題中。另外，在徵求榮格的同意後，她又從更多的資料來源中找了一些材料，尤其是關於榮格在精神醫學的研究和工作。沃爾夫曾建議，希望她能夠將某些空缺填補上；她接受了部分建議，但對其他一些建議就有所批評。例如，沃爾夫希望多一些關於「性」的陳述，但她認為榮格在最近出版的著作《飛碟：一個現代神話》中，已詳盡且有效地闡述了這個主題，並且：「他告訴我的內容，相形之下顯得非常微不足道。」[44]

春天的時候，拉舍爾出版社發佈了她的新書《幽靈・死亡・夢境》，這本書好評如潮，引起了媒體極大的興趣。此後的幾個月裡，她開始專注於傳記工作了，而這項工作的挑戰性實在是非常之高。沃爾夫夫婦在給她的信中也熱情洋溢地稱讚了她：「我無法對您描述，我們兩人有多麼深刻的印象：材料的組織，清晰的解釋，優美的文筆，可讀的風格，還有您的學識，都是相當突出。」他十分驚訝，「好像榮格將所有著作中的每一個思想細節都呈現給了您……，您對數量如此龐大的學術文獻竟是如此的熟悉。」[45] 盼望著能夠將榮格文本與她的材料融合在一起，所以沃爾夫想要爭取亞菲的支持，能夠將其拉入到實現萬神殿出版計劃的陣營中。現在，沃爾夫比以往任何時候都更需要亞菲的合作，因為只有這樣才能成功地將榮格的文本與她的材料融合在一起。然而，兩人關係的衝突卻隨著時間日益尖銳，沃爾夫再也沒有對亞菲表達任何的讚美。

44　安妮拉・亞菲寫給庫爾特・沃爾夫的信，1958年3月12日，YBL。對於榮格提到的闡述，見《飛碟：一則現代的神話》，參見《榮格全集》第10卷，第631-655頁。
45　庫爾特・沃爾夫寫給安妮拉・亞菲的信，1958年4月9日，YBL。1958年春天，雙方的通信語氣都很溫暖，這可能與海倫・沃爾夫（Helene Wolf）私下告知安尼拉・亞菲她丈夫的健康狀況不佳有關。

從亞菲的筆記可以看出，在一九五八年夏天以前，她和榮格之間的對話，並不是來來自榮格的自由敘述，反而更多是榮格經常在回答亞菲某些話題的提問；其中，關於早期的經歷，由於榮格在前一冬季的三個月一個人投入寫作，這過程所激發的思考讓他對這個階段有許多的添加。一九五八年五月十六日，亞菲請榮格講述自己的旅行經歷，這一天的會談紀錄中生動的描述，不只可以清楚表達會談的狀態，還能夠看到兩人之間關係的動態變化：「最近，我的提問方式發生了相當大的變化。……我先向他說明自己想知道些什麼，然後我就開始等著。通常，他不太情願開始。於是，他就就沉默著，而我就等著。面對無話可說和無話可問的場景，是一件不容易的事，但我能確切地感受到什麼時候他開始沉入自己的世界中，然後，一段記憶或一種情感就會出現；然後又是一段沉默，有時候會很長，甚至是沉默到會談即將結束之時；等到他掌握了事情的來龍去脈，思維變得流暢起來，整個人又變得非常活躍。這樣的情形和計劃剛開始進行時有著非常大的差異，那時還有非常多的事物可述說。現在，他非常投入地談論非洲的經歷，第二天早上還會繼續告訴我，在印度和非洲時他曾經給妻子寫過的信件，我可以看看如何運用。」[46]

對亞菲來說，那段時間是緊張的，除了繼續進行會談、撰寫記錄，還有對傳記的原始材料進行研究之外，她還完成了幾個章節的初稿。其中一章是關於榮格在與佛洛伊德決裂後，與無意識所進行的面質；另一章是關於他的著述；一章則是關於在博林根的隱居生活。一九五八年五月九日，榮格與她共同審閱〈研究和著述〉

46　安妮拉・亞菲寫給庫爾特・沃爾夫的信，1958 年 5 月 18 日，YBL。

一章的草稿,並進行了補充。[47] 一個月前的四月七日,榮格才完成自己的自傳文稿,他描述了自己離開巴塞爾,並開始在伯格霍茲里擔任助理醫師的工作後,在文稿中他以哲學的思想結束了傳記的書寫:他既不打算編織自己的生命應該是怎樣怎樣的幻覺,也不想為這一生作任何辯解。他認為,沒有人可以評判自己,這個問題應該是留給別人,讓別人來對自己進行評價。[48] 榮格稿子的副本一寄到紐約,沃爾夫未得到授權、而且在沒通知榮格或亞菲的情況下,一讀完文稿副本,就委託理查德‧溫斯頓(Richard Winston)進行翻譯。

沃爾夫堅持,榮格有義務為讀者講一講他在精神醫學的工作,還有他與威廉‧詹姆斯的關係。但是,榮格拒絕了他的要求,他表示在自己的作品中已經詳盡地談論過心理治療;至於威廉‧詹姆斯,自己與他只不過有過兩次短暫的會面,用短短數語去勾勒這種重量級的人物,是一種「不可原諒的膚淺行為」。[49] 而且,正如他所解釋,詹姆斯這個經常受到誤解的人,也討厭去回憶各種各樣的重要對話:「對我來說,所謂的生活就是生活本身的體驗,而不是為了讓它成為談論的話題。」[50] 至於有關在精神科時的工作,亞

---

47 參見安妮拉‧亞菲寫給庫爾特‧沃爾夫的信,1958年5月12日,YBL:「在週五的時候,我和榮格一起讀了關於〈研究和著述〉這一章的部分內容。他給我一些可以補充的重要材料……」。AAJD。五月底的時候,榮格帶著亞菲提供的三章草稿前往博林根進行審查。

48 參見安妮拉‧亞菲(編),1962年,第120頁。

49 庫爾特‧沃爾夫曾抱怨過,文本中缺少威廉‧詹姆斯相關的資料,因為他和佛洛伊德一樣,「對盎格魯-撒克遜人來說,尤其是美國讀者來說,是最重要的人。」至於衛禮賢,榮格談論了很多,可是在美國並沒有什麼人瞭解他;參見庫爾特‧沃爾夫寫給安妮拉‧亞菲的信,1958年5月28日,YBL。(原文是英文。)1958年6月3日,沃爾夫寫信給榮格,談到了計劃中的預印本,並表示絕對有必要獲得關於佛洛伊德,在精神醫學的歷史,和威廉‧詹姆斯的章節,而不是像關於博林根這樣的章節。YBL。

50 榮格寫給庫爾特‧沃爾夫的信,1958年6月17日,《榮格書信選》第二卷,第452頁。

菲從各種材料來源中整理出了一份草稿,並且在這份草稿準備的過程中,她又回到了最初的計劃,也就是按照榮格提到該內容的時間順序,來介紹這些言論。「這樣一來,感覺就像是一本口述的日記。這意味著我不必用一些短語來過場,因此而顯得很做作。」[51] 儘管亞菲並沒有意識到這一點,但這樣的設計剛好對應上紹爾蘭德所建議的設計。自一九五七年十一月以來,沃爾夫一直向紹爾蘭德提供亞菲寄往紐約的所有對話筆記。紹爾蘭德也對結構、修改和補充書目做了一些編輯相關的說明,他還像沃爾夫一樣,對內容進行了評估,標記了哪些內容是有趣的,哪些內容又應該刪除或縮短。很顯然的,他和沃爾夫一樣,並沒有尊重亞菲是這本書的作者或編輯,而是只將她視為供給紐約來進行評估、整理和編輯的資料提供者。[52]

不久之後,一九五八年五月,當美國和英國的媒體再一次批評榮格涉嫌同情國家社會主義,[53] 這讓沃爾夫感到非常的惱火。起初,他對傳記裡是否談論這個問題並不感興趣;然而在諮詢了凱莉・貝恩斯以後,他明確地向榮格和亞菲提出要求,認為這樣可以一勞永逸地結束這場爭論。這一次他不只是要求榮格寫有關哪些議題的內容,而是對榮格該寫哪些東西提出具體的要求。他認為自己

---

51 安妮拉・亞菲寫給庫爾特・沃爾夫的信,1958 年 6 月 25 日,YBL。
52 在亞菲寄發的副本上或是這些副本之間,除了能看見大量由沃爾夫親手標註的評論和問題,還能夠看到紹爾蘭德手寫或打字的一些編輯說明。參見 1956-1958 年間的會議紀要,LoC。
53 帕雷爾霍夫(A.D. Parellhof),美國精神分析家,1958 年 5 月 11 日的《紐約時報書評》(*The New York Times Book Review*)和 1958 年 5 月 17 日的《新政治家》(*New Statesman*);參見榮格,《榮格書信選》第二卷,第 443 頁及其後。榮格對亞菲說,儘管已經澄清了很多次,但這些指控仍繼續存在,他不願意再捲入這些糾紛,女兒瑪麗安・尼胡斯-榮格(Marianne Nichus-Jung)也贊成不再繼續討論這個話題。關於這一點,亞菲在 1958 年 5 月 16 日寫給庫爾特・沃爾夫的信中提到:「對榮格來說,納粹只不過是一種邪惡的東西」。YBL。

提出了一個「絕妙的解決方案」，就是建議榮格簡單談一談一九三〇年代初期自己在「心理治療醫學總會」[54]曾經擔任的官方職位，然後說一句「我做錯了」（I made a mistake）。[55] 關於這個建議，榮格和亞菲都不同意。[56]

除此之外，沃爾夫對美國廣大讀者的關注是越來越明顯了。他在內容方面對亞菲施加了更大的壓力，提出了許多更具體的要求。例如，對當時的美國人來說，歐洲精神醫學當中「最廣為人知的名字」其實是夏科，而賈內則是比福魯諾更出名的學者，所以他急切地要求榮格要對夏柯與賈內這兩人做出更多的描述。[57] 他在與凱莉‧貝恩斯和沃夫岡‧紹爾蘭德討論過亞菲這三章的草稿以後，終於在五月底向亞菲坦白了這兩人參與編輯的情況。[58] 有了貝恩斯和紹爾蘭德的支持，他建議：草稿中有關哲學或神話的思考，如果不能與其他上下文緊密聯結的話，那麼就全部刪掉；[59] 不然就將這

54　心理治療醫學總會（Allgemeinen ärztlichen Gesellschaft für Psychotherapie），英文：General Medical Society for Psychotherapy。
55　庫爾特‧沃爾夫寫給安妮拉‧亞菲的信，1958 年 5 月 21 日，YBL。指的是關於 1933 年榮格擔任前述學會的主席，以及他擔任《心理治療文摘》（*Zentralblatts für Psychotherapie*）的編輯。參見《榮格全集》第 10 卷，第 1016 頁及其後。
56　榮格對亞菲說：根據目前的所瞭解的一切，如今回想起來，當時接管前述學會的主席是一個錯誤的決定。當時，他一心想的是挽救這個時代，為那些受到迫害和威脅的心理學同事在國際上獲得一定的地位與支持，所以才保持與《文摘》文化方面的聯繫。榮格與安妮拉‧亞菲的談話，1958 年 6 月 4 日，AAJD。也可參見安妮拉‧亞菲，《榮格與納粹主義》，1985 年。
57　庫爾特‧沃爾夫寫給安妮拉‧亞菲的信，1958 年 5 月 12 日，AAJD，YBL。（原文是英文。）
58　庫爾特‧沃爾夫寫給安妮拉‧亞菲的信，1958 年 5 月 28 日，YBL。
59　「如果願意從章節中，徹底刪除所有的關於神話和其他內容的一般性評論……」，那麼將會對文本產生非常好的效果。庫爾特‧沃爾夫寫給安妮拉‧亞菲的信，1958 年 5 月 28 日，YBL。沃爾夫將凱莉‧貝恩斯的評價手寫下來，附在上面。關於榮格寫給自己孩子的獻詞，貝恩斯做出的評價是：「獻給家人的表述是錯誤的。」因為這是一本「給全世界」的書。（原文是英文。）

些一起放到同一章,可以稱為「宗教、死亡與來世」或是「宗教思想」。當然,不論是亞菲還是榮格,都不同意他的提議。

關於紹爾蘭德和貝恩斯的參與,亞菲沒有立即回應,只是繼續保持禮貌而友好的語氣,而這正是她的個性;不過,她最後還是表達了自己顯然不同的觀點:「……您和我(有著)兩種完全不同的最終設計概念……。順便說一句,當我在考慮您的意見時,我再次想到了我未曾充分捍衛過我自己最初的計劃——仿照愛克曼的做法,按日期進行編輯……。」[60] 關於這本書的整體內容,在一九五八年春天,亞菲提出自己初步的構思。她認為,最大的困難在於「細節上的編排」,也就是說根據具體的主題,將會談中相關的陳述匯集在一起,在文字上彼此流暢聯結,而有一定的連貫性。她從不同的紀錄中開始進行節選,將這些節選出的片段稱為「馬賽克石」或「拼圖細片」,想要嘗試通過自己的編排來形成一幅更大的圖畫。她告訴沃爾夫,自己的主要工作是努力將不同的章節和句子組合起來,填補其中的空白,架出一座橋梁,試圖「在不去改變風格的情況下,將口語轉換為書面的文字」。[61] 每當亞菲針對這些空白,以自己的觀點添加內容,便立即讓榮格過目;例如關於博林根的章節,「我自己『創作』了一個片段,而榮格也表示了認可,我因此非常開心。」[62] 所以當榮格拒絕談論威廉・詹姆斯,沃爾夫提議亞菲以簡潔易讀的風格撰寫幾頁「關於榮格是如何看待威廉・詹姆斯」[63] 時,亞菲拒絕了這個提議。沃爾夫計劃夏天時再到訪蘇

60　安妮拉・亞菲寫給庫爾特・沃爾夫的信,1958 年 6 月 3 日,YBL。
61　安妮拉・亞菲寫給庫爾特・沃爾夫的信,1958 年 6 月 2 日,AAJD。
62　安妮拉・亞菲寫給庫爾特・沃爾夫的信,1958 年 5 月 1 日,YBL。
63　「……試著用一種簡單而口語化的方式,表達一下榮格對詹姆斯思想的主要看法……」庫爾特・沃爾夫寫給安妮拉・亞菲的信,1958 年 5 月 28 日,YBL。(原文是英文。)

黎世,於是雙方一致同意,到時候再進行為期兩週的討論,可以再深入地討論編輯的工作。在這期間,亞菲計劃將這本書分為兩個部分:前半部分對榮格的自傳文本只是稍加補充和編輯;後半部分則是亞菲根據會談紀錄和其他資料所撰寫的章節來組成。而紹爾蘭德在初步閱讀了榮格的文本以後,也主張盡可能保持文本的完整,然後讓亞菲按照主題將會談紀錄中的文字加以分組。[64] 所以,在他的建議之下,沃爾夫同意了亞菲的這個構思。

一九五八年七月底,沃爾夫終於來到了瑞士,一直待到九月。他與亞菲的幾次面對面的討論中,兩人之間許久以來所醞釀的矛盾終於浮出水面。亞菲這次明確地表示,一旦提交出完整的手稿以後,她願意對所有的批評保持最大的開放態度,然而,目前還是處於發展中的階段,她不希望同時有好幾個第三方加入各種不同的干涉。在嚴肅而認真地對待沃爾夫等人的建議之下,最終還是要由她自己來決定,榮格和自己分別負責哪些文本;畢竟,榮格選擇由她來作為傳記作者,而沃爾夫也委託她擔任作者和編輯,因此,她希望能夠平靜地開展這項極富挑戰性的任務。其實,在亞菲看來,自己就是這本書第二部分的作者,因此她一直非常詫異,沃爾夫怎麼可以在沒有徵求同意的情況下,就在紐約對自己的原始材料進行大量的編輯。[65] 然而,由於希望能夠繼續保持良好的合作,亞菲讚賞沃爾夫能夠「一再努力為美國一般大眾的讀者代言」。只是,沃爾夫身上所「醞釀的、甚至時常是已經明白表達的敦促」,會形成自

64　沃夫岡・紹爾蘭德寫給庫爾特・沃爾夫的筆記,1958 年 4 月 18 日,YBL,庫爾特・沃爾夫寫給安妮拉・亞菲的信,1958 年 4 月 20 日,YBL。

65　不久前,她曾巧妙而幽默地向沃爾夫指出,她覺得這是一種冒犯和侵權:她在一封信中署名為「小紅帽的祖母」,影射對方是童話故事中貪婪的狼。安妮拉・亞菲寫給庫爾特・沃爾夫的信,1958 年 6 月 12 日,YBL。

己工作過程的累贅，妨礙到整體的工作。在她看來，這本書的創作過程是一種不尋常的設計，不論是章節的編撰工作，還是相關的闡述，既是具有挑戰性又相當耗費時間。而榮格又總是不斷的提供一些新的有價值的內容，所以，這項「工作是一個過程，就像是一棵樹的成長過程，人們不能強迫它趕快開花結果。它需要寒冷的夜晚，這和陽光或雨露一樣，都是非常重要。」[66]

八月底，出版商的夫人海倫·沃爾夫寫了一封信，試圖說服亞菲。她建議亞菲提供沃爾夫更多章節，開始共同的討論，但亞菲拒絕了：「目前我必須繼續獨自工作，因為還沒有發展出足夠的章節供大家一起審查。」[67] 作為這一建議的替代方案，海倫繼續提議由庫爾特·沃爾夫撰寫序言，但是她也沒有同意。儘管她在書信中的表現極為禮貌和友好，但也表達了越來越多的堅持，還有她對獨立的追求。為了從這一領域的專家獲得建設性的回饋，她將有關精神醫學工作的章節交給了朋友艾瑞旭·諾伊曼（Erich Neumann）審查。因為在一九五八年夏天，他剛好在歐洲停留了相當長的一段時間。

春天時，沃爾夫一直想要更多關於榮格世俗這一面的一號人格相關資料，因此亞菲和他的互動有點緊張；但是針對起草的章節內容，兩人還是相當順利地達成了一致的意見。然而，沃爾夫和安妮瑪麗·馮·普特卡默（Annemarie von Puttkamer）[68] 對榮格文本

66　安妮拉·亞菲寫給庫爾特·沃爾夫的信，1958 年 8 月 8 日，YBL。
67　安妮拉·亞菲寫給海倫·沃爾夫的信，1958 年 8 月 25 日，YBL。
68　安妮瑪麗·馮·普特卡默（Annemarie von Puttkamer, 1891-1983）作家，自二十世紀二〇年代以來一直是庫爾特·沃爾夫的好友和同事。她為萬神殿圖書公司工作，將安妮·莫羅·林德伯格（Anne Morrow Lindbergh）的作品翻譯成德語。1958 年夏天，沃爾夫的夫人不在時，是她陪在庫爾特·沃爾夫的身邊。也可見庫爾特·沃爾夫在 1958 年 8 月 9 日和 1958 年 9 月

進行了修改,在討論這一部分的時候,雙方出現了明顯的意見分歧。亞菲無法接受「您們輕率地更改了榮格文本」,只為了讓想像中的美國大眾讀者「更容易理解」。[69] 當沃爾夫夫人出面試圖安撫時,亞菲解釋著回覆:「我代表著,或者說,我在試圖代表年邁的榮格。他將自己的手稿交付與我,向我展現了一種對他來說很罕見的信任。……我希望的是,盡可能在文本中保留榮格的那份獨特的性格,我想要盡可能地對這份獨特性負責——我承認,所謂的獨特經常表現為一種執拗而任性的方式。兩個世界在這裡相逢,演變成了一場權力的鬥爭。」[70] 亞菲成功地推翻了沃爾夫的許多更動。榮格當時想要作為結尾的一章,沃爾夫卻想要將其完全刪除,這回也被亞菲保留了下來。亞菲更感到震驚的是,既沒有得到榮格任何同意,也沒有等待他們兩人將這份文本與會談紀錄中選出的片段進行組合,沃爾夫早在一九五八年五月中旬就將〈從我生命中的最初事件說起〉委託給了翻譯。[71] 沃爾夫認為,亞菲目前那些章節草稿已經可以委託譯者進行翻譯了;而亞菲認為這些還是倉促的初稿,因此回絕這樣無理的要求。兩個月後的一封信,她向沃爾夫提醒自己一直以來是如何「或大聲,或小聲,總是盡可能禮貌地警告著。……然而我所有的警告、所有的反駁、所有的請求……都被當成了

---

10 日寫給安妮拉・亞菲的信,以及關於庫爾特・沃爾夫所提出的修改建議,亞菲有六頁未註明日期的手寫筆記,YBL。夏天時,菩特卡默還在協助他完成佛洛伊德和榮格之間書信的抄錄,因為出版商當時計劃出版。在諮詢佛洛伊德檔案館的庫爾特・艾斯勒後,榮格再次撤回了自己的許可。參見榮格寫給庫爾特・艾斯勒的信,1958 年 7 月 20 日,安妮拉・亞菲寫給庫爾特・沃爾夫的信,1958 年 8 月 4 日,庫爾特・艾斯勒寫給榮格的信,1958 年 8 月 13 日,安妮拉・亞菲寫給約翰・巴雷特,抄送給赫伯特,里德爵士、庫爾特・沃爾夫的信,1958 年 8 月 27 日,YBL。
69   安妮拉・亞菲寫給庫爾特・沃爾夫的信,1958 年 9 月 8 日,AAJD。
70   安妮拉・亞菲寫給海倫・沃爾夫的信,1958 年 9 月 18 日,AAJD,YBL。
71   庫爾特・沃爾夫已於 1958 年 5 月 15 日委託理查德・溫斯頓翻譯榮格的文本。

耳邊風，結果是我終於絕望，放棄了，再也沒有力氣來阻止您們對文本的大興土木，因為我可以想見這一切措施的可怕結局。」[72]

亞菲在編輯工作中將榮格的文本和自己的會議紀錄組合在一起時，反覆使用的說法是「融合」（Amalgamierung，英文：amalgamation）。這一說法暗示這種組合是一種混合（Vermengung）或合併（Verschmelzung），但卻是不符合事實。首先，亞菲在榮格的文本中所插入的是，進行到當時為止的會談紀錄，用這樣的方法而產生的三章內容，是由她和榮格在一九五九年至一九六〇年間共同完成的，是他們一起推動著文本的發展；此後，亞菲又做出更多的補充、更改、刪除或是重新排列，還借鑒了其他原始材料。然而，榮格的文本幾乎是一字不落地保留了下來，只是在風格上調整為當代的寫法，而這一點是一九六〇年春天，在譯者霍爾（R.F.C. Hull）的提議下所採取的進一步修改。

後來，榮格將自己提供給亞菲使用的原文稱為「草圖」或「草稿」，[73] 亞菲和他共同編輯的文本翻譯成英文以後，他也親自進行了檢查。在他去世之前幾個禮拜，這部分的稿件已經完成，他和亞菲都認為該版本是可以出版的。但是，讓兩人都沒有預料到的是，榮格離世後不久，一些家庭繼承人提出來，第二章裡與中學時代相關的內容需要大刀闊斧的改動。關於這一衝突，以及這對文本編輯工作的影響，會在後面的章節做更細緻的討論。

72　安妮拉・亞菲寫給庫爾特・沃爾夫的信，1958 年 11 月 13 日，YBL。
73　參見榮格寫給約蘭德・雅可比的信，1960 年 8 月 25 日，《榮格書信選》第二卷，第 585 頁，以及瓦爾特・尼胡斯（Walther Niehus）代表榮格於 1960 年 5 月 11 日寫拉舍爾的信，以及於 1960 年 5 月 12 日寫給塞西爾・富蘭克林（Cecil Franklin）的信，蘇黎世中央圖書館（Zentralbibliothek Zürich）。

在法律事務上，沃爾夫也遇到了重大的挫折。在一九五八年九月三日的一次會議上，瑞士作家協會的律師貝德勒同意榮格的律師漢斯・卡勒的觀點：根據現有合約，拉舍爾出版社對榮格任何後續的著作都享有優先權。[74] 這樣的情況下，在與萬神殿圖書公司的合約中，榮格轉讓給亞菲的版權等於是侵犯了拉舍爾出版社的利益。因此，律師強烈地建議榮格要盡快地向馬克斯・拉舍爾（Max Rascher）告知目前所有的計劃和已經簽訂的協議。[75] 榮格的律師卡勒還建議，關於這本正在計劃中的書籍，榮格因為也做出的重大貢獻，所以同樣是必須告知《榮格全集》英文版的出版商，因為在他們的契約裡也列有對榮格後續作品擁有優先權的條款，所以努力爭取他們的轉讓也是非常必要的。[76]

　　沃爾夫在動身返美之前，在一九五八年九月十九日和亞菲一起到博林根拜訪榮格，三個人一起討論了暫時的書籍內容大綱。榮格還向沃爾夫解釋了為什麼不考慮美國的大眾讀者，並且堅持文本中仍然會引用拉丁語和希臘語。這一次沃爾夫從亞菲收到的是最後一份會談記錄，[77] 因為，在這以後，雙方之間的衝突很快地愈演愈烈。不過，這時候兩人的關係仍然友好，當時正是猶太人的「淨罪日」（Yom Kippur），亞菲送給沃爾夫一張巴哈的音樂唱片作為離別禮物，並附上一張紙條：「紀念一九五八年蘇黎世的夏天，

74　1953 年、1954 年和 1957 年，拉舍爾出版社與榮格共簽訂了四份合約，其中規定對於榮格的後續作品，拉舍爾享有優先於其他出版商的權利。
75　根據 1958 年 9 月 3 日的會議，貝德勒律師於 1958 年 9 月 5 日出具了一份專家報告，YBL。
76　關於這一點，參見律師漢斯・卡勒寫給庫爾特・沃爾夫的信，1958 年 6 月 16 日，YBL。
77　亞菲將會議紀要命名為：「Mit K.W. in Bollingen 19.X.1958（於 1958 年 10 月 19 日在博林根，同庫爾特・沃爾夫一起）」——那時，庫爾特・沃爾夫已經遠在美國了。談話應該發生在 1958 年 9 月 18 日或 19 日。

我們一起工作、我們的對話、我們的爭吵和對抗，還有您年邁的 AJ.（安妮拉・亞菲）」。[78] 在夫人海倫代筆的信裡，沃爾夫感謝她付出的時間、耐心，還感謝她理解「這位滿懷著期待的老出版商在翹首以盼您的書的過程中，所表現出來的不耐煩。」[79] 儘管在整個夏天裡，他對亞菲的「感情、愛和尊重」一直在穩步地增長著，但「合作中的巨大困難」依然存在。而這些困難究竟從何而來？他表示會在返程途中繼續思考。沃爾夫表示，在亞菲看來，榮格是「一位偉大的思想家和偉大的作家」，因此為他所說的每一句話來辯護；但在他看來，榮格是一位偉大的思想家，但「他並不屬於這一行」（Il n'est pas du métier，法文）。正因為此，所以他想要「作為最謙虛的僕人，承擔起修繕的棘手任務」，好糾正「草率的措辭」，還要「讓不平衡的一切重歸平衡」。[80]

一九五八年十月中旬，榮格和亞菲詳細地討論了好幾章草稿的形式和設計。在之前的夏天，榮格第一次閱讀這些章節的草稿，當時主要關注在內容上。這一次，他的注意力轉向了語言和風格。至於亞菲這邊，她現在面臨著一個複雜的問題，就是如何將沃爾夫、榮格和她自己的設計結合得足夠令人滿意。亞菲在整理不同的紀錄片段，加以連結時，這些空白的填補經常是以榮格的名義來書寫，也就是用第一人稱的口吻來表達。這讓榮格覺得困擾，因為儘管這些內容是正確的，但在風格和語氣上都太女性化，很難在其中認出自己。[81] 所以現在他希望按照日期來進行分割，不要加上任何的起

78　安妮拉・亞菲手寫給庫爾特・沃爾夫的便條，1958 年 9 月 24 日，YBL。
79　海倫・沃爾夫代替庫爾特・沃爾夫手寫給安妮拉・亞菲的便條，1958 年 9 月 26 日，YBL。
80　庫爾特・沃爾夫寫給安妮拉・亞菲的信，1958 年 10 月 8 日，YBL。另見第 139 頁。
81　安妮拉・亞菲寫給海倫・沃爾夫的信，1958 年 10 月 14 日：「實際上，令他感到煩惱的是，不同日期的會議紀錄當中，關於同一主題的陳述，在我的總結下，成為了一個完整的章節。

承轉合,就像亞菲最初向出版商提議的那樣。在〈精神醫學之旅〉那一章的草稿,亞菲就曾經運用過這樣的方式。榮格甚至考慮,是否將這些章節劃分的設計完全拿掉,亞菲也認為這是可行的:「這就像日記一樣,可能出現更長的或更短的陳述,這一切原本就能夠以零碎的敘述來呈現,彼此之間並不需要存在著聯繫。」[82] 值得注意的是,現在這本書的第一部分〈榮格晚年最後的談話〉,她所使用的就是這樣的設計。甚至,榮格還提出,亞菲在書本裡的存在應該要更加明顯一些,讓文本加上亞菲在訪談中的提問,還有對他的說法所提出的反思,甚至也可以將亞菲在這過程的夢都添入文本。對他來說,傳記共同作者的身份應當透明化,這些非比尋常的材料從何而來也需要公開,這些都是非常重要的事。[83] 榮格這樣的建議,與亞菲最初提出的想法是吻合的,也就是榮格的陳述裡再加上她解釋性的或評論性的聲音。因此,很多地方都是與最初提出的設計理念不謀而合。亞菲寫給沃爾夫的信中談到了這樣改動的建議,預料到他會有激烈的反應,因此請求他在看待這些更動時,盡量不要將一切當作勝負的對抗,「如果榮格現在想按我的建議行事,這

這會讓他不安,因為在這個『鍛鑄』的工作中,我不得不以我的口吻添加一些自己的東西。而為了上下文連貫,他自己所說過的一些話也必須進行修飾。因為文本中有女性角色的影響,所以他無法再從文本中找到自己的影子。」YBL。

82　同前。

83　「對榮格來說,必須讓讀者清楚地瞭解發生了什麼,這是非常重要的一件事。出於這個原因,他要求您……將我的後記作為前言,可以用它來作為導讀,引領讀者瞭解設計的起源。他還要求您(我本人提出這個問題,就像你瞭解的那樣,我一直對此不確定),能夠保留他「從我生命中的最初事件說起」('Von den anf. Dingen⋯')的結尾部分,以及他的簽名。在書的中間加上這些內容作為一種停頓,可以有效地交待實際情況。他對前言持懷疑態度。這裡的風格對他來說太女性化了,整體太藝術化了。」榮格在這裡指的是庫爾特・沃爾夫所撰寫的序言草稿。安妮拉・亞菲寫給庫爾特・沃爾夫的信,1958 年 10 月 19 日,YBL。

也只是說明我對他更加瞭解。」[84]

幾天後，亞菲將〈我和佛洛伊德〉這一章的最新草稿提交給了榮格。在這份草稿中，榮格最新提出來的要求都得到了完善，榮格對此非常滿意。[85] 亞菲這一版本完全避開了沃爾夫（與紹爾蘭德）編寫的關於佛洛伊德的章節。榮格和亞菲兩人達成了一致：在文本中亞菲不會再提出自己的問題，只會偶爾用自己的口吻添加一些評論或解釋。在這同時，艾瑞旭·諾伊曼已經閱讀了亞菲好幾個章節的草稿，以及榮格的自傳體文本和她編輯添加的內容。一九五八年十月二十六日，他在博林根拜訪了榮格，表達了自己對這個書稿的讚賞，而且非常喜歡亞菲的設計和風格。這次的會面說服了榮格，也讓他平靜了許多，讓他不再堅持對形式和語言結構進行根本性的改變。不過，他仍然期待能夠出現更多的來自第三方的聲音，可以成為一種對自己的回饋。在這次談話中，他建議艾瑞旭·諾伊曼和亞菲共同寫一篇評論，來補充他對佛洛伊德的看法。[86] 亞菲一開始對這建議稍有猶豫，沒多久還是接受了榮格的期望，也就是她應該多多出面。因為亞菲在其中看到了一種可能性，就是可以用自己的語言來呈現最多真實的訊息，而不必將一切都「翻譯成自己無論如何都無法掌握的榮格風格」。[87]

沃爾夫的反應不只像亞菲所預料的，非常失望，他還感覺受

84　安妮拉·亞菲寫給庫爾特·沃爾夫的信，1958 年 10 月 20 日，YBL。
85　安妮拉·亞菲寫給庫爾特·沃爾夫的信，1958 年 10 月 19 日：榮格「通過自己的方式找到了它，我不得不承認，這比原來的形式更有生命力」。YBL。
86　安妮拉·亞菲寫給海倫·沃爾夫的信，1958 年 10 月 28 日：「諾伊曼和榮格之間的對話⋯⋯點燃了我的希望，風格的問題已經得到解決，我不必再次重寫所有內容。」諾伊曼的評判「能夠給榮格帶來正面的影響。榮格需要由某個未曾參與這一項目的人給出評斷。」AAJD。
87　安妮拉·亞菲寫給海倫·沃爾夫的信，1958 年 10 月 23 日，YBL。

到譴責而深深受傷了，對榮格的反應完全無法理解。他的夫人就榮格的設計理念向沃夫岡‧紹爾蘭德徵求意見，同時以極其戲劇性的語氣回覆亞菲：「新的計劃在某種程度上可以說是給了庫爾特致命一擊，……並且，就其潛在的影響而言，這也給了這本書致命一擊。」[88] 而紹爾蘭德的反應是，不應該簡簡單單地將會談紀錄按照會談日期排版，然後就加以刊出：「按談話日期順序來延續這種原始狀態，是一件非常魯莽的事」[89]，這樣做將會使目前這些好不容易從「廢墟中偶然發現」的內容，帶回到一種「真的毫無意義，還具有充滿破壞性」的形式。「在我看來，新的規劃就好像有人修建了一個漂亮的花園，我們才剛剛將裡面所有肆意攀爬的植物，恢復了花園原來的模樣……佈局變得清晰而完整——這時候，來了一位盧梭似的狂熱份子，要求『回歸自然』而闖了進來，並且在花園裡面又撒了大把的雜草種籽。」[90]

沃爾夫完全無視榮格的論點，將這一建議視為將「書中原本構建好的有機體，又被打碎成原子狀態」[91]，而且他對諾伊曼的參與感到十分惱火。他表示，首先，這個「老頭子」可能隨時都會出現，把一切都推倒重來；其次，他比諾伊曼更瞭解一本書應該如何正式地、有組織地呈現。「我不是賣書的，而是出版商，……這是一個創造性的職業。」[92] 他坦白，在原本的計劃中，他一回到美國

88　海倫‧沃爾夫寫給安妮拉‧亞菲的信，1958 年 10 月 17 日，YBL。庫爾特‧沃爾夫因心臟病臥床不起後，海倫‧沃爾夫已經於 3 月通過情緒化的言論向亞菲施壓：只有亞菲的來信和回報才能讓他感受到活力與愉悅，它們是「最好的治療」。海倫‧沃爾夫寫給安妮拉‧亞菲的信，1958 年 3 月 22 日，1958 年 3 月 31 日，YBL。
89　參見沃夫岡‧紹爾蘭德寫給海倫‧沃爾夫的備忘錄，1958 年 10 月，YBL。
90　海倫‧沃爾夫寫給安妮拉‧亞菲的信，1958 年 10 月 25 日，YBL。
91　庫爾特‧沃爾夫寫給安妮拉‧亞菲的信，1958 年 11 月 9 日，YBL。
92　同前。

後就立即委託譯者對這六章進行翻譯,但如今卻在最後一刻被擋住了。

榮格立即回覆一封措辭強硬的信。他認為,作為這計劃的主角,在向第三方轉交這計劃的任何資料時,不論是紀錄的內容,還是關於書的設計,他都有權要求必須先徵求他的意見,經他允許才可以進行。他明確地強調了自己對亞菲的讚賞;他完全相信亞菲的工作能力。這個「命題絕不屬於最簡單的命題」,但亞菲能夠以淵博的專業知識就這一題材來進行創作。[93] 這一階段已經有很多「不嚴謹的表述被發現了」,但他盡量予以糾正和補充。他希望仍然保留對整體的掌握,為的就是不發表任何他認為不夠「真實」的內容。[94] 至於亞菲,她則再三強調,未經榮格和她的事先同意,不得對任何內容進行翻譯。沃爾夫在一九五七年十二月將有關〈童年歲月〉、〈中學生活〉、〈大學時代〉以及〈幻象〉這幾章轉交給了他人,這樣的行為是未曾受到允許,完全是擅自做主的行為。

在過去往來的書信中,亞菲經常給人一種印象,每當榮格和沃爾夫之間的關係對立而緊張的時候,她似乎經常盡可能地公正對待雙方;但現在毫無疑問地,她對榮格更加忠誠一些。她斷然拒絕了沃爾夫對編輯工作的大量干涉,措辭前所未有的強硬:「您知道的,我從最開始是多麼地抗拒我們之間的合作。」但出於同理心,為了讓他感到愉快,她說服自己參與了合作。可是,「合作並不像我想的那樣,充滿著友善而愉快的思想交流」,「而是對我的工作進行監控。甚至我的作品究竟是『已經完成』還是『有待完成』,都是無法由我來決定。」如果她能夠預料到今天這樣的局面,「那

93　榮格寫給海倫・沃爾夫的信,1958 年 11 月 11 日,副件(Abschrift),AAJD。
94　同前。

麼我永遠不會贊成這次合作。」⁹⁵ 可以看出來，在這個時候，除了作為編輯，她也以分析的態度來加以回應，努力將討論從情感層面轉移到更客觀的層面，為的是能夠一起為這本書工作。她非常理解，為什麼以第一人稱的表達方式寫出的這些承上啟下的句子，會讓榮格「非常不安」。她承認，作為一名女性，她也許更容易適應當榮格的代蒙掌管了這本書時的狀況；畢竟當計劃受阻而不得不屈服的時候，女人比較容易低頭，而男人則是會被激發出野心和「領導力」。如果沃爾夫真如他所寫的那樣，在五十年以來的出版生涯中從未經歷過這樣的事情，那是因為他從未「一開始就參與到『大師』的創作過程」。⁹⁶ 亞菲寫道，只有在隨時準備退出創作過程的情況下，這種介入才是可以接受的。

由於這一決定性的決裂，一九五八年十月以後，亞菲不再向出版商寄發會談紀錄。雖然實際上，直至一九六一年榮格去世前不久，亞菲還是和榮格繼續討論著這計劃的草稿，以及書籍的設計問題。在這一段時間中，他們之間產生了許多與計劃相關的對話。

在一九五八年底之前，海倫·沃爾夫再次試圖平息事態；而亞菲對她「如此友好的和平提議」欣然接受了：萬神殿圖書公司承諾，未經事先同意，不再複製任何內容，不在對任何內容進行翻譯。⁹⁷ 這種和解對沃爾夫夫婦來說是更加重要的，因為在與萬神殿圖書公司的總經理和董事會發生激烈爭吵後，這對夫婦在一九五九年春天決定搬到瑞士。他們認為傳記計劃是決定搬到瑞士的重要原因。

95　安妮拉·亞菲寫給庫爾特·沃爾夫的信，1958 年 11 月 13 日，AAJD，YBL。
96　安妮拉·亞菲寫給庫爾特·沃爾夫的信，1958 年 11 月 15 日，YBL。
97　參見安妮拉·亞菲寫給海倫·沃爾夫和庫爾特·沃爾夫的信，1958 年 12 月 14 日，YBL。

亞菲在一九五八年十二月底,給沃爾夫的一份簡短報告中清楚地表明,當時她除了寫完〈我和佛洛伊德〉那一章之外,還寫了關於博林根和祖先的〈塔樓〉章節,並修改了〈幻象〉一章,起草了〈論死後的生活〉,和編寫了題為〈沉思〉(Besinnung)一章,其中包括了她自己的評論、介紹性段落和解釋。雖然,榮格在一九五八年底已經更改了〈塔樓〉的部分,和〈精神醫學之旅〉、〈研究和著述〉這兩章,但他還想對〈正視潛意識〉這一章稍做一些補充。[98] 年底的時候,榮格將亞菲寫的草稿帶往博林根進行審查和更正,其中包括〈我與佛洛伊德〉、〈幻象〉及〈死後的生活〉。如同一年前的情形,這些工作再一次激發了靈感,引發他繼續書寫的動力。

---

[98] 參見,安妮拉・亞菲向庫爾特・沃爾夫所作的彙報,內容與工作相關,自 1958 年 12 月 28 日起,YBL。

V　我鼓勵亞菲，盡可能提供更多素材，以確保這依然是她的書

　　在過去一年持續的對談中，安妮拉・亞菲多次向榮格提問：透過早期與無意識的意象進行面質的過程，榮格逐漸認識到自己不能再繼續活在基督教神話中，那麼，經歷過去幾十年的探索，他是否已經尋找到對他而言是全新的、而且說得通的神話意義？[1] 對這個問題他從未多談。但在一九五九年的前三個星期，在博林根的他全身心地投入這一切，試圖形成一個比基督教神話更進一步發展的思考與想法。[2] 這些想法將超越造物主的形象和「上帝之子」的人類化身。在他看來，基督教中的上帝意象是靈魂深淵（Seelengrund）的直觀化，是人類心靈的兩極觀點，邪惡於是被分裂和壓制了，這在當前世界政治局勢中比以往任何時候都更加明顯。對榮格來說，如果我們要發展將一切意識化的潛能，就要以批判的、創造的方式來審視上帝意象中善惡對立的力量。如果不能徹底意識到整體的自

1　參見安妮拉・亞菲（編），1962 年，第 170 頁及其後。
2　對亞菲來說，這些反思具有特殊的傳記意義，因為這些可以解讀為榮格在將近半個世紀前曾經問過自己的一個問題，而這些反思就是現在的榮格對這個問題的回答。根據亞菲的說法，當這個問題向他提出了他一生的任務為何？他漫長的探索便開始了。榮格畢生的任務便是追尋這個問題的答案。與此相關的內容，可見手稿第二版的介紹性評論，庫爾特・沃爾夫將其刪除了；YBL。參見安妮拉・亞菲寫給庫爾特・沃爾夫的信，1959 年 1 月 29 日，YBL。

性,包括其中邪惡的面向,就無法對目前這一股很容易就啟動的破壞性力量,找到對應的方法。對榮格來說,如果要對自己的自性有真實的認識,對一切要毫不留情地加以辨別,必須坦誠面對的不只是善,人類更要知道自己做出了多少卑劣的惡行。

根據榮格的說法,人的存在有一個重要目的:認識到這世界的存在。只有認識到世界的存在,世界才能成為「現象的世界」(the phenomenal world),「如果沒有有意識的反思/反映(reflection),世界就不會存在。如果造物主對自己有意識,祂就不需要有意識的受造物。」[3] 按照這觀點,人類由於具有感知世界的能力,不僅可以成為「第二個造物主」,而且可以成為造物主的守護者。這種對人類存在的潛在意義的反思,榮格在寫給諾伊曼的一封信中明確將其稱為假說,他將心中醞釀幾十年的「解釋性的神話」稱為人類的「存在理由」(法文:raison d'être)。[4]

最後,亞菲讓榮格這些新貢獻成為〈後期思想〉這一章的開端部分。她覺得這部分「構思精妙」,「讓人在閱讀的時候不禁屏住了呼吸」。[5] 徵得榮格同意後,她將這一章和〈論死後的生活〉的副本寄給了諾伊曼。如同榮格其他著名的手稿一樣,諾伊曼除了一些與內容有關的反對意見外,他也認為這篇文章感人至深。他對榮

---

3 參見安妮拉・亞菲(編),1962 年,第 339 頁。
4 同前,第 338 頁,榮格寫給艾瑞旭・諾伊曼的信,1959 年 3 月 10 日,《榮格書信選第二卷》,第 495 頁。在信中,榮格稱自己的文本是未經修改的初稿,是他對自己多變的思想做一次嘗試,這也意味著他對文本還想進一步的修改。
5 安妮拉・亞菲寫給庫爾特・沃爾夫的信,1959 年 1 月 24 日,YBL。沃爾夫的反應是,某些段落令他和妻子海倫・沃爾夫都無法理解,亞菲回答,「這些文字意義重大。這是年邁後才有的非典型成熟風格:回顧的時候要從遠處來看這些事物,因為它們不再是清晰的焦點,所以從遠處看才會變得清晰起來……。這幾頁的內容是因為《飛碟》的思想才有的,都是必須保留下來的重要內容。」安妮拉・亞菲寫給庫爾特・沃爾夫的信,1960 年 2 月 11 日,YBL。

格說:「對我來說,這是你的書寫中最美妙的東西。」[6]在後來遭到沃爾夫刪除的介紹性評註裡,亞菲表示榮格在這裡提出的思想,是近五十年他內心審視和反思的成果。她寫道:在某種程度上,這是他在後期著作《伊雍》、《答約伯》、《飛碟》、〈關於良心的心理學看法〉(The Psychological View of Conscience)中探索思考的結論。[7]在《榮格的回憶、夢和反思》書中,這不同的章節被編排在「人類意象、上帝意象、世界觀」的標題下,進一步揭示了榮格這些晚期思想是如何迴繞發展而成。

一直以來,亞菲研究整理談話紀錄和其他主要來源材料,持續撰寫各章節;現在,她也將個人的想法、銜接的補充和解釋,加入這些文本中。當然,原來獨白形式的文本也因此中斷了。在這一過程中的每一步,她都會定期與榮格討論;而榮格也發現閱讀這些由亞菲撰寫的草稿,對他有所影響,[8]他會因此做一些更正與補充。亞菲告訴沃爾夫,這些修正與補充是「無限珍貴」的內容。當時,榮格還考慮將編輯好的章節寄給凱莉·貝恩斯,包括關於童年、青春期與大學時期的內容,想聽聽她的意見。而亞菲認為,這是因為榮格仍然不確定這些文字的價值,他還是對出版這本書的價值抱持懷疑;此外,他的內心可能尚未克服「向世界敞開心扉的羞怯感」。[9]

6　艾瑞旭·諾伊曼寫給榮格的信,1959年2月18日,首次發表於安妮拉·亞菲,《神話的意義》(Der Mythus vom Sinn),1967年,第179頁及以後;也可參見馬丁·利布舍爾(Martin Liebsche)編,《流亡中的分析心理學:榮格與諾伊曼1933年-1959年間的來往信件》(Analyiral Psychology in Exile: The Correspondence of Jung and Erich Neumann)2015,第343頁及其下。

7　見《榮格全集》第9/II卷、第10卷,和第11卷。

8　安妮拉·亞菲寫給庫爾特·沃爾夫的信,1959年2月7日,YBL。

9　安妮拉·亞菲寫給庫爾特·沃爾夫的信,1959年1月16日,YBL。直到一年半之後,差不多

這時還有許多的章節才處於初步勾勒的階段,包括榮格到北美、非洲、和印度等地旅行的經歷,也包括榮格與幾位知名人物之間的相遇。那時,亞菲已經開始懷疑,最後這一個主題恐怕無法完成,所以將主要精力放在旅行的章節。而榮格自一開始就明確地表示,只要是與自己生命重要關係相關的內容,他都不願意公開;這包括他與妻子、孩子的關係,或與長期伴侶托妮的關係。對於這一點,亞菲從一開始就毫無異議,全面接受他的選擇。[10] 眾所周知,榮格之所以會同意由亞菲或貝納特來執筆這部傳記,其中一個原因就是,他能對內容有足夠的掌控。而沃爾夫對「相遇」這一章,主要的想法是榮格與「名人」過往相識的趣聞軼事。由於沃爾夫缺乏醫學史的專業知識,他低估了某些同時代的人物對榮格心理學發展的重要意義,只因為他認為美國讀者幾乎或根本不熟悉他們。[11] 然而,在與亞菲的談話中,如果榮格會談及他與同一時代某些人物的相遇,或他私下關係親密的人時,往往是因為這些相遇都涉及了超個人的背景。在《榮格的回憶、夢和反思》一書中,最後還是刪去了有關榮格與同時代人相遇的這一章;亞菲認為有出版價值的這

　　在他去世前的九個月,榮格能夠放下自己的「羞怯」了。當約蘭德·雅各比(Jolande Jacobi)閱讀過《榮格的回憶、夢和反思》手稿後,他高興地發表了一些看法,榮格回答說:「我很高興我的自傳草稿向您傳達了一些迄今為止還躲藏在我外表之下的東西。這些必須隱藏起來,因為過去無法忍受外界種種的野蠻與殘忍。但是,如今我的年紀已經夠大了,我可以放開對這個世界的掌握,喧鬧而不和諧的叫囂聲也就此消失在遠方了。」榮格,《榮格書信選第二卷》,第585頁。

10　參見安妮拉·亞菲寫給庫爾特·沃爾夫的信,1957年1月11日,YBL。

11　例如,日內瓦大學(Universität Genf)哲學和心理學教授西奧多·福魯諾。在榮格與佛洛伊德的對峙過程裡,福魯諾對榮格來說非常重要,是榮格對佛洛伊德的一種「制衡」方式;從福魯諾那裡,他繼承了「創造性的想像」(imagination créatrice)這個概念。亞菲曾想要將兩人之間這種具有歷史意義的關係,整合進關於佛洛伊德的這一章,但是庫爾特·沃爾夫與沃夫岡·紹爾蘭德將這一部分刪除了。至於榮格與福魯諾的關係,僅僅在德文版的附錄中有簡要的介紹。

些陳述，直到今天，才出現在這本書裡頭。

最後，在貝德勒律師的建議下，一九五九年三月榮格這一方面與出版商馬克斯・拉舍爾和他的兒子阿爾貝特進行了會談，而代表榮格出席的是他的律師漢斯・卡勒及女婿瓦爾特・尼胡斯（Walther Nichus）。卡勒將一切告知拉舍爾父子：一開始因為受到沃爾夫委託，亞菲開始為榮格撰寫傳記；然而隨著時間的推移，榮格已從「被研究的對象」轉變為「合作者」，並因此而撰寫了一些文章。尼胡斯代表榮格宣佈，在本書中絕不會使用「自傳」這一詞。緊接著拉舍爾便提到了過去的合同協議，主張擁有這部尚未發行之作品的權利。一九五九年四月一日，萬神殿圖書公司和沃爾夫收到一封言辭明確而乾脆的電報：「榮格本人，以及他與其他作者合著的作品和出版物，不論是德國版權還是世界版權，均在我們手中。當然，這其中也包括了由亞菲與榮格合著的的傳記作品。」[12] 在這樣的情況下，只有在與博林根基金會達成友好協議後，萬神殿才有可能得到美國版權。而萬神殿與費舍爾出版社的談判也因此應當立即停止。

沃爾夫認為拉舍爾的要求「厚顏無恥」，於是緊急通知亞菲：「您手中的任何材料，無論是已完成還是未完成，在任何情況下，不論是以直接或間接的方式，都不要落入拉舍爾的手中。」[13] 幾個月後，英國勞特利奇出版社在瞭解了榮格親手書寫的貢獻之後，作為英國《榮格全集》出版商的他們，透過老闆赫伯特・里德爵

12　拉舍爾出版社寫給萬神殿出版社（Pantheon Press）的信，1959 年 4 月 1 日，YBL。（原文是用英文。）
13　庫爾特・沃爾夫寫給安妮拉・亞菲的信，1959 年 4 月 1 日，YBL。

士和出版總監塞西爾・富蘭克林，強調了對該項目的出版主張。[14] 然而，在此之前，沃爾夫已經將出版權承諾給英國柯林斯出版社（Collins-Verlag），所以他還是繼續努力爭取。在他看來，不論是費舍爾出版社還是柯林斯出版社，都是比拉舍爾和勞特利奇規模更大的出版社。這兩家出版社充滿活力，能夠幫這本書取得更大的成功。

五月底，沃爾夫夫婦抵達蘇黎世，在多爾德大酒店（Grand-hotel Dolder）暫住了三個月。然後計劃八月底搬去盧卡諾的米努肖（Minusio-Locarno），住到當地的濱海大酒店（Hotel Esplanade）。儘管亞菲已經表明，目前還沒有完成所有章節，也還沒有得到榮格的同意，此時也不想交出手稿，但沃爾夫堅持閱讀手稿，想要直接與榮格溝通請教。他在信中直接向榮格表示，目前「這本自傳作為一個整體」已經完成了，需要的只是「畫龍點睛」而已。自從一九五八年九月開始，他再也沒有看過這本書，他聲稱自己已經成為了「一名新讀者」。沃爾夫繼續表示，如果榮格仍然拒絕他看這本書，他會繼續耐心等待，但這對亞菲來說是不公平的，「她年復一年、日復一日，將生命與靈魂都投入到這項工作中。」[15] 榮格在回覆中，一次稱這個計劃為「自傳」，另一次稱為「傳記」，這可以看出他對這本書的類型還是猶豫的，現在還不知要如何看待自己的合著者身分：「從我多層次的生活中，還有一些重要的部分需要納入，我是透過一個令人印象非常深刻的夢，才意

14　勞特利奇出版社在 1957 年 11 月已經表示有興趣出版該作品，即使該材料並非屬於《榮格全集》：「勞特利奇希望出版該材料，即便它不屬於英文版《榮格全集》的一部分。」約翰・巴雷特寫給榮格的信，1957 年 10 月 3 日，安妮拉・亞菲引用於寫給庫爾特・沃爾夫的信，1957 年 11 月 6 日，YBL。

15　庫爾特・沃爾夫寫給榮格的信，1959 年 5 月 30 日，YBL。

識到這一點的。」他吩咐亞菲，在那之前不要將任何章節交給沃爾夫：「我完全明白這項工作很緊迫，我需要抓緊時間。我會盡我所能，盡快完成這項工作。」[16]

七月，因為拉舍爾法律上的訴求，沃爾夫第二次會見了瑞士作家協會的律師貝德勒。為了重申沃爾夫的觀點，貝德勒同意與榮格的律師及馬克斯‧拉舍爾談談，告知對方這本書是由萬神殿圖書公司委託創作的。然而他認為，這仍然存在法律風險，特別是榮格所寫的內容現在更加擴大了。在一九五八年春天的時候，如果要他聲稱榮格和亞菲是在自己的委託下才開展工作，他仍有所顧忌；然而現在，自己面對著拉舍爾和勞特利奇針鋒相對的法律訴求，需要自我捍衛，所以他越發強烈主張這一點。

一九五九年七月下旬，當沃爾夫終於從亞菲那裡拿到手稿的時候，他終於鬆了一口氣。一方面很高興，畢竟這多少算是完成的文本總算被自己拿到手了；但另一方面，這本書新的形式讓他極其不滿，尤其是亞菲的存在感越來越強。然而，這樣的形式，反而可以支持他迄今為止所有在法律上的辯詞。萬神殿的合約中只有亞菲是作者，這是大家都知道的。即便榮格寫了童年、中學時代和大學時代的文本，以及晚期對意義的思考，但他還是拒絕將自己列為共同作者，同時，也放棄了將自己的署名放在前三章的想法，而是同意將自己的文本與會談紀錄中的陳述結合起來。至於沃爾夫，為了反駁拉舍爾和勞特利奇的法律訴求，他必須強調亞菲所扮演的角色，以及在合約中有關她作者身分和編輯身分的表述。然而，在市場的考量上，他不願讓讀者在書中覺察的，恰恰就是亞菲的作者身

16　榮格寫給庫爾特‧沃爾夫的信，1959 年 5 月 30 日，AAJD。

分。他的企圖現在變得越來越明顯，他想要將這本書作為榮格的自傳來呈現，並盡可能地淡化亞菲的工作。所以當榮格希望亞菲在這本書當中更加明顯的時候，出版商想要的卻是一個無法被人看見的幽靈作家。雖然榮格在現在的文本中的內容，讓沃爾夫離自己的目標更近了一步。不過與此同時，文本已經不再完全是以第一人稱的獨白形式來撰寫，而是會出現具有亞菲個人風格的段落或是長段的評論，還有她與艾瑞旭・諾伊曼合作撰寫的段落和較長的評論。同時，阿爾伯特・奧埃里（Albert Oeri）是榮格在巴塞爾時期的朋友，他對榮格的印象作為第三方視角也被納入了文本。

榮格喜歡這種表現形式，因為他的目標是為自己創造一幅三維立體畫，展現他生活中所擁有的意識和無意識、個人與原型的各個面向。他希望讀者看到一個「現實的身體出現在觀察意識的光錐中」，包括其他人對觀察對象的看法！[17] 一九五九年八月，榮格讀了亞菲所寫關於他在非洲旅行的文章後，又寫了一些與這個主題相關的自傳材料，為的是說明「事情是如何在兩個層面上同時發生的」。[18] 然而，沃爾夫正忙於建立起聯盟，目的是想說服榮格：他所謂的「亞菲的插入句」對進程是具有破壞性的，是完全多餘的，甚至壓根就沒有存在的必要。幾個月來，沃爾夫一直避免公開告訴亞菲自己的意見，但是就連榮格寫的文章也被沃爾夫夫婦批評了。他們認為，榮格的〈後期思想〉一章「對於普通讀者來說，讀起來可能會很吃力。」[19]

此時發生了一件事。亞菲寫了一封意在澄清的信，卻在信中使

17　也可參見榮格寫給庫爾特・沃爾夫的信，1959 年 8 月 21 日，YBL。
18　同前，也可參見安妮拉・亞菲寫給庫爾特・沃爾夫的信，1959 年 8 月 11 日，YBL。
19　海倫・沃爾夫或庫爾特・沃爾夫未註明日期的筆記，YBL。

用了自傳一詞，於是拉舍爾要求查閱手稿。由於榮格不想捲入法律糾紛，於是將此事委託卡勒律師和女婿瓦爾特・尼胡斯處理。沃爾夫發現自己陷入了一個進退兩難的境地：一方面，他竭盡全力意圖將這本書作為榮格的自傳來出版；但另一方面，他又嘗試從法律方面論證，亞菲才是作者，榮格僅僅是提供支持。然而，結果證明，這種策略不能奏效，至少從法律的角度來看是不成功的。沃爾夫不得不覺察到，相比於自己，榮格對自己長期的合作出版商拉舍爾[20]的忠誠度更高，同時，卡勒也認為拉舍爾的訴求是於法有據；於是沃爾夫改變了進攻策略。他起草了一份契約，內容申明榮格是經由萬神殿圖書公司的提議與委託，在安妮拉・亞菲的支援下，書寫了一本自傳體書籍——「榮格教授於庫斯納赫特，安妮拉・亞菲女士於蘇黎世，聲明在萬神殿圖書公司的提議和委託下，……同意製作一本書名暫定為『榮格，回憶，夢，反思，由安妮拉・亞菲編輯』的自傳體書籍。」[21]根據這份合同內容，作者已將各種語言版權轉讓給萬神殿圖書公司，但現在希望拉舍爾獲得德文精裝版的版權，文件跟著指出，萬神殿同意作者這項要求，並授予拉舍爾「榮格與安妮拉・亞菲合著的自傳書」德文精裝版的出版權利；在拉舍爾的精裝版面市後的兩年內，沃爾夫保留了將平裝版版權交給哪家德國出版商的選擇權利。然而，榮格和卡勒都沒有接受這份草擬的合約。

沃爾夫耐心地等待著，直到亞菲動身去度假了，他就能夠抓住

20　自 1917 年以來，馬克斯・拉舍爾（Max Rascher）一直負責出版榮格的作品；儘管一些作品皆無利可圖，但他幾十年來還是忠心耿耿地對待榮格。

21　德文原文為：Jung, Erinnerungen, Träume, Gedanken, herausgegeben von Aniela Jaffé。未註明日期的兩頁打字文件，YBL。

機會與榮格直接討論手稿的設計。他要求榮格不要給亞菲透露自己的來信，並且在信中表示「自己非常擔心，亞菲女士在您的文本中插入了她的評論，這種做法擾亂了 [……] 您陳述的精彩之處」。他說，他希望「保持您言語所佔的比重，以及這背後的連貫性與獨特性，保留您的語調和 [……] 讀者閱讀所擁有的純粹體驗。」[22] 對第二種聲音的存在，榮格有著明確的要求，沃爾夫是瞭解這一點的；但是，沃爾夫只想把它們放在前言或註釋中。他請榮格支持他，並且提供幫助，避免讓亞菲「覺得自己被排擠，或因他的干涉而感到被冒犯」，因為他說：「她的成就是如此偉大，讓人對她大膽發表任何批評意見都會不好意思。」[23]

榮格的回覆是非常全面而明確的。他說，他從未打算自己寫自傳，也不敢去寫。他因此意識到，亞菲所面臨的這個傳記任務是多麼得具有挑戰性，所以總是支持著她，並且因此從幫助變成了「合作」。由於這本書是關於榮格的生活和思想，整個天平不可避免地在向他傾斜，他的份量和立場會多一點，因此他建議亞菲也加入更多自己的聲音，這樣亞菲所佔的比重才會增加。[24] 這樣的處理讓整體在閱讀時更加生動，同時行文也更為流暢；當然，最重要的是可以增加讀者的理解。所以他堅持盡可能將「安妮拉・亞菲的合作成果」完整地保留在他的敘述中；他假定其中的一些討論可能超出了讀者的知識範圍。沃爾夫所要求的內容，在榮格看來唯一願意討論的問題是，亞菲所做的補充應該放在哪裡，而其中有些是可以充當章節的介紹或結語。他告訴沃爾夫，一旦〈旅行〉這一章圓滿完

22　庫爾特・沃爾夫寫給榮格的信，1959 年 8 月 17 日，YBL。
23　同前。
24　榮格寫給庫爾特・沃爾夫的信，1959 年 8 月 21 日，YBL，AAJD。

成,他將開始通讀整卷手稿,並協助亞菲將傳記最終的形式試著確定下來。[25]

在這兩封信中,兩人對亞菲的稱謂截然不同,令人有很多聯想:沃爾夫雖然強調他們/她的表現是積極偉大的,「沒有這些,就完全不可能出現今天的手稿」,但信中只稱榮格為作者,而將亞菲稱為「有奉獻精神的幫手」[26];而榮格這邊,他在信的末尾完全推翻了這個排序,並聲稱他只是幫助亞菲完成她的冒險事業,書籍的最終形式應由她負責。然而,榮格將亞菲的定義和闡釋形容為不可或缺的「助產士職責」,這表明,他認為她在一本「父母」不明的書籍誕生過程中,扮演了協助者的角色。然而,亞菲則是與之相反,因為不論是基於與萬神殿出版社的協議,還是為負責確保榮格想要在書籍中明確呈現的書寫形式,她都把自己看作一名「作者,一名合著者」。[27]

在榮格回答的這些內容裡,沃爾夫似乎只選擇性地看到那些與自己心意相合的部分。榮格提到過希望保留亞菲的文本,他卻視若無睹,他在寄給榮格的信中寫道:「你也看到了這些問題,並希望刪除它們,這令我感到欣慰」[28]。最初,榮格希望在前三章的結尾處簽上自己的名字,從而能夠標識出作者成員的變化;如今,榮格決定放棄這樣的做法,這一點令沃爾夫感到非常滿意。在這時候,沃爾夫對於手稿的形式有了新的戰術,他要自己的夫人海倫與亞菲

25　同前。
26　庫爾特・沃爾夫寫給榮格的信,1959 年 8 月 17 日,YBL。
27　安妮拉・亞菲寫給多拉・伯恩哈德與恩斯特・伯恩哈德(Dora and Ernst Bernhard)的信,1959 年 6 月 15 日,ETH。
28　庫爾特・沃爾夫寫給榮格的信,1959 年 8 月 27 日,YBL。

進行談判,希望在這場女人的交談中,亞菲能夠更容易被說服。霍爾(R.F.C. Hull)是《榮格全集》英文版的翻譯,自一九五三年春天起,他就住在阿斯科納(Ascona)。沃爾夫曾寫信給凱莉・貝恩斯抱怨,「獨白的形式」已經確定,榮格的建議來得太晚了,亞菲所做的「干涉」已成定局。[29] 他稱這份新手稿簡直是個「災難」,並且抱怨如果不透過亞菲,幾乎不可能與榮格取得聯繫。

榮格不顧沃爾夫對亞菲保密的要求,將沃爾夫對稿件的否定全告訴了亞菲,因此,亞菲有機會再一次請榮格毫無保留地就手稿的基本形式明確表態。榮格確認,原則上他想要保留目前文本的設計,但表示某些評論可能會被移到不同的地方。[30] 他和亞菲想得一樣,覺得非洲旅程的內容還需要加以補充,她應該根據過去的會談紀錄再補充一些。

在完成了有關非洲經歷的這部分文章後,榮格又經歷過一段時間的身體不適。這時,榮格再一次地回到了與腓利門(Philemon)、莎樂美(Salome)和蛇的對話,而且這條蛇後來還變成了鳥。[31] 他告訴亞菲,這次的內在對話是與這些人物的最後一次。對話的衝動來自幾個方面──包括他關於廢棄房屋的夢境;那年一月份時,對人類存在意義和目的這個持續的神話更進一步的思

29　庫爾特・沃爾夫手寫給凱莉・貝恩斯的便條;附有榮格寫給庫爾特・沃爾夫信件的副本,1959 年 8 月 21 日,YBL。
30　「關於如何呈現這一整本書,我將這個複雜的問題再次拋給了榮格,期待他能夠毫無保留地表達自己的想法。我所寫的智慧之言並不像我自己,我本人並不像看起來那樣強烈地堅持自己的想法,我會很樂意⋯⋯更改、重寫或移動這些新增的句子,挪動這一切的位置,甚至完全刪除⋯⋯榮格也會同意任何的更正。不過,原則上,他希望(他要求我給你寫這封信)保留這本書當前的形式,包括所有安妮拉・亞菲所加入的句子。」安妮拉・亞菲寫給庫爾特・沃爾夫的信,1959 年 9 月 4 日,YBL。
31　榮格內在歷程中的重要人物,記錄於《紅書》中,見本書第 128 頁的註解 21。

考；也包括了閱讀〈正視無意識〉這一章所帶來的感悟。因此，亞菲在這一章中加入了榮格關於內心對話的結論性評語。[32]

一九五九年十月底，榮格以〈沉思〉為題，在博林根為亞菲的傳記工作撰寫了最後一篇文章。後來，這篇文章的部分內容被整合進了〈後期思想〉和〈回顧〉裡。那時，書的最終編排仍然存在著變數。榮格給了亞菲完全的自由，她可以用自己認為最有意義的方式來安排結尾的部分。儘管這一作品大部分的工作似乎已經完成了，但是，當時在榮格研究所擔任教學部主任的詹姆斯・希爾曼，邀請亞菲在一九六〇年到研究所講學，還是被亞菲拒絕了。事實上，原本以為快結束的傳記計劃，持續的各種要求反而有增無減。

海倫・沃爾夫在與亞菲詳細討論過手稿後，於十一月中旬寫信給榮格，並且再一次提出希望榮格保密的請求。她表示自己很沮喪，雖然她與亞菲在很多細枝末節的問題上都「對彼此有很好的理解」，但在「原則性的問題上，也就是書的整體結構」，她們卻陷入了完全的僵局。海倫認為自己處於一種「絕望的境地」。[33]「一

---

32 關於廢棄房屋的夢境，見第 86 頁及以後；另可參見安妮拉・亞菲（編），1962 年，第 199 頁的注釋。德文版於第 387 頁，標題為《紅書附錄》（*Nachmag zum Roten Buch*）。英文版本中，萬神殿圖書公司、勞特利奇出版社和柯林斯出版社將本頁全刪除了，因此內容缺少了。1959 年，榮格再次嘗試完成《紅書》中最後一張未完成的圖片（對開本第 169 頁），但沒有成功，正如他告訴亞菲的那樣，這一張圖「與死亡有關」。根據亞菲的說法，榮格在 1959 年 8 月，再次將文本段落從《黑書》筆記本中謄抄到《紅書》中。這裡指的是對開本第 168 頁至 189 頁的內容。因為這一部分的設計和筆記有著明顯的差異。謄寫工作很快中止了，背後的原因很明顯，因為太耗費精力和時間了。190/191 頁上的最後一句話，同樣也是一句沒有完成的句子，榮格用來當做這卷作品的收尾部分。關於內在的對話，榮格所做的補充是由亞菲轉錄成打字稿。根據亞菲的說法，在 1959 年 8 月的一封信中，榮格提到了他最後一次內在對話的內容：他被帶入了一個夢，「夢裡就是自己，而且裡面不再有一個你和一個我。」參見《榮格書信選》第二卷，第 514 頁（這裡的翻譯略有不同）。

33 海倫・沃爾夫寫給榮格的信，1959 年 11 月 18 日，YBL。

些不具生命氣息的段落,令榮格在文稿中的靈氣(Pneuma)」全被干擾了,不僅因為亞菲添加一些解釋性的句子,還因為引用了第三方的文本。譬如說引用諾伊曼對榮格與佛洛伊德之間的關係所作的評論,海倫表示這是猶太人充滿歉意的文章(defensive Jewish contribution);又比如,阿爾伯特・奧埃里描寫了自己年輕時與榮格的經歷,海倫認為這也是與整本書格格不入的。總而言之,她聲稱,所有的這一切插入,會導致「榮格聲音中那強烈的即時性和影響力」出現了「明顯的中斷」,使得讀者會感覺這些內容「與原先的自我陳述之間有了割裂,因此會感覺越來越糊塗」。海倫・沃爾夫無法接受亞菲解釋,她是應榮格明確的要求才做出這樣的新設計,海倫駁斥亞菲是「無意識中對權力的需求」。在信的結尾,她恭維榮格:因為自己是極為欽佩榮格以及他那「巍巍的證言」,也是「為了要保持您的精神影響力,為了讓這些陳述能夠直接的表達,所以我才在此竭力地爭取著,抗爭著」。[34]

在信中,海倫・沃爾夫繼續稱這本書為「自傳」;儘管如此,從披露的來往信件中來看,不論是在亞菲的信中,還是在榮格的回信,全都刻意避開這種稱呼;榮格甚且稱之為——自己從未想過要寫的「傳記」。他說,這不僅因為自己由於種種原因沒辦法完成這樣的書;最重要的原因在於,他「無法想像那些超出自己想像範圍的部分」,也無法出於「虛構的優越感」來描述自己。[35]他反覆地強調,自己所做的僅僅只是幫忙亞菲處理那些她無法處理的問題,才撰寫了自己的文稿,他幽默地自嘲,於是這導致了大家現在所面

---

34 同前。以及海倫・沃爾夫的備忘錄,1959 年 11 月 15 日,YBL。
35 榮格寫給海倫・沃爾夫的信,1959 年 11 月 23 日,副本,AAJD。

臨的「荒誕」情況[36]。至於將亞菲較長的評論放在章節的附錄中，或是有時作為註釋來呈現，雖然他能夠理解這樣的做法，但還是堅持對手稿現有形式的全面性支持。因為他的文字，除了少量的例外，大多都是碎片似的，這也是為什麼由亞菲撰寫的、所有用於連接的文本都必須留下來。他再次強調，甚至可以說是更加強烈的聲明，自己並不希望這一本書被誤會成為他的作品；而且，面對庫爾特・沃爾夫和萬神殿圖書公司，他再一次拒絕給出任何授權或是合約這一類的承諾，並強調自己對拉舍爾的忠誠。他鼓勵亞菲盡可能地提供更多的素材，「才能夠確保這依然是她的書」。[37] 沃爾夫提議，讓凱莉・貝恩斯參與來調解未來的爭論；但榮格在信中並沒有回答這個問題。在沃爾夫這位出版商持續的施壓下，一個月後，榮格與他劃清了界線：「如今，我已經完成了計劃中我願意為傳記所做的所有工作，我不願再多談出版的問題。亞菲會負責出版問題，而卡勒律師則負責法律問題。」[38]

而沃爾夫始終頑固地忽視榮格的表態，繼續將這個計劃稱為自傳，描述這書是一種神聖獨特、無法被替代的的自我陳述。對亞菲而言，新的版本得到了艾瑞旭・諾伊曼極高的評價；剛剛成婚的莉夫卡・克魯格-夏爾夫（Rivkah Kluger-Schärf）對亞菲的新版本也很是滿意。但是，這些讚賞並沒有打動沃爾夫，反而讓他更加不安。沃爾夫無情地直接或間接的批評，再加上不願認真對待亞菲和榮格反覆重申的觀點，最後還是逼使亞菲不得不做出了讓步。沃爾

---

36 【中譯註】：榮格用的是德語「Unding」（字面意思是「un-thing」），意指荒謬或不可理喻的東西。
37 榮格寫給海倫・沃爾夫的信，1959 年 11 月 15 日，YBL。
38 榮格寫給庫爾特・沃爾夫的信，1959 年 12 月 24 日，副本，AAJD。

夫一再透露給亞菲相互矛盾的訊息——這是她的書，需要由她負責提供素材，也得由她進行解釋和補充，當然，她還必須撰寫文本並為最終的版本負責；但在此同時，沃爾夫一有機會就會跟她強調，任何看得出她作者身份的痕跡都是破壞性的。沃爾夫並沒有放棄自己的要求：整本書的文體都必須以榮格直接陳述的方式來呈現；至於亞菲，不論她在材料的收集和整理中扮演了什麼樣的角色，不論她為了連貫整體文本，而做出了什麼樣的書寫，都必須盡可能地將自己隱藏起來。

雖然這本書，不論是榮格還是亞菲，兩人都投入了大量的時間和精力；然而為了它能在可預見的未來出版，也因為這對夫婦持續的施壓，讓人非常折磨，亞菲到了最後，痛苦地意識到自己實在是沒法抵抗這些壓力了，所以哪怕再不情願也必須再次編輯手稿。更何況，這時榮格已經不想再與出版商有任何的瓜葛，她身上的擔子也就更重了。於是，就在一九五九年底，得到榮格的允許後，她同意修改正文的主體部分，讓她的作者身份和編輯角色變得非常隱匿，以至於這本書在很大程度上可以看作是主人公直接的見證。而且，她只有在前言中提到了自己在榮格這本書的創作中所扮演的角色。

幾十年後，亞菲在解釋她對書稿的兩次修訂時寫道：「就像榮格所期待的那樣，我將自己的提問、評論等等都寫進了書稿中，因此這書就像歌德-愛克曼談話錄的模式，以『對話形式』出版。但是，出版商庫爾特・沃爾夫完全不同意這樣的做法。這是可以理解的，因為打從一開始，沃爾夫所期待就是一本盡可能像是榮格自己親筆所寫的書，也就是說，我必須走到幕後。我和榮格都能夠理解。這也就是為什麼，在沃爾夫的要求下，我會再次修改整個手

稿，把描述與回應的模式通通改為榮格的個人敘述！傳言也因此產生：榮格向我『口述』了所有內容！」[39] 亞菲形容與沃爾夫的合作是「艱巨而繁重的」的，直到合作接近尾聲，她才向沃爾夫透露：對方給自己的壓力有多大；對方對於手稿形式的干涉，讓自己多花費了多少時間與精力；而且，為了掩藏自己的合著者身份，自己又做出了怎麼樣的犧牲。最開始，海倫將沃爾夫描繪成這樣一個男人：一旦下定決心要做，就一定要達到目的——雖然與勞特利奇和拉舍爾的糾紛中沒有體現這一點，但是在「關於書的設計這件更重要的事上，海倫說中了。」她本人為他的決心而付出了高昂的代價。[40]

厭倦了這些爭吵的榮格，退出了這個計劃，也將這個決定告知了第三方。[41] 儘管如此，他仍然希望能夠繼續審查文本。榮格再次十分明確地將這工作的全部責任又一次委託給亞菲。忠心耿耿的亞菲，考慮了榮格的指示，將出版商希望更改的段落拿給他過目[42]。亞菲自己能夠以書面形式將榮格的思想和陳述表達出來，將這些內

39　安妮拉・亞菲於 1982 年 8 月 7 日打印的補充內容，作為榮格於 1959 年 12 月 24 日寫給庫爾特・沃爾夫的書信的附件，AAJD。
40　安妮拉・亞菲寫給庫爾特・沃爾夫的信，1961 年 1 月 17 日，YBL。十個月前，亞菲曾寫信給莉夫卡和耶海茲克爾・克魯格 - 夏爾夫，在這封信她明白表示，讓自己的角色隱形起來的過程，是她經歷長時間的掙扎才做出的犧牲：「看來我將會完全從這本書中被抹去，這本書將只作為一本『榮格的書』來出版。但我還沒有放棄希望。」安妮拉・亞菲寫給莉夫卡・克魯格 - 夏爾夫和耶海茲克爾・克魯格 - 夏爾夫的信，1960 年 3 月 25 日。AAJD。
41　榮格於 1960 年 1 月 6 日致信給艾瑪・馮・佩萊（Emma von Pelet），她是作家、譯者，也是埃爾維娜・馮・凱勒（Alwine von Keller）的同伴，信中指出：「關於我在寫自己傳記的謠言，看來你也已經有所耳聞。一直以來，我都對自己發誓，永遠不會寫自傳，這次也只是試試水溫而已；倒是亞菲女士已經在寫我的傳記，我在這樣的情況下，也為之做了一些貢獻。因此，我與這本傳記仍然沒有瓜葛，而且幸運的是，我將頭疼的部分留給了其他人……。」榮格，《榮格書信選》第二卷，第 531 頁。
42　參見安妮拉・亞菲寫給庫爾特・沃爾夫的信，1960 年 3 月 9 日，YBL。

容與榮格的文本結合在一起,甚至做出一些補充以擴展他的思想,讓榮格因而十分滿意的時候,她是非常開心的。然而自從一九五九年十二月起,她開始創作第三份手稿。在這一版本中,幾乎沒有什麼內容可以明顯地證明她的存在,她在寫給沃爾夫的信中寫道,她「只有薄霧痕跡」般的存在。[43] 一九六〇年一月,她認為傳記相關的工作已經結束;到了二月中旬,沃爾夫收到大部分的章節,也就開始了他的審查。亞菲總算可以再次投身於作者身份明確的兩篇新論文中:〈作為象徵的視覺藝術〉,這也是收在《人及其象徵》中的文章;另篇是關於超心理學的文章〈自發性個案的心理面向〉。[44] 她在寫給沃爾夫的信中提到:「終於有時間投入到自己的計劃中,這讓我鬆了一口氣!」很顯然的,傳記的工作讓她耗費極多的時間,筋疲力竭。[45]

然而,沃爾夫和他的夫人海倫還是又一次提出修改的要求,此時的要求不僅是對文體的更動,甚而是與內容有關,這極容易扭曲了原來的訊息,當然,亞菲和榮格都拒絕了。榮格和亞菲在前言裡準確地提及各個章節的作者,為的就是澄清文本的來源,但沃爾

43　安妮拉・亞菲寫給庫爾特・沃爾夫的信,1960 年 1 月 26 日,YBL。幾天後,她寫信給詹姆斯・克許(James Kirsch):「傳記工作已經結束了。」並且表示,雖然這讓她非常疲倦,但腦海總還是浮現了新的主題。安妮拉・亞菲寫給詹姆斯・克許的信,1960 年 2 月 3 日,AAJD。

44　首次披露以〈視覺藝術中的象徵〉(Symbolism in the Visual Arts)為題,出現在《人及其象徵》(Man and his Symbols)一書中,倫敦,1964 年;而德語版〈作為象徵的視覺藝術〉(Bildende Kunst als Symbol)刊於《人及其象徵》(Der Mensch und seine Symbole)中,1968 年。關於超心理學的論文則是首次刊於《超心理學及其邊界領域期刊》(Zeitschrift für Parapsychologie und ihre Grenzgebiete),第 IV 卷,第 1 期,1960 年;英文版為〈自發性個案的心理面向〉(Psychological Aspects of Spontaneous Cases)刊於《國際超心理學雜誌》(International Journal of Parapsychology),1962 年。

45　安妮拉・亞菲寫給庫爾特・沃爾夫的信,1960 年 1 月 26 日,YBL。

夫將這些視為一種累贅，他甚至試圖要將前言移到書的結尾；[46] 不過，沃爾夫並沒有得逞。亞菲進一步瞭解有爭議的段落，對反對意見仔細審視，並堅持沃爾夫應立刻停止對文本的干涉：「手稿的設計過程是需要付出巨大努力的，遠遠超過自己寫一本書！這是書籍本身的創作性質所決定的，比個人的作品要複雜得多！對於每個段落的設計，通常都有無數人站出來提出反對意見，同樣又有無數的人直接參與其中。榮格和我已對書中的每一部分都進行過一次又一次的深入討論，所以，現在的手稿文本絕對可被認為是最終完成版了。」[47] 不過，正如下文將描述的，來自各方進一步的反對意見和干涉，一直都還是持續著，有些甚至形成實質而嚴重的干擾了。

　　《榮格全集》的英文譯者霍爾也是這本傳記的英文版潛在譯者。自從他搬到提契諾後，與庫爾特・沃爾夫見過好幾次面。一九六〇年二月二十九日，他與榮格為了討論英文版《神祕結合》的相關內容，在阿斯科納（Ascona）碰了面。在這次會面中，霍爾提到沃爾夫和貝恩斯對第二版本中所出現亞菲文字的批評和不滿，這時，榮格極力為自己贊成第二版結構的理由辯護：他說，在第一版本中，他讀到以第一人稱單數、但以亞菲風格所寫的有關自己的文章，這讓他很惱火；他在文章中讀到了女性的語氣，但卻看不到對其負責的人。這樣的背景之下，他才要求兩部分文本的聲音都同時呈現。如此這般，才能夠使得亞菲的作者身份透明化，而她也才能夠具有存在感。

　　然而五個月後，霍爾才完成了這一次的談話備忘錄，在這份資料裡，他虛假地將一九五八至一九五九年秋冬對於第一次修改手稿

46　庫爾特・沃爾夫寫給安妮拉・亞菲的信，1960 年 5 月 4 日，YBL。
47　安妮拉・亞菲寫給霍爾（R.F.C. Hull）的信，與前三章內容相關，1960 年 5 月 8 日，YBL。

的解釋，扭曲為榮格對第二稿的批評（參見本書 312 頁）。霍爾會這麼做，是因為英文版《榮格全集》的負責人不久前才禁止他翻譯傳記，因此，他想要透過這種方式來說明自己在翻譯中的所作所為是合理的。霍爾的角色在本章後文將再次討論。

「不是自傳，而是共同創作」

第三版的文本大部分採用榮格直接陳述的方式呈現，亞菲幾乎不再存在了，因此榮格特別關心，如何強調亞菲在其中所扮演的作者和編輯角色。這種強調，後來被許多不同的第三方解釋成榮格是避免法律糾紛，才作出這樣的策略性聲明；但由於榮格處事經常是經過深思熟慮，一切皆有據可查，這樣的解讀也就不堪一擊了。[48] 一九六〇年七月至八月期間，榮格向庫爾特・沃爾夫和《榮格全集》的編輯委員會確定了這本書的德文最終標題，就是：《榮格的回憶、夢和反思，由安妮拉・亞菲編輯和出版》（*Erinnerungen, Träume, Gedanken von C.G. Jung Aufgezeichnet und herausgegeben von Aniela Jaffé*）[49]。（英譯本書名將在本書稍後章節討論。）

---

[48] 1960 年 4 月 5 日，榮格在一封寫給瓦爾特・尼胡斯的信中提到，「所謂的自傳」是亞菲的作品，由她撰寫的作品當然必須記在她的名下。出自榮格之手的那些「文中的碎片」是榮格「為她的計劃而做的一些貢獻」；參見榮格，《榮格書信選》第二卷，第 550 頁。

[49] 根據庫爾特・沃爾夫手寫的注釋，瓦爾特・尼胡斯代表榮格宣佈該標題具有約束力，日期標注為 1960 年 7 月 13 日，YBL。1960 年 8 月 26 日，與會的有榮格、赫伯特・里德、約翰・巴雷特、瓦爾特・尼胡斯、瑪麗安・尼胡斯-榮格、安妮拉・亞菲、維恩・吉爾摩（Vaun Gillmor），「榮格始終堅持著，認為這本書不屬於自己而是由亞菲女士所著。因為它並不是榮格的自傳，所以這本書將以亞菲女士之名出版，而非以榮格之名。」AAJD。赫伯特・里德提出將這本書與的作品進行比較，為了支持他的這一想法，包括格哈德・阿德勒、佛登和威廉・麥奎爾在內英文版《榮格全集》的執行小組委員會希望能夠看到手稿，或者是不去糾結這本書屬於誰，由勞特利奇出版社進行發佈。隨後，赫伯特・里德在上述會議上決定，這本

在此之前，拉舍爾出版社曾經委託斯特羅伊利（Streuliwar）律師作為代表，就版權問題起草過一份專家意見，這份報告雖然證明安妮拉·亞菲是共同創作者，但也認定榮格也是自傳文本的共同作者。勞特利奇出版社的塞西爾·富蘭克林也懷疑榮格才是作者：「儘管這本書被偽裝成出自亞菲女士之手，但似乎其中大部分的內容都是由榮格教授撰寫。」[50] 榮格女婿瓦爾特·尼胡斯之前曾經根據亞菲手邊的會議紀錄和其他的原始材料，詳細地研究過某些章節，他對亞菲的作品給出了極高的評價。[51] 他代表榮格回復拉舍爾出版社和勞特利奇出版社，表示這本書的文本實際上是由亞菲負責，只是設計成了榮格直接陳述的形式。而出自榮格之手的文字實際只是一種草稿，還需要亞菲對這些草稿進行修訂和補充。[52] 榮格以上述書名作為最終選擇，即是為了強調——心靈方面的內容、經歷和感悟都是屬於他的，而亞菲負責的則是文本措辭和編輯書寫。榮格不僅一再地強調這是亞菲的事業，同時也一再地堅決否認這是一本自傳。在凱莉·貝恩斯和霍爾的支持下，庫爾特·沃爾夫與海倫·沃爾夫對這一整個標題表示相當不滿，他們認為，亞菲這個名字鮮為人知，這樣的標題會澆熄了人們對這本書的興趣；但是如果將這本書當作出自榮格一人之筆的樣子，肯定能夠順理成章地成為暢銷書。[53]

書由勞特利奇出版社和柯林斯出版社聯合出版。
50　塞西爾·富蘭克林寫給瓦爾特·尼胡斯的信，1960 年 3 月 20 日。
51　安妮拉·亞菲寫給庫爾特·沃爾夫的信，1960 年 4 月 1 日，YBL。
52　瓦爾特·尼胡斯寫給拉舍爾出版社的信，1960 年 5 月 11 日，蘇黎世中央圖書館，瓦爾特·尼胡斯寫給勞特里奇出版社的塞西爾·富蘭克林，1960 年 5 月 12 日。榮格將自己的文字描述為「素描」（sketches）；參見榮格寫給約蘭德·雅可比的信，1960 年 8 月 25 日，《榮格書信選》第二卷，第 585 頁。
53　海倫·沃爾夫同意凱莉·貝恩斯的觀點：以亞菲之名出版的書毫無疑問會成為一枚「啞炮」

無論是榮格、還是尼胡斯（亞菲稱他為聰明有才華的談判專家），都不想因為法律糾紛而影響了與拉舍爾出版社及勞特利奇出版社之間的關係。在巴雷特的支持下，他們試圖找到一種讓兩家出版商都能夠參與出版活動的方法。榮格的資深律師卡勒，由於以前的同事貝德勒透過沃爾夫和亞菲也參與進來，一直覺得自己的專業遭到忽視，他仍然認為這本書是自傳，因此瓦爾特・尼胡斯新聘請了第三位律師伯恩哈德・佩耶（Bernhard Peyer），希望他能在出版商之間尋求出折衷的解決方案。最終，在佩耶的努力下，一九六〇至一九六一年的冬季，拉舍爾出版社、萬神殿圖書公司和勞特利奇出版社於達成了協議。佩耶認為，拉舍爾出版社和勞特利奇出版社的主張具有一定的法律依據：這兩家將榮格視為合著者或共同作者，因為榮格為該項目特別撰寫了相當份量的文字。在新協議的規定下，《榮格全集》的兩家出版商都獲得了該作品的出版權[54]，而萬神殿除了獲得美國地區的版權外，還獲得其他的所有權利，因此確保了萬神殿曾經許諾給柯林斯出版社的平裝本權利。

　　一九六〇年五月，霍爾已經將亞菲提供的前三章手稿翻譯成英文。他的譯稿大量參考了理查德・溫斯頓於一九五八年對手稿〈從我生命中的最初事件說起〉所進行的翻譯。霍爾告訴沃爾夫，他刪除了榮格在文本一開頭對兒女們所說的那幾行話，並應沃爾夫的要求，起草了另一種不同的開端文句。[55]霍爾雖然是翻譯，卻超越這

　　（英語：a dud）。海倫・沃爾夫寫給凱莉・貝恩斯的信，1960 年 6 月 9 日，山達薩尼引用於 2005 年，第 37 頁；霍爾於 1960 年 7 月 27 日支持這樣的評價，引用同前，第 34 頁。

54　安妮拉・亞菲寫給赫爾穆特・亨格布勒（Helmut Hungerbühler）的信：「榮格解決了這一問題，拉舍爾出版社獲得了德語版權及相關的附屬權利。」1982 年 9 月 26 日，AAJD。

55　霍爾寫給庫特・沃爾夫的信，1960 年 5 月 22 日，YBL。榮格文字被他以下面的方式展開：「當我六個月大的時候……」，因為這通常用於童話故事的開頭。我們都知道，榮格寫給自

角色當起了編輯。雖然他根本無權做這些編輯事務，但仍然堅持這一權利很久的時間。他刪掉了沃爾夫不喜歡的段落，還省略了一些重要的新句子，這些原本是亞菲和榮格花了大量時間一起建構，用來作為〈從我生命中的最初事件說起〉與會談紀錄之間的連結。

榮格立刻與亞菲一起對霍爾的翻譯進行評估、更正和修補，對於霍爾「對添加、更改等所提出的繁瑣而複雜的建議」，榮格也耐心地做出回應；然而，霍爾居然會做出如此越界的編輯工作，還是令他感到十分詫異。榮格強調，自己非常欣賞溫斯頓的翻譯，霍爾不需對溫斯頓的工作進行糾正。[56] 隨後，榮格將他們擅自更改的文稿返還霍爾，並且要求他克制自己對文本的介入。長久以來，霍爾就對亞菲有所批評，他認為亞菲的表達太過於委婉；榮格的口吻很直接，有時候甚至是粗魯的，可是這些風格都被亞菲緩和了下來。然而，當霍爾翻譯時，卻對文本進行了潤色和打磨。亞菲指出，霍爾所做的更改與榮格的本意矛盾，而且他也無權更改文本內容。聽到這些話，霍爾暴跳如雷。[57] 現在，霍爾與庫爾特·沃爾夫站在同一條戰線了。他非常衝動，發表了一些對亞菲具誹謗性的言論；他指責亞菲，背著榮格犯下了很多罪行，比如對一些內容進行偽造，將一些內容輕描淡寫，又或是直接遺漏了某一部分。[58] 亞菲的上述

己孩子的獻詞此前已經被凱莉·貝恩斯批評過，在她看來獻詞是「錯誤的」。
56　參見安妮拉·亞菲寫給庫爾特·沃爾夫的信，1961 年 1 月 16 日，YBL。
57　「英文翻譯中出現了一個原文中並沒有的句子。德文簡單又有力，將『可怕的祕密』下的一些分量都擔起來了。在英語中，中間插入了一個句子，他被告知這一切都是美好的。壓迫感被淡化了。」安妮拉·亞菲寫給霍爾的信，1960 年 5 月 8 日，YBL。參見安妮拉·亞菲寫給庫爾特·沃爾夫的信，1961 年 1 月 16 日，YBL。霍爾前三章的翻譯草稿，附有榮格、亞菲和第三人進行修改的標注，被收藏在華盛頓國會圖書館中。
58　霍爾寫給庫爾特·沃爾夫的信，1960 年 5 月 22 日，YBL。他認為，榮格絲毫不知道亞菲做了多少偽造，對原作又進行了多少閹割，真應該把她的廢話都扔進垃圾桶裡。霍爾一再告訴第三方，榮格指責亞菲「篡改了」他的陳述。

批評讓霍爾受到了傷害，他因此當著沃爾夫的面將亞菲稱為「好鬥的少女」，只能用壓路機或無情的潛規則來阻止她。[59] 在接下來的幾個月裡，當與任何第三方提到亞菲時，他就會冒出大量的攻擊性言論。

博林根基金會的巴雷特和勞特利奇的富蘭克林兩個人這次也不同意霍爾作為這部作品的翻譯者，因為他因此耽誤了《榮格全集》英文版的翻譯工作。在沃爾夫的強烈要求下，巴雷特只允許霍爾對已完成的翻譯進行一次最終的審查。為了替自己的參與辯護，一九六〇年九月二日，霍爾向赫伯特·里德爵士發送了一份報告，但將這份報告的日期提前到了七月底，他表示了自己的判斷，聲稱如今連榮格都在抱怨亞菲的風格，於是他認為，自己作為一名翻譯，有責任用一種更直接、更男性化的語氣，來替代這種女性化的風格，以更符合榮格「最初的語言」。通過這種方式，他不僅向雇主勞特利奇出版社和博林根基金會，證明沃爾夫為什麼要聘用自己；同樣的，這報告也支持了沃爾夫和貝恩斯的批評，包括他們對榮格在夏天時堅持必須將該書作為亞菲的作品來公開出版和宣傳所感到的失望。

究竟是誰邀請了霍爾來進行翻譯的？關於這個問題，有好幾個相互矛盾的說法。沃爾夫一再聲稱，這個決定是由榮格推動的；然而很顯然地，榮格本人是反對這一意見的。這從榮格寫給萬神殿負責人的最後一封信就可以看出：「最初，庫爾特·沃爾夫先生提出想要與霍爾先生合作。我打從一開始就不同意。」[60]，榮格這樣寫道，雖然霍爾在翻譯他的作品集時，表現確實很亮眼，但現在這

59　霍爾寫給庫爾特·沃爾夫的信，1960 年 5 月 22 日，YBL。
60　榮格寫給傑拉德·格羅斯（Gerald Gross）的信，1961 年 5 月 6 日，YBL。

本書並非榮格的作品。相反的，榮格對溫斯頓的作品非常滿意，認為文字的風格生動活潑而又優美，以及具有高超的敏感性，還展示出「非比尋常的同理力量」。[61] 而且，榮格非常清楚霍爾還需要為《榮格全集》英文版承擔很多工作，所以不太可能是由他來委託霍爾對「亞菲的計劃」進行翻譯。[62] 如果巴雷特也同意霍爾是在榮格的要求下才參與這項工作，他也就不會如此果斷地提出解雇霍爾的決定。一些證據表明，霍爾應該是一九六〇年冬天被沃爾夫帶入這一項工作計劃的。

霍爾是在一九六〇年二月底與榮格的談話中，談到了這項計劃。隨後在他寫的報告中提及的這些對話，並沒有獲得榮格對這計劃的任何授權。他整個做法暗示著，是他本人希望能夠在沃爾夫的支持下拿到這個任務，認為自己可以讓榮格在英文版中顯得更加直接和「真實」。[63] 沃爾夫的各種行動表明，他是負責與霍爾簽約的一方：一九六〇年春天，沃爾夫向霍爾預付了一大筆款項，給了他翻譯的材料和相關的說明。亞菲最初以為是溫斯頓不再參與翻譯，於是積極地與霍爾進行工作上的配合。直到幾個月後，亞菲與榮格進行仔細地審閱，發現霍爾編輯修改了溫斯頓翻譯的前三章作品時，亞菲才清楚地明白，榮格為什麼會對霍爾的加入持著保留的態度。

理查德・溫斯頓與克拉拉・溫斯頓實際上是兩位最傑出的譯者。漢娜・鄂蘭、托馬斯・曼（Thomas Mann）、赫曼・赫塞

61　霍爾寫給庫爾特・沃爾夫的信，1960 年 5 月 22 日，YBL。
62　榮格手寫的筆記，關於 1960 年 8 月 26 日與赫伯特・里德爵士、約翰・巴雷特、瓦爾特・尼胡斯、瑪麗安・尼胡斯-榮格、安妮拉・亞菲，以及維恩・吉爾摩一起參與的會議，AAJD。
63　參見霍爾，1960 年 7 月 27 日，LoC。

（Hermann Hesse）、弗里德里希・杜倫馬特（Friedrich Dürrenmatt）、馬丁・布伯（Martin Buber）和弗朗茨・卡夫卡（Franz Kafka）等等很多德文大師的作品，都在他們兩人的努力下被譯成英文，他們的作品也因此獲獎無數。[64] 他們兩人都是作家，經常作為一個團隊進行翻譯工作。所以，他們英文作品中登峰造極的敏感度和文學質量，自然會引來榮格和亞菲的興趣。

一九六○年的夏天，是艾瑞旭・諾伊曼最後一次來到瑞士。當時，亞菲將第三次修改後的德文版提供艾瑞旭・諾伊曼閱讀，也就是如今要進行英文翻譯的基礎。他對這一個版本印象好極了，尤其他也看過第一個版本。他和榮格兩人還討論了亞菲最近所寫關於視覺藝術的一篇文章，也就是後來收在《人及其象徵》裡的。[65] 只是亞菲和榮格都沒有料到，他們的好朋友、好同事——艾瑞旭・諾伊曼會在不到三個月後，便因為未診斷出的腎癌而離世了。

到了七月底，亞菲將大部分手稿交給沃爾夫，剩下的部分則是在九月底全部提交。這會兒，沃爾夫已經與溫斯頓重啟合作。榮格認可了全部的德文手稿，而關於傑出重要人物記憶的章節，他和亞菲都不滿意，於是便刪除了。亞菲一再向沃爾夫強調，現在移交的手稿不僅是德文出版物的最終版本，還應該作為英文翻譯的基礎。根據保護作者和編輯權利的標準慣例，未經明確同意，不得進行任何更改。榮格在他生命中的最後一年，還在就這計劃的一些小問題繼續向亞菲提供建議，而更多的精力則放在將他原是英語的論文

64　理查德・溫斯頓（1917-1979）和克拉拉・布魯塞爾・溫斯頓（Clara Brussel Winston, 1921-1983）這對夫妻自 1930 年代就開始合作，將德國文學翻譯為英文出版。他們因翻譯托馬斯・曼的書信，而於 1972 年獲得了筆會翻譯獎（PEN translation prize），還有美國國家圖書翻譯獎（National Book Award for Translation），表彰了他們在翻譯事業中極高的藝術品質。

65　安妮拉・亞菲傳達給羅伯特・亨蕭的私人訊息，1991 年 3 月。

〈接近無意識〉（Approaching the Unconscious）改寫為德語。[66]

自一九五八年底以來，沃爾夫夫婦與萬神殿圖書公司的董事會和管理層之間，一直存在著衝突，一九六〇年夏天，兩人決定離開萬神殿。但是，不論是沃爾夫夫婦還是萬神殿，對於亞菲和榮格的傳記，大家均不願意放手，因此，書籍出版相關的責任與義務，長期以來一直處在混亂當中。沃爾夫曾經許諾，溫斯頓將於九月立即開始翻譯工作，十月初，榮格和亞菲表示希望盡快收到已英譯完成的章節，以便分階段審閱。[67]

由於沒有得到任何答覆，十一月初榮格為亞菲寫了一份聲明，轉交萬神殿出版公司。榮格在聲明中表示，根據佩耶律師採用了「共同著作人」一詞，不會再容忍任何出版的拖延：「我在此明確提出自己的想法，《榮格的回憶、夢和反思》一書由我作為共同著作人參與了創作。如今，這本書終於可以出版了。在我看來，再也沒有什麼理由可以推遲出版了。」[68] 兩天後，榮格轉而直接寫信與紹爾蘭德溝通，他再次強調，自己希望能夠逐章進行審閱，而非突然對整本書的翻譯感到驚愕。[69] 紹爾蘭德回答，溫斯頓的翻譯工作還沒有開始，但幾週內先傳寄幾頁，並且預計在一九六一年六月底完成英文版的翻譯。到了十二月，亞菲和榮格收到了兩章內容，分別是〈精神醫學之旅〉以及〈我和佛洛伊德〉（當時章名定為〈與他人的會面〉），他們兩人對英文版感到非常的滿意。而紹爾蘭德和沃爾夫認為，艾瑞旭・諾伊曼在佛洛伊德一章附錄中的文字充滿

66　發表在《人及其象徵》中，1964 年。另見《榮格全集》第 18 卷。
67　安妮拉・亞菲寫給庫爾特・沃爾夫的信，1960 年 9 月 25 日，YBL。
68　榮格寫給安妮拉・亞菲的信，轉交給萬神殿圖書公司負責人，1960 年 11 月 1 日，AAJD。
69　榮格寫給沃夫岡・紹爾蘭德的信，1960 年 11 月 3 日，AAJD。

了說教和解釋,因此拒絕將其納入其中。榮格在這兩章做了「一些小的改動」,請亞菲將這些更動相應地翻譯到德文的手稿中。[70] 由於時間緊迫,理查德・溫斯頓尋求夫人克拉拉的幫助,於是在短短幾週內,溫斯頓夫婦緊鑼密鼓地完成了手稿的全部翻譯工作。

70　安妮拉・亞菲寫給庫爾特・沃爾夫的信,1960 年 12 月 19 日和 22 日,YBL。亞菲在其中做出提議,為了便於日後查閱,德語的更改使用紅色或綠色墨水書寫。

VI 我已將責任委託她，
以防我無力完成全書的定稿

自一九六〇年十月以來，負責傳記出版工作的是紐約的紹爾蘭德，儘管亞菲和榮格主要是與他聯絡，但沃爾夫夫婦還是繼續發揮著主導作用。一九六一年一月初，庫爾特・沃爾夫懇請亞菲寄給他〈童年歲月〉的英文譯本，想要將這些內容呈現給柯林斯出版社的米爾頓・沃爾德曼（Milton Waldman）。這一次，沃爾夫有將自己的決定告知亞菲：霍爾會對溫斯頓的翻譯進行整體的審閱，對某些專業術語進行糾正。榮格通過亞菲得知這件事時，他立即表達了反對意見：亞菲和他都有能力糾正明顯的錯誤。榮格向亞菲提起溫斯頓的英譯作品時，給予了高度的讚揚，他表示溫斯頓在處理某些概念時，創造性的新穎做法，正是他非常欣賞的。他的翻譯能夠豐富對意義的理解，這對他來說是最重要的。同樣地，榮格還明確給出了第二個拒絕的原因：他確實很欣賞霍爾，霍爾的表現也非常不錯，但過去的經驗表明，霍爾不會止步於對專業術語進行審閱，還會提出許多額外的修改意見，從而帶來不必要的額外工作和麻煩。這對榮格來說非常麻煩，而且，也沒有將事情複雜化的必要。[1]

---

[1] 安妮拉・亞菲寫給庫爾特・沃爾夫的信，1961 年 1 月 10 日，YBL。

沃爾夫被榮格的反應激怒了，於是將榮格這封信的副本寄給凱莉·貝恩斯，並附上簡短的筆記，說這讓他很難對榮格保持尊重。他起筆給榮格寫了一封信，但「在要寄出時，他猶豫了」；有趣的是，他最後只給亞菲回信。在信中，他指責榮格，說當初是他自己希望霍爾成為「負責英文版本的最後讀者」，對此，沃爾夫與霍爾已經進行了討論，相應地通知了紐約的萬神殿和柯林斯這兩家英文出版商；沃爾夫還聲稱，溫斯頓也相信霍爾的審閱。當然，霍爾只能侷限於「對必要的文字和術語進行必要的更正」。他警告亞菲，以非常規的表述對專業術語進行不當翻譯，將會導致「災難性後果」，並希望能夠喚醒她「對榮格的責任感、愛、友誼，以及對榮格的忠誠。」[2]

　　在這同時，沃爾夫試圖阻止拉舍爾出版社行使在德國報章雜誌上發表節選文章的權利。沃爾夫對佩耶律師斷言，榮格和亞菲對自家的美國出版商充滿了信任，因此授予萬神殿充分的自由，來處置所有國家的預先刊登。同樣地，他還抱怨因拉舍爾當初的慈惠而加上的那一條款，也就是將「可印刷」的決定權只交在榮格與亞菲手上。

　　榮格和亞菲進行了少量的更正，亞菲於一月中旬將三章內容——〈精神醫學之旅〉、〈研究和著述〉，及〈我和佛洛伊德〉（當時仍以〈相遇〉為題），寄還溫斯頓；同時，榮格還繼續查閱

---

[2] 庫爾特·沃爾夫寫給安妮拉·亞菲的信，1961 年 1 月 13 日，YBL。在這封信中，他表示了極大的挫敗感，可能是因為佩耶與拉舍爾出版社和勞特利奇出版社達成的合約，包括和解與授權有關。沃爾夫談到所遭受的「拒絕和譴責」，並提到自己「無法再應對進一步的複雜情況」。在 1961 年 1 月 25 日的一封信中，紹爾蘭德還請求讓霍爾進行最終的審核，因為溫斯頓的「翻譯已經完成了，期待霍爾能看到這份翻譯。」沃夫岡·紹爾蘭德寫給安妮拉·亞菲的信，1961 年 1 月 25 日，YBL。

關於旅行的章節。至於霍爾,亞菲回覆沃爾夫,霍爾的翻譯有時會出錯,《榮格全集》英文版在倫敦的出版商也已經確認了,他所犯的絕對是「嚴重的事實錯誤」;但這並非最核心的問題。霍爾造成的困難是,他提出的「創造性建議」,已是過度干涉文本的編輯作業,這導致榮格的想法被誤解,繼而造成無止境的通信。在前三章中,榮格「一直很寬容,耐心地回應了他那些繁瑣而複雜的建議……,但他在心裡記下了,霍爾的手伸得太長了。」她指出,對榮格來說非常重要的一點,就是需要將這本傳記與《榮格全集》中的每一個作品區分開來。他想要「強調,這個文本是以對話為基礎的。」[3] 儘管如此,由於沃爾夫的極度不悅,她提出將再次與榮格討論霍爾的參與問題。最後的情況是,榮格同意霍爾進行最終的通讀,但條件為:只可以對最必要的語言錯誤及不正確的專業術語翻譯進行更正。有趣的是,榮格開始將這本書稱為「所謂的傳記」。雖然現在,榮格和亞菲比以往任何時候都更加清楚,這部手稿更接近於回憶錄的體裁,因為其中的傳記軼事與反思緊密結合,甚至是因為反思才有這些傳記軼事。

一九六一年一月底,克拉拉和理查德·溫斯頓這隊夫婦團隊,在不到三個月的時間裡就翻譯了所有手稿,像是一場震撼人心的表演。沒人明確知道他們是怎麼樣的合作形式,也無法確定兩個人中由誰翻譯了哪一章節。而沃爾夫最終放棄了控制權,結束了與萬神殿之間令人混亂的權責重疊。如今,他開口表示不想「再參與這本書的最終編輯,不論是哪一種語言……」[4] 然而在同一封信中,他又吩咐亞菲,無論是否簽訂合約,在任何情況下都不要將德文版本

3　安妮拉·亞菲寫給庫爾特·沃爾夫的信,1961 年 1 月 16 日,YBL。
4　庫爾特·沃爾夫寫給安妮拉·亞菲的信,1961 年 1 月 26 日,YBL。

交給拉舍爾出版社。等到了合適的時機，萬神殿自然會將手稿交給拉舍爾。

霍爾對翻譯進行了最後的審閱後，他在報告裡表示，如果自己真的只能對最必要的地方進行修改，那麼幾乎沒有什麼可挑剔的。譯文的專業術語都是正確的，這表明溫斯頓夫婦是熟悉榮格的術語的。而與沃爾夫一樣，霍爾也將這本書稱為自傳，並且也反對亞菲在文本中「插入解釋性的文字」，認為解釋應當保持在最低限度，最多是放在註釋裡，以免破壞敘事的連續性。[5] 他仍然強烈反對將亞菲視為合著者；他本身是一名翻譯，卻想盡可能地抹去亞菲在文本中的存在痕跡：「令人憤怒的是，她那些狂妄的聲音，毫無必要地擠在榮格的敘述之間。」[6]

在經過幾個月的收購談判後，蘭登書屋（Random House）終於在一九六一年五月收購了萬神殿圖書公司；沃夫岡・紹爾蘭德將這本書的收尾工作交接給了傑拉德・格羅斯。從此以後，紹爾蘭德便只為博林根基金會工作。榮格寫給格羅斯的最後一封信中，再次表達了對溫斯頓工作的欣賞，並表示不願讓霍爾參與其中。在這一階段，譯者之間的協調還明顯存在著許多問題，而榮格因此表示：「從一開始」就反對沃爾夫讓霍爾參與這個非學術性質的項目。他欣賞溫斯頓的風格，欣賞他們基於真正的同理而表現出來的藝術品質。一直以來都是由於沃爾夫不斷地催促，雖然他預料會發生許多繁瑣糾紛，最後還是在不得不的情況下做出了讓步。[7] 在這封信的

5　霍爾寫給庫爾特・沃爾夫的信，1961 年 1 月 24 日；霍爾寫給安妮拉・亞菲的信，1961 年 1 月 27 日，YBL、AAJD。

6　霍爾寫給庫爾特・沃爾夫的信，1961 年 1 月 24 日，YBL。

7　榮格寫給傑拉德・格羅斯的信，1961 年 5 月 6 日，AAJD。「你可能聽說過，我從一開始就反對庫爾特・沃爾夫先生的提議，不願與霍爾先生合作。霍爾先生是一名優秀的翻譯家，為我

最後，榮格暗示了也許無法在生前審閱其中有些章節，包括：〈塔樓〉、〈幻象〉、〈論死後的生活〉、〈後期思想〉與〈回顧〉等等。他希望能盡快審閱這些內容，以便這本書「可以出版」。[8] 他要求從美國寄來的所有章節都寄給亞菲，榮格現在是明確地讓亞菲承擔最終責任；如果榮格不再能夠審閱英文翻譯，他說：「我已將責任委託她，以防我無力完成全部的定稿。」[9] 我們從這句毫不含糊的話可以看出，其中不僅有他對亞菲的信任，也有他對責任的澄清，還有他對霍爾的角色劃出了清楚的界線。一個月後，一九六一年六月六日，榮格的生命走到了盡頭。

儘管榮格期待這本書能夠盡快出版，但是這個願望直到兩年後才得以以英文版先付梓而實現。由於出現不同的第三方對書的內容提出了激烈的爭論，出版進度持續耽擱。霍爾主張要用更粗俗而直接的語氣，固執地主張著自己的翻譯建議。例如，榮格的表述為「在自己長久以來的童年幻象中，上帝讓一大塊排泄物掉到巴塞爾大教堂的屋頂上」（Gott habe in seiner lange abgewehrten Kindheitsvision ein grosses Exkrement auf das Basler Münsterdach fallen lassen），霍爾則認為應該寫成：「上帝在巴塞爾大教堂上拉屎」（Gott scheisst auf das Basler Münster）。亞菲則是不同的主張，認為手稿的文本表述與榮格在〈從我生命中的最初事件說起〉的措辭完全一致。[10] 他最後不情願地接受這個建議，但仍然反覆將她的版本

的《榮格全集》付出很多，但我不認為所謂的『自傳』是一本學術作品，我喜歡溫斯頓先生基於真正的同理而呈現的藝術風格。當沃爾夫先生一再堅持的時候，我預見了各種各樣的複雜情況，但只好勉為其難地讓步。」

8　同前。
9　同前。
10　【英譯註】：德語用詞為 Exkrement（德文：排泄物，糞便），1962 年的英文版第 39 頁譯為

稱為第三方版本,認為她的版本將每一處有失體統的表述都進行過清理或淡化。

然而,更糟糕的是,瓦爾特・尼胡斯與瑪麗安・尼胡斯-榮格閱讀過英譯本後,要求對前兩章的文本進行修改。他們擔心,榮格在青春期時有關教會的經歷與反思,或是他表現的上帝意象,以及提到有關聖餐的某些段落等,可能會招來憤怒的批評。然而,如果從文本的整體脈絡來看,就會清晰地發現,這是榮格對青少年時期的自我內在對話所採取的表達方式。然而,身為繼承人的家族們擔心,讀者可能會將這些對宗教的懷疑和提問當做是對神靈的褻瀆。關於這一點,亞菲建議進行些微更動,強調陳述中的反思帶有主觀性質,並且明確的表示,榮格不想對此做出絕對的判斷。[11] 後來,一封榮格於一九二二年寫給一位醫生的信被發現了,她引述而添加了關於榮格幼年陰莖夢的文字,才獲得榮格女兒瑪麗安的允許。[12]

慢慢地,霍爾對亞菲鄙夷的態度逐漸有所改觀,因為在處理某些繼承人反對意見的過程裡,能夠看到榮格本人對這本書的矛盾心理。霍爾表示,自己越來越「欽佩她的客觀性與洞察力」;當時,家庭成員提出想要審查書稿的願望,這讓霍爾評價為傲慢,在他看

---

turd(這同樣是糞塊、糞團、大便等意思,但較罕見)。
11 尼胡斯夫婦所在意的是,榮格參加第一次聖餐儀式後表現出來的失望:「我知道,我不會再參加這個儀式了。這根本就不是宗教。在這裡,上帝缺席了。人們不該來到這裡。這裡沒有生,只有死。」亞菲為了強調是主觀的體驗,將其編輯成了:「我知道,我不會再參加這個儀式了。對我來說,它不是宗教,上帝也缺席。教堂這個地方,我不會再去了。對我來說,這裡沒有生,只有死。」參見打字稿〈從我生命中的最初事件說起〉,第 38 頁,ETH;亦見安妮拉・亞菲(編),1962 年,第 61 頁。
【英譯註】:英文版(1962)第 55 頁中的譯文與上述譯文略有不同;這裡按直譯的方式重新翻譯,以顯示這兩段文字之間的差異。
12 關於陰莖的夢,參見安妮拉・亞菲(編),1962 年,第 12 頁及以後。

來，這都源自於瑞士小資產階級的膽怯。[13] 然而，由於亞菲對榮格年輕時宗教思考的解釋，還是無法讓瓦爾特·尼胡斯滿意，因此他要求刪除〈中學生活〉這一章中大量的段落。[14] 然而，那些在尼胡斯眼裡的不雅內容和讓人尷尬的文字，在亞菲看來都非常重要。作為一個拼命追問的少年，當年的榮格熱切地追尋著，真誠地討論辯駁著，而這些內容就是他的自我見證。榮格終其一生的提問在這裡得以表達，所以無論如何，她都不準備刪除這一重要部分。她擔心受到進一步的干涉，所以請求傑拉德·格羅斯盡可能快一點出版書籍。[15] 八月底，格羅斯抵達蘇黎世，所有懸而未決的問題終於都得到解決，終於完成了標上「可以印刷」的修訂稿。在雙方的共同努力之下，這樣的目標得以迅速實現。於是在佩耶律師的幫助下，這樣的結果也以書面的形式確認手稿已經定稿，可以付印。這時除了〈中學生活〉這一章節的問題還尚待解決，其他的部分都已經準備好了，只待出版。亞菲和佩耶試圖說服尼胡斯改變主意，但不得不無奈地向紐約報告說，榮格的女婿仍然堅持，不允許出版那十二頁的手稿。亞菲做出讓步，願意省略一句也許會被誤解為褻瀆神明的文字；另外，榮格的兩段表述也在後續的抵制中被淡化了。[16] 榮格

---

13 霍爾寫給傑拉爾德·格羅斯的信，1961年8月11日，博林根基金會私人檔案；貝爾（D. Bair）引用於2004年的作品，第631頁。
14 這將會導致書中的部分內容（從第54頁中間至第47頁中間）被刪除，安妮拉·亞菲（編），1962年，第54頁及以後。（這部分對應著打字稿〈從我生命中的最初事件說起〉中的第37-47頁，ETH。）
15 安妮拉·亞菲寫給傑拉德·格羅斯的信，1961年8月30日，AAJD。
16 榮格用斜體字，在最後一行寫下了如下的內容：「上帝是不人道的，我這樣想著。這就是他的偉大之處，任何人性的東西都無法侵犯他。他是善良的，但又是讓人覺得可怕的，這二者在他身上同時存在著。因此也造成一種巨大的危險。為了將自己從這種危險中拯救出來，人們自然會竭盡全力。因此大家僅僅是抓住了上帝的善良與慈愛，而不願陷入誘惑與毀滅之中。耶穌也意識到了這一點，於是教導說：『不要帶領我們走向毀滅。』真神與聖餐無關，

本人是否會同意這些更正?這是值得懷疑的,但是出版的禁令因此終於得以解除了。[17]

九月底,亞菲突然收到噩耗:柯林斯出版社的米爾頓·沃爾德曼提出要求,為了節省印刷成本,整個文本需要縮短兩百多頁。這樣的要求,究竟得到庫爾特·沃爾夫多大程度上的支持,並不明白。到了十月初,他接著提出一長串要求刪減的內容,並且明確表示,他打算刪除〈對亡者的七次佈道〉整個文本。在十二月初,柯林斯出版社的要求得到了格羅斯的允許,不僅如此,格羅斯還刪掉其他的內容,包含——述及榮格與兒時好友阿爾伯特·奧埃里、安德烈亞斯·維舍爾（Andreas Vischer）之間的交往;與如同榮格父親般的導師西奧多·福魯諾的關係（這些是沃爾夫從最初就希

與禮拜也毫無關係。」參見安妮拉·亞菲（編），1962 年,第 61 頁。

[17] 阿洛伊斯·比德曼（Alois E. Biedermann）的《基督教教義學》（*Christlichen Dogmatik*）中,以及歌德在《浮士德》裡,都曾對邪惡進行了描述。以下是榮格對這些說法的激烈批評。參見打字稿,第 43 頁:「所謂的教義學顯然只不過是一些漂亮的場面話。不,更糟糕的是,它是蓄意欺詐,或者說是愚蠢得非比尋常。除了掩蓋真相之外,教義學就再也沒有其他任何目的。」亞菲修改為:「教義學看來不過只是一些漂亮的場面話。不,更糟糕的是,它愚蠢得非比尋常,除了掩蓋真相之外,教義學對任何事它都無能為力。」參見安妮拉·亞菲（編），1962 年,第 65 頁。
【英譯註】:在英文版第 59 頁中,這句話是「這本關於教義學的厚重巨著,不過是花俏的胡言亂語;更有甚者,它是一個欺詐,或者說是一個不尋常的、愚蠢的樣本,其唯一目的就是要掩蓋真相。」這裡我們可以看到,被刪除的『ein absichtlicher Betrug』一詞在英文中得到了部分保留,保留了「欺詐」,省略了「蓄意」。）

另一處提及《浮士德》,打字稿第 44-45 頁:「我深感遺憾的是,歌德在對邪惡進行具有神學性質的——唉,如此具有欺詐性的——蔑視過程中,他自己也成了受害者。」亞菲改為:「我深感遺憾的是,在對邪惡進行——哦,如此具有欺騙性的——蔑視過程,歌德也成了受害者。」參見安妮拉·亞菲（編），1962 年,第 66 頁。
【英譯註】:除了省略「神學」一詞以外,「betrigerisch」（欺詐、欺騙）和「trügerisch」（虛幻、兩面派）之間的含義也有微妙的差別——在英文版中,所用的詞是「狡猾」（cunning）:「我深感遺憾的是,歌德也上了那些狡猾手段的當,通過這些手段,邪惡變得無害了。」）

望排除的）；與印度學家海因里希・齊默（Heinrich Zimmer）的交流；有關於榮格在泰姬陵（Taj Mahal）、桑奇（Sanchi）及印度其他地方的經歷等等文本；此外，與《紅書》相關的內容，以及衛禮賢的作品〈我在中國與榮格的相遇〉（My Encounter with Jung in China）的摘錄，也都一併被刪除了。[18]

亞菲不願意這本書的出版因為更多爭執而更加延誤，可是這些刪減又讓她很是痛心：「我相信，總有一天您會後悔的。」[19] 例如，在〈對亡者的七次佈道〉中，榮格生動地描述了自己是如何面質無意識的過程，讀者自然會對這主題感到好奇，而且，這也是他本人同意出版的為數不多的詩作之一，「如果你忽略了它，那麼，關於榮格非常重要的一面就缺失了。」[20] 同樣讓她感到遺憾的是，榮格在泰姬陵和桑奇的體驗也被刪除了。最終，代表柯林斯的沃爾德曼針對這本英文出版物所提出的刪減計劃，只有大約一半獲得了批准。當時，對亞菲來說，最重要的是瓦爾特・尼胡斯與瑪麗安・尼胡斯-榮格最終同意出版他們原本想刪除的部分。至於對德國的拉舍爾出版社和費舍爾出版社，亞菲並不願意德語版也依照英語版進行刪減。[21] 因此，英語版和德語版之間在內容上出現許多的重要

18　這是衛禮賢1929年1月21日在《新蘇黎世報》上發表的一篇文章；榮格希望將這段文字融入回憶書中。中國古代的智慧與榮格研究成果之間具有的一致性，讓衛禮賢很是驚訝，也給他留下了深刻的印象。衛禮賢寫道，自己實際上是在中國遇到了榮格的思想世界：「不論是中國智慧還是榮格博士，兩者都分別獨立地潛入了人類集體心靈的深處，在那裡遇見了看起來如此相似的實體，因為他們都是真實存在的。這證明了，只要挖掘得足夠深，從任何角度都可以抵達真理的所在。這位瑞士學者與中國古代聖賢表現出了一致性，這種一致性所能夠表明的就是，他們彼此都是正確的，因為都觸及了真理。」參見安妮拉・亞菲，1987年，第52頁。

19　安妮拉・亞菲寫給傑拉德・格羅斯的信，1961年12月5日，AAJD。

20　同前。〈對亡者的七次佈道〉於1973年，才出現在英文版的附錄，而這已經過去了十多年。

21　她願意省略榮格在巴黎和牛津的經歷，也同意縮短關於非洲的段落。當時被刪減的這些文

差異,除了沃爾夫在萬神殿版本中已將一些內容排除之外,沃爾德曼也進行了刪減。

除了〈對亡者的七次佈道〉,英文版還缺少的內容有:各種關於《紅書》的引用;關於榮格的祖先和家人的章節,寫給艾瑞旭・諾伊曼和茲維・韋伯洛夫斯基的書信;榮格為西奧多・福魯諾和海因里希・齊默的影響而表示的謝意;有關阿爾伯特・奧埃里和安德烈亞斯・維舍爾的回憶。[22]

一九六一年底,當亞菲告知霍爾英文版的最終截止日期時,再次提醒對方,儘管自己擁有最終的決定權,但她不能完全無視家屬的意願。一九六二年三月,她終於飛往霍爾在馬略卡島(Mallorca)新家,討論最後仍懸而未決的問題。

直到一九六二年夏天,德文版和英文版終於都確定了。在對英文版的校樣進行更正後,伯恩哈德・佩耶律師以亞菲的名義與傑拉德・格羅斯溝通,要求對方歸還所有的會談紀錄。在此以前,亞菲曾多次懇請庫爾特・沃爾夫歸還材料,但都是徒勞無功。而以前提供給出版社閱讀的所有榮格手稿副本,佩耶律師也代表榮格的繼承人要求對方歸還。九月底,格羅斯離開隸屬於蘭登書屋的萬神殿,跳槽到麥克米倫出版公司(Verlag Macmillan)。在此之前,他就佩耶希望歸還的資料,聯繫了沃夫岡・紹爾蘭德、基里爾・沙伯特

本,現在都收錄在這一本書中。不同於萬神殿與柯林斯出版社,拉舍爾出版社同意出版更長的完整作品。1962 年 1 月 22 日備忘錄,蘇黎世中央圖書館拉舍爾檔案(Rascher Archive, Zentralbibliothek Zürich)。

22 關於英文版與德文版之間的差異,也可參見山達薩尼,〈回憶,夢,遺漏〉(Memories, Dreams, Omissions),發表於《春泉:原型與文化雜誌》,1995 年;以及村本詔司(S. Muramoto),〈完成這本回憶錄:榮格自傳英譯本與日譯本中遺漏的段落或錯位〉(Completing the Memoirs: The Passages Omitted or Transposed in the English or Japanese Versions of Jung's Autobiography),《春泉》雜誌,1987 年,第 163 頁及其後。

（Kyrill Schabert）和沃爾夫夫婦。

儘管格羅斯多方打聽，但最後唯一拿回來的材料，便是由亞菲自己更正的英文版校樣。佩耶轉告亞菲，格羅斯在回覆中提到，雖然對其他的資料有所耳聞，但自從格羅斯接手之後，這些資料就沒有在出版社內出現過，如今也無法再找回了。這些資料到底經歷了什麼？這個問題將在後續章節中交代清楚。

安妮拉・亞菲,1962 年。《榮格的回憶、夢和反思》的工作結束後。
攝影:芭芭拉・克魯格(Barbara Kruck)。

VII 一本自傳形式的榮格傳記

一九六二年十月底,《榮格的回憶、夢和反思》(*Erinnerungen, Träume, Gedanken von Jung*)德文版出版,出版家馬克斯·拉舍爾在一九六二年十二月去世前不久,終於親眼看到他成功打贏官司的成果。而在英、美兩國,這部作品直到一九六三年的夏天和秋天才發佈。作品出版後不久,庫爾特·沃爾夫也去世了。[1]

在〈序言〉裡,亞菲公開了沃爾夫曾經明確提出的要求:以傳記作家的身份來撰寫榮格傳記,但要將作品「寫成自傳形式」。[2] 她還在其中澄清了榮格的參與過程,包括榮格本人所撰寫的文本,以及對她手稿的補充與更正;同時,她明確表示,自己對談話紀錄進行摘錄,對榮格所提供的文本相對應地進行補充,還有對他那「通常只用關鍵字提及的部分加以潤色,並且將重覆的內容刪去。」她這樣寫著:「隨著作品越往後發展,他與我的書寫之間所產生的融合就越是緊密。」[3]

來自德國、瑞士、奧地利、英國和美國媒體的百餘條書評紛

---

1 1963 年 10 月 21 日,於路德維希堡(Ludwigsburg)離世。
2 安妮拉·亞菲(編),1962 年,第 vi 頁。
3 安妮拉·亞菲(編),1962 年,第 vii 頁。

至沓來,評論家和新聞記者對這些訊息的接納程度大相徑庭。大約四分之一的評論家仔細閱讀了序言,例如一位評論者讚賞亞菲「既艱難而又新穎的嘗試,以自傳的形式構思榮格的傳記。」[4];另一評論角度則形容亞菲是:「不得不寫成自傳的傳記作家。」[5]沃爾特・阿本德羅斯(Walter Abendroth)當時是《時代週刊》文藝專欄的負責人,同樣也是幾本傳記的作者,證明亞菲是這本書的主要作者:「這部作品很大程度上出自於安妮拉・亞菲之筆,口頭交流的紀錄是由她改寫成自傳的形式。」[6]

還有另外一些人則將榮格和亞菲視為共同作者,其中的大多數人都稱讚亞菲是一名負責任的編輯,例如約蘭德・雅可比(Jolande Jacobi)寫道,自傳和傳記材料共同組成了這本書,他們被編輯成「一份文本,如此的細緻又敏銳」,以至於無法將它們區分開來。[7]在《心理治療學報》裡,卡普(E.A. Carp)認為,亞菲是承擔著艱鉅的任務,她必須將榮格的回憶整合起來,並且創建出一種簡潔而又具有融合性的文本。[8]當然,共同作者身分有時也會給她招來批評。赫爾曼・戈爾德施密特強調,亞菲唯有「無條件的奉獻」才足以令榮格相信,她能夠以榮格的角度來做出闡述;但是,這樣的無條件卻妨礙了陳述的客觀性。另一位評論家則抱怨說,榮格的文本與「亞菲的成分」沒有明顯的區別,於是「榮格的自白與

---

[4] 弗里德里希・卡爾-費舍爾(Friedrich-Carl Fischer),於《書信文化》(*Buchbrief Kultur*)1962年12月19日,ETH。
[5] 艾瑞旭・蘭達克(Erich Randak),維也納廣播(Radio Wien),1963年2月5日,ETH。
[6] 沃爾特・阿本德羅斯,《時代週報》(*Die Zeit*),1963年4月12日,ETH。
[7] 約蘭德・雅可比,《新蘇黎世報》,週末增刊,1962年11月,ETH。
[8] 《心理治療學報》(*Acta Psychotherapeutica*),1963年5月11日,原文為:「亞菲承擔了將這些回憶錄彙集成一個簡明整體的艱鉅任務。」

少女的佐證不可分割地交織在一起」，而呈現在人們的面前。[9] 值得注意的是，在英語世界裡，大多認為在合著過程中，榮格扮演主導的部分；也就是說，對於亞菲所進行的嘗試，榮格會做出補充、糾正與監督，而且最重要的部分還是由榮格自己撰寫。[10]

庫爾特‧沃爾夫一直希望這本書被當做自傳，他終於得償所願。大量的書評家將這本書判斷是榮格的書，而不是關於榮格的書。亞菲根本沒有被提及；就算被提及，也只是賦予她助理的角色。例如，有人說她是「得到允許，陪伴左右，鼓勵這項工作的發展」。[11] 在這些討論裡，一旦她被提及，總是被反覆地當成助理，按榮格的要求來進行記錄，並協助榮格完成「口授」工作。例如，以吉爾曼‧巴贊（Germain Bazin）的書評為代表：「面對榮格所信任的秘書，榮格先是口述。等到簡版完成之後，他本人再進行審查、修訂和補充。」[12] 精神醫學家和醫學歷史學家亨利‧艾倫伯格（Henri F. Ellenberger），就連他經過再三比較閱讀德文版和英文版之後，還是評論為「不同尋常的自傳」，他表示，其中最有意思的

9　赫爾曼‧戈爾德施密特（Hermann L. Goldschmidt），《書單》（Das Bücherblatt）雜誌，1962年11月16日，兩句話均引用於卡爾‧格哈德‧斯特克（Karl Gerhard Steck），1965年4月1日，《時代週刊》（Zeitwende），ETH。原文：「自我披露與證詞錯綜複雜地交織在一起。」

10　尼尼安‧斯馬特（Ninian Smart），《伯明罕郵報》（Birmingham Post），1963年7月9日：「榮格負責監督安妮拉‧亞菲撰寫傳記的嘗試（……）。他接手了這項工作，因此有很大一部分內容實際上是由他撰寫的。」另外亦見1963年7月7日，佚名，《觀察家報》（The Observer）的書評，以及1963年7月11日，佚名，《泰晤士報》（The Times）。所有書評被保存於ETH。貝納特所寫的英文評論當中，明確地拒絕了使用「自傳」來定義這一本書，這在英文評論中是很罕見的，見《英國醫學期刊》（British Medical Journal），1965年9月23日。

11　W.L.，《格拉納新聞報》（Glarner Nachrichten），1962年1月10日，ETH。原文是：「她被允許質疑並陪同這項工作。」

12　《評論》（Critique），1964年9月1日，原文為法語：「這本書最初是榮格口述給他忠實的秘書，秘書做了一個刪節版，之後他自己修改並完成了這本書。」

章節是榮格與佛洛伊德決裂後與無意識的面質、以及在此過程中的發現。他和很多人一樣,都認為這本書中提到的,榮格如何將無意識納入自己的思想,並且透過這過程,不斷深化自己的靈魂並拓寬自己的意識。關於這一點的展示,這才是這本書最值得稱讚之處。[13]

早在一九六二年夏天,佩耶律師不得不以榮格繼承人與安妮拉・亞菲的共同名義,以法律訴訟來提出警告:這些有關作品和作者的錯誤描述,將可能會面臨著法律後果。為了幫這本書進行宣傳,第一份摘印文選是在《世界週報》(*Weltwoche*)刊出的,這本週刊推出特別訂閱,自一九六二年八月中旬至一九六三年二月共連載了十七期的內容,在首次預告中,亞菲與她的工作根本沒有被提及;這部作品被宣傳為「卡爾・古斯塔夫・榮格,這位偉大的精神科醫師的自傳」,還被宣傳為「他親自撰寫的作品,目的是闡述自己的生活。」此外,關於文章來源的訊息也存在錯誤:「在他去世時刊物就準備好了:第一部分由榮格親自撰寫;而後面的章節由他完整地口述,或者給出梗概後再對謄清的稿子進行審閱。」[14] 在第二份預告中,將這份文本表述為一份「獨特的自我見證」。這一次還是沒有提及亞菲,標題和其他一些書目訊息也發生了錯誤。連載的第一期,還出現了一個大大的標題《榮格自傳》(*Die*

---

13 發表於《賢者雜誌》(*Sage Journal*)的「書籍評論」部分,第 272 頁;無日期,評論簽名:H.F. Ellenberger,醫學博士,蒙特婁。
14 《瑞士週刊》(*Die Welrwoche*),1962 年 8 月 17 日,蘇黎世中央圖書館。原文是:「偉大的精神醫學家卡爾・古斯塔夫・榮格的自傳」;「他自己所寫的,來表達自己的生命」;「他去世時,書稿已經準備就緒:榮格親自撰寫了第一部分;他口述或草擬了後面的章節,並檢查了清樣。」

Autobiographie von Jung）。[15]

　　後來在佩耶的嚴厲譴責下，一九六二年九月十四日的那一期，正確的標題才首次出現，但亞菲被稱為編輯，而書目訊息則得到了糾正。佩耶認為週報的做法是對版權的嚴重侵犯，是為了增加訂閱量而做出的「骯髒伎倆」。[16] 回過頭再看，這件事就像是一次前奏。此後很長的一段時間裡，作為撰稿人，亞菲在其中所扮演的角色及她所佔有的份量一直被忽視，不僅被置之不理，甚至是得不到基本的尊重。在她看來，出版社「為了更好的銷售」才做出這樣的行徑，將她的姓名和作者身份忽略掉，並且盡可能地加以模糊化。[17]

　　這本亞菲喜歡稱之為「記憶之書」的書，長久以來已不再使用傳記一詞，從推出就獲得了巨大的成功，直到今天，仍然是全世界許多人瞭解榮格心理學和思想的入門書。在拉舍爾出版法文版的同時，瑞士圖書俱樂部（Ex Libris）也推出了價格低廉的授權版本，這本書很快就被翻譯成其他多種語言，隨後，就連購買了外語版權的出版公司，也將該書當作自傳出版。例如，巴黎的伽利瑪（Gallimard）出版社在未經授權的情況下，擅自更改了法文書名，將榮格當做作者，為這本書取名為《我的一生》；羅蘭・卡恩（Roland Cahen）在前言中稱這本書為「榮格自傳法文版」，[18] 封

15　同前。以及《瑞士週刊》於 1962 年 8 月 24 日、1962 年 8 月 31 日、1962 年 9 月 7 日和 1962 年 9 月 14 日發行的版本，蘇黎世中央圖書館。
16　參見伯恩哈德・佩耶寫給伯里曼 & 艾瑞克森出版社的信，1965 年 10 月 11 日，AAJD。
17　安妮拉・亞菲寫給赫爾穆特・亨格布勒（Helmut Hungerbühler）的信，1982 年 9 月 26 日，AAJD。
18　參見榮格，《我的生命》（*Ma vie*），巴黎，1966 年；〈羅蘭・卡恩的前言〉（Avant-propos de Roland Cahen），第 7 頁；《回憶、夢和反思》（*souvenirs, rêves et pensées*）被當做是「由安妮拉・亞菲彙編」（recueillis par Aniela Jaffé）。更早兩年前，瑞典推出了這本書譯本，主標題

面的書名下方才寫著「由安妮拉・亞菲彙編」，字體大小與法文的譯者名字是一樣的。

至於英文版，翻譯德文標題「Erinnerungen, Träume, Gedanken von Jung」時，原本英文正確的翻譯應當是「Memories, Dreams, Reflections of Jung」（榮格的回憶、夢和反思），然而美國版和英國版都故意藉著模稜兩可的翻譯以製造歧義，將介詞「of」替換為「by」。而封面設計時，再一次使出障眼法，僅僅突出前三個詞「回憶、夢和反思」（Memories, Dreams, Reflections）來設計書名，然後在下面以小一號的字標上「榮格著」（by Jung）。一九六五年秋天，伯里曼 & 艾瑞克森出版社（Biilmann & Eriksen）發佈丹麥版時，在封面、扉頁和書名內頁都沒提到亞菲，於是佩耶再次代表榮格的繼承人和亞菲，以尖銳的言辭提出警示：「我對公然侵犯版權的行為提出嚴正抗議，這些行為很可能會造成對作品完全錯誤的解讀。」[19] 他要求立即更正裝幀和封面，否則將會索賠。同一天，他還寫信給此時隸屬於蘭登書屋的萬神殿，批評他們在起草合約時的行為：「我驚訝的是，伯里曼 & 艾瑞克森出版社完全沒有提及安妮拉・亞菲夫人，使用了與《瑞士週刊》相同的骯髒伎倆⋯⋯。在閱讀了貴方與伯里曼簽訂的協議文件後，我必須聲明貴方本身也沒有正確地使用完整的標題。」[20] 萬神殿與西班

為《榮格／我的生活》（*Jung/ Mitt liv*），自然與文化出版社（Natur och Kultur），斯德哥爾摩，1964 年。
19　伯恩哈德・佩耶寫給伯里曼 & 艾瑞克森出版社的信，1965 年 10 月 11 日，AAJD。
20　伯恩哈德・佩耶寫給萬神殿圖書公司的信，1965 年 10 月 11 日。雖然榮格一直堅持，拒絕作為共同作者與萬神殿簽訂契約；但是在 1965 年 8 月 11 日，萬神殿圖書公司與丹麥的伯里曼 & 艾瑞克森出版社簽訂的合同中，榮格與亞菲被共同列為作者，AAJD。在第一版中，出版商將作品分為兩部分：1965 年出版的第一卷有四章，〈童年歲月〉、〈中學生活〉、〈大學時代〉和〈精神醫學之旅〉，作者的署名為榮格；第二卷於 1966 年出版，作者為安妮拉・亞菲

牙和挪威出版商所簽訂的合約也都違約了，這些語文的出版物在封面上都沒有提到亞菲，並且暗示著這是一本自傳，而榮格就是自傳的作者。

面對這些侵權行為，亞菲百感交集。她清楚地知道，這些行為不僅是在抹煞自己的存在，也違背了榮格的意願。但是，她也是喜悅的，因為透過自己文字，讀者終於能如此接近榮格的思想與論述；這也是對她的一種認可，原來自己的表達方式已經如此貼近榮格。另一方面，亞菲強烈譴責出版社無視她的作品與權利，在她後來著作的參考書目中，並沒有將這本書列入；然而，在榮格的作品名錄下卻往往有這本書的身影，而且通常不會將她作為明確的作者，總是只會陳述她的編輯和記錄工作；只有在極少數情況下，會指明她是共同作者。[21]

這本書出乎意料的成功和熱烈的反響，對於亞菲來說，其所帶來的影響遠遠超出了侵權行為所造成的陰影。她曾告訴庫爾特・沃爾夫，這本書是「經歷艱辛而誕生的孩子」（德文：Schmerzenskind），來形容自己在創作過程中所遭遇的許多困難，但她也在同一句話中補充，人盡皆知，這樣的孩子也最貼近人心。[22] 這時，這部作品引起了國際社會對榮格及其學問的濃厚興

與榮格。

21 參見《瑞士心理學及其應用期刊》（*Schweizerische Zeitschrift für Psychologie und ihre Anwendungen*），第 24 期，1965 年。參考書目中列出了雙姓「榮格 - 亞菲」。

22 勞倫斯・范・德・波斯特曾寫信告訴亞菲，榮格的獨子弗朗茲・榮格（Franz Jung）對他的一個電影項目提出批評。亞菲回覆勞倫斯・范・德・波斯特時表示：根據她的經驗，從事與榮格有關的工作，甚至是與榮格一起工作時，總是伴隨著痛苦。榮格書信的出版已經帶來了足夠多的困難，《榮格的回憶、夢與反思》所帶來的困難，更是像一座橫擋在面前的大山，難以逾越；而榮格研究所創建之際所伴隨而來的狂風驟雨，好像在古代建造新建築時，需要將某項祭品獻祭給未知神明一般。安妮拉・亞菲寫給勞倫斯・范・德・波斯特的信，1971 年 12 月 8 日，AAJD。

1983 年英文版的封面,佛拉明哥／方塔納出版社(Flamingo/ Fontana Paperbacks)。

1966 年法語版的封面，伽利瑪出版社。

趣,這對亞菲來說才是最好的獎賞。

一個意義重大的承諾

從一九六二年一月起,她忙著準備出版榮格的書信[23],並繼續從事作家、講師和分析師的工作。一九六三年英文版的《幽靈·死亡·夢境》非常成功,一年後又發行了第二版。[24] 再下一年,她在《人及其象徵》中的作品〈視覺藝術中的象徵〉廣受好評[25]——榮格的最後一篇文章就收錄在同一卷當中。多年來,它也成為了大量讀者的入門介紹書。

至於《榮格的回憶、夢和反思》裡,榮格對自己的人格有著令人印象深刻的描述,一號人格是植根於社會生活,二號人格則是榮格所謂的「內在人格」。在這本書出版後,不出所料,亞菲收到許

23　安妮拉·亞菲寫給好朋友卡爾·施密德(Karl Schmid)的信,1962 年 11 月 11 日:「目前,我與榮格的女兒瑪麗安·尼胡斯夫人,還有倫敦的阿德勒博士一起整理榮格的信件,準備將這些編成兩卷書來出版。所以我仍然在熟悉的環境下處理熟悉的材料。」ETH。
24　紐約,大學書局(University Books),1963 年,第二版 1964 年。如今英文版的第五版是從原來的《呈現和辨識》(*Apparition and Recognition*),由作者更名為《通向死亡夢與鬼的原型方法》(*An Archetypal Approach to Death Dreams and Ghosts*),戴蒙出版社,1999 年。之後被譯成多種文字。
【審閱註】:台灣版本為《幽靈、死亡、夢境:榮格取向的鬼文本分析》,心靈工坊即將根據英文新版內容,於 2021 年出版。
25　1964 年,倫敦;德語版《人及其象徵》(*Der Mensch und seine Symbole*)當中的〈作為象徵的視覺藝術〉,奧爾滕(Olten),1968 年。在撰寫這篇文章的過程中,亞菲獲得了法國國家圖書館(Bibliothèque nationale de France)的完整藏書目錄清單,該圖書館的一部分藏品安置在她叔叔漢斯·菲爾斯滕貝格(Hans Fürstenberg)的博梅尼爾城堡(Cháteau de Beaumesnil)中。菲爾斯滕貝格出版了多部藝術史和哲學的著作,例如《美學導論:對繪畫藝術的思考》(*Einführung in die Ästhetik. Betrachtungen über die Malkunst*,1978),以及《二十一世紀的辯證法:從原子物理學到人文科學得新思維方式》(*Dialektik des XXI. Jahrhunderts. Der neue Weg des Denkens von der Atomphysik bis zu den Wissenschaften vom Menschen*,1972)。戰後,他在諾曼底的莊園成為亞菲的隱居之地,她經常去那裡寫作。

多的邀請,其中大部分都是希望她能夠再談談榮格的一號人格,來補充書中所揭示的「內在人格」的經歷。對於這些邀請,她並不意外。為了完成這個任務,她書寫名為《榮格的最後歲月》的文章,透過回溯她對榮格的個人回憶,尤其來自他們多年來幾乎每天都會有的接觸。但是亞菲強調,這些都只是每個獨立時刻的側記或是一些主觀的速寫。一九六五至六六年間,在書寫的最後,她公開了榮格一個觸動人心的請求,和她一個意義深遠的承諾:「在博林根的一個秋天的早晨,在緊張的工作之後,榮格要我答應他,如果有一天,他不再出現在那裡的時候,代替他發言並回答有關他生活和工作的提問。」這段簡短的話很冷靜,幾乎是隨意的;榮格向來不喜歡誇誇其談。[26]

簡要地回顧一下亞菲自一九六三年至一九七八年間編輯與寫作的作品,就會發現她是多麼認真地對待這個承諾,並將其作為她此後人生中的主要任務,最後終於全心地投入到尚未出版的她與榮格的傳記對話記錄中。

首先,她將十多年的時間全都傾注於《榮格書信選》的出版工作上。一九六五年瑪麗安・尼胡斯-榮格去世後,在這項艱鉅的項目中,她與格哈德・阿德勒又失去了一位得力的同伴。除了編輯工作,亞菲還要負責大量英文與法文信件的翻譯工作。她絞盡腦汁地挑選、編輯著,目的為藉此揭示榮格在創作個人作品期間、或出版後的思想歷程,並且讓榮格的思想及其人際關係變得明晰起來。在《榮格的回憶、夢和反思》當中,人們可以知悉他內在的本質,

---

[26] 安妮拉・亞菲,1989 年,《榮格的生活和工作》(*Aus Jungs letzten Jahren*),第 159 頁;英文版:《*From the Life and Work of C.G. Jung*》,1987 年,第 153 頁,新譯自德文。兩本皆戴蒙出版社出版。

而透過這些信件則能清晰地彰顯了他人性的一面,與他「風趣,極其迷人,又外傾性的一面」。[27] 挑選與彙編這些資料的時間跨度很長,從一九〇六年延續到一九六一年,而她又以淵博的學識精心完成全面、仔細和有益的編輯註釋,而這些都得到了積極的肯定。她的編輯工作相當令人矚目,所以這本書能夠提供「最大程度在方向性上的指導」。從那時候開始,這些書信就成為了學術著作的有效補充與評論。[28] 榮格寫給母親、夫人和孩子的那些真摯的書信,通常是富有幽默感的。評論家後來常常感到遺憾的是,亞菲從這些信中挑選了一小部分,但繼承人卻不允許出版;尤其值得稱讚的是,亞菲並沒有為了修飾榮格的形象,而對某些書信進行刪減,甚至那些矛盾的內容和有爭議的內容也被保留了下來[29],因此光明的一面與陰影的一面全都出現了。

而其中一個陰影面成為了亞菲另一篇論文的主題,關於「榮格與納粹主義」這一問題詳盡的學術研究。在這過程中,她不僅參考了榮格的出版物與公開演講,還研究了自一九三三年到一九四六年間的信件。儘管她深深地感謝榮格的支持;但根據這些文件,她還是認為榮格的判斷實際上是有些失誤。在一九三三年,那個「身為猶太人足以讓人面臨生命危險」的時代,榮格選擇討論猶太人的

27　安妮拉・亞菲寫給布魯諾・克洛普弗(Bruno Klopfer)的信,1963 年 12 月 31 日,ETH。
28　參見於爾格・菲茲寫於蘇黎世市的《每日導報》(*Tagesanzeiger*),1972 年 11 月 15 日;阿爾弗雷德・里比(Alfred Ribi)寫於《蘇黎世報》(*Zürichsee-Zeitung*),第 263 期,1972 年 11 月 10 日;卡爾・阿爾弗雷德・邁爾寫給安妮拉・亞菲的信,1973 年 3 月 26 日:「你所完成的工作是繁冗而又價值匪淺的,你在追根溯源的過程中所做出的自我犧牲,你身上所展現出來的能力、嚴謹與踏實可靠,這一切都給人留下了震撼人心的印象。」AAJD。
29　「當我和格哈德・阿德勒在挑選榮格的信件時,我們都很清楚自己不想犯下不該出現的錯誤,也就是消除文本中原來的錯誤和失誤。對我們來說,這些信件包含了整個人的形象,這是很重要的一件事。」安妮拉・亞菲,《南德報》(*Süddeutsche Zeitung*),第 269 期,1972 年 11 月 18 日。

「差異性」（differentness），並且將種族心理學制定為學術項目，這對她來說是「一個嚴重的錯誤」。[30] 雖然，人們直到多年以後才瞭解，反猶太主義造成多麼難以估量的恐怖後果；但在當時，「認為猶太人是與眾不同的每一個暗示」，都可能成為炸藥而隨時引爆。「在這方面（……）沉默是當時的主流。」[31] 她得出結論，榮格在當時的一些著作中所顯現的對猶太人性格和猶太教的看法，儘管在當時是很普遍的，但卻充滿錯誤，完全是基於對猶太文化的無知。她表示：「作為原型的陰影是每個人都會有的，而且在那些人格散發的光芒越是明亮的人身上，他們的陰影就深黯。」[32] 在她看來，根據某些事實來說，第三方對榮格當時態度的批評確實是站得住腳的，尤其針對他在一九三三年和一九三四年期間那些作為的批評。但這些事實也同時證明，榮格既不是支持納粹也不是反猶太主義者。她認為，這一點從榮格作為一位醫生、作為一個活生生的人，不論是對待猶太人還是非猶太人，他都毫無保留的付出，可以得到證實以外，還有他後來許多的著作也都能夠作為證明。她默默進行著這份研究，直到完成後才向她的朋友勞倫斯·范·德·波斯特透露，當初自己在寫這篇文章之前，是花了多長時間才下定決心。她在接觸格爾肖姆·肖勒姆（Gershom Scholem）和他關於卡巴拉[33]（Kabbala）猶太哲學的著作以後，更加認識和欣賞到自己的猶太傳統。同時，一次前往以色列探望倖存親友的長途旅行，也對

30　安妮拉·亞菲，1989 年，第 86 頁。
31　同前。第 87 頁，英譯略改。
32　同前。第 98 頁。
33　【編註】：Kabbala 為希伯來語，字面意思是「接受、傳承」，是與猶太哲學觀點有關的思想，用來解釋永恆的造物主與有限的宇宙之間的關係。

她產生了深遠的影響。[34]

儘管她堅信榮格並不是反猶主義者，但榮格一九三〇年代的某些言論，在她看來仍然是「不可原諒」的。[35] 然而，她不能接受對榮格一概而論的評價：直到生命的盡頭，她都堅持不懈地反對在這方面對榮格的片面批評，她主張對榮格進行平衡的評價，並且懇求謹慎地去感知，既不要激化的論戰，也不要將他理想化。[36] 在去世前一年，她已經幾近失明，仍舊就這個主題做出最後的補充，為了能夠看到榮格對猶太教見解的全貌，以應對反覆提起的反猶太主義的指控。人們如果希望全面地瞭解榮格對猶太教的態度，她認為有必要瞭解猶太教上帝形象的矛盾性，為成熟以後的榮格留下的深刻影響。在榮格看來，相比於基督教中描述的慈愛的上帝，猶太教

---

[34] 參見格爾肖姆・肖勒姆（Gershom Scholem）《猶太教神祕主義主流》（*Major Trends in Jewish Mysticism*），1941 年。亞菲通過艾拉諾思會議而結識了來參加會議的肖勒姆，還有物理學家和科學史學家什穆埃爾・桑伯斯基（Shmuel Samburksy）。直到桑伯斯基去世，她都與他保持著真摯的友誼。也可參見安妮拉・亞菲寫給英格麗特・吉法德（Ingaret Giffard）的信，1968 年 11 月 6 日：「在以色列逗留後，我感覺自己的猶太性完全轉化了。它是原古的，是同時屬於古代和現代的。」（原文是英文。）AAJD。

[35] 1976 年 5 月 26 日，在一封寫給勞倫斯・范・德・波斯特的信中，她寫到，榮格的某些陳述會讓她深感沮喪，首先尤其是在 1930 年代時他談到：「佛洛伊德和阿德勒所持有的觀點，是具有猶太人典型的破壞性特徵。」在這裡，他使用了典型的納粹辭藻，而他後來也從未進行過自我批評，也未與之劃清界線：「我真正要指責的是，有些（雖然很少）句子總是被人引用在反對他的場合，但他在《當代時事評論集》（*Aufsätze zur Zeitgeschichte*，1946）一書中並沒有任何文章提及這些句子。如果他發表《當代時事評論集》的時候，能夠以某種結語的形式添加一些解釋，比如，他此時的立場，又或是他為什麼會改變自己的觀點，那麼我們所有人在面對這些事的時候，就能夠更加清楚明白，也更從容一些。我無法為他所提及的內容找到任何藉口，但我們不應忽視人格的整體性。我們不應該僅從一個人的錯誤來判斷他這個人，判斷他的工作……有一次榮格告訴我：『兩個人之間，真實的關係從來都不是從兩人自身優勢的地方萌芽的，而是從克服了彼此的弱點之後才得以發生。』」AAJD。

[36] 但留給的她還有以下問題：在 1933-1939 年，參加「心理治療醫學總會」（Allgemeinen ärztlichen Gesellschaft für Psychotherapie，英文 General Medical Society for Psychotherapy）來試圖減輕對猶太同行的傷害，真的會比保持距離還好嗎？這真的有必要嗎？參見安妮拉・亞菲，1989 年，第 85 頁。

上帝形象這種自相矛盾的形象還更優越一些。猶太人對內在矛盾性的認識，在人類責任的轉化與新的內涵過程是決定性的角色。榮格發現這是卡巴拉學者以撒・盧里亞（Isaac Luria）著作中的一個主題：「猶太人的優勢在於他們早就預見了意識在自身的精神歷史中的發展。」[37]

她的作品當中，除了各種有關共時性現象或煉金術在榮格心理學中的重要性的文章外，這一時間還撰寫了《榮格作品中意義的神話》（The Myth of Meaning in the Work of Jung），該書德文版由拉舍爾出版社於一九六七年出版。[38] 在書中，她介紹了榮格尋求洞察力的幾個重要面向，並且說明了榮格從意識和無意識的相互作用中得出人類存在的目的——簡言之，榮格提出面對「生命之無意義」的可能意義。在她生命的最後幾年，她認為這本書是自己最重要的一本，幾年後，霍爾翻譯的英譯本也隨之出版。[39] 拉舍爾出版社在一九六八年以書籍的形式出版了她的幾篇論文，標題為《榮格的最後歲月》，不久之後，這本選集也在美國和英國出版，也是由霍爾

37　參見安妮拉・亞菲，1989 年，第 100 頁及以後；榮格寫給詹姆斯・克許的信，1954 年 2 月 16 日，榮格，《榮格書信選》第二卷，第 154 頁及其下；格爾肖姆・肖勒姆，1941 年《猶太教神祕主義主流》（Major Trendsin Jewish Mysticism），第七章〈艾薩克・盧里亞及其流派〉（Isaac Luria and his School）。

38　安妮拉・亞菲，〈超心理學：經驗與理論〉（Parapsychologie. Erfahrungen und Theorie），收於《榮格的最後歲月》，戴蒙出版社，艾因西德倫，1989 年；首次發表於斯邁西斯（J.R. Smythies）的《科學與超感官知覺》（Science and ESP）一書，勞特利奇與基根．保羅出版社，倫敦，1967 年。安妮拉・亞菲，〈煉金術〉，見《榮格的最後歲月》，戴蒙出版社，艾因西德倫，1987 年；〈煉金術對榮格工作的影響〉（The Influence of Alchemy on the Work of Jung）首次發表是作為前言，刊出在《梅隆藏書：煉金術和神祕學的》（The Mellon Collection of Alchemy and the Occult）一書中，1966 年，耶魯大學出版社（Yale University Press）；也可參見雜誌《春泉》，1967 年，第 7-25 頁。

39　《榮格作品中意義的神話》，霍德與斯托頓出版社（Hodder & Stoughton），倫敦，1970 年／普特南森出版公司（G.P. Putnam's Son），紐約，1971 年。

在以色列短期逗留之後,一生都是世界主義者的安妮拉・亞菲繼續乘貨船和駱駝沿著北非海岸旅行。

安妮拉・亞菲,拍攝於 1978 年

攝影:弗蘭克・赫爾曼

翻譯成英文。[40]而德文版的《榮格書信選》分為三卷，於一九七二年和一九七三年相繼出版。[41]

在七〇年代的艾拉諾思會議上，安妮拉・亞菲多次就榮格的工作和生活的具體方面發表演講。第一場講座的主題是「榮格生命中的幾個創造性階段」（The Creative Phases in Jung's Life），在這論文中，榮格的作品在她的描述下，成為了榮格個體化道路上的階梯。[42]同年夏天，她還受邀參與了喬納森・斯蒂達爾（Jonathan Stedall）和勞倫斯・范・德・波斯特共同製作的影片《榮格的故事》（*The Story of Carl Gustav Jung*），她在影片中接受了採訪。[43]一九七三年，艾拉諾思會議的開場中，她發表了自己的研究〈超心理學中的共時性與因果性〉（Synchronicity and Causality in Parapsychology]）。[44]其中包括對當時超心理學研究的概述，和佛洛伊德與榮格論文中這類研究的設計，以及對榮格共時性思想的討論。在她與沃夫岡・包立（Wolfgang Pauli）的談話中，這個話題經常成為討論的主題。

40　《榮格的生活與工作》（*From the Life and Work of Jung*），哈珀出版社（Harper & Row），1971年／霍德與斯托頓出版社，倫敦，1971年。
41　德文版《榮格書信選》第一、二、三卷，是由安妮拉・亞菲與格哈德・阿德勒合作編寫，沃爾特出版社（Walter），奧爾滕，1972年，1973年。亞菲的編輯工作沒有獲得版稅方面的報酬；在第一次獲得工作酬金後，她已經無償工作了許多年。為了這部「偉大的作品」，亞菲是「如此細緻，又是如此無私」。為了向亞菲「表達最誠摯的感謝」，在書籍出版後，榮格繼承人協會（die Erbengemeinschaft Jung）將三本皮革裝訂本作為「價值5000瑞士法郎禮物」送給了她；弗朗茲・榮格亦寫信給安妮拉・亞菲致意，1973年8月31日，AAJD。
42　安妮拉・亞菲，1985年，第9-45頁；首次發表在《艾拉諾思年鑑》（*Eranos Jahrbuch*），1971年，第40卷。
43　這部影片拍攝於1971年的夏天，於1972年在英國廣播公司（BBC）分三部分播出。除了亞菲，參與影片受訪的還有卡爾・阿爾弗雷德・邁爾和榮格的孫兒迪特・鮑曼（Dieter Baumann）。
44　安妮拉・亞菲，1985年，第47-87頁；首次發表在《艾拉諾思年鑑》，1973年，第42卷。

一九七三年,亞菲的人生發生了一件重大的事情:三十多年來,她再一次踏上德國的土地,經由弗萊堡返回柏林。後來,在一篇紀念心理學和心理健康前沿領域研究所(Instituts für Grenzgebiete der Psychologie)所長漢斯・本德教授(Hans Bender)的文章中,她描述了當自己越過巴塞爾邊境時,心中湧動的強烈情緒。在弗萊堡的漢斯・本德教授研究所裡,她得到了熱烈的歡迎,不安與緊張的心情才漸漸消退,也才能夠更加從容地前往柏林。在柏林,亞菲在威廉・佩特(Wilhelm Bitter)和國際醫師與心靈牧師協會(Internationalen Gemeinschaft Arzt und Seelsorger)組織的會議上,就榮格思想中有關「死亡」的觀點,進行了一場演講。[45]

　　當她重新回到童年和青年時代曾經熟悉的城市時,起初是非常痛心的,但很快她就在故土重新感受到了家的感覺。一年後,就在一九七四年,作為「國際深度心理學協會」(Internationalen Gesellschaft für Tiefenpsychologie)的會議發言人,亞菲又回到柏林。七十年代亞菲曾兩度訪問柏林,柏林這座城市自戰爭結束以來就一直分裂著,一九八九年,年邁的她在遠處目睹了柏林圍牆的倒塌,內心深受感動。

　　在一九七四年艾拉諾斯會議的演講中,亞菲選擇了人類在歷史進程中越來越有意識的集體過程,將個人的自我實現之路與集體的個體化歷程來一起比較。[46] 這講題是源自榮格當年的觀念:

45　安妮拉・亞菲,〈榮格對死亡的見解〉(Der Tod in der Sicht von Jung),見《關於死亡》(in Im Umkreis des Todes),戴蒙出版社,艾因西德倫,2013年。首次公開於威廉・佩特(編)《衰老與死亡:壓抑與應對》(Alter und Tod. verdrängen oder bewältigen),柯萊特出版社(Klett),斯圖加特,1974年。

46　安妮拉・亞菲,〈人類的個體化〉(Individuation der Menschheit),收於《榮格的主題:超心理學,個體化,納粹主義》(Parapsychologie, Individuation, Nationalsozialismus-Themen bei C.G. Jung),戴蒙出版社,艾因西德倫,1985年,首次發表於《艾拉諾思年鑑》,1974年,第43

一九五五年，榮格被蘇黎世聯邦理工學院授予榮譽博士學位時，當時的頌詞中他被稱讚為「人類個體化歷程」的詮釋者。在一九七四年艾拉諾思的演講裡，她論文的核心是在猶太教-基督教背景下上帝意象和人類意象的轉化。在亞菲看來，依榮格的思想，從宗教和心理學角度來審視和面對上帝形象包含善與惡的雙重性，將可以改變我們對人類角色和自明性（Selbstverständnis）的理解：盡可能有意識地認識和整合對立的力量，既是我們的特權，也是我們的責任。關於榮格對這個主題的論述，她再一次發表在本書的第一部的第七章。[47] 第二年，她在艾拉諾思的最後一次演講中，她強調，榮格的貢獻對那次在馬焦雷湖（Lago Maggiore）年會的重要性，[48] 她描述了這會議的創始人奧爾嘉・弗勒貝-卡普泰因（Olga Fröbe-Kapteyn）最初是如何打算為東西方哲學和靈性的代表，構建一個聚會的場所，而榮格的加入，使艾拉諾思成為了自然科學和人文學科之間的思想交流場所，在這裡可以討論跨學科與跨宗教領域的內容。

一九七五年，在榮格誕辰一百週年之際，蘇黎世市與榮格研究所及心理俱樂部合作，在蘇黎世舉辦了一次展覽。沃爾特出版社（Walter Verlag）請求安妮拉・亞菲，可否挑選一百封榮格的信件，彙編成平裝本。[49] 亞菲不計報酬地完成了這項任務，而且也沒有對自己的編輯作品提出任何版稅要求。在這次百週年展覽中，亞

卷。
47　具體參見第 236 頁及其後。
48　安妮拉・亞菲，〈榮格與艾拉諾思會議〉（Jung und die Eranos-Tagungen），見《榮格的最後歲月》，戴蒙出版社，艾因西德倫，1987 年；首次發表於《艾拉諾思年鑑》，1975 年，第 44 卷。英譯本刊於《春泉》，1977 年，第 201 頁及其後。
49　安妮拉・亞菲，《選集：榮格的 100 封信》（Jung-100 Briefe. Eine Auswahl），奧爾滕，沃爾特出版社，1975 年。來自於與羅伯特・亨蕭的談話，音頻資料，AAJD。

菲與科妮莉・布魯納（Cornelia Brunner）、莉莉安・弗雷 - 羅恩和瑪格達・佩斯塔洛齊（Magda Pestalozz）等人組成團隊負責籌備工作。從一九七五年三月十四日到四月十三日，展覽在蘇黎世霍爾姆豪斯（Helmhaus）藝術博物館舉辦。由於這次展覽廣受公眾好評，之後又繼續在巴塞爾和伯恩展出。[50] 後來在瑞士文化基金會（Pro Helvetia）的支持下，這次展覽成為了國際性的展出，日後在全球四十多個城市舉辦，而這也為亞菲帶來另一項重大的編輯工作。

一九七一年以後，沃爾特出版社從拉舍爾出版社手中接管了榮格相關出版物計劃後，一九七六年，亞菲應沃爾特出版社的要求，整理大量的文字和圖片編輯成冊，以書名《榮格：意象與談話》出版。[51] 出版商將這本書與展覽聯繫起來：「展覽的參觀者要求出版一本書，以通俗易懂、圖文並茂的方式，概述這位偉大精神醫學家的研究、經歷和見證。……現在，這本獨一無二的精美著作問世了。」身為榮格長期的同事，亞菲「從她對這位學者的思想世界、生活、計劃的直接瞭解」而設計了這一本作品。[52] 讀者與媒體對這部作品讚不絕口，[53] 亞菲尤其高興的是，榮格的女兒們親自致贈絲帶祝賀她。各界稱讚的的理由大同小異：書中大量引用了榮格的作品，包括很多當時未曾公開過的內容──原本保存在《紅書》裡的信件、日記和珍貴的繪畫作品。然而，仍出現零零散散的反

50　科妮莉・布魯納，《1975 年度報告》，心理俱樂部，蘇黎世。
51　安妮拉・亞菲（編），《榮格：意象與談話》（*Jung: Word and Image*），普林斯頓大學出版社，1979 年。
52　編輯約瑟夫・拉斯特（Joseph Rast）寫於作品的說明，同前。
53　該書「對榮格的外部與內在發展進行了嘆為觀止的洞察」，是「關於榮格可以買到的最好的一部作品」，NZZ─新蘇黎世報，1977 年 12 月 13 日；這是「這是一次成功的介紹，讓我們能夠非常輕鬆地進入到這位複雜的瑞士心理學家那複雜的宇宙中」，《瑞士週刊》，1977 年 8 月 3 日，ETH。

對聲音，認為書中缺漏了對榮格應有的批評，因此「對他的爭議一如既往地留給了他的對手」，「這些人指責榮格，例如布洛赫（Bloch）指控他是法西斯主義；斯特恩（Stern）說他具有精神失常的特徵；巴爾姆（Balmer）批評他完全不科學。」[54] 這本書面市一年以後，《榮格：意象與談話》第二版也發行了。普林斯頓大學出版社自一九六九年以來就接手負責出版博林根系列，其中也包括英文版的《榮格全集》。這一次負責英文翻譯的是克里希納・溫斯頓（Krishna Winston），她是翻譯家克拉拉・溫斯頓與理查德・溫斯頓的女兒；最後普林斯頓大學出版社於一九七九年冬天發行了英文版。[55] 直到一九八五年，德文版的第二版中才將安妮拉・亞菲確定為作者，並稱這本書為傳記。

接下來，亞菲為一本雜誌撰寫了一篇文章〈合為一體的現實與創造性〉，獻給她英年早逝的老朋友艾瑞旭・諾伊曼——世紀之交後的不久，他們幾乎同時誕生在柏林，而且，他們同為猶太人與榮格共事了幾十年。[56] 在完成這篇文章之後，她將精力投入到她的最後一部作品中。

---

54 君特・梅倫（Günther Mehren）發表在《斯圖加特報》（*Stuttgarter Zeitung*）1978 年 1 月 4 日，AAJD。審稿人參考了恩斯特・布洛赫（Ernst Bloch）在〈意象從內心深處發光〉（Imago als Schein aus der Tiefen）中的陳述，《這個時代的遺產》（*Erbschaft dieser Zeit*），《布洛赫全集》第 4 卷，1977 年；保羅・斯特恩（Paul Stern）在《榮格：無意識的先知》（*Jung. Prophet des Unbewussten*）中的陳述，1977 年；以及海因里希・巴爾姆（Heinrich Balme）在《評論：榮格的原型理論》（*Die Archetypentheorie von Jung. Eine Kritik*）中的陳述，1972 年。
55 英文版《榮格：意象與談話》（*Jung: Word and Image*），由安妮拉・亞菲編輯並撰寫序言，博林根系列叢書 XCVII:2，普林斯頓大學出版社，1979 年。
56 〈合為一體的現實與創造性〉（Die Einheitswirklichkeit und das Schöpferische），迪克曼（H. Dieckmann）等人編寫，《無意識的創造力：紀念艾瑞旭・諾伊曼誕辰 75 週年》（*Kreativität des Unbewussten: zum 75. Geburtstag von Erich Neumann*），《分析心理學雜誌》（*Zeitschrift für Analytische Psychologie*），第 11 卷，卡爾格出版社（Karger），巴塞爾，1980 年。

VIII 一部篇幅不大，
  但影響深遠的手稿誕生了

在《榮格的回憶、夢和反思》出版的十五年後，七十五歲的安妮拉・亞菲，已經成為享譽國際的作家，並且繼續擔任講師和精神分析培訓師。在生命即將走向終點的時候，她想要再徹底檢查自己的材料，如果有可能的話，還可以在最後的日子裡，處理那些懸而未決的項目。這次審查還牽涉到一個問題，那些有價值的文件應當存放在哪裡？究竟是要保存在榮格研究所裡，還是保存在蘇黎世聯邦理工學院的榮格檔案館裡？關於第二個選項，其實已經討論許久了。

在完成這項工作的時候，她偶然發現了一些紀錄的文件夾。在創作《榮格的回憶、夢和反思》過程中，她曾經按照主題將不同的記錄歸檔到不同的文件夾中。如今，這些文件夾裡，還含有一些基礎材料的剩餘文本。在寫給沃爾特出版社的吉多・埃爾伯（Guido Elber）的一封信中，亞菲稱它們是「沒使用過的殘羹剩飯」。[1] 早

---

[1] 安妮拉・亞菲寫給吉多・埃爾伯（Guido Elber）的信，1978 年 8 月 9 日：「在這同時，當我挖掘與榮格為《榮格的回憶、夢和反思》所進行的會談紀錄，發現有不少未曾使用過的內容，我從這些沒使用的『殘羹剩飯』中挑選部分彙編起來，於是，一份內容不甚詳實的手稿誕生了，它篇幅雖小，但影響巨大。」AAJD。

些時候，她曾將這些與主題相關的片段都稱為「馬賽克碎片」，想著要將它們拼湊在一起，形成一幅完整的畫面。而這時，她決定編輯其中尚未使用的筆記，這些筆記長短不一，意義各異，但卻可以提供對榮格生平和思想的額外一瞥，希望能將它們合併成一份手稿，作為《榮格的回憶、夢和反思》一書的「附錄」（Nachtrag zu den Erinnerungen）。[2] 如今，再也沒有出版商的束縛，編輯也不用遵循任何時間順序，亞菲決定鬆散地排列這些「馬賽克碎片」。她首先對筆記進行了挑選，並將內容分為四個主題[3]，章節長短不一。為了強調榮格在這些陳述時的自發性，她在每一個或小或大的章節中，都會標識出會談日期；而為了清晰呈現這些陳述的背景，就需要對榮格的現實生活進行說明，因此她盡可能地在開頭或註釋中做一些簡短的介紹性評論。[4] 一九七八年八月，新的初稿已經完成，不過亞菲還將對其進行多次修改。

亞菲之所以開始這項新計劃，是出於她的責任感，是為了對榮格負責，也是對榮格心理學和生平感到興趣的新一代讀者的責任感。這時已經有越來越多的讀者注意到榮格心理學，同時有興趣對榮格的人生經歷做進一步瞭解；然而，創作《榮格的回憶、夢和反思》一書所經歷的長期法律糾紛、他人對她工作的干涉，以及一些出版商對她著作權的漠視，迄今亞菲仍然記憶猶新，因此她決定提前跟一位中立的權威人物釐清自己的權利。她向律師馬席斯・貝奇（Mathis Baechi）求助，他是負責榮格研究所一系列出版物的律師，亞菲「想從一位精通出版事務的法律專家處，獲取局外人的意

2　同前。
3　【繁中版編註】：繁體中文版進一步細分為七個章節。
4　關於這一點，也可見本書亞菲所寫的引言，於第6頁及以後。

見。」[5]貝奇律師認為亞菲有權利發表手稿，因為這些權利是有依據可循的，也是被明確賦予的。貝奇之所以得出這一結論，是基於一九五七年十月二十一日，榮格曾經明確地將會談紀錄的版權轉讓給了亞菲，並且以書面的形式確立了下來；此外，還「授權」她，「盡您所能來使用這些與我的談話紀錄」，也就是說，亞菲可以依靠自身的判斷，不受限制地去運用。[6]榮格本人轉讓給亞菲的版權範圍，後來也擴大到了他親筆的自傳文本這一部分，沒將這些文字作為自己的學術著作放入全集裡；同時也允許她對會談內容進行刪減和補充，並自行酌情發表。[7]另外，就這份新手稿的文字而言，貝奇也沒有在其中看見任何誹謗內容；在他看來，繼承人是否同意並非是出版的必要條件。[8]

事實上，儘管獲得了榮格的許可，但無論是本書還是在稍早的出版物中，亞菲一直鮮少使用到這些資料，她對榮格的自傳文本幾乎沒有進行過摘錄或整合。儘管與之前《榮格的回憶、夢和反思》一書相較，這份新手稿的內容更多取自她自己的紀錄，但她如今還是參照以前《榮格的回憶、夢和反思》的協議，將一半的版稅分給榮格的繼承人。[9]而且，儘管她的律師貝奇已經加以保證了，但亞菲還是擔心其中的一些內容可能會引起繼承人們的異議。過去有幾

---

[5] 安妮拉・亞菲寫給格爾達・尼迪克（Gerda Niedieck）的信，抄送給律師馬席斯・貝奇（Mathis Baechi）的信，1980 年 11 月 9 日，AAJD。
[6] 榮格寫給安妮拉・亞菲的信，1957 年 10 月 21 日，AAJD，YBL。
[7] 同前。「我所寫自傳紀錄的摘錄和片段，您可以利用它們，將其作為一種補充，使紀錄更加完善。」
[8] 參見律師馬席斯・貝奇寫給伯索爾德・高普（Berthold Gaupp）、抄送給安妮拉・亞菲的信，1980 年 4 月 24 日，AAJD。
[9] 安妮拉・亞菲寫給吉多・埃爾伯的信，1978 年 11 月 15 日；安妮拉・亞菲寫給赫爾穆特・亨格布勒的信，1978 年 11 月 26 日；馬席斯・貝奇（Mathis Bacchi）寫給伯索爾德・高普的信，1980 年 4 月 24 日，AAJD。

位繼承人曾經強烈反對《榮格的回憶、夢和反思》當中的某些段落，這些過往對亞菲來說依然是歷歷在目。很快她，她的預感果然成真了。

在首次告知沃爾特出版社的吉多・埃爾伯這一寫作計劃時，她特別補充道：「為了避免出版過程出現任何的麻煩，我建議在我過世後數年再出版這本小冊子——如果真會出版的話——當然我不知道，沃爾特出版社是否願意參與其中。」[10] 儘管擔心有這一限制，但她仍然覺得自己有責任將這些內容提供給對榮格有興趣的讀者。埃爾伯的好奇心被激起，答應立即閱讀這份手稿。一九七八年十一月初，兩個人見面，埃爾伯立刻提出將這本書納入下一年度，也就是一九七九年春季的出版計劃，亞菲覺得這太過倉促了。她覺得首先應該做的，就是通知榮格的繼承人們，有關出版計劃和安排百分之五十版稅的訊息；但她沒有信心，不認為這件事能夠順利進行。她授予沃爾特出版社直到一九七九年十二月三十一日的出版權。埃爾伯隨即建議，為了避免亞菲萬一離世後在出版方面出現問題，她應該寫一份額外的遺囑：該遺囑指定沃爾特出版社為手稿的所有者，並規定出版社承諾讓這份手稿確保「在適當的時候」出版。不久後，亞菲根據這個想法起草了一份文件，寄給出版商和她的遺囑執行人，並在手稿上寫下了「沃爾特出版社財產」的字樣。[11]

一年的時間很快就過去了，埃爾伯沒有關於這個項目任何進一

10　安妮拉・亞菲寫給吉多・埃爾伯的信，1978 年 8 月 9 日，AAJD。
11　最後她補充，這份手稿暫定的標題是「榮格敘述」（德文 Jung erzählt；英文 Jung narrates），在榮格留給她的物品中，這份手稿是其中最寶貴的內容之一。安妮拉・亞菲寫給沃爾特出版社的吉多・埃爾伯，1979 年 11 月 15 日，AAJD。

步的消息。在與他的談話中，亞菲瞭解到，到目前為止還沒有做出任何決定，是因為他們不想與榮格的繼承人發生爭執，所以尚未決定出版事宜；沃爾特出版社現在認為，他們不能冒著失去繼承人好感的風險，因為未經他們的同意，亞菲可能無權使用這份手稿。亞菲再次向埃爾伯明確地表示，自己「可以自由地處置手稿」，因為手稿內容僅僅是基於自己的筆記，因此，她現在要求埃爾伯將遺囑的副本銷毀，或將其標記為「無效」。她在給埃爾伯的信中寫道：「我們曾就對我來說十足重要的一份手稿共同達成的協議，如今卻被遺忘了，而我從去年夏天以來一直徒勞的等待著這個決定，這令我非常痛苦。」[12] 亞菲這時與德國的邦茲出版社（Bonz Verlag）就另一本書[13]已經進行了一段時間的聯繫，知道有這份手稿的邦茲出版社，表示：如果沃爾特出版社決定不出版，他們極樂於接手這一手稿的出版。最後，安妮拉・亞菲與邦茲出版社商定，一旦簽訂合約以後，出版社會以發送合約副本的方式，將這一切通知榮格的繼承人們。[14]

12　安妮拉・亞菲寫給沃爾特出版社的吉多・埃爾伯，1979 年 11 月 22 日，AAJD。
13　安妮拉・亞菲，《安娜・金斯福德：宗教妄想和魔法》，1980 年首次出版，邦茲出版社（Bonz），費爾巴赫市（Fellbach）。「榮格第一次把她的傳記交給我編輯，這是傳主的朋友愛德華・梅特蘭（Edward Maitland）所撰寫，大約一百頁。在《金花的祕密》中，榮格所提及光的幻象（Lichtvision），就是她這位朋友所見。安娜・金斯福德（Anna Kingsford, 1848-1888）是醫師、神祕主義者、神智論者、幻想家，同時也是一名謀殺犯。如果不是梅特蘭的傳記中豐富的夢境、靈視與積極想像，這個生命故事中充滿的那些難以描述的黑暗，時有時無的怪誕甚至是病態的描述，充其量只能稱為一部心理驚悚劇。」安妮拉・亞菲寫給伊娜絲・布霍弗（Ines Buhofer）與吉多・埃爾伯的信，1979 年 3 月 4 日，AAJD。沃爾特出版社的編輯伊娜絲・布霍弗認為這個故事令人「惴惴不安」，也沒有利潤可言，於是由邦茲出版社接手了這個項目。第二版，戴蒙出版社，艾因西德倫，1986 年。
14　以安妮拉・亞菲之名寫給邦茲出版社的書信，1980 年 4 月 24 日，AAJD。

「因為她是作者,她的態度才是最核心的」[15]

就在安妮拉・亞菲重新看過自己的材料,並著手編寫新手稿的第一版時,她並不知道,在大西洋的另一端,她的一些筆記副本和她傳遞的其他文件意外曝光,這些材料也突然處於聚光燈下,在頻繁往來的書信中引起了激烈的討論:亞菲曾在一九五〇年代交給庫爾特・沃爾夫一些資料,其中包括與榮格在一九五六年九月二十一日至一九五八年九月十九日會談後的紀錄及其他的材料。從下文中可以清楚地看出,威廉・麥奎爾在這件事中扮演了關鍵角色。當博林根系列叢書由普林斯頓大學出版社接管後,麥奎爾是唯一受雇於新出版社的老雇員。隨著英文本《榮格全集》第十八卷在一九七六年出版,他多年的工作也即將接近尾聲。該叢書的長期資助者保羅・梅隆在一九六三年十二月底做出決定:雖然他仍會資助已經計劃好的各卷,但一旦出版,他就會退出。在當時,梅隆的基金會為整個系列已經投入了數百萬美元,他認為自己已經實現了對榮格作品所做出的承諾。而約翰・巴雷特一直以來都是博林根系列叢書的主編,當巴雷特於一九六九年七月三十一日退休時,這系列也就正式成為普林斯頓大學出版社的一部分。

七十年代後半,庫爾特・沃爾夫的遺孀海倫曾經拜訪巴雷特。她將一個沈甸甸的包裹交到他的手中,同時懇求他要保護她日後免受任何可能的法律糾紛。[16] 由於海倫聲稱,包裹裡有許多珍貴的榮

---

15 「因為她是作者,她的態度才是最核心的。」威廉・麥奎爾寫給普林斯頓大學出版社,赫伯特・貝雷(Herbert Bailey)的信,1977 年 6 月 29 日,LoC,手稿區。(原文是英文。)
16 參見威廉・麥奎爾寫給保羅・梅隆的信,1979 年 4 月 4 日,國會圖書館手稿區(Library of Congress, Manuscript Division, LoC/MD)。

格自傳材料,是榮格自己原始的文本,而且是禁止出版的,因此巴雷特將這些原始文本分別交給了保羅・梅隆及他的律師唐納德・奧斯本(Donald Osborn)。到了那裡,這些文件又被送到普林斯頓大學出版社社長赫伯特・貝雷(Herbert Bailey)的手中,之後他轉交給威廉・麥奎爾進行內容審查。最核心問題是,在這裡面是否真的有榮格未發表的文本?[17]

這批文件中,最重要的材料是亞菲與榮格會談的筆記副本,其中包含從一九五六年九月二十一日到一九五八年九月十九日的會談筆記(亞菲將最後一次誤記為十月十九日),另外還有一些其他的文件,包括根據榮格手稿〈從我生命中的最初事件說起〉而撰寫成《榮格的回憶、夢和反思》一書的前三章,以及其他章節的許多草稿。這一批材料可以清楚地看到,庫爾特・沃爾夫在沃夫岡・紹爾蘭德的支持下,試圖干涉該書創作過程的程度。這些亞菲的筆記紀錄到達紐約後,不僅被增添了一些註釋,還遭到錯誤的刪減,而且經常遭到重新肢解剪裁,又與之前或之後的筆記摘錄組合在一起。此外,這些文章中還有許多不同版本的章節草稿——不僅有亞菲撰寫的,還有庫爾特・沃爾夫在紹爾蘭德的協助下重新整理的幾章草稿。

為什麼海倫・沃爾夫直到這一刻才把這些材料交給巴雷特?為什麼是交給他,而不是交給亞菲或榮格的繼承人們?為什麼要向巴雷特強調,希望對方能確保自己能避開任何的法律問題?[18] 很明顯地,透過她的丈夫以及萬神殿的其他人,海倫・沃爾夫瞭解到,當

17　參見威廉・麥奎爾寫給赫伯特・貝雷的信,1977 年 6 月 29 日,唐納德・奧斯本寫給赫伯特・貝雷的信,1977 年 7 月 13 日,兩封信均保存在 LoC/MD。
18　威廉・麥奎爾寫給保羅・梅隆的信,1979 年 4 月 4 日,LoC17。

初亞菲的律師佩耶曾經要求歸還一切的會談紀錄和文本。庫爾特‧沃爾夫沒有遵守這個要求，可能是他試圖隱藏自己沒向亞菲和榮格公開的編輯工作，也可能是緣於庫爾特對他們二人的埋怨，或是對萬神殿的怨恨。作為出版商，沃爾夫對這一切可能的問題是瞭若指掌的，他必然知道，與亞菲簽訂的合約寫明，萬神殿只享有與她商定之作品的合法權利；至於亞菲的原始素材和工作材料，她曾明確指出過，萬神殿沒有權利處理。[19] 確實，在他的催逼之下，她順從地提供過談話紀錄和其他的文件以示善意，但是她從未轉讓過這些資料的任何權利。

在檢查了這些材料並與巴雷特進行討論之後，麥奎爾於一九七七年六月底將其中的內容告知了他的上司貝雷：包裹裡面一共有七個文件夾，裡面是一些德語材料、草稿，以及關於《榮格的回憶、夢和反思》一書的筆記、草稿和研究文件，主要是德文。麥奎爾在翻閱這些材料時，以字母 A 到 G 給文件夾貼上標籤，並在每一頁標上了頁碼。A 是他認為文件夾中內容最為重要的部分：「所謂的會談紀錄」和「亞菲女士與榮格談話（速記？）筆記的謄本」，日期是「一九五六年九月二十一日至一九五八年五月二十三日」。[20] 而 C 文件夾中所包含的文本，麥奎爾認為，這是根據榮格自己的生命早期所撰寫的文字，但已經經過編輯和擴充，讓人無法

19　見第 262 頁。安妮拉‧亞菲寫給庫爾特‧沃爾夫的信，1957 年 11 月 2 日，YBL；榮格也對這一限制條款明確表態過。自 1957 年 11 月起，庫爾特‧沃爾夫一開始向安妮拉‧亞菲支付過預付款，後來暫停了。這是作者版稅的預付款，但絕不是用於購買這些材料。

20　麥奎爾寫給赫伯特‧貝雷的信，1977 年 6 月 29 日，LoC。（原文是英文。）「亞菲女士與榮格談話（速記？）筆記的謄本，記錄日期從 1956 年 9 月 21 日開始，至 1958 年 5 月 23 日截止。」頁碼打在每頁的右上角。顯然，麥奎爾的審查不是很紮實，對德文掌握能力的不足可能是原因之一。他既沒有遵循確切的時間順序來進行分頁，而在標以「沃爾夫夫妻」的檔案裡，卻放入亞菲和榮格一直到 1958 年 9 月 19 日對話紀錄的複本。

確定這是否就是榮格的原始文本；除此以外，這個文件夾裡還包含了亞菲從會議紀錄中節選出、關於榮格這階段人生的內容，麥奎爾在這裡第一次將它們描述為「口授版本」。[21] 其餘的文件夾中，包含在蘇黎世和紐約編輯或整理的章節，以及與榮格相關的文件。麥奎爾總結：「換句話說，在我看來，這裡的文件沒有任何一份可以視為純粹是來自榮格的。」[22] 除了某些章節因編輯原因或是家族阻力而沒有出版外，其他部分均已出版。在亞菲的會談紀錄中，麥奎爾聲稱，只找到一兩頁關於托妮・沃爾夫的文章，還有一小部分榮格對已故夫人艾瑪的思念。麥奎爾認為，如果要對這份寶貴的傳記材料進行整理和評估，實際上只有兩個人堪此重任，那便是安妮拉・亞菲和沃夫岡・紹爾蘭德；不過在麥奎爾眼裡，這項任務只能委託給紹爾蘭德，並請他翻譯出那些尚未出版的段落。麥奎爾告訴貝利，梅隆和巴雷特對英譯本都很感興趣。為什麼麥奎爾是提名紹倫德，而不優先考慮安妮拉・亞菲呢？麥奎爾這樣做的動機，我們可以從他對貝雷的解釋中間接的瞭解到：他覺得很難預測亞菲對材料的態度。由於這些材料大部分都是副本，也許她自己「早已默默地……保留一份副本了」；如果是這樣的話，那麼毫無疑問，她會希望保留這些文件，但目前卻會反對出版。「因為她是作者，她的態度才是最核心的。」[23]

麥奎爾對老闆貝雷隱瞞了非常重要的訊息：他自己已經將材料的相關情況告訴紹爾蘭德，而且紹爾蘭德也承諾負責審閱和翻

21　同前。
22　同前。「換句話說，我相信這裡沒有任何打字稿可以被認為純粹是榮格的。」
23　同前。「亞菲女士對這些文件的態度是無法預知的。我突然想到，她可能也會默默地留存了一份，因為這大部分是複寫本。我確信她贊同將這些文件保管好；但她可能會反對現在以任何方式公開它們。因為她是作者，她的態度才是最核心的。」

譯。[24] 在此之前，麥奎爾在紹爾蘭德的幫助下，兩人合作整理佛洛伊德和榮格兩人之間的往來信件，並且在一九七四年共同完成了出版工作。麥奎爾可能從這些新發現的資料中看到了另一個可能揚名立萬的機會，或許可以在紹爾蘭德的幫助下又一次地完成一部扛鼎之作。[25] 亞菲是這些會議紀錄的撰寫者，但他不願告知亞菲，也不願她參與其中，這可能還是和一項仍在默默醞釀的計劃有關。他擔心亞菲的否決權可能會妨礙到計劃的實施，也擔心亞菲可能向榮格的繼承人提供訊息，那麼這一計劃也許又會因為繼承人的否決而受到了阻撓：在他眼裡，新的傳記資料可以用於未來榮格傳記作品的撰寫，甚至可能的話，也可以將整個會談紀錄作為完整的作品來出版。[26]

這份給貝雷的報告中，麥奎爾在最後指出：由於庫爾特・沃爾夫為《榮格的回憶、夢和反思》的編輯製作發揮了積極作用，這些材料應該歸萬神殿圖書公司擁有。而且，根據他的瞭解，是定稿確定下來以後，沃爾夫才離開萬神殿。然而，以上兩種觀點都是錯誤的。[27] 根據麥克吉爾的說法，沃爾夫很可能將這些文件保存在了瑞士，不想將它們歸還給亞菲或榮格的繼承人。這種行為是否合法？麥奎爾將這個問題擱一旁。他說，不管是對是錯，沃爾夫將資料保

24　參見威廉・麥奎爾寫給赫伯特・貝雷的信，1980 年 4 月 21 日，LoC。
25　然而，1977 年秋天，紹爾蘭德意外去世。紹爾蘭德死後，麥奎爾轉而與理查德・溫斯頓溝通。溫斯頓同意在完成托馬斯・曼的傳記後對這些內容進行編輯，但隨後因病於 1979 年 12 月 22 日去世。參見威廉・麥奎爾寫給赫伯特・貝雷的信，1980 年 4 月 21 日，LoC。《佛洛伊德／榮格通訊集》於 1974 年出版，英文版由普林斯頓大學出版社、德文版則由費舍爾出版社發行。
26　在後來的通信裡，美國方的出版計劃變得更加清晰。
27　庫爾特・沃爾夫擔任出版人時，編輯和作者是安妮拉・亞菲；在完稿之前，沃爾夫已離職了，他是 1960 年 10 月 1 日離開了萬神殿出版社。

存下來了。麥奎爾沒有提及瑞士律師佩耶在六〇年代初提出的歸還文件的要求。當時佩耶律師沒能要回材料，而麥奎爾保持著沈默，但他很可能是知情的：他第二任夫人波拉・范・伯倫（Paula van Doren）那時恰好就在萬神殿圖書公司擔任管理職位，她不可能不知道這一明確的要求。[28]

現在的問題是應該如何處理這些材料呢？麥奎爾的提議是，暫且先保管在他所供職的普林斯頓大學出版社的博林根檔案。然後再考慮一下，這個檔案應該放哪裡比較合適？他不贊成梅隆和奧斯本的建議那樣存放在國會圖書館，因為博林根基金會許多文件已經存檔在那裡了；[29] 他傾向於存放在蘇黎世聯邦理工學院正在計劃中的的榮格檔案。不過，他認為謹慎的做法應該是，等到榮格檔案不再由榮格家族掌握或控制以後，因為他們有可能會想要破壞這些材料。至於安妮拉・亞菲和萬神殿前主管安德烈・席夫林（André Schiffrin），應當可以參與之後的移交檔案的決定；然而，無論他們如何要求，都不可以將材料交付給亞菲或席夫林手中。如果萬神殿出版社和亞菲都同意出版此前未發表的材料，那麼繼承人可能就無法在法律上提出異議。[30]

現在赫伯特・貝雷與律師唐納德・奧斯本都發現，博林根基金會和普林斯頓大學出版社都沒有這些材料的文學版權。貝雷表示，只要能夠送一份副本到蘇黎世的榮格檔案館，他願意通知萬神殿的安德烈・席夫林，並將這些文件交給他。雖然這份材料顯然「沒有爆料性的內容」，但為了不傷害繼承人，貝雷也認為最好還是等一

28　見第 407 頁。
29　保羅・梅隆寫給威廉・麥奎爾的信，1979 年 3 月 26 日，LoC。
30　威廉・麥奎爾寫給赫伯特・貝雷的信，1977 年 6 月 29 日，LoC。

等再出版。奧斯本則認為由普林斯頓大學出版社暫時保管,在法律上是站得住腳的,他同時在回信中建議,在他本人、梅隆、貝雷和約翰・巴雷特之間舉行一次協商會議,不過此事並不是那麼著急。[31] 於是,有關此事的進一步討論又擱置到一九七九年春。

直到一九七九年春天,關於這個問題的討論停了下來。麥奎爾當時正忙於幾個項目:翻譯安妮拉・亞菲那本《榮格:意象與談話》的英文版;編輯著榮格訪談的選集《榮格談話》;同時為《春泉》雜誌一九七八年刊的邀稿〈榮格在美國,一九二四至一九二五年〉(Jung in America 1924/25),彙編榮格的研討會論文集;以及他進行中的關於博林根基金會歷史的著作。[32] 他將《榮格談話》選集的題詞獻給了安妮拉・亞菲,在前言中,他尤其感謝亞菲孜孜不倦的建議與幫助。這篇獻辭同時也是感謝她對即將完成的英文版《榮格全集》的投入,感謝她在編輯事務上所給予的不懈支持。儘管麥奎爾在這段期間與亞菲之間的通信非常頻繁,但他隻字未提自己已經收到了海倫・沃爾夫交付的材料,而且明知其中有亞菲的紀錄。

而亞菲依然相信他們之間的友好和信任,一九七八年七月,她在給麥奎爾的信中表示,現在終於有時間處理她的「榮氏材料」(Jungiana)了,並且告訴對方自己在裡面發現了一些有意思

31　赫伯特・貝雷寫給唐納德・奧斯本的信,1977 年 7 月 7 日;唐納德・奧斯本寫給赫伯特・貝雷的信,1977 年 7 月 13 日,兩封信均保存在 LoC。

32　安妮拉・亞菲(編),英文版《榮格:意象與談話》,1979 年;麥奎爾(編),《榮格談話》(*Jung Speaking*),1977 年;麥奎爾(編),《夢的分析:1928-1930 年間的研討會記錄》(*Dream Analysis: Notts of the Seminar given in 1928-1930*),1984 年;麥奎爾,《博林根:收集過往的歷險》(*Bollingen: An Adventure in Collecting the Past*),1982 年。

的內容。[33] 亞菲自一九五〇年代初就與詹姆斯・希爾曼相交甚好。一九七九年，希爾曼的春泉出版社推出《幽靈・死亡・夢境》的新英文版；她的著作《榮格：意象與談話》的英文版也同時出版，並獲得了非常正面的評價。[34]

保羅・梅隆收到《榮格：意象與談話》的副本後，對麥奎爾表示了祝賀；然而，對他出版榮格會談紀錄的計劃表示猶豫，他也不甚同意麥奎爾的建議，將那份《榮格的回憶、夢和反思》相關材料交給蘇黎世聯邦理工學院的榮格檔案。[35] 由於國會圖書館已經保存了很多榮格資料，梅隆仍然認為這才是更好的選擇，而且這樣做可以避免與榮格家族發生衝突。毫無疑問，即使檔案館是在瑞士聯邦的管理之下，但是榮格家族對榮格檔案館仍具有一定的控制權。[36] 即使麥奎爾認為，這些文件主要是德文的，所以提議安置在蘇黎世聯邦理工學院，但是在回信中，他還是表示出了擔心，擔心文件放在那裡可能會被遺忘，可能「在多種意義上是形同埋葬在那裡」。他現在想委託具有專業知識的人進行評估和翻譯，在他看來，不論是對榮格的生平，還是想要瞭解他的理論與工作方法的發展，這些資料都是深具意義的重要文獻。此外，這些資料可以揭示《榮格的回憶、夢和反思》不僅是由榮格和亞菲創造的，也是庫爾特・沃爾夫的創作。他認為萬神殿圖書公司是材料資料的合法所有者，所

33　安妮拉・亞菲寫給威廉・麥奎爾的信，1978 年 7 月 17 日，AAJD。
34　安妮拉・亞菲寫給威廉・麥奎爾的信，1979 年 3 月 10 日：「關於這本書，我得到了一些相當不錯的書評。」AAJD。哈里・威爾默（Harry Wilmer）稱讚說：「這是一個錯綜複雜的介紹，令其他人都望塵莫及。」《美國精神醫學雜誌》（American Journal of Psychiatry），第 137 期，1980 年 1 月 1 日，ETH。
35　參見威廉・麥奎爾寫給保羅・梅隆的信，1979 年 3 月 21 日，LoC。
36　保羅・梅隆寫給威廉・麥奎爾的信，1979 年 3 月 26 日，LoC。

以在這件事上,榮格的繼承人和安妮拉・亞菲只能主張擁有部分的所有權。[37] 不久之後,麥奎爾告知亞菲,自己曾經詢問弗朗茲・榮格:「現在,聯邦理工學院的佛洛伊德檔案(原文如此)是否已經構建好了」;[38] 在同一封信中,他還順便詢問亞菲,榮格家族是否擁有「自傳紀錄」(Vita protocols),又是否打算將它們放入蘇黎世聯邦理工學院的檔案館中。

現在他既無法依靠紹爾蘭德,也無法尋求溫斯頓的合作。在接下來的幾個月裡,麥奎爾節選一些會談紀錄的內容寄給了凱莉・貝恩斯在瑞士的女兒,西梅納・德・安古洛(Ximena de Angulo),想要拜託她進行翻譯,而且要求她承諾,對翻譯工作絕對保密。從他寄出的摘錄可以看出,他感到好奇的是榮格未發表的私人感情生活:包括了托妮・沃爾夫、艾瑪・榮格、西格蒙德・佛洛伊德、和榮格的原生家庭。一九七九年十月初,西梅納・德・安古洛熱情地告訴他,這些紀錄讓她十分興奮,她認為它們非常接近榮格的說話風格,會讓人誤以為是榮格本人以典型的節奏在敘述;負責做紀錄的亞菲似乎非常真實地注意到了榮格的陳述。然而,翻譯花費的時間比預期的要長,因為她想要盡可能準確再現所有的細微差別。[39] 因此直到一九八〇年三月初,麥奎爾才拿到了翻譯好的段落。

與此同時,亞菲的選集《榮格的世界:思考與政治》(*Aus Jungs Welt. Gedanken und Politik*)在柏林的克拉森出版社(Claassen Verlag)出版了,其中包括她在艾拉諾思講座的三篇論文和一篇關於榮格與納粹文章的增補版。她還參與了《安娜・金斯福德:宗教

37　威廉・麥奎爾寫給保羅・梅隆的信,1979 年 4 月 4 日,LoC。
38　威廉・麥奎爾寫給安妮拉・亞菲的信,1979 年 4 月 25 日,AAJD。
39　西梅納・德・安古洛寫給威廉・麥奎爾的信,1979 年 10 月 1 日,LoC。

妄想和魔法》（*Anna Kingsford-Religiöser Wahn und Magie*）一書的出版工作。在美國圍繞她的會談紀錄所發生的一切行動，她依然絲毫不知情。在一九八〇年春天，她告訴麥奎爾，蘇黎世聯邦理工學院的榮格檔案已經在比特・格勞斯博士（Beat Glaus）的指導下建立起來了。麥奎爾沒有絲毫的顧慮，繼續向亞菲尋求進一步的協助，他請她抄錄一九〇九年秋天西格蒙德・佛洛伊德在美國之行途中的日記，和寫給家人的信件，並請亞菲跟他解說，這些資料裡面是如何描述榮格的。[40] 亞菲一如既往地支持著他，執行了這項任務，而所獲得的酬勞則是四本自己的書《榮格：意象與談話》的英文版。麥奎爾再次詢問亞菲，是否存在「自傳紀錄」的副本，以及它們是否保存在蘇黎世聯邦理工學院中？亞菲則是回答說，沒有更多的副本可用了。[41]

是榮格向秘書亞菲口述？純粹榮格的作品？

麥奎爾收到會談紀錄節選內容的英譯稿後，即送到了保羅・梅隆和約翰・巴雷特手中。這會兒，他又一次將亞菲的紀錄稱為透過「口授」獲得的：「由榮格口授，亞菲用速記記下，再加以謄寫。」[42] 麥奎爾認為這些與經過大量編輯的《榮格的回憶、夢和反思》或研討會紀錄是不同的，他將這些材料稱為「純粹的榮

---

40 威廉・麥奎爾寫給安妮拉・亞菲的信，1980 年 2 月 29 日，AAJD。
41 參見威廉・麥奎爾向赫伯特・貝雷信件的訊息，1980 年 4 月 21 日，LoC。
42 「會談紀要：榮格口授的內容以速記的方式記錄下來，由安妮拉・亞菲謄寫下來」，威廉・麥奎爾寫給保羅・梅隆和傑克（約翰）・巴雷特，抄送給赫伯特・貝雷的信，1980 年 3 月 10 日，LoC。（原文是英文。）

格」。[43] 他表示，剩下的未翻譯材料對他個人來說興趣不大，例如：榮格對旅行或與某些人會面的描述；但他仍希望在幾年內能夠出版完整的會談紀錄。現在，他著手開始在美國國會圖書館進行歸檔工作，計劃在一九八〇年四月親自將其完成。[44] 保羅‧梅隆迅速作出了回應，他說，這些摘錄非常引人入勝，人們可以感受到榮格那種熱情洋溢的講話方式，可以聽到他自發而直接的敘述。儘管如此，為了避免造成榮格家族不必要的不愉快，如果將這些材料保存在國會圖書館時，同時也設置二十五年左右的禁令，來禁止他人查閱，是否會謹慎一些？[45]

麥奎爾不僅反對這項長期禁令的提議，而且又有了新的顧慮：在沒有事先告知萬神殿出版社的情況下，就將文件送到華盛頓，是否適當？他的夫人波拉雖然當時已經是自由工作者，但直到一九七二年以前，她還在萬神殿負責《榮格的回憶、夢和反思》的工作，對於這件事，波拉也有道德上的顧慮。因此麥奎爾建議，在一次私下的談話中告知萬神殿負責人安德烈‧席夫林，這些文件將歸普林斯頓大學出版社所有，但不向其透露其來源。對麥奎爾來說，最重要的是，在適當的時候將這些材料提供給研究或出版機構。他建議利用這個機會向席夫林瞭解亞菲或榮格的繼承人們是否擁有這些會談紀錄的權利。[46] 至於現在，這批文稿可以暫時存放在普林斯頓大學出版社或該校的費爾斯通紀念圖書館（Firestone Library）。自一九七七年以來，麥奎爾的某些觀點開始了有些變

43　同前。
44　同前。
45　保羅‧梅隆寫給威廉‧麥奎爾的信，1980 年 3 月 17 日，LoC。
46　威廉‧麥奎爾寫給赫伯特‧貝雷的信，1980 年 4 月 21 日，LoC。

化:他不再想將材料交給蘇黎世的榮格檔案,更不贊成通知亞菲並給她一份副本。[47]

在這樣的情況下,我們有必要談談麥奎爾的職業,還有他的一些私人狀況。他這一生大部分時候是在博林根基金會的資助下處理《榮格全集》英文版的出版工作。在完成《榮格全集》的最後一卷之後,保羅・梅隆宣佈了退出的意願,麥奎爾預見了自己的經濟前景將不會太穩定,雖然退休的事實已經擺在眼前,然而他還是很想獲得更多的委託與計劃。例如,他的一項計劃是涉及佛洛伊德和榮格的歷史資料,而且他也還繼續努力著,想要盡可能完整地出版榮格所有的研討會和以前未發表的講座內容。[48] 尤其是在麥奎爾閱讀了西梅納・德・安古洛所翻譯的會談紀錄摘錄後,加上他收到她興奮的回饋之後,這計劃變得越來越具有吸引力:順利出版這些會談紀錄,至少將這些資料引用在傳記作品中。這樣我們就能夠理解,為什麼他會反對梅隆密封的提議,同時也不想通知亞菲。麥奎爾需要能夠繼續接觸相關的材料,也不想在編輯這些材料時遭到亞菲的反對,或是與亞菲形成競爭關係。

赫伯特・貝雷對萬神殿圖書公司是否擁有版權的法律權利表示懷疑,於是向梅隆的法律顧問唐納德・奧斯本(Donald Osborn)求助:這些手稿版權是否不屬於榮格的繼承人,是否有可能不屬於

47　同前。
48　卡羅努托(A. Carotenuto),《祕密的對稱:處於榮格與佛洛伊德之間的莎賓娜・史碧爾埃》(*A Secret Symmetry. Sabina Spielrein between C.G. Jung and Freud*),1982 年。伯納姆(J.Burnham)、麥奎爾(編);《美國醫師與精神分析師傑利夫:他與西格蒙德・佛洛伊德和榮格的通信》(*Jelliffe: American Psychoanalyst and Physician and His Correspondence with Sigmund Freud and C.G. Jung*),1983 年。麥奎爾(編),《榮格:佐芬吉亞講座》(*Jung: The Zofingia Lectures*),1983 年。麥奎爾(編),《夢的分析:榮格在 1925 年的研討會紀錄》(*Analytical Psychology: Notes of the Seminar Given in 1925 by Jung*),1989 年。

安妮拉・亞菲，或者他們兩者都不擁有這些材料的財產權？貝雷在給奧斯本的信中寫道，他一般是反對出版可能對在世的人造成傷害的私人文件，因此無論法律狀況如何，他都傾向於不出版。至於他是否應該將手上的材料告知榮格的繼承人，讓他們來決定如何處理？關於這一點，因為這些是由榮格口述，由他授權秘書記錄的，權利可能屬於榮格的繼承人。只不過，任何有關封存的規定都應限制在最長十五年的期限內。此外，貝雷還認為，由於亞菲得到了萬神殿出版社的報酬，也就是說，她也可能是受雇於萬神殿，因此她很難按協議獲得版權。[49] 他所依據的是麥奎爾的說法，所以在他看來，亞菲是「受雇」而開展工作的，同時也收到了版稅的這種錯誤說法。可是，事實截然相反，亞菲和萬神殿之間從來不存在雇傭關係。[50] 麥奎爾選擇不通知榮格的繼承人，他聲稱如果和他們討論，那麼以後所有內容肯定也會受到亞菲監管。不過他現在也承認，因為亞菲最瞭解這些材料，所以如果出版的話，無論如何都應當讓她來撰寫相關的說明。與貝雷不同的是，麥奎爾認為這些內容並沒有特別的私密，而是非常適合出版。[51]

奧斯本隨後回答了三個主要問題：誰是這些文件的合法所有人？誰擁有它的版權？普林斯頓大學出版社或博林根基金會對這些文件負有怎樣的責任？由於缺乏足夠的事實訊息，他無法回答文件所有權這個重要的問題。奧斯本認為，庫爾特・沃爾夫或他的夫人

49　赫伯特・貝雷寫給唐納德・奧斯本的信，1980 年 4 月 28 日，LoC。
50　此外，大部分談話紀錄都是在簽訂作者合同之前寫的。而且，在合約簽訂後，亞菲也拒絕接受提前支付版稅，她認為，創造性的工作不能對他人保持透明，也容不下金錢。1957 年 11 月，庫爾特・沃爾夫第一次向亞菲轉帳，這完全違背了亞菲的要求。亞菲因此建立一個凍結帳戶（Sperrkonto），在這本書出版之前不得動用這筆錢。
51　威廉・麥奎爾寫給赫伯特・貝雷的信，1980 年 4 月 29 日，LoC。

海倫是否經由合法方式擁有這些材料，這還不能確定。如果沃爾夫是以萬神殿出版社員工身份，而持有這些文件，那麼出版社就可以提出擁有這些材料的要求。奧斯本甚至沒有考慮過，某些文件可能是歸屬安妮拉・亞菲的可能性。關於版權的可能擁有者，他稱之為「榮格的繼承人、萬神殿圖書公司和亞菲女士」。奧斯本認為，榮格極不可能與亞菲簽訂契約來規範紀錄的使用權，她對這些文件似乎沒有任何的權利，儘管這一點仍有待求證。總而言之，他得出結論是榮格的繼承人可能擁有主要的權利，而普林斯頓大學出版社和博林根基金會當時都沒有義務對這些文件採取任何的行動；但是，如果將這些文件捐給美國國會圖書館，他們就有義務要提前通知榮格的繼承人和萬神殿圖書公司，並取得他們的同意。這就是為什麼他贊同貝雷的觀點，也就是暫時保留這些文件，等待「激情不那麼容易被激發」的時候再來處理。[52] 貝雷於是通過內部備忘錄通知了麥奎爾，表示經過深思熟慮後，決定不對會談紀錄採取任何行動——既不通知榮格的繼承人、也不通知萬神殿或「任何其他人」。他只要求麥奎爾確保文件的安全存放。[53]

然而只要看看萬神殿出版社與亞菲之間的合約內容，以及榮格對紀錄的版權和使用權的授權書，一切都一目了然。如果有人將這件事告知亞菲，詢問她究竟海倫・沃爾夫交出的這些文件究竟是從何而來？又或是萬神殿能提供有關的協議訊息，那麼上述奧斯本的諸多猜測就可以輕易推翻了。令人瞠目的是，奧斯本作為一名知名的律師，似乎也沒考慮到這樣一個事實：圖書項目的準備筆記和草稿，一般也是受版權法所保護的，是屬於作者的個人財產。

52　唐納德・奧斯本寫給保羅・梅隆，抄送給赫伯特・貝雷的信，1980 年 5 月 22 日，LoC。
53　赫伯特・貝雷寫給威廉・麥奎爾的信，1980 年 6 月 9 日，LoC。

幾個月後，麥奎爾再次想要透過亞菲來瞭解，是否還有談話紀錄的副本留在瑞士。麥奎爾提到了「榮格向妳口述的談話紀錄」，[54] 她的反應簡短而清晰：「榮格從來沒有向我口述過什麼談話紀錄！」[55] 她又補充說，如果是這樣的話，她當年的任務就容易許多。在她生命的最後十年裡，她不得不一而再地堅決否認這種「口述神話」的傳聞。

更加裸露的榮格？

在這同時，安妮拉・亞菲將新的手稿交給了榮格的某些繼承人閱讀。雖然有些人贊成出版，認為內容沒有什麼不妥之處；但大多數人還是持反對意見，其中有兩個方面是被認為特別有問題的。第一個絆腳石是關於托妮・沃爾夫和艾瑪・榮格的段落。這些家屬認為，這部分的內容對榮格作品的理解毫無貢獻，而且是輕浮而不謹慎的言辭。亞菲是不是未經授權，就在這裡擅自公開了私密的訊息，企圖將榮格暴露在光天化日之下？這些錯誤的刻板偏見，讓亞菲很是遺憾。[56] 有爭議的第二部分內容，則是手稿的最後幾章，裡

54　威廉・麥奎爾寫給安妮拉・亞菲的信，1980 年 12 月 9 日，AAJD。（原文是英文。）
55　安妮拉・亞菲寫給威廉・麥奎爾的信，1980 年 12 月 24 日，AAJD。當後來被問及是否還有談話紀錄的副本時，她否認了，並詳細解釋道：「榮格告訴過我的事，我從不會一一記錄。在日常生活中，如果有人與你交談，你是不可能做到每一件都記下來的。現在經常有人自以為是地將它當做口授的結果，可是實情並非如此。這簡直是無稽之談！他說話的時候遵循著的是某種佛洛伊德式的聯想。」談話結束後，她會將榮繞在心頭的想法添加到筆記中。日常語言和書面語言是不同的，一直以來榮格的談話也絕非是適合印刷的語言。」安妮拉・亞菲寫給威廉・麥奎爾的信，1981 年 11 月 26 日，AAJD。麥奎爾後來將這封信的副本呈給美國國會圖書館。
56　榮格的繼承人給安妮拉・亞菲的訊息，1981 年 2 月 2 日，1981 年 9 月 7 日，AAJD。

面涉及榮格對今生與來世的看法，還有他對上帝意象的見解，[57] 有人擔心這些觀點會損害榮格作為科學家的聲譽。另一個異議則是涉及法律的：繼承人們質疑亞菲是否有出版手稿的合法權利，包括以現在的新標題「榮格的經歷與思考」（Erlebtes und Gedachtes bei Jung，英文：Experiences and Thoughts of Jung）來出版這份手稿。

從亞菲的回覆可以推斷，被認為對艾瑪・榮格的描繪是輕率和陳腔濫調，這對她的「影響十分巨大」。在回應中，她首先對繼承人的感受表示理解，她很清楚，這個男人「他的影響力遠遠超越個人和家庭領域」，作為他的女兒或兒子可能很困難，而且往往是很痛苦的。[58] 但隨後，她駁斥了任何違背忠誠或謹慎的說法：「手稿中的內容，沒有一件不是榮格小心翼翼地向我吐露的。」至於什麼可以公開，什麼不能公開，她和榮格之間存在著「默契」。[59] 從一開始，榮格就給了她自主權，任何亞菲認為合適的內容都可以記錄，撰寫和出版。她認為，匯集這些片段是為了嘗試傳達「榮格的整體人格」，其中特意收錄了榮格對艾瑪「作為妻子那部分人性的優越，還有她身上所具有的極高靈性。」這些特別動人的話，結合榮格關於夫人「尤其令人刻骨銘心」的陳述，正是為了打破人們認為艾瑪・榮格只是管家和廚娘的刻板印象。[60] 至於托妮・沃爾夫的段落，她願意考慮妥協，可以刪除榮格對這位長期伴侶的想法，以及榮格做過的與她相關但為數不多的夢，而是在評註中說明榮格是如何掙扎著決定是否與托妮・沃爾夫生活在一起的，這對他

57　參見第 224 頁及以後。
58　安妮拉・亞菲寫給繼承人代表的信，1981 年 2 月 16 日，AAJD。
59　同前。
60　同前。

來說,接受這關係進入到生活中其實是相當困難的事;不過,關於這一點外面已經有了很多的推測與發言,其中許多是虛假和誹謗性的內容。她相信,人們或許應該知道榮格本人對此是怎麼說的。因為沒有什麼「比一知半解或遮遮掩掩的東西,更能引起猜測與謠言。」[61]

她早已預料到內容會遭到反對或質疑,因此在手稿交付印刷前,是否給家人先看看的這個問題上,一直是搖擺不定的。但如今所提出的這些異議,還是令她非常沮喪的。根據她已經擬定好的遺囑,手稿還可以在她死後再出版,她傾向於不再繼續爭論這件事。她在給老朋友勞倫斯・范・德・波斯特的信中說:「面對繼承人的拒絕,我不知道自己是否還有力量保護自己。我年紀太大了。我相信,出版的那一刻遲早會來的。每本書都需要很長時間才能成熟,不能急於求成。」[62] 然而,她的律師制止了她撤銷的想法。關於出版權,根據榮格於一九五七年十月二十一日寫給安妮拉・亞菲的信,在信中榮格將談話紀錄的唯一版權讓給了亞菲,允許她自行決定,允許她可以「盡其所能」地發表和出版。關於授權和轉讓的唯一限制是,榮格自己撰寫的自傳部分絕不能收入在他的《榮格全

61　同前。事實上,《榮格的回憶、夢和反思》和本書的文本是亞菲精心編輯所完成的。而原始素材,也就是所謂的會議紀錄,如果拿來與這類編輯過的文本進行比較,就可以看出亞菲所完成的編輯工作實際上是多麼謹慎而別出心裁。1980 年代,有人指責亞菲,認為她想要揭露榮格。然而,直到二、三十年後,科普類著作和醫學歷史類著作中,這樣的指控卻完全相反了,這時又認為她沒有充分揭示關於榮格「真實而直接的一面」。從她的作品可以清楚地看見,她確實曾經帶著批判性和分析性的目光,去審視榮格的某些方面;但她在審視的同時,也總是對這種差異充滿尊重。

62　安妮拉・亞菲寫給勞倫斯・范・德・波斯特的信,1981 年 2 月 15 日;還有在 1981 年 3 月 8 日的信中,她這樣寫道:「我沒撤回出版計劃,我的律師很高興,他表現得相當樂觀。我曾猶豫過,因為我不想傷害家屬,而且我也有些怯懦,害怕他們對我的敵意。這便是與我這份紀錄相關的版權問題。」兩封信均保存在 AAJD。(原文是英文。)

集》裡。[63] 因此，亞菲擁有出版這本書的權限。

「企圖再一次抹煞我存在的痕跡」

榮格繼承人的作品經紀人和法律代表現在也認為，亞菲所謂的紀錄「僅僅是」榮格「口授的自傳材料」，而且，亞菲現在要利用的材料，是以前「未經榮格明確同意可以發表的」。[64] 這些片段因此理所應當被排除在已經出版的手稿之外，因為它們會侵犯繼承人的人格權。他們將亞菲的角色僅僅視為榮格口述的速記員，因此得出的結論是，「這一仍在籌劃中的作品，唯一的作者」只可能是榮格。[65]

亞菲則再次強調，在這些傳記會談中，榮格「從來沒有『口授』——這一點經常被誤解。」榮格是在自由而流暢的話語之間，觸及了或深化了日常語言中的各種主題。關於記錄什麼、不記錄什麼，她都擁有充分的決定權。「人們也經常誤以為，榮格是一個接一個地、非常系統地去思考和處理每一個話題。其實，在我們的談話中，榮格的想法是非常隨意地聯想的。」每次談話「都以不同的方式進行，因此很難將這一切不同的風格加以總結。」[66] 其中有些甚至是基於她一些潦草粗略的筆記，經由她的內在構思而轉為另一種可讀且連貫的形式。因此，《榮格的回憶、夢和反思》一書當中章節，以及現今要出版的《榮格晚年沉思錄》，都是出自她手，由

---

63 參見榮格寫給安妮拉・亞菲的信，1957 年 10 月 21 日，AAJD，YBL，ETH。
64 格爾達・尼迪克（Gerda Niedieck）寫給馬席斯・貝奇的信，1981 年 2 月 3 日，AAJD。
65 馬丁・魯茨（Martin Lutz）寫給馬席斯・貝奇的信，1981 年 4 月 23 日，AAJD64。
66 安妮拉・亞菲寫給馬席斯・貝奇的信，1981 年 3 月 7 日；安妮拉・亞菲寫給馬席斯・貝奇，抄送給馬丁・魯茨的信，1981 年 4 月 7 日，AAJD。

她進一步編輯而成。「即使我盡可能地維持榮格的語言習慣，新手稿的註釋與紀錄材料絕不相同。」[67] 她強調，榮格深信不疑地給了她自由，去挑選和完成最終的設計。[68] 如今，人們又否認這份手稿中她編輯的角色與作者的身份，這讓她感到痛苦，也讓她回憶起之前被漠視所造成的傷害：「斷言這本手稿不是我的作品，而是榮格的作品時，企圖再一次抹煞掉我存在的痕跡。這些，在出版《榮格的回憶、夢和反思》的過程中，我已都經歷過了。」[69]

在這場爭論中，人們已經忘記了，這不是關於傳記作品由誰著作的問題──亞菲承認榮格是合著者。但是，榮格已經明確地將談話紀錄的版權轉讓給了她，這一點卻總是遭到忽略，或是被認為是無效的，這才是讓她覺得最為艱難的。她想要證明手稿是基於這些紀錄，但始終只是徒勞。亞菲需要反覆地糾正，這些筆記不是榮格的，而是她自己的。她以榮格說話的方式，用自己的語言，將溝通與交流的內容記錄下來。[70]

為了不耽誤邦茲出版社的印刷，亞菲的律師馬席斯‧貝奇提出了和解方案，和解計劃中將這項工作的一半收益交給榮格的繼承人，而這也是亞菲之前一直希望的。貝奇強調，這是在版權相關問題得到解決的基礎上才有的利潤方式，所以，接下來需要將版權問題提交給中立的第三方機構，來進行審查和決斷。[71]

亞菲試圖解決糾紛而達成一致看法的努力，依然是徒勞無功，

67　安妮拉‧亞菲寫給馬席斯‧貝奇的信，1981 年 4 月 26 日，AAJD。
68　安妮拉‧亞菲寫給馬席斯‧貝奇的信，1981 年 3 月 7 日，AAJD。
69　安妮拉‧亞菲寫給馬席斯‧貝奇的信，1981 年 5 月，AAJD。
70　安妮拉‧亞菲寫給洛倫茲‧榮格的信，1985 年 9 月 3 日，AAJD69。
71　參見馬席斯‧貝奇寫給格爾達‧尼迪克，抄送給弗朗茨‧榮格（Franz Jung）和安妮拉‧亞菲的信，1981 年 3 月 9 日，AAJD。

因此，亞菲撤回了出版計劃。[72] 令她深感痛心的是，儘管她不遺餘力地嘗試確保一切都盡可能地透明和清晰，但一些假設卻被當真，如此重要的榮格的授權和委託文件還是被推翻了，猜疑成為事實，她的角色與工作再一次受到了質疑。在《榮格的回憶、夢和反思》出版時也遇到過類似的反對，但「當時，榮格為我挺身而出，用他權威話語宣布了真相。」[73]

根據亞菲的說法，榮格繼承人的作品代表曾暫時停止爭議，但一年後又再次質疑亞菲在《榮格的回憶、夢和反思》這本書中的參與和權利，榮格對亞菲職責的澄清，也因此受到了質疑，而亞菲被迫再次開口。糾正錯誤而還原事實是她的責任，因為沈默是有限度的，這樣的情況下繼續保持沈默，也就意味著自己做錯了。「我所做的工作是以自傳的形式進行設計」，所以，如果這本書經常被認為是榮格親自的作品，那麼在某種程度上是對它「最好的讚美」；但是，從法律和版權的角度來看，還是應當尊重「事實」──當時是應出版商庫爾特・沃爾夫明確的要求，她才做出了這樣的設計。之後這樣的澄清仍繼續著：對於榮格所做出的表達，她從來沒有進行過大量的逐字速記工作。[74]

亞菲毫不掩飾她對這一結果的失望，但她告訴其他人，她內心早已經做好了放手的準備──她說，畢竟放手是晚年的功課之一；但這對她來說並不容易。對於當時與榮格對話當中的重要內容，她竭盡全力，希望能夠廣為人們知曉，但現在她卻無以為繼了。榮

72　會議紀錄，1981 年 6 月 19 日，AAJD。也可參見安妮拉・亞菲寫給威廉・麥奎爾的信，1981 年 6 月 24 日，AAJD。
73　安妮拉・亞菲寫給馬席斯・貝奇的信，1981 年 5 月，AAJD。
74　安妮拉・亞菲寫給鮑曼（N. Baumann）的信，1982 年 10 月 6 日，1982 年 11 月 7 日，AAJD。

格在一九四四年重病後曾經告訴亞菲：重要的是努力，而不是結果——這是死亡即將到來之際最重要的見解之一。[75] 然而，她並沒有完全放棄。在一九八一年夏天，她將新手稿的初稿和其他的一些文件，連同她所擁有的那本《紅書》副本，全簽署了贈與契據，一併交給了榮格研究所。她希望，也許在幾十年後有可能更公開地處理這個問題，因此她繼續寫著手稿，同時也將時間轉而投向另一篇新論文，是關於超越功能的。[76]

與此同時，普林斯頓大學出版社也從榮格繼承家屬的作品經紀人那裡知道了這起糾紛。社長赫伯特‧貝雷因此告訴威廉‧麥奎爾，出版社「對出版談話紀錄不感興趣」。他想要置身事外，不想捲入法律糾紛裡。另一方面，貝雷表示，應該全力爭取那些尚未出版的榮格研討會紀錄，他們打算積極捍衛自己出版這些材料的權利。[77] 然而，在接下來的一年裡，貝雷對研討會的興趣也開始減弱了，他決定，在完成了一九二八至一九三〇年研討會的出版工作以後，不再出版榮格任何未發表的材料，這也許是因為《榮格全集》英文本的銷量未達到預期目標。為了推銷《榮格全集》，麥奎爾開始準備出版二本平裝本：《女性的面向》（*Aspects of the Feminine*）與《男性的面向》（*Aspects of the Masculine*），其中包含不同卷的摘

---

75 安妮拉‧亞菲寫給馬席斯‧貝奇的信，1981 年 6 月 21 日，安妮拉‧亞菲寫給威廉‧麥奎爾的信，1981 年 6 月 24 日，兩封信均保存在 AAJD。

76 1983 年，當時手稿命名為「榮格的經歷與想法」，與其他文件一同被收錄進蘇黎世聯邦理工學院的榮格檔案（Jung Archiv an der ETH Zürich）；參見 Hs1090:97；〈超越〉（Transzendenz），德文版見安妮拉‧亞菲，1985 年；英文版見《榮格是神祕主義嗎？及其它文章》（*Was C. G. Jung a Mystic? and other essays*）由戴安娜‧達赫勒（Diana Dachicr）和菲歐娜‧凱恩斯（Fiona Cairns）英譯，第 103 頁，戴蒙出版社，1989。

77 「普林斯頓大學出版社對出版談話紀錄不感興趣。……我們應該遠離關於談話紀錄的爭論。相關的權利情況尚不清楚。而研討會的情況則恰好相反，我們應該盡力保護它的版權。」赫伯特‧貝雷寫給威廉‧麥奎爾的備忘錄，1981 年 2 月 11 日，LoC.76。（原文是英文。）

錄內容。麥奎爾在寫給亞菲的信中提到，儘管榮格對這兩個主題的討論並沒有給他特別深刻的印象，但這類書籍頗有市場；[78] 於是亞菲在回信中，針對博林根基金會的這兩本書，向他提供了詳細而積極的回饋。然而沒過多久，一九八二年十一月初，出乎意料的事發生了，他告訴亞菲自己將在年底前離開普林斯頓大學出版社並就此退休，他表示，能遇到亞菲，並與她一起工作是命運贈予的幸運安排，他感謝亞菲幾十年來的有力支持：「沒有人比你更接近榮格的文集／軀體（corpus）了。」[79]

聽到這一消息後，亞菲寫信給麥奎爾，最後一次為榮格全集出版而投入，提議至少將一九一二年的《查拉圖斯特拉研討會》（*Zarathustra Seminar*）和《力比多的轉化和象徵》（*Wandlungen und Symbole der Libido*）作為文集的重要附錄來出版[80]。麥奎爾沮喪地回答說，儘管博林根基金仍有可用資金，但不久前，貝雷在沒有諮詢他的情況下，獨自決定取消很多作品的出版。[81] 在這階段的往來信件中，麥奎爾面對亞菲還是隻字不提談話紀錄的副本與相關材料的事。麥奎爾不讓亞菲知曉這些資料的存在，在這同時，他整理了一份即將存檔於國會圖書館的卷宗。他和貝雷商定了十年的封存禁令。普林斯頓大學出版社與保羅‧梅隆及其律師唐納德‧奧斯本之間的書信也附在材料上：這些信件能夠為「榮格談話紀錄的歷

---

[78] 麥奎爾寫給安妮拉‧亞菲的信，1982 年 4 月 27 日，AAJD。《男性的面向》（*Aspects of the Masculine*）直到 1989 年才由約翰‧畢比（John Beebe）編輯出書。

[79] 見麥奎爾寫給安妮拉‧亞菲的信，1982 年 12 月 10 日，1983 年 2 月 18 日，兩封信均保存在 AAJD。（原文是英文。）

[80] 威廉‧麥奎爾寫給安妮拉‧亞菲的信，1983 年 2 月 18 日，AAJD。安妮拉‧亞菲寫給威廉‧麥奎爾的信，1982 年 12 月 29 日，AAJD。（原文是英文。）

[81] 貝雷一開始曾打算取消麥奎爾關於榮格主題的「佐芬吉亞講座」（Zofingia lectures）的計劃，但後來又撤銷了這一決定。

史」提供更深入的瞭解,並且同樣在十年內必須拒絕任何查閱。在這十年內,只有麥奎爾本人和赫伯特‧貝雷可以免於禁令;作為材料的捐贈者,貝雷還規定自己有權可以決定是否提前解除禁令。[82]

最後,在安妮拉‧亞菲親密的分析師朋友,維麗特‧德‧拉斯羅(Violet S. de Laszlo,她曾在紐約生活多年,當時已回到蘇黎世)的敦促下,一九八三年秋天,麥奎爾終於向亞菲說出六年前由海倫‧沃爾夫交出《榮格的回憶、夢和反思》有關的筆記紀錄與材料。這些全都保管在美國國會圖書館中,並對查閱設有禁令。他還要求她簽署一份保密協議:不得透露任何有關這些文件的任何訊息。[83]亞菲覺得,這種先斬後奏的行為是對她深深的冒犯:「我與榮格的談話紀錄被他宣稱是『口授』。它們已經被存放在美國國會圖書館,而且受到限制無法查閱,甚至還一直不讓我知道。」這已經足夠讓亞菲痛不欲生了。令她更是深感震驚的是,麥奎爾幾十年來一直是她無條件支持和幫助的對象,竟然背著她做出這樣的舉動。直到第三方強硬的堅持下,他才「悄悄地告知,我被出賣了。甚至還要我簽字,不能和任何人談論這件事。」

她是如何面對這些事件的?在一九八三年十月的私人日記中,她記錄了自己是如何努力克服來接受所發生的一切,字字令人動容。「白天,我發現自己想這些事的時間越來越少,但它還是出現在我的夢裡。這難道是一種證明,說明了我受到的傷害有多深嗎?我問自己:為什麼我不能接受?為什麼真相對我如此重要?既然這些談話紀錄已經受到十年期限的限制,也就是無法查閱了,那我應該也就不會再關心它們:很可能我還沒有看到它們,就已經死

---

82 麥奎爾手寫的註釋,1983 年 3 月 7 日,LoC。
83 安妮拉‧亞菲,私人日記,1983 年 10 月 23 日,AAJD。

了。那麼為什麼要保密？為什麼還要一而再地努力消除我存在的痕跡？」

幾個星期後，「時間的奇跡」開始起作用，她甚至承認自己感到有些羞愧，因為她還缺乏這個年齡應有的、可以讓她超越這些問題的智慧：「這件事正消逝在迷霧中，或者說我離它越來越遠了。這是老年的恩賜嗎？也許吧，畢竟這已經不是我人生中第一次被背叛。今天，我還會想起它，但它已經不再能夠傷害我，或者說不再那麼痛了。這很奇怪：身體上的疼痛，甚至是劇烈的、難以忍受的疼痛，我都早已忘記了；但關於靈魂裡情感的痛苦，情況就不一樣了，只有當它們離得越遠，我才越是能夠平靜地思考這一切，天主保佑（deo gratia）。」[84]

儘管如此，亞菲拒絕默許麥奎爾對保持沈默的要求，並且在一九八三年十月底向美國國會圖書館遞交一份聲明，要求將該聲明與談話紀錄的副本一起歸檔。她在聲明中強調，這些會談紀錄是根據她採訪榮格所作的筆記而撰寫的，並具體說明：「談話紀錄與榮格自由闡述過程中的談話內容並不同。製作筆記時，我立即進行編輯，以便讓它們成為一個可讀且前後連貫的文本。」通過這一份聲明，不僅將她在編輯過程中所扮演的角色透明化，也是為了糾正「這些是榮格的原創文本」的假設。她解釋說，她的提問和評論沒有寫在筆記中，因為從一開始，出版商庫爾特・沃爾夫想要的就是一本盡可能接近榮格自傳的書，「這些會談紀錄是榮格與我共同創作的開始，榮格規定整本書以如此的書寫形式。」[85]

84　安妮拉・亞菲，私人日記，1983 年 10 月，AAJD。
85　安妮拉・亞菲寫給國會圖書館的信：「關於《榮格的回憶、夢和反思》的談話紀錄，由安妮拉・亞菲撰寫並編輯。」1983 年 10 月，LoC，AAJD。（原文是英文。）

儘管麥奎爾答應亞菲，他會將自己針對這些材料所撰寫的解釋寄一份給亞菲，然而這個承諾始終沒有寄出。榮格的繼承人與貝雷達成協議，美國國會圖書館將提供蘇黎世聯邦理工學院的榮格檔案館一份談話紀錄副本的縮微膠卷。而亞菲告訴貝雷，她與榮格作為共同作者一起撰寫的協議內容是有效的，並且再次指出，榮格已經明確地將版權轉讓給她，這意味著她有權出版這些文件。接下來，亞菲從第三方那裡得知，貝雷和麥奎爾只允許他們自己才可以自由查閱這些資料，而且貝雷還有權提前解除禁令。在瞭解這一點後，她斥責貝雷：「由於榮格和我才是『談話紀錄』的作者，所以只有他的繼承人和我（或我的繼承人）才有責任和權利決定是否公開這些材料。」[86]

　　在這之前幾年，普林斯頓大學出版社由安妮拉‧亞菲主編的書籍銷售成績極佳。一九八三年春天，以平裝版發行的英文版《榮格：意象與談話》，僅在一個月後就售罄，秋季，新的平裝本又出版了。在一九八四年秋天，製作推出了彙編數百封榮格書信選集的英文版，該選集與同樣由亞菲編輯的德文版《榮格的一百封信選集》類似，是以亞菲和格哈德‧阿德勒合編的書信集為基礎，而今這本精選集以書名《榮格書信選，一九〇九至一九六一年》（*Selected Letters of C.G. Jung 1909–1961*）出版。

　　亞菲為了一切公開透明的考量，也出於自己的良知而考慮到自己有告知的義務，因此通知了萬神殿圖書公司：海倫‧沃爾夫和庫爾特‧沃爾夫所錯誤保存的談話紀錄，和其他一些材料皆未歸還，

86　安妮拉‧亞菲寫給赫伯特‧貝雷的信：「由於榮格和我才是『談話紀錄』的作者，所以只有他的繼承人和我（或我的繼承人）才有責任和權利決定是否公開這些材料。」1985 年 1 月 3 日，AAJD。（原文是英文。）

拍攝於 1988 年 9 月,安妮拉・亞菲。

（左上：）拍攝於 1989 年，安妮拉・亞菲幾近失明，但仍然用著「放大鏡架」來閱讀。

（左下：）拍攝於 1990 年，安妮拉・亞菲直到晚年仍然活潑風趣，享受著與朋友的談話。

均由羅伯特・亨蕭拍攝。

現在已經落在博林根基金會與普林斯頓大學出版社的代表手中,因而被存放在美國國會圖書館裡。[87] 她還隨信附上了自己上述聲明的副本。

「這項工作讓我的晚年充滿了意義」

在這時候,她還是默默地繼續完成著保留下來的手稿。朋友們閱讀了她新補充的《榮格晚年沉思錄》,表示這些內容是非常有價值的,這些反應讓她備受鼓舞;激勵她的還有不公正的沈默規則,她認為美國對《榮格的回憶、夢和反思》主要材料的處理方式十分不正當,保密要求也是不公正的,這也是敦促她持續完成工作的原因;最後,還有一點也很重要,她與洛倫茲・榮格(Lorenz Jung)的良好關係,也給了她動力。洛倫茲・榮格是弗朗茨・榮格的兒子,是榮格繼承人的代表,同時也是蘇黎世聯邦理工學院榮格檔案的聯絡人。她現在已經八十二歲多了,仍然繼續分析師的實務工作,她越來越關注著即將到來的死亡,還寫了一篇關於榮格認識論立場的文章,討論了關於超越現實(transcendental reality)的一些普遍觀念,尤其是關於死後存在問題的想法。[88] 在這篇文章中,她摘錄了《榮格晚年沉思錄》的最後兩節,她認為,至少透過這種方式,她成功地發表了與榮格談話的一小部分剩餘材料。同時,這也使她更加意識到,榮格未發表的手稿中更為全面的論述價值:她仍然深信這一點的重要性,應該將這些論述盡可能完整地提供給所有

87　安妮拉・亞菲寫給蘭登書屋 - 萬神殿分部負責人的信,1984 年 3 月 21 日,AAJD。(原文是英文。)
88　關於〈超越〉,見安妮拉・亞菲,1985 年,第 103 頁及以後。

感興趣的讀者。

　　在她生命最後階段，正如她的書信和不斷的創作中，我們可以看到亞菲在精神上依然是很活躍，智力上依然是很敏銳，但她逐漸衰退的身體健康卻每況愈下，最困擾的是視力的衰退。然而，即使在幾近失明的情況下，她仍然自己打字寫信，為拼寫的錯誤而道歉。一九八六年底，她手寫了一份文件，將會談紀錄的版權轉給了戴蒙出版社的羅伯特·亨蕭，並在榮格一九五七年十月二十一日的授權書上添加了以下條款：「我特此將上述信件中提到的我所做紀錄的版權，按照榮格規定的條件，轉讓給羅伯特·亨蕭博士。」[89]

　　洛倫茲·榮格理所應當地將《榮格的回憶、夢和反思》視為有價值的作品標準，而眼前的這本書與《榮格的回憶、夢和反思》有著明顯不同的特點，它有意地保持碎片化的特徵。[90] 在亞菲看來，《榮格晚年沉思錄》是對前者的補充，雖然兩者的重要性不同，但都非常寶貴，不能隨意忽視。亞菲簡短的介紹性評論是一種不可或缺的參照訊息，因此才能明瞭某些陳述的背景脈絡，這些評論通常是在戴蒙出版社的編輯提問後才添加上的。庫爾特·沃爾夫以前要求亞菲作為對話夥伴、作者和編輯的角色，應該盡可能保持隱形，全都不要被看見。現在，亞菲可以從這種束縛中解脫出來，這對她來說也意義非凡，因為她可以添加編輯的註釋，向未來的讀者展示《榮格全集》和其他資料的來源，好好說明這一切作品之間的聯繫。這其中一些章節，是摘錄了從一九五八年秋天至一九六一年五

89　安妮拉·亞菲寫給羅伯特·亨蕭的信，1986 年 12 月 18 日，轉讓她與榮格談話紀錄的版權。AAJD。
90　洛倫茲·榮格還在信中表示，亞菲「實現這一吸引人的標題，做出了非比尋常的貢獻」。洛倫茲·榮格寫給安妮拉·亞菲的信，1987 年 2 月 20 日，AAJD。

月的紀錄。眾所周知，一九五八年十月之後，由於庫爾特・沃爾夫對她的原始素材的侵權行為，亞菲不再向他發送任何談話紀錄的副本。在她去世之後，後面的談話紀錄副本再也找不到了。安妮拉・亞菲在八〇年代曾多次聲明，她沒有保留任何完整的談話紀錄副本，只是將「殘羹剩飯」按主題排列在文件夾中。在她的遺稿裡，確實沒有發現任何談話紀錄，哪怕只是一部分。

當羅伯特・亨蕭問亞菲，在她看來，對榮格的遺產來說，哪一件的作品是最不可或缺的。她回答說：「《榮格的回憶、夢和反思》、書信集的出版，以及作為這些作品之補充的《榮格晚年沉思錄》」[91]。至於她自己最重要的作品，她認為是《榮格作品中的意義神話》。在她去世前幾個月，當被問及回首過去時，她一生中最重要的事情是什麼？值得注意的是，她並沒有說「我與榮格的相遇」，而是回答：

「在生命每一時刻所發生的一切都很重要：一開始，是我與孩子們一起的工作，我在大學時代與那些癱瘓兒童一起的工作；我與丈夫的關係也彌足可貴，這挽救了我的生命，所以我的婚姻經歷也是至關重要……。一件事的發生往往又導致了另一件事，我為榮格及他的作品工作的那些年，因為透過這些工作本身而形成了我難以磨滅的記憶。」而在這一切裡，他們之間的私人關係還是最為重要的，但她「為了這種與榮格在一起的豐富，也不得不付出了很多。」到了生命的最後階段，她的夢總是清晰而乾淨，簡單而美好。這時，她內心也充滿了安全感：「我知道我想走哪條路，我朝

---

91 【英譯註】：原文使用「Streijfichter」這個字，亞菲用這個字詞來描述她的手稿，後來也成為本書的德語書名。這個德文詞彙大致可翻譯為「快照」、「側光」或「快速移動的光束」。

它走去，沒有回避這一切的衝突。」[92]

一九九一年十月，在平靜的狀態裡，她離開了人世，依然相信自己未發表的手稿總有重見天日的一天。

艾琳娜・菲斯利（Elena Fischli）

2021 年 4 月 22 日

92　安妮拉・亞菲與羅伯特・亨蕭的談話，1991 年 4 月 12 日，1991 年 6 月 17 日，AAJD。

致謝

向以下人員致以最誠摯的謝意,感謝大家彼此之間的合作:海蒂・法斯勒(Heidy Fässler)、桑德羅・費施利(Sandro Fischli)、托馬斯・福爾(Thomas Föhl)、托斯滕・哈夫納(Torsten Haeffner)、弗蘭克和帕特里夏・赫爾曼(Frank and Patricia Herrmann)、盧克和喬治娜・赫爾曼(Luke and Georgina Herrmann)、妮可・霍夫曼-科索尼斯(Nicole Hofmann-Kotsonis)、安・拉默斯(Ann Lammers)、卡爾・蘇拉(Karl Saurer)、勞倫斯・范・德・波斯特(Laurens van der Post)、彼得・沃爾卡特(Peter Volkart)。他們樂於助人,做起事來細緻周全。在此過程中,他們都提供了專業知識與智慧,以極其寶貴的的方式為這本書的順利出版做出了貢獻。

圖片來源

感謝弗蘭齊斯卡・費勒-維斯圖巴（Franziska Fellerer-Wistuba）與安德魯・費勒（Andreas Fellerer）允許使用瑪格麗特・費勒的攝影作品。

- 第 63 頁：榮格在博林根，拍攝於 1959 年；攝影作品 © 安妮拉・亞菲
- 第 146 頁：榮格在博林根，拍攝於 1958 年；攝影作品 © 安妮拉・亞菲
- 第 228 頁：榮格在博林根，拍攝於 1958 年；攝影作品 © 安妮拉・亞菲
- 第 285 頁：安妮拉・菲爾斯滕貝格（Aniela Fürstenberg），利奧波德・霍洛維茨（Leopold Horowitz）繪製的油畫，大約創作於 1890 年，私人所有；攝影作品 ©Getty Images
- 第 286 頁：安妮拉・亞菲，大約拍攝於 1906 年；攝影 E. 沃格爾桑（E. Vogelsang），柏林，安妮拉・亞菲私人檔案
- 第 291 頁：安妮拉・德雷福斯-亞菲，大約拍攝於 1929 年；讓・德雷福斯的攝影作品，安妮拉・亞菲私人檔案館，© 羅伯特・亨蕭
- 第 304 頁：安妮拉・亞菲，大約拍攝於 1938 年，安妮拉・亞菲私人檔案館，© 羅伯特・亨蕭
- 第 312 頁：榮格與安妮拉・亞菲，拍攝於 1942 年；攝影作品 ©

瑪格麗特・費勒（Margarethe Fellerer）
- 第 315 頁：榮格，安妮拉・亞菲，和莉莉安・弗雷-羅恩，拍攝於年 1948；攝影作品 © 瑪格麗特・費勒
- 第 326 頁：榮格在博林根；攝影作品 © 安妮拉・亞菲
- 第 408 頁：安妮拉・亞菲，拍攝於 1962 年；攝影作品 © 芭芭拉・克魯格（Barbara Kruck）
- 第 416 頁：1983 年英文版的封面，佛朗明哥／方塔納出版社（Flamingo/Fontana Paperbacks）
- 第 417 頁：1966 年法語版的封面，伽利瑪出版社
- 第 424 頁：安妮拉・亞菲，大約拍攝於 1964 年，安妮拉・亞菲私人檔案，© 羅伯特・亨蕭
- 第 460 頁：安妮拉・亞菲，拍攝於 1978 年；攝影作品 © 法蘭克・赫爾曼（Frank Herrmann），安妮拉・亞菲私人檔案
- 第 461 頁：安妮拉・亞菲，拍攝於 1988 年；攝影作品 © 羅伯特・亨蕭
- 第 461 頁：安妮拉・亞菲，分別拍攝於 1989 年與 1990 年；攝影作品 © 羅伯特・亨蕭

PsychoAlchemy 050

榮格晚年沉思錄：心靈探索的最終旅程
Streiflichter zu Leben und Denken C.G. Jungs
安妮拉・亞菲（Aniela Jaffé）、艾琳娜・菲斯利（Elena Fischli） 著
陳炫穎、王浩威 譯

出版者—心靈工坊文化事業股份有限公司
發行人—王浩威　總編輯—徐嘉俊
責任編輯—黃心宜
內頁排版—龍虎電腦排版股份有限公司

通訊地址—10684 台北市大安區信義路四段 53 巷 8 號 2 樓
郵政劃撥—19546215　戶名—心靈工坊文化事業股份有限公司
電話—02）2702-9186　傳真—02）2702-9286
Email—service@psygarden.com.tw　網址—www.psygarden.com.tw

製版・印刷—中茂製版印刷股份有限公司
總經銷—大和書報圖書股份有限公司
電話—02）8990-2588　傳真—02）2290-1658
通訊地址—248 新北市五股工業區五工五路二號
初版一刷—2024 年 11 月　ISBN— 978-986-357-409-5 定價—970 元
版權所有・翻印必究。如有缺頁、破損或裝訂錯誤，請寄回更換。

Streiflichter zu Leben und Denken C.G. Jungs by Aniela Jaffé & Elena Fischli
Copyright © Daimon Verlag, Einsiedeln, Switzerland 2021
Traditional Chinese translation © 2024 by PsyGarden Publishing Co.

本書繁體中文譯本編譯來源為杭州藍獅子文化創意股份有限公司，非經書面同意不
得任意翻印、轉載，或以任何形式重製

版權所有，侵權必究。
ALL RIGHTS RESERVED

版權所有・翻印必究。如有缺頁、破損或裝訂錯誤，請寄回更換。

國家圖書館出版品預行編目資料

榮格晚年沉思錄：心靈探索的最終旅程 / 安妮拉．亞菲 (Aniela Jaffé), 艾琳娜．菲斯利 (Elena Fischli) 著；陳炫穎, 王浩威譯. -- 初版. -- 臺北市：心靈工坊文化事業股份有限公司, 2024.11
　面；　公分
譯自：Streiflichter zu Leben und Denken C.G. Jungs
ISBN 978-986-357-409-5(平裝)

1.CST: 榮格 (Jung, C. G.(Carl Gustav), 1875-1961)　2.CST: 學術思想　3.CST: 分析心理學

170.181　　　　　　　　　　　　　　　　　　　　　　　　113017593

心靈工坊 書香家族 讀友卡

感謝您購買心靈工坊的叢書,為了加強對您的服務,請您詳填本卡,直接投入郵筒(免貼郵票)或傳真,我們會珍視您的意見,並提供您最新的活動訊息,共同以書會友,追求身心靈的創意與成長。

書系編號―PA 050　　　書名―榮格晚年沉思錄:心靈探索的最終旅程

姓名　　　　　　　　　是否已加入書香家族? □是 □現在加入

電話 (O)　　　　　(H)　　　　　　手機

E-mail　　　　　　生日　　年　　　月　　　日

地址 □□□

服務機構　　　　　　職稱

您的性別―□1.女 □2.男 □3.其他
婚姻狀況―□1.未婚 □2.已婚 □3.離婚 □4.不婚 □5.同志 □6.喪偶 □7.分居
請問您如何得知這本書?
□1.書店 □2.報章雜誌 □3.廣播電視 □4.親友推介 □5.心靈工坊書訊
□6.廣告DM □7.心靈工坊網站 □8.其他網路媒體 □9.其他
您購買本書的方式?
□1.書店 □2.劃撥郵購 □3.團體訂購 □4.網路訂購 □5.其他
您對本書的意見?
□ 封面設計　　1.須再改進 2.尚可 3.滿意 4.非常滿意
□ 版面編排　　1.須再改進 2.尚可 3.滿意 4.非常滿意
□ 內容　　　　1.須再改進 2.尚可 3.滿意 4.非常滿意
□ 文筆/翻譯　1.須再改進 2.尚可 3.滿意 4.非常滿意
□ 價格　　　　1.須再改進 2.尚可 3.滿意 4.非常滿意
您對我們有何建議?

□本人同意　　　　　　(請簽名)提供(真實姓名/E-mail/地址/電話/年齡/等資料),以作為心靈工坊(聯絡/寄貨/加入會員/行銷/會員折扣/等之用,詳細內容請參閱http://shop.psygarden.com.tw/member_register.asp。

廣 告 回 信
台 北 郵 政 登 記 證
台北廣字第1143號
免 貼 郵 票

心靈工坊
PsyGarden

10684台北市信義路四段53巷8號2樓
讀者服務組　收

免　　貼　　郵　　票

（對折線）

加入心靈工坊書香家族會員
共享知識的盛宴，成長的喜悅

請寄回這張回函卡（免貼郵票），
您就成為心靈工坊的書香家族會員，您將可以——

⊙隨時收到新書出版和活動訊息

⊙獲得各項回饋和優惠方案